国家社科基金
后期资助项目

两晋南北朝佛教出家女众信仰与社会

周玉茹 ／著

上海古籍出版社

2020年度国家社科基金后期资助项目

（项目批准号：20FZJB006）

国家社科基金后期资助项目
出版说明

　　后期资助项目是国家社科基金设立的一类重要项目,旨在鼓励广大社科研究者潜心治学,支持基础研究多出优秀成果。它是经过严格评审,从接近完成的科研成果中遴选立项的。为扩大后期资助项目的影响,更好地推动学术发展,促进成果转化,全国哲学社会科学工作办公室按照"统一设计、统一标识、统一版式、形成系列"的总体要求,组织出版国家社科基金后期资助项目成果。

全国哲学社会科学工作办公室

序

前段时间,周玉茹女士告诉我,她的《两晋南北朝佛教出家女众信仰与社会》即将出版,希望我能写个序言。这让我瞬间感受到师生因缘的温馨与珍贵,并为她又一成果的问世而感到由衷的高兴,所以,尽管我对佛教女性问题既没有专门的研究,平时对这一话题的接触与思考也不深,但还是满口答应了下来。

玉茹是我 2000 年在西北大学中东研究所宗教史专业下招收的硕士研究生。此前的 1997 年,我回到西北大学工作,当年便在彭树智先生的支持和指导下,开始申请宗教史专业的硕士点。次年这个学位点成功获批,这也是西北大学第一个有"宗教"二字的硕士点。后来因为学科调整,宗教史硕士点并入专门史之列。不久,在时为西北大学文博学院院长的方光华教授的建议和支持下,我又填报申请了宗教学专业的硕士点,而这也成为今年西北大学成功申请到哲学一级博士点的必备条件之一,顺此因缘,我也成为哲学一级博士点四大二级专业方向中的宗教学的学术带头人。

说到这里,我也不由得想起我亲身经历过的曾经争取成立宗教学研究机构的一些努力,其中最值得怀念也留下很多感慨的有两次:一是计划成立西北大学宗教文化研究院,国家汉办同意一期就有数千万元的支持;二是成立西北大学哲学学院,从最初筹建宗教系到改为哲学与宗教学学院,再到最后确定名称为哲学学院,经历了一个长期的论证过程。这两次都是在时任西北大学校长的方光华教授的支持和指导下进行的,前者中途夭折,后者因为方校长突然调离而搁置,几年后重新启动的成立进程,虽然是"重打鼓另升堂",但毕竟是一曲同唱的完美接力。

学位点的功能首先是搭建一个青年学子与导师之间有缘相会的学术平台。在这里,师生志同道合,教学相长,传承学术,不断开拓。1998 年我们获得宗教史硕士点后,1999年开始正式招生,首届研究生是李海波,现在西北大学丝绸之路研究院工作。周玉茹和张淼为第二届研究生,他们于2000年9月入学,其间因为我赴美国作一年的访问学者,中东所邀请陕西省社会科学院的王亚荣研究员担任他们这两届研究生的兼职导师。2003年毕业后,张淼到南京大学哲学系深造,周玉茹到陕西省社会科学院宗教研究所工作。从那时到现在,已过去了25年,想当初,自己还是一位不到40岁的学术青椒,如今年逾花甲,已不得不步入青年人眼里的"前辈",这让我不禁深切地体会到,轻柔的时光一直在悄悄地、残忍地,也不可逆转地吞噬着每个人自以为是的悠闲与漫无边际的理想,所谓"来日方长"原来是最具欺骗性的自我麻醉。25年能让一个时代从历史舞台退去,当初的青年学子如今个个成了一方诸侯,他们正在开创一个全新的时代。

玉茹对佛教女性信仰者相关问题的关注由来已久,以此为主题,2009年她曾以"陕西关中农村妇女佛教信仰调查研究"为题获得国家社科基金青年项目立项,2020年又以"两晋南北朝佛教出家女众信仰与社会"为题获得国家社科基金后期资助项目立项,如今的这部大作正是后者的最终成果。其实在去年下半年的时候,我就拜读过她的结项成果,这两天,我又拜读了本书的导言部分,对其中的一些论述感触颇深,由此引发我的一些思考,特此节临于后,聊发感想,算是我与玉茹之间学术交流的延续。

该著导言开篇即言:"宗教不仅伴随着人类文明的整个过程,而且通过与政治、道德、哲学、艺术、习俗等相互融合,渗透到人类社会的各个层面,规范和指导着人们的生活。"(第1页)玉茹对国内外学术界有关宗教基本理论的诸多观点十分熟悉,并有自己深刻的体会。纵观人类宗教,从原始时代到文明诞生,从轴心时代到宗教改革,漫长的历史演进,见证了人类宗教文化的多次重大突破。而横向来看,人类宗教类型多样,形态各异,在历史上拥有不同的政治地位和文化角色。

广义来说,相信超人间存在并以此支撑其基本旨趣的文化都属于宗教,但狭义的宗教则有体制化和合法化等三大层面的限定。而民间宗教尽管也有体制化特征,如严密的组织建构和理论体系的完备,并呈现出清晰的终极超越诉求,但因为其极端化的批判主义及其同现实社会的对抗取向,历史上绝大部分时候均遭遇政府的打压,很少能获得合法地位。与此相应,很多教派因为其对社会造成严重危害从而被判定为违法，因此而被划归邪教之列。与民间宗教不同的是民间信仰，缺乏体制化建构，如既没有深刻而完整的理论体系，更无终极超越的信仰诉求，以现实功利为目标，一般情况下也没有完备的组织建构，散乱地存在于底层社会。尽管正统宗教对其多有批评，但国家对这些信仰一般具有很大的宽容度，绝大部分民间信仰是被默认的。今天还有一个很流行的概念"封建迷信"，且不说中国有没有封建社会，即使有，迷信也未必与这种社会制度有必然的联系。但迷信这种文化现象的确是极其广泛地存在于中国古今社会之中。以客观的学术立场来看，迷信是既无体系化的理论和制度化规范，也无终极超越的诉求，从而与民间信仰具有相同之处，但在与社会的关系方面，迷信具有对信仰者个人的身心危害性，而民间信仰的作用往往是正面的，与主流社会之间并不发生激烈的冲突。在以上这些均具有神性意义的文化与科学理性之间，还存在一种神秘文化，既与神灵世界无关，也非科学体系所摄，试图仿照科学来建构自己的体系，而又不符合科学的基本方法和基本精神。总之，宗教、民间宗教、邪教、民间信仰、迷信、神秘文化，这些概念都与宗教相关，需要我们准确辨析。

人类宗教不但形态各异，而且因为形态各异的宗教之间彼此竞争，逐渐形成主体宗教支撑的文化区。大规模的宗教文化区主要有四个，即：中华宗教文化区、印度教文化区、基督教文化区、伊斯兰教文化区。不同的宗教文化在各自区域内有各自的角色定位和价值发挥。从政教关系来看，印度教文化区的政教分工，基督教文化区的政教争锋，伊斯兰教文化区的政教合一，中华宗教文化区的政主教从，在历史上曾经树立了各自的风范。不同宗教文化区的宗教，通过搭建与政治之间的不同关系而渗透人类社会的各个层面，规范和指导着人们的生活。

从宗教关系来看，中华宗教文化区呈现出多元一体的格局（多元文化互补协作共成一个主体的中华文化），而其他宗教文化区主要是一体多元的态势（一个主体宗教支撑下的文化多元）。当然，中国古代宗教关系也经历了一个演变的过程，商周时期敬天法祖的宗法制宗教占据主体地位；春秋战国时期民本思想兴起，随着理性的高涨，宗教文化黯淡无光；此后相继经历了秦国的法家独尊，汉初的道家独尊，汉武帝之后的儒家独尊；从魏晋时代开始，因为佛教的输入，道教的崛起，中国的宗教文化关系才开始转变为儒道佛三教互补、共成一体的文化格局，直到新文化运动，这种宗教文化关系才退出中国历史的主舞台。回顾这种文化关系的历史,魏晋的初创,南北朝的跌宕起伏,隋唐的全面探索与深度磨合,两宋之后的全面会通,可谓一曲华彩的乐章。特别是唐代的宗教关系,曾经出现 3+3+2+1 的格局:儒释道三教占据文化关系的主体格局;祆教、景教、摩尼教组成的三夷教在形式上试图融入三大主体宗教之中,但在本质上因为其强烈的一神色彩而与三大主体宗教形成难以调和的矛盾;民间宗教和民间信仰两种不同类型的宗教文化在底层社会大行其道;伊斯兰教在唐初便传入中国内地,此后逐渐以锁定特定人群和特定地域的"双重锁定"模式,与中华主体文化之间保持了并存的关系。随着三夷教在晚唐以后被迫退出中国文化舞台,中华主体宗教文化便演变成 3+2 的模式,尤其是唐以后的中国,儒释道三教互补呼应,以正统自居处于主体地位,尽显文化的高雅,以上层精英为主导,而民间信仰和民间宗教则沉淀于底层社会,以三教不分的大胆突破和民间文化全面融合,形成丰厚的底层文化土壤,与儒释道三教形成两重楼阁的整体关系,"三教两层"成为唐以后中华文化的主体框架。正是在这种框架下,中国的宗教,才能实现与道德、哲学、艺术、习俗等的相互融合,并以此而渗透到社会的各个层面,发挥规范和指导人们生活的现实作用。

与此相关,该书导言中还说:"宗教作为一种文化现象,信仰是其核心内容。信仰的主体是人,信仰的发生和行动表现为一系列的崇拜心理和实践行为。作为信仰主体的人是生活在一定时空背景中的,无论观念和行为都受到既有主观意愿以及社会文化环境和所在群体的影响和制约。"(第 19 页)以信仰为宗教文化的核心无疑是对的;信仰既是一系列崇拜心理,也是一系列实践行为;信仰的主体是生活在一定时空下的人;人的崇拜心理和实践行为既受到主观意愿的影响,也受到社会文化环境和所在群体的影响和制约。这是对宗教信仰的整体观察,富有科学性和逻辑性。至于佛教信仰,玉茹在导言中说:"不同身份和不同社会阅历者在佛教信仰的框架下获得了符合各自身份和愿望的理解,佛教也得到了统治者'辅助王化'的评价:'等生死者叹其达观,览文义者贵其妙明,助王政之禁律,益仁智之善性,排斥群邪,开演正觉。'(《魏书·释老志》)"(第 4 页)这里所说的"不同身份和不同社会阅历者"自然包括妇女。玉茹在导言中还提到:"南北朝时期出现了大量用于宣教的书籍,如各种灵验故事,即所谓'释氏辅教之书',其中不乏有关女性奉佛活动的记载。各种造像记、经幢题记、墓志铭等金石文字都清楚地展现了佛教信仰对妇女日常生活和心灵世界的影响。"(第8页)"佛教信仰对妇女日常生活和心灵世界的影响"自然也是在"佛教信仰的框架下获得了符合各自身份和愿望"。这一观察是非常深刻的。至于佛教信仰是什么,如何形成一个框架,玉茹在其大作中有非常详细的展开。

从我的理解来说,佛教信仰的主体框架可以用1+5的模式来诠释。所谓"1",就是相信肉体生命背后还有一种灵性生命,从而建构了肉体与灵魂的关系,这是宗教全部信仰的基础,宗教对宇宙、对世界、对人类、对命运的解释及其意义才得以成立。这个基本前提完成之后,宗教一般还会有五个方面的信仰诉求,这便是"5":第一,相信生命可以延续到永恒的未来,在佛教里就表现弥勒未来成佛、共建人间净土的信仰。这种信仰建构了今世与来世、短暂与永恒的关系,时间的恒久延伸与生命品质的至高实现,共同彰显了一种终极的意义。第二,从生命演进轨迹的角度来看,佛教认为生命个体的行为、意志、语言等能产生一种力量,即"业力",沉淀在生命之中,主导着生命演进的方向,包括今世生命和来世生命之间的内在链接,这就是佛教的三世轮回信仰——其实是一种建立在业力理论基础上的因果信仰,也是一种命运法则的信仰。由此激发出一种在现实人间的行善积福信仰,其中蕴含着因与果、善与恶的关系,而且包含着生命运行规律与伦理道德之间多重复杂关系,突破了理性视角下的命运观的局限性,为不确定的人生树立了确定性的规律。第三,相信生命在现实的存在中,有超越理性、超越人间的某种善性力量的支撑。佛教提倡人在危难的时候呼唤观音菩萨,在至诚的一念当中即可产生一种特别的感应,从而实现与这种外在力量的对接。这种对接一旦实现,就会激发内在的生命潜力,可以让人更加无畏、勇敢、坚强、有力地面对现实的困难,从而活出一种生命气象来。这是一种生命依赖的信仰,是生命孤独与脆弱的体现。从被动的保佑到力量的激发,真正的信仰者总是在信仰、理性、精神等多重生命体验中实践这种信仰。在这种信仰中,理性的力量与超理性的力量以及与此相关的自力与他力、世俗与神圣等关系都得以建立起来。第四,相信灵性生命在空间上会有一个彼岸的拓展,在佛教里主要表现为西方极乐世界的信仰。灵性生命到达彼岸世界后,能够以更高级的生命形态存在。这种信仰建构了此岸与彼岸的关系,既体现了人类对空间有限性与无限性的探讨,也属于对人与自然关系的全新建构,宇宙的无限可能性都在与人的关系中得到诗意的拓展。第五,相信个体生命品质可以到达终极圆满的境界。正是因为有灵性生命的存在,如佛教所认为的,有本觉、有如来藏,有真如、有佛性,所以才有成佛的可能性。成佛是对生命的变革,对生命品格的全方位提升,是整个生命超凡入圣状态的实现,它为生命境界的提升提供了无限可能的空间。这种信仰不但包含着凡与圣的关系,而且包含着性与相、空与有、染与净等多种圆融一体的关系。

这五个方面的信仰也就是佛教最核心的信仰内容。这些信仰涉及生命的时间、生命的空间、生命的依赖、生命的轨迹、生命的境界,而基础性信仰则是对生命构成的解读,由灵性生命这一前提性信仰支撑了其他五种有关生命的信仰诉求。这种生命的解读都是为了解决生命的苦难,而这种生命奥秘的解读和生命苦难的解决,其实刚好应对了科学理性等世俗学问和世俗方式之不足。因为理性方式对人类问题的解释和解决总是相对的、有限的,而人类面临问题时的诉求却是绝对的、无限的。这种无限和有限的矛盾、绝对与相对的冲突,必然会引领人们向宗教领域发展,以致在宗教信仰中有了灵性的建构以及灵性建构之后的五种信仰类型的形成。可见,佛教信仰背后有其人生观、世界观的深厚支撑,所以,佛教信仰在中国的流行意味着一种全新的思想冲入中国固有的宗教文化传统之中。

回顾中国宗教文化的传统,除了原始宗教中的自然崇拜、祖先崇拜、图腾崇拜、生殖崇拜外,商周时期是中国宗教文化的第一次重大突破:至高无上的天帝与最高权力建构相结合,并以神圣的意义维系一种普天之下的秩序,与遍布千家万户的祖灵崇拜上下呼应,以神灵为纽带初创了最初的家国同构模型。在这一宗教文化格局初创过程中,最值得关注的可能是绝地天通和以德配天。前者实现了神权的垄断,在神圣秩序的规范化进程中指向权力的神化和早期国家的建构,直到孔子时代才试图打破这种延续了一千年的传统,为普通人与天之间的沟通以及人人天命平等寻找可能出路。而以德配天在最高神的道德塑造过程中,不可避免地限制了至高神的神圣力量和救世功能,导致天的模糊化和职能领域的不断窄化,天的品格也从无上力量的拥有者转变为道德境界与道德标准的最高权威。天与最高权力的合一,也必然不断剥夺或抑制天信仰的独立性,使其无法形成独立而统一的教会,最终成为被天子直接控制的一种神圣工具。于是,中国的至高神信仰既在精神领域难以起到保佑、抚慰、凝聚和统摄的作用，在社会组织方面也无法形成与极权之间的相对制衡或监督，无法为社会提供来自宗教的抑制极权的力量。当学者们赞叹绝地天通、以德配天、天人合一、天人感应等中国式宗教文化现象的时候，可能并不会或不愿发现这种中国式至高神信仰发展路径的局限。

如果说以德配天的宗教道德化进程限制了至高神信仰的终极超越性和更加深刻的神圣意义，那么，此后又经历了春秋战国的民本化，神仙方术的功利化，天人感应的政治化，谶纬神学的神秘化过程，中国宗教始终游离在至高神圣与终极超越之外。对于一个缺乏终极超越性信仰的民族来说，佛教的征服就是必然的。正如玉茹在导言中所说的："两汉之际，佛教传入汉地，其时正值中国本土化宗教体系形成和逐步完善的阶段，具有完备的教义体系和教团组织制度的佛教的传入给中国本土宗教注入了新的思想和组织建设的经验，促进了本土原有的宗教体系的进一步发展。本土早期道教也在佛教的刺激和影响下，教义、教规、科仪和组织制度不断完善，两汉经学经过和佛教道教不断相互渗透，开始了进一步转型。"（第4页）佛教的传入，给中国本土宗教注入了新思想以及组织建设的新经验，由此产生的直接变革首先是道教在崛起过程中的迅速完善以及儒家经学的进一步转型，特别是在玄学的助推下，外来佛教深度注入中国固有宗教文化体系之中，中国宗教史进入又一次重大变革的时代。

从中国固有宗教中最著名的神灵来看，天是神格模糊的，祖灵是血缘分割的，神仙的长生是缺乏终极超越的，各种自然神崇拜是肤浅功利的，这些神的共性是道德教化性极强，秩序建构功能明显，神圣性在赤裸裸的现实功利诉求面前难以升华，信仰的理论建构和修行方法均缺乏深邃的思想和博大的体系，无论在视野方面还是在形上建构方面均未完成最高的统摄。而佛教的神灵，释迦佛信仰的觉悟指向，弥勒佛信仰的未来想象，阿弥陀佛信仰的终极超越，文殊信仰的哲学意向，观音信仰的神力救护，一个庞大的神灵团队涌入中国，而传统神灵根本无力抗拒这些新"神"的魅力。仅以两晋南北朝时期最流行的观音信仰为例，自从西晋时期竺法护所译的《正法华经·光世音菩萨普门品》汉译本诞生后，观音信仰迅速为中国人所接受。《普门品》传达的观音具有以下几个特点：神力巍巍，大慈大悲，言之凿凿；功能清晰，直面现实生活，几乎无所不能；超越人群类型与高低之限制，在观音面前人人平等；不以是否是善人作为救度的前提，贪财经商和深陷牢狱的罪人都能获救；获得救度的方法以专心称念观音名号为主，强调了心的虔诚和方法的便捷；随时随地，观音就显示在任何需要者的身边。仅以上这些神性品格，就足以顿超中国固有的各类神灵。更何况此后不久，其他观音法门的经典也传入中国，观音的彼岸世界接引法门、思维方法彻底变革的觉悟法门、身口意三密相应的秘密法门、解疑释惑的指点迷津法门、建立在因果业报理论基础上的行善积福法门等，彼此呼应，圆融一体。特别是经过法云、智𫖮等人的诠释之后，观音信仰与中国宗派佛教深度融会，一种既具有现实功利又具有终极超越、既具有简单易行的实践方法又具有博大精深的理论体系的神灵信仰勃兴于中华大地，从此，中国的神灵信仰进入一个全新的时代。

　　人的命运走向到底是谁在把握？内在的法则到底是什么？传统宗教讲："积善之家必有余庆，积不善之家必有余殃。"（《周易·文言传·坤文言》）这种因果规律既受制于一生一世的短浅狭窄，又失之于家族捆绑的责任模糊，同时也缺乏因果链条间的内在驱动机制。而佛教的因果报应以个体为责任单位，以三世为运行轨迹，以身口意三业的善恶为命运演进的驱动之源，一改中国传统学说的弊端，迅速获得中国人的理解与奉行。

　　在中国传统宗教那里，至高神天的神性传承只有最高统治者以天子身份而独享，而佛教主张人人都有佛性，人人皆可成佛。从单一天子到普遍佛子，不但打破了儒家天信仰的独断性和神权与政权的同构性，而且超越了儒家圣人情结的道德主体性，呈现出神圣、慈悲、智慧等多重品格以及平等亲和、简易直接、普遍及时等实践特征。即使从东汉末年传入后曾长期搁置的净土信仰，也在东晋南北朝时期先后在庐山东林寺和山西玄中寺两度兴起。这种信仰更突破了中国固有的天圆地方的世界观，以三千大千世界为视野，在人类居住的地球之外安顿人类的未来，以坚信西方净土世界的美好表达了对人类所居世界的批判和超越，其视野之宏大，想象之宏丽，气势之豪迈，让中国人长时间难以理解和接受。但北朝后期，却以迅猛之势冲击着中国固有的宗教信仰格局。

　　其中最让中国人无法抗拒的是佛教的治心理论与方法。如果我们回望轴心时代，希腊的哲学家大部分同时都是自然科学家，他们通过科学理性的方法精准认识人与自然之间的关系，并以此为基础建构起逻辑严谨的哲学体系和社会理论;印度的思想家们以无上高贵的婆罗门自居,坚守《吠陀》天启的信仰,以祭祀来应对一切问题,在神性弥漫中建构梵我合一的终极理想,体现了梵我关系的主导地位;希伯来的神学家们则以人解释一切问题的根源,并以神来解决一切问题,以神来建构未来的终极美好,确立了人与神之间的关系;而中国的思想家们,几乎个个都是社会活动家,他们关注社会问题,聚焦人的社会性,以人与人的关系为主轴,建构他们的学说体系。无论是儒家的含情脉脉,还是法家的冷酷无情,墨家的神神鬼鬼,道家的清静无为,纵横家的朝秦暮楚,兵家的诡计多端,他们关注的,都是人与人之间的关系。可是,从人性需求来看,人不但需要自然性的支撑,也需要社会性的提升,同时也不可缺少精神性的主导,而精神性的关键就是人心。人心向外驰求,从而必然受制于外境的奴役,形成客观决定主观的被动局面。早期佛教以正见、正思维开始,以正念、正禅定随后跟进,建立起严密的禅修体系。而后期大乘佛教以般若智慧破除内心的执着,净化人心,力图让人心获得独立与自由,实现清净无染的美好境界。南北朝以后兴盛的佛性学说,指向人人具有的佛性,将明心见性学说推向极致,体现了佛教治心的终极功夫。所有这一切,在两晋南北朝时代均传入中国,形成不同于中国固有宗教文化的话语体系,并渗透到社会各个阶层,体现了佛教文化的勃勃生机。

诚如玉茹在导言中所说:"外来的佛教建立了自己的话语体系,在汉地扎根,这一时期,佛教信众涉及社会阶层开始扩大,尤其是僧众通过对妇女的宣教,佛教信仰进入家庭,影响到社会生活的方方面面。"(第4页)佛教话语体系的建构的确是两晋南北朝时代极为重要的一种文化现象。宏观来看,佛教的传入及其话语体系建构,是中国历史上第一次翻译运动的产物,体现了第一次大规模外来文化输入的主体路径。而佛教话语体系的建构是多种方法同时推进的过程,如以诵经感应等方式推进的佛经崇拜,不断激发经典的神圣性,塑造佛教经典的认同性,并借此树立其话语权。至于在人生观、世界观、价值观等方面,佛教都以其精深的理论和有序的实践而建构佛教的话语体系,仅大规模的佛教词汇的涌入,就成为这个时期中国文化舞台上的奇观。

玉茹在导言中特别强调了佛教借助女性而进入家庭的情况。佛教进入家庭,改写了儒家文化所塑造的家庭结构,既超越祖先神灵又超越儒家祭祀体制的佛教实践,对家庭和底层社会产生了巨大影响。一种打破血缘家族阻隔、建构全体民众精神认同的底层精神纽带,与血缘家族纽带同时并存,其所建构的群体纽带范围,远超固有的各种地方神灵。于是,在某种意义上讲,儒家的家国同构转变为佛教的人—家—村—乡同构。顺着这种打破传统的价值取向来看,我们发现佛教进入中国便开始了重重无尽的突破进程,突破血缘,突破家族,突破阶层,突破地域,突破天圆地方的世界观,突破位处中央的"中国"观,突破固有生活秩序,甚至试图突破皇权制约,突破夷夏关系,突破天下界限,突破势不可挡的功名欲望。佛教对中国传统文化和传统社会生活秩序形成巨大的冲击。而这一切,如果从家庭的角度来观察,则无疑与女性佛教信仰者有直接的关系。

玉茹在导言中说:"古人往往从女性心理较之男性更为弱势的角度,解释女性宗教信仰更加虔诚的现象:'所立名称,大抵妇女为多,故妇人易被蛊惑。'(徐珂《清稗类钞》)有人更把女性对超验事物的兴趣和士人对名利的追求相提并论,认为这是人的本能需求,所谓'士人之好名利,与妇人女子之好鬼神,皆其天性使然,不能自克'(谢肇淛《五杂组》)。以上两种说法,虽不免有站在男性优越的立场上对女性智力和心理需求有所贬损的成分,但也在一定程度上道出了宗教在妇女精神生活中的重要性。从古至今,无论哪一种宗教,其信仰主体和主要支持者都是妇女。从心理学角度看,'女性属于内倾情感型的人,容易成为教徒,她们把情感深藏于内心,形成某种心理压力、负荷,宗教徒将这种情感在内心寄托于神,又进一步将其对象化,幻影化,就会产生宗教经验'(罗竹风主编《人·社会·宗教》)。"(第2页)在宗教信仰方面,女性更容易动心,这是常见的事实。但这是否是女性的弱点,可能还需要深入辨析。正如玉茹所引用的古人观点,女性对超验事物的兴趣和士人对名利的追求分别是妇女和士人的天性,而这与妇女的"情感型"人格有密切的联系。情感是一种基于内心之情的感觉。记得有一次无神论学会在陕西师范大学举办年会,杜继文先生在会议茶息期间以婴儿生下来就知道吃奶为例,说明唯物主义的天然性。我认为这是很有道理的,但后来再想,这到底是唯物主义的物质需求决定论,还是情感意义的安全与爱的驱使?无论是唯物的还是唯心的,在婴儿时期都只是限定在感性层面的,那么这是否体现了人类感性力量的原发性?即使在成人的世界里,感性依然是一种美好的认识路径,与理性常见的冷酷、呆板、逻辑相比,有更多的温馨与柔美。在人的成长过程中,感性是如此的重要,而理性领域的知识、学术、思想,尽管存在次第提升的演进,但都不能取代感情的美丽。当人的认识超越理性之后,无论叫直觉,还是叫佛教所说的般若智慧与觉悟,或许都可算是一种灵性的认识。于是,我们从知识—学术—思想的层级推进中,从更加宏阔的视野发现感性—理性—灵性的彼此相依,或许感性比理性更容易接近灵性。从这个角度看,女性的宗教感更强,也更容易在宗教信仰方面沉浸于曼妙的境界之中。佛教进入中国之后,妇女信教便成为佛教存在和发展的重要社会支撑。

如果说佛教进入中国后实现了一个又一个的突破,那么,妇女进入佛教之后也必然借助佛教的力量而开启一个又一个的突破。在古代中国,佛陀与皇帝之间,帝主佛从;在僧人与居士之间,僧主俗从;在僧人之中,师主徒从;在僧尼之间,僧主尼从。在这个修道系统当中,比丘尼的地位很低。但是,在佛教的神灵世界里,佛高于皇帝,女性证道者的观音比一般神灵还高。可见,佛教是一种打破旧有体系的精神力量。从僧团组织来说,佛教进入中国后破天荒地给中国送来了一批游离在宗法制和皇权体制之外的庞大社会人群,他们怀抱信仰,向往解脱,过着集体的修行生活,形成亘古未有的社会现象,其中更具震撼意义的是大规模女性群体游离于社会固有体系之外,一个特别的女性群体以整体而独立的姿态在中国古代社会中出现了。正如玉茹在导言中说:"佛教对中国社会最具有革命性的影响是佛教出家修道制度即僧伽制度的传入。……大乘佛教所具有的平等解脱精神极大鼓励了东晋时期的中土女性,她们走出婚嫁的固有生活模式,开始独立追求解脱之路。"(第7页)

去年拜读玉茹的结项成果时,我给出的评价意见,除了第一条属于政治把关内容外,其他意见主要有:以中国文化结构发生重大重组、中国佛教僧团制度初期创建、中国社会生活发生巨变的两晋南北朝时期为背景,聚焦女性出家众相关问题的研究,对认识中国佛教出家女性团体的形成、特性、发展轨迹及其同中国社会的关系等问题具有重要的理论意义和现实意义;该成果在文献资料的收集方面,比早期同类研究有重要的进展,不但在传世文献方面尽力搜罗,而且在新出土文献的搜集方面下了很大功夫,特别是很多有价值的题记,这对整个研究的问题挖掘以及深入社会生活的分析都有重要支撑作用;该成果所涉及的问题比较丰富,基本涵盖了两晋南北朝时期佛教出家女众的一些重要问题,从比丘尼僧团的建立,到比丘尼僧团制度的摸索与完善进程,从比丘尼的修行实践,到比丘尼的社会活动尤其是政治活动的参与与影响,该成果均有比较详实的论述,并对佛教女众出家制度与本土文化观念的互动进行了理论分析,总体上看,该成果结构完整,论述清晰,内容饱满;该成果在一些方面有重要的突破,特别是出家女性的家族背景、与地方社会的关系、出家女众的丧葬等方面,有新材料、新观点,显示出较高的学术价值。当然,鉴定意见中超过一半的文字还是提出修改的建议。现在看到的终稿,在很多方面采纳了我的意见,我也感到由衷的高兴。相信玉茹未来在这一领域还会进一步深耕,并取得更大的成就。

李利安

2024 年 10 月 5 日

目 录

序 ……………………………………………………………… 李利安 1

导言 ………………………………………………………………………… 1
  第一节 问题的提出 …………………………………………………… 1
    一、女性与宗教信仰的关系 ………………………………………… 1
    二、中土女性与佛教的关系 ………………………………………… 3
    三、研究时段与研究对象 …………………………………………… 8
  第二节 研究史回顾 …………………………………………………… 9
    一、两晋南北朝佛教女性观研究 …………………………………… 9
    二、佛教女性群体的研究 …………………………………………… 10
      （一）对《比丘尼传》的研究 ……………………………………… 10
      （二）北朝比丘尼的研究 …………………………………………… 12
      （三）出家女众的造像研究 ………………………………………… 13
  第三节 资料与研究方法 ……………………………………………… 16
    一、资料来源 ………………………………………………………… 16
      （一）内典文献 ……………………………………………………… 16
      （二）传世史料 ……………………………………………………… 17
      （三）考古遗存、碑铭和出土文书 ………………………………… 18
    二、研究方法 ………………………………………………………… 19
      （一）文献资料的对勘、比较 ……………………………………… 19
      （二）回到历史场景，试图"同情地理解古人" …………………… 19
  第四节 篇章结构 ……………………………………………………… 20

第一章 两晋南北朝的信仰环境与佛教女性解脱观 …… 22
第一节 两晋南北朝中土女性的宗教信仰环境 …… 22
一、儒家（教）文化影响下的女性 …… 22
二、仙道文化中的女性 …… 25
三、行走于官民之间的女巫 …… 27
第二节 两晋南北朝女性的教育背景 …… 31
第三节 佛教女性解脱观在中土的传播 …… 34
一、佛教女性解脱观的演进 …… 34
（一）对"女身"的否定和厌弃 …… 34
（二）转女成男 …… 36
（三）即身成佛 …… 38
二、竺法护的译籍与女性信仰的发展 …… 39
三、净土信仰与女性解脱 …… 42
四、厌弃女身观念对中古佛教的影响 …… 43
小结 …… 45

第二章 比丘尼教团的成立与发展 …… 46
第一节 汉地比丘尼僧团出现时间的讨论 …… 46
一、汉明帝母阴夫人出家说 …… 46
二、汉明帝时洛阳妇女阿潘出家说 …… 46
三、三国时江左某尼 …… 48
四、西晋说 …… 48
第二节 比丘尼僧团的建立与扩大 …… 49
一、洛阳比丘尼僧团的建立 …… 49
二、比丘尼僧团的扩大 …… 50
三、西域及河西地区的出家女众 …… 51
（一）龟兹地区的出家女众 …… 51
（二）高昌及河西地区的出家女众 …… 53
第三节 从"爱道之缘"到二部受戒 …… 55
一、"爱道之缘" …… 55
二、"边地"意识与二部受戒 …… 57
三、尼众二次受戒在建康僧团中引发的争论 …… 61

第四节　比丘尼僧伽的管理 …………………………………… 64
一、尼寺内部的管理 ………………………………………… 64
（一）寺主 ……………………………………………… 64
（二）维那 ……………………………………………… 66
（三）纲纪 ……………………………………………… 68
二、国家尼僧官的设置 ……………………………………… 68
（一）尼僧正和尼都维那 ……………………………… 69
（二）比丘尼统 ………………………………………… 70
（三）宫讲法师 ………………………………………… 71

第五节　两晋南北朝出家女众的丧葬 ………………………… 71
一、印度和西域僧尼的丧葬形式 …………………………… 71
（一）印度僧尼的丧葬形式 …………………………… 71
（二）西域地区僧尼丧葬形式 ………………………… 73
二、中土比丘尼的葬法 ……………………………………… 77
（一）林葬 ……………………………………………… 80
（二）石室瘗埋 ………………………………………… 81
（三）土葬 ……………………………………………… 81
（四）坟刹 ……………………………………………… 83
三、葬所的选择 ……………………………………………… 84
（一）寺院附近 ………………………………………… 84
（二）山中 ……………………………………………… 85
（三）家族墓地 ………………………………………… 86
四、葬礼与葬具 ……………………………………………… 87
（一）高等级比丘尼的葬礼 …………………………… 87
（二）俗人以尼礼安葬 ………………………………… 88
五、比丘尼墓（碑）志创制的社会因素 …………………… 90

小结 …………………………………………………………… 91

第三章　两晋南北朝出家女众与政治 …………………………… 92
第一节　两晋南朝比丘尼与政治 ……………………………… 92
一、东晋十六国时期的比丘尼与政治 ……………………… 92
（一）家人因其宗教身份得以提升政治和社会地位 …… 92

（二）皇室贵族为兴建尼寺……………………………………… 92
　　（三）康献皇后褚氏与僧基尼…………………………………… 94
　　（四）妙音尼干政…………………………………………………… 96
　　（五）示现神通，预测吉凶的比丘尼…………………………… 99
　二、南朝比丘尼与政治……………………………………………… 100
　　（一）主动介入权力斗争的道育尼和法静尼………………… 100
　　（二）被齐武帝猜忌的慧绪尼…………………………………… 103

第二节　北朝比丘尼与政治………………………………………… 107
　一、佛教在北朝宫廷的传播……………………………………… 107
　二、后妃为尼………………………………………………………… 109
　　（一）北魏………………………………………………………… 109
　　（二）西魏………………………………………………………… 112
　　（三）北齐………………………………………………………… 113
　　（四）北周………………………………………………………… 115
　　（五）宗室诸王妃………………………………………………… 116
　三、比丘尼与北魏中后期的宫廷政治…………………………… 117
　　（一）僧芝尼……………………………………………………… 119
　　（二）慈庆比丘尼………………………………………………… 124

小结……………………………………………………………………… 136

第四章　两晋南北朝出家女众的修行实践………………………… 139
第一节　两晋南北朝出家女众修行实践概述…………………… 139
　一、讲（诵）经……………………………………………………… 139
　二、修禅……………………………………………………………… 141
　三、遗身……………………………………………………………… 141
　四、持律……………………………………………………………… 141
　五、建塔、立寺与造像…………………………………………… 142
第二节　两晋南北朝出家女众的禅观修习……………………… 143
　一、东汉三国两晋时期江南禅法的流布………………………… 143
　　（一）汉末三国时南方禅经的翻译与禅法的流布…………… 144
　　（二）南北朝时期的禅法………………………………………… 144

二、《比丘尼传》对比丘尼禅修活动的记载 ………………………… 146
三、南方尼众习禅的师承情况 …………………………………………… 152
四、北方比丘尼的禅修情况 ……………………………………………… 156
　　（一）五台山秘魔岩法秘尼 ……………………………………… 156
　　（二）上谷郡惠香尼 ………………………………………………… 156
　　（三）少室山总持尼 ………………………………………………… 156
五、念佛三昧与比丘尼的禅修实践 ……………………………………… 158
　　（一）往生兜率弥勒净土 ………………………………………… 160
　　（二）往生西方弥陀净土 ………………………………………… 160
六、禅诵与禅律 …………………………………………………………… 161

第三节　《法华经》与比丘尼的修行实践 ……………………………… 163
一、《法华经》的翻译与法华信仰的流布 ……………………………… 163
二、《法华经》对女性解脱的肯定 ……………………………………… 164
　　（一）"会三归一"的一乘思想 …………………………………… 165
　　（二）龙女成佛 ……………………………………………………… 165
　　（三）广开授记成佛之门 ………………………………………… 167
三、《法华经》的修习功德 ……………………………………………… 168
四、出家女众《法华经》修持概况 ……………………………………… 170
　　（一）诵读 …………………………………………………………… 172
　　（二）抄写供养 ……………………………………………………… 172
　　（三）翻译 …………………………………………………………… 172
　　（四）讲说 …………………………………………………………… 173
　　（五）建塔造像 ……………………………………………………… 173
　　（六）烧身 …………………………………………………………… 175
五、烧身供养 ……………………………………………………………… 175
　　（一）两晋南北朝烧身供养的尼众 ……………………………… 176
　　（二）《法华经》的流行与佛教界烧身风气 …………………… 178
　　（三）尼众烧身的流程与外界阻力 ……………………………… 180
　　（四）从性别角度考察尼众的烧身行为 ………………………… 182

第四节　观音信仰 ………………………………………………………… 183
一、《观世音经》（《普门品》）的翻译与流通 ……………………… 183

二、观世音的形象 …………………………………… 185
　　三、观音信仰的实践 ………………………………… 186
　　　（一）观音经典的读诵讲说 ……………………… 186
　　　（二）设观音斋祈福 ……………………………… 187
　　　（三）持念观世音名号 …………………………… 188

第五节　净土信仰 ……………………………………… 188
　　一、弥勒净土信仰 …………………………………… 189
　　　（一）弥勒经典的翻译与弥勒信仰的流传 ……… 189
　　　（二）弥勒信仰的宗教实践 ……………………… 190
　　二、西方净土信仰 …………………………………… 191
　小结 …………………………………………………… 192

第五章　功德福田：出家女众的造像、写经与信仰 …… 194
　第一节　南北朝出家女众的造像活动 ………………… 194
　　一、南北朝佛教造像记研究的学术史回顾 ………… 194
　　二、出家女众造像题记的量化考察 ………………… 197
　　　（一）总体情况 …………………………………… 197
　　　（二）纯尼众造像的特点 ………………………… 199
　　三、群体性造像中的比丘尼角色 …………………… 201
　　　（一）供养人题名的排序 ………………………… 201
　　　（二）尼众在邑义中的角色 ……………………… 202
　　　（三）与家（庭）族成员合作造像 ……………… 206
　　四、造像题材的选择与信仰活动 …………………… 208
　　　（一）释迦造像与释迦信仰 ……………………… 209
　　　（二）弥勒造像与弥勒信仰 ……………………… 210
　　　（三）其他尊像造像中的弥勒信仰 ……………… 212
　　　（四）观音造像 …………………………………… 213
　　　（五）卢舍那佛造像 ……………………………… 214
　　　（六）多宝如来造像 ……………………………… 216
　　　（七）思惟造像 …………………………………… 217
　　　（八）无量寿（阿弥陀）造像 …………………… 219

五、造像所见西方净土信仰和其他信仰的结合 …………… 220
    （一）西方净土信仰和弥勒信仰净土信仰的杂糅 ………… 220
    （二）其他尊像造像中的西方净土信仰 …………………… 221
六、多元的受福对象 ………………………………………… 223
    （一）个人（己身） ………………………………………… 223
    （二）世俗家族成员 ………………………………………… 224
    （三）出世的师友 …………………………………………… 226
    （四）国家象征符号：皇帝、国家、州郡长官 …………… 228
    （五）众生 …………………………………………………… 229
    （六）受福对象多样的原因 ………………………………… 230
七、龙门石窟的比丘尼造像 ………………………………… 231
    （一）龙门石窟造像中比丘尼的参与情况 ………………… 231
    （二）慈香窟 ………………………………………………… 232
    （三）魏字洞与北魏后期的女主政治 ……………………… 233
    （四）龙门石窟比丘尼参与的群体性造像 ………………… 237

第二节　5 到 6 世纪敦煌高昌出家女众的写经供养 ……… 241
一、5 到 6 世纪敦煌高昌的社会历史演变与佛教发展 …… 242
    （一）5 到 6 世纪敦煌高昌的历史演变 …………………… 242
    （二）5 到 6 世纪敦煌高昌的地理位置 …………………… 243
    （三）5 到 6 世纪敦煌高昌的佛教发展 …………………… 244
二、比丘尼写经的经济基础和社会背景 …………………… 245
    （一）5 到 6 世纪敦煌高昌比丘尼的经济基础 …………… 245
    （二）战乱、疾疫与比丘尼写经 …………………………… 247
三、比丘尼写经的品类 ……………………………………… 255
四、受福对象与祈愿内容 …………………………………… 258
    （一）受福对象 ……………………………………………… 258
    （二）祈愿内容 ……………………………………………… 258
五、《大般涅槃经》流行的理论基础和现实意义 ………… 260
    （一）《大般涅槃经》流行的理论基础 …………………… 260
    （二）《大般涅槃经》流行的现实意义 …………………… 262

小结 ………………………………………………………………… 263

第六章　佛教女众出家制度与本土文化观念的互动和影响 ………… 265
第一节　女性奉佛与南北朝经学世家门风的演变 …………………… 265
  一、作为清流豪族的泰山羊氏 ………………………………………… 265
  二、羊氏女眷与佛教信仰 ……………………………………………… 267
  三、羊氏家族的门风与宗教信仰 ……………………………………… 270
    （一）羊氏家族的儒学传统 ……………………………………… 270
    （二）泰山羊氏男性成员与佛教信仰 …………………………… 271
  四、羊氏家族的女教 …………………………………………………… 271
  五、女性奉佛对于羊氏家族的意义 …………………………………… 273
第二节　两晋南北朝出家女众与俗家的关系 ………………………… 274
  一、尽孝出家 …………………………………………………………… 275
  二、亲子互相为对方出家修道营造条件 ……………………………… 276
  三、出家修道，光耀门第 ……………………………………………… 277
  四、出家女众与俗家事务 ……………………………………………… 279
    （一）出家女众对家族事务的关心 ……………………………… 279
    （二）世俗家庭为出家女眷提供不同程度的物质支持 ………… 280
    （三）互相为对方营建功德 ……………………………………… 280
  五、同行解脱之道 ……………………………………………………… 281
  六、"在家出家"：北朝上层出家女众的生活样态 ………………… 283
第三节　"剃发"：出家身份之于女众的象征意义 ………………… 285
  一、作为惩戒手段的"剃发毁形" …………………………………… 285
    （一）中古民间文化视野里的"发" …………………………… 285
    （二）域外文明对"发"的态度 ………………………………… 286
    （三）髡刑与"剃发" …………………………………………… 287
  二、作为庇护手段的尼众身份 ………………………………………… 290
    （一）避婚出家 …………………………………………………… 290
    （二）避难出家 …………………………………………………… 292
  三、放弃世俗身份，退出公共舞台 …………………………………… 294
第四节　两晋南北朝的比丘尼与道教 ………………………………… 296
  一、天师道世家女眷奉佛为尼 ………………………………………… 296
  二、佛道竞争下的佛教出家女众 ……………………………………… 299
    （一）比丘尼受到道教徒的迫害打击 …………………………… 299

（二）道容尼与清水道师王濮阳 ··· 301
　三、道教服食与佛教女众修行 ··· 302
小结 ··· 307

结语：从女性佛教信仰的角度理解佛教中国化 ························ 308
　一、佛教传播与中土女性的信仰需求 ······································ 308
　二、佛教解脱观与女性出家制度的确立 ··································· 309
　三、出家女众的信仰实践与功德福田事业 ······························· 310
　四、佛教女众出家制度与本土价值观念的碰撞 ························ 311

参考文献 ··· 313
附录 ·· 335
　一、北朝纪年尼众造像列表 ··· 335
　二、北朝出家女众名录 ·· 378
　三、两晋南北朝出家女众大事记 ·· 383
　四、得而复失：寻找比丘尼统清莲墓志的一段插曲 ··················· 394

后记 ·· 397

导　　言

第一节　问题的提出

一、女性与宗教信仰的关系

宗教作为一种社会文化现象,是人类文明发展到一定阶段的产物。它是对客观现实的反映,宗教意识又被实体化为一种社会体系或生活方式。①宗教不仅伴随着人类文明的整个过程,而且通过与政治、道德、哲学、艺术、习俗等相互融合,渗透到人类社会的各个层面,规范和指导着人们的生活。

宗教信徒,又作宗教徒,指的是信奉某种宗教教义并履行相应的宗教义务的人。宗教的传播和存续以信徒为基础。女性与宗教有着千丝万缕的密切联系,女性信仰宗教具有普遍性,宗教和道德伦理对构建女性的精神世界有重要影响。人类历史上,宗教信仰的神灵体系中,女性神祇一度占有比较重要的地位,特别是在上古母系氏族社会时期,以创世神和大母神为代表的女神崇拜在世界各大文明都有重要影响。②我国的女神崇拜在经历了母系氏族社会的高峰期后一直绵延不断,特别是宋元以后,女性神祇的数量和女性宗教信仰的内容都得到了很大发展。明清时期,民间秘密宗教女神崇拜

---

① 参见王晓朝:《文化视域与新世纪宗教文化研究的基本走向》,《世界宗教研究》2002年第3期。
② 参见李素平:《中国原始母系社会的女神崇拜》,《北京印刷学院学报》2003年第1期;盛英:《论中国上古女神》,《中国文化研究》2012年第4期;柴克东:《仰韶"彩陶鱼纹"的神话内涵新解——兼论中国古代的女神崇拜》,《文化遗产》2019年第5期;刘文明:《论罗马古典时期的女神崇拜与女性宗教生活》,《浙江师范大学学报》2000年第1期。

已经成为较为普遍的形态。①各种秘密宗教组织中,女教首和女教徒都扮演了重要角色,对中下层妇女在生活和精神层面产生了较大的影响。②

历史上,妇女通过参与宗教活动提高了自身的存在意义,又满足了社交需要。古希腊时期的妇女一生和各种宗教仪式紧密地联系在一起,她们尽管没有选举权等政治权利,却被允许参加各种宗教活动和仪式,"她们参加家庭的各种祭仪,出席城邦的许多宗教节日庆典,负责主持某些宗教仪式,特别是那些与生死有关的宗教仪式。由于她们对宗教活动的积极参与,有人甚至称她们为'宗教崇拜的公民'"。通过积极的宗教参与,"(她们)在仪式上得到了平时由男性公民独享的参政议事的权力"。③各种公共活动提高了妇女的社会地位,"在家庭活动与公共和社会活动重合时,妇女的地位便相对地高,甚至超过男人"。④妇女通过宗教找到了精神依赖和归宿,有了自我价值实现,得到了相应的情感补偿和道德追求,满足了社会交往的需要。⑤

古人往往从女性心理较之男性更为弱势的角度,解释女性宗教信仰更加虔诚的现象:"所立名称,大抵妇女为多,故妇人易被蛊惑。"⑥有人更把女性对超验事物的兴趣和士人对名利的追求相提并论,认为这是人的本能需求,所谓"士人之好名利,与妇人女子之好鬼神,皆其天性使然,不能自克"。⑦以上两种说法,虽不免有站在男性优越的立场上对女性智力和心理需求有所贬损的成分,但也在一定程度上道出了宗教在妇女精神生活中的重要性。从古至今,无论哪一种宗教,其信仰主体和主要支持者都是妇女。从心理学角度看,"女性属于内倾情感型的人,容易成为教徒,他们把情感深藏于内心,形成某种心理压力、负荷,宗教徒将这种情感在内心寄托于神,又进一步将其对象化,幻影化,就会产生宗教经验"。⑧

---

① 参见洪美华:《民间秘密宗教宝卷中的女神崇拜》,《历史月刊》(台北)1995年第4期。
② 参见洪美华:《清代民间秘密宗教中的妇女》,台湾师范大学硕士论文,1994年,第3页。
③ 裔昭印:《古希腊妇女宗教地位探析》,《世界宗教研究》2001年第1期。
④ 琼·凯利—加多:《性别的社会关系——妇女史在方法论上的含义》,王政、杜芳琴主编:《社会性别研究选译》,第93页。按:图书出版信息见书末"参考文献"处,正文只注明页码。
⑤ 参见罗伟虹:《宗教与妇女的心理需求》,《妇女研究论丛》1997年第2期。
⑥ 徐珂编撰:《清稗类钞》第10册,第4560页。
⑦ 谢肇淛:《五杂组》卷八,第144页。
⑧ 罗竹风主编:《人·社会·宗教》,第104页。

宗教语言、宗教信念、宗教形象和宗教行为贯穿了女性生命的整个历程。①考察一种宗教或者意识形态、观念在社会中的普及程度,女性的信仰人数往往成为最重要的考虑指标。宗教组织通过对女性宣教(传播),宗教(意识形态)走进家庭,进入日常生活,影响岁时节俗,成为家庭成员共同价值取向的一部分。家庭则是构成社会的最基本单位,家庭的共同价值追求成为社会基本价值理念。

卡莫迪(Carmody)指出,宗教的核心是神秘,而神秘又超越了性别,宗教体验也是超越性别的。宗教的基本特征在于:对于个人来说,神秘是开放的还是封闭的,其愿意还是不愿意参与神秘。神秘所要求的根本在于诚实与爱,超越了染色体的差别。但是一切宗教的体验的确也是属于不同性别的人们,因而其体验的表现也有性别色彩。②

古今中外的宗教团体中,妇女信徒在人数、事奉、献金等方面,都有超过男性信徒的趋势。③范若兰指出:"研究妇女与宗教的关系对于深入研究妇女的社会地位和宗教地位有重要意义。"④根据欧大年的研究,中国民间宗教教派发展史来看,女性神祇在民间神灵谱系中占有重要地位,女性神祇、奇里斯玛式领袖和对未来佛的期待称谓了中国民众信仰的基础。⑤从膜拜行为上看,宗教的许多膜拜行为发生在女性身上,女性往往是宗教的传承者和参与者。⑥同时,尽管历史上女性宗教徒在人数上长期占据优势,但在实际实践层面,男性在宗教活动中往往占有主导地位,以宗教仪式的主持者身份出现,妇女则常常处于从属地位。

二、中土女性与佛教的关系

佛教从印度传到中国两千余年,中国哲学、思想、文学艺术、器物制造、礼仪、民众的日常生活都深受影响,所谓"上自王公贵人,下至妇人女子,每谈禅拜佛,无不洒然色喜者"。⑦广大妇女不仅是佛教的忠实信众,在弘法传

---

① 参见曼素恩:《缀珍录——十八世纪及其前后的中国妇女》,第225页。
② 参见 D.L. 卡莫迪:《妇女与世界宗教》,第4页。
③ 参见李贞德:《最近中国宗教史研究中的女性问题》,《近代中国妇女史研究》(台北)1994年第2期。
④ 范若兰:《近年我国关于宗教妇女观与妇女地位研究述评》,《世界历史》1999年第3期。
⑤ 参见欧大年:《中国民间宗教教派研究》,第92—239页。
⑥ 参见菲奥纳·鲍伊:《宗教人类学导论》,第96页。
⑦ 谢肇淛:《五杂组》卷八,第158页。

教的过程中,也曾扮演过重要角色。①妇女是佛教信仰实践者的主体,佛教对她们具有多重影响。妇女信仰者既是佛教的皈依者、信仰者、实践者,同时,她们的信仰行为和诉求也促进了佛教的革新和对中华本土文化的适应。

两汉之际,佛教传入汉地,其时正值中国本土化宗教体系形成和逐步完善的阶段,具有完备的教义体系和教团组织制度的佛教的传入给中国本土宗教注入了新的思想和组织建设的经验,促进了本土原有的宗教体系的进一步发展。本土早期道教也在佛教的刺激和影响下,教义、教规、科仪和组织制度不断完善,两汉经学经过和佛教道教不断相互渗透,开始了进一步转型。

佛教初传入中土的近三百年(两汉至西晋)里,尽管史料中不乏社会上层对佛教神祇的信奉和接纳,东来的僧侣也在各地译经宣教的记载,但由于政府禁止汉人出家,佛教对社会的影响很大程度上局限于少数知识分子和贵族官吏,对于中土社会,特别是普通民众的影响可以说是非常的微弱。②

两晋时期,来自边疆的少数民族向中原内地进一步迁徙,西晋皇室成员携江北士族南渡,玄风南被,佛教和玄学结合,开启了佛教在南方传播的新篇章。外来的佛教建立了自己的话语体系,在汉地扎根,这一时期,佛教信众涉及社会阶层开始扩大,尤其是僧众通过对妇女的宣教,佛教信仰进入家庭,影响到社会生活的方方面面。佛教传教理念比较灵活,僧尼在"应机设教,方便说法"的精神指导下,针对不同的社会群体采用不同的宣教方式:"如为出家五众,则须切语无常,苦陈忏悔。若为君王长者,则须兼引俗典,绮综成辞。若为悠悠凡庶,则须指事造形,直谈闻见。若为山民野处,则须近局言辞,陈斥罪目。"③灵活的布教方式得到了社会广泛欢迎,不同身份和不同社会阅历者在佛教信仰的框架下获得了符合各自身份和愿望的理解,佛教也得到了统治者"辅助王化"的评价:"等生死者叹其达观,览文义者贵其妙明,助王政之禁律,益仁智之善性,排斥群邪,开演正觉。"④

三国两晋以后,佛教在中土的传播速度和影响程度开始大幅度提高,佛

---

① 参见释恒清:《菩提道上的善女人》,第1页。
② 对于两汉到西晋佛教在中土的传播史,学者大多同意将之称为中国佛教史早期阶段,芮沃寿称之为"准备时期"。参见芮沃寿:《中国历史中的佛教》,第21—30页。
③ 慧皎:《高僧传》卷一三《唱导·论曰》,《大正藏》第50册,第417页下。
④ 魏收:《魏书》卷一一四《释老志》,第3035页。

经翻译的数量和质量大大提高，佛寺的设立突破了以往仅限于交通要道城市的限制，①佛教在乡村或者非关隘的相对偏远地区传播。尼众僧团的成立，将原本仅影响于极少数男性精英的佛教思想和礼仪引入到家庭。

在先秦时期的儒家思想观念里，男女之间的差异往往等同于内外、公私和主从之别。②到了西汉，经过董仲舒改造后的儒家思想，进一步将男尊女卑、男主女从、男女有别的纲常伦理思想念上升到了哲学理论高度，将男女结合、男尊女卑、夫主妇从和天地、阴阳关系相比附，为男女两性关系伦理建立了一个形而上的基础。③彼时家庭内部男女分工和角色有严格规定："男不言内，女不言外……内言不出，外言不入。"同时认为，女子的主要活动范围在闺阃之内："男子居外，女子居内，深闺固门，阍寺守之，男不入，女不出。"④这种"男外女内"的性别分工把女性的角色定位在家庭内部，"家"成了女性全部的生活空间。由于这一角色规定，女性被赋予了在家族教育、家风传承中的重要意义。中古时期，世家大族依靠世代传承的教育形成特定的家族门风和家学，保证家族在时代风云变幻中长期绵延不衰。女性因为持家育子，往往更多地承担了家族子女家风家学传承工作。⑤佛教思想观念和礼仪通过妇女进入家庭，润物细无声地成为家族子女教育的一部分。

"佛教在中国并不是一种思想模式或哲学体系，而首先是一种生活方式，一种高度纪律化的行为方式，它被认为能藉此解脱生死轮回，适合于封闭而独立的宗教组织即僧伽的成员信受奉行。"⑥

对于中古时期的中国女性来说，许理和这一论述可谓相当贴切。这是因为，佛教所带给她们的不是精深的理论和完备的制度，更多的是与她们生命体验有关的关于生命轮回、天堂地狱、因缘果报等的解释，这些解释迥异于礼教传统下的女教，给她们打开一个全新的世界。尽管出现了以儒教为主体的本土的宗教体系，但还没有专业的女性修道制度和团体。佛教女性修道制度对本土女性观念和家庭社会秩序的冲击主要表现在女性对个体解

---

① 参见严耕望：《魏晋南北朝佛教地理稿》，第1—3页。
② 参见曲宁宁、陈晨捷：《儒家女性观及其对女性主义的可能应对——以〈礼记〉为中心的考察》，《厦门大学学报》2018年第6期。
③ 参见彭华：《佛教与儒家在女性观上的相互影响与融合》，《哲学动态》2008年第9期。
④ 《礼记·内则》，阮元校刻：《十三经注疏》，第3168、3181页。
⑤ 参见王永平：《迁洛元魏皇族与士族社会文化史论》，第391—410页。
⑥ 许理和：《佛教征服中国》，第326页。

脱的认知和佛教对宗法性传统宗教对女性角色的定位的突破上。

和本土传统礼教不同的是,佛教将人视作独立个体,个人命运由自己的"业力"决定,"(佛教)对个人意志和个人地位的突出,它与立足于家族本位和国家本位的文化传统有鲜明的区别"。①佛教的六道轮回、因果观念和业报思想将女性视作独立的个体,女性和男性一样受到业力的支配,虽然有诸多限制,终究可以和男性一样通过持戒、布施等修行实践积累福报,消除恶业,从而在生命的流转轮回中得生"善道"(人道、阿修罗道、天道)。

佛教信仰的传入在传统宗法性宗教对女性精神的建构上增加了新的内容。佛教信仰在影响女性身心的同时,也影响到整个社会,对传统女性观念和女性行为方式、价值体系等形成冲击。传统宗法性宗教将女性生活空间定义为婚姻和家庭,奉为典范的女性角色是为人妻,为人妇,为人母,女性终其一生始终处于内闱,而不是到户外,到公共空间中,所谓"男治外事,女治内事,男子昼无故不处私室,妇人无故不窥中门"。②佛教的传入拓展了中土女性的活动空间,斋会、课诵、造像等佛教信仰实践将她们的活动范围从家内延展到家庭以外的公共空间。③

佛教的严格戒律和儒家对女性伦理道德规定的一致性是佛教被士族女性接纳的重要因素。一方面,世家大族主动为家族中女性奉佛提供便利,自建尼寺或者为女眷所住寺院提供外护,另一方面,佛教信仰在中古时期成为中老年妇女在完成孝养舅姑、相夫教子、和睦六亲等家庭责任后追求自我解脱的重要途径。对此一行为,同时期女性的墓志祭文往往持肯定态度。

佛教填补了女性作为母亲在儒家道德体系中获取情感道德支持的不足,这是因为,"儒家尊父的伦理价值压抑了母亲的地位,使得人子报答母亲的管道不足,而佛教的信仰和仪式正好弥补了此项缺憾"。④艾伦·科尔(Alan Cole)则认为,正是中古时期高僧与信徒的共同努力,不但为中国的母子私恩提供了抒情渠道,也巩固了佛教寺庙在中国的社会与经济地位。⑤

---

① 杜继文:《佛教在中国文化发展中的地位和意义》,《中国佛教与中国文化》,第26页。
② 李文炤:《家礼拾遗》卷一《通礼·司马氏居家杂仪》,《李文炤集》,第619页。
③ 参见邓小南:《六至八世纪的吐鲁番妇女——特别是她们在家庭以外的活动》,季羡林等主编:《敦煌吐鲁番研究》(第四卷),第215—238页。
④ 李贞德:《女人的中国中古史——性别与汉唐之间的礼律研究》,邓小南等主编:《中国妇女史读本》,第40页。
⑤ Alan Cole, *Mothers and Sons in Chinese Buddhism*, Stanford University Press, 1998, p.5.

大乘佛教肯定男女佛性的平等,在终极层面上肯定男女都具备解脱的能力和可能,男女身体上的性别差异是次要的,心性的觉悟才是最主要的。《大般涅槃经·如来性品》认为,了知佛性、获得解脱者才是大丈夫:"若有不能知佛性者,我说是等名为女人。若能自知有佛性者,我说是人为丈夫相。若有女人能知自身定有佛性,当知是等即为男子。"①由于历史的局限性,尽管佛教在某些经典舆论方面对女性有各种不同程度的限制,但女性对佛教的热情从未减弱。以竺法护为首的译师翻译了大量大乘佛教经典,这些佛教经典宣扬了大乘佛教破除差别、不一不二的思想,对女性追求解脱开出了一条新的路径。虽然史籍对平民妇女奉佛活动着墨不多,但从北方十六国北朝时期大量女性佛教造像和写经文物遗存中可以看到佛教对于北方女性的影响。

"它(佛教)传入中国不仅意味着某种宗教观念的传播,而且是一种新的社会组织形式——修行团体即僧伽的传入。"②佛教对中国社会最具有革命性的影响是佛教出家修道制度即僧伽制度的传入。印度佛教建立了职业修道团体"僧伽",僧伽拥有固定的寺院和完备的修道制度。魏晋以来,随着佛教的深入传播,本土信仰者已不满足于做在家信徒,开始仿效西来僧侣,剃发受戒,建立僧团和寺院,对中国民间社会产生深远的影响。大乘佛教所具有的平等解脱精神极大鼓励了东晋时期的中土女性,她们走出婚嫁的固有生活模式,开始独立追求解脱之路。出身中层官员家族的种令仪及其同伴在洛阳剃度出家,建立了比丘尼教团,开启了中土女性的修道解脱之路。随着本土僧尼规模的扩大,佛教制度建设需求更加迫切,从4世纪后期开始了大规模的戒律翻译运动,也出现了具有本土特色的僧尼轨范和尼僧伽管理制度。

两晋南北朝时期,西域来华的僧人和本土僧人一起,在南北各地游化讲学,往来于城乡,推动造像、建寺和社会公共事业,对民间社会产生了很大影响。③就妇女信仰而言,5、6世纪南北方都出现了较大规模的比丘尼教团。部分比丘尼出身精英阶层,她们和皇室贵族交往密切,在相互往来中,自觉

---

① 昙无谶译:《大般涅槃经》卷九,《大正藏》第12册,第422页中。
② 许理和:《佛教征服中国》,第1页。
③ 参见侯旭东:《佛陀相佑:造像记所见北朝民众信仰》;刘淑芬:《五至六世纪华北乡村的佛教信仰》,《"中研院"史语所集刊》(台北)1993年第63本3分,第503—507页。

不自觉地卷入到政治斗争和其他社会公共事业中。南北朝时期出现了大量用于宣教的书籍，如各种灵验故事，即所谓"释氏辅教之书"，其中不乏有关女性奉佛活动的记载。各种造像记、经幢题记、墓志铭等金石文字都清楚地展现了佛教信仰对妇女日常生活和心灵世界的影响。

至唐代中期，印度佛教已经完成了中国化的历史进程。东晋南北朝是佛教在中土传播深入民间社会最为关键的发展阶段。同时东晋南北朝也是中国出家女众制度兴起的源头，女性从此成为僧团的一分子，通过出家女性，佛教思想文化、礼仪制度等进一步向普通妇女、向家庭浸润。因此，想了解中国佛教的发展演变，了解中土女性佛教信仰变迁，了解佛教对中国民众日常生活的影响，从东晋南北朝出家女众信仰出发是一个重要的切入点。

三、研究时段与研究对象

本书的研究时段，上起西晋政权的最后一个年号建兴（313—316）期间，下至隋文帝开皇九年（589）杨广攻灭南陈，杨隋政权结束长期分裂的局面，统一全国，中国社会和历史进入一个新的发展阶段。建兴四年（316）匈奴人前赵天王刘曜攻入长安，晋愍帝司马邺出降，西晋灭亡，早已南渡至建康的司马氏皇族司马睿乘机称帝，次年三月改元建武，开启司马氏东晋王朝。就是说，净检（或作净捡）剃度受沙弥尼五戒后不久，中国历史进入了东晋王朝，而她的受具足戒，则推迟到东晋升平元年（357）二月八日。中土最早一批出家的女性实际上主要活跃在东晋及其后的十六国时期。

佛教信徒有二众、四众、五众等不同说法区别，主要基于信众的性别、僧、俗和僧俗内部受戒程度的不同而言。二众即男女两类信徒；四众则包括出家男众、出家女众、在家男众、在家女众；五众则专指出家众而言，包括出家男众（沙弥、比丘）、出家女众（沙弥尼、式叉摩那尼和比丘尼）。本书的"出家女众"指的是接受了剃度仪式的女性佛教信徒，包括沙弥尼、式叉摩那尼和比丘尼，出家女众的集合则被称为"尼僧伽"。沙弥尼和式叉摩那尼指的是女性圆顶剃发后即将受具足戒的两个准备阶段（所受的戒分别是沙弥尼戒和式叉摩那戒）。因沙弥尼和式叉尼不具备正式僧伽资格，在僧团中影响力较为有限。大多数情况下，出家女众指的是比丘尼。两晋南北朝处于中国佛教早期发展阶段，律藏翻译较晚，且由于戒师不足或者其他因素的影响，导致部分尼众戒品不全，故本书的研究对象无法径以"比丘尼"来取代全体尼众。因此本书的出家女众,是以受过具足戒的比丘尼为主体,沙弥尼和式叉尼同时存在的尼僧集合。

第二节 研究史回顾

对于佛教女性信仰者的研究,学界一般以陈寅恪先生《莲花色尼出家因缘跋》为开端,但真正成为学术界广泛关注的热点是在20世纪90年代以后。在海内外学者的影响下,佛教女性群体研究逐渐为宗教学、历史学、社会学和女性学等学者关注。蔡鸿生先生《尼姑谭》首开改革开放以后佛教女性研究先河。进入21世纪以后,各种新的研究方法、研究视角和新材料的使用,给佛教女性研究注入了更多活力,形成了初步研究范式。张文学和王富宜对这一时期佛教女性研究的背景和成果进行了鸟瞰式的介绍。[1]

两晋南北朝作为中土女性接受佛教的初始阶段,对于后期汉传佛教的形成有莫大影响,学者对这一阶段的研究主要集中在佛教女性观演变和佛教女性群体两个方面。在研究方法上,除了传统文献学、历史学等研究方法外,社会学和女性学的研究方法和视角也为该领域学者经常使用。

一、两晋南北朝佛教女性观研究

佛教诞生于印度次大陆,对待女性的态度不可避免地受到古印度自然环境、宗教、政治和社会文化等各种因素的影响。从佛教传入中土后,印度佛教的思想观念、礼仪制度一方面改变了汉地固有的女性观,同时也深受汉地宗教文化环境的影响。

释永明和杨孝容等人在佛教经典和历史文献的基础上,通过不同历史时期的佛教经典对女性态度的解读,认为佛教的基本理念是肯定女性成佛的可能性,部派佛教时期出现的对女性的否定是佛教发展史上的插曲。[2]普慧通过对佛经文学的梳理,认为原始佛教、部派佛教和大乘佛教对待女性的态度经历了排斥限制和宽容肯定的变化,这是由佛教众生(男女)平等思想

---

[1] 参见张文学:《中国大陆佛教女性研究述评》,《妇女研究论丛》2009年第6期;王富宜:《近三十年汉传佛教女性研究综述》,《江西师范大学学报》2017年第6期。
[2] 释永明:《佛教的女性观》;杨孝容:《男女同尊:佛教女性观》。

基本理念决定的。①

江美玲和周次吉通过对南传佛教经典《长老尼偈》所记载的早期佛教成就罗汉果的大比丘尼事迹的解读，认为部派佛教对女性的蔑称——"三障""五秽""十恶"，乃后人人为的建构，不符合佛陀众生平等的本怀。②

两晋南北朝作为佛教向中国社会各阶层深入传播的时期，佛教思想和礼仪习俗开始向家庭渗透，受影响的人群从上层社会的男性精英扩大至家庭和广泛的妇女阶层，佛教女性观也因此受到学者们的重视。

曹卫玲对这一时期佛教女性观的历史渊源、表现形式、内容特质、历史意义和现代价值等进行了考察。③张勇等人对大乘佛教影响下的佛教女性观进行了研究解读。④林欣仪通过佛教经典"女身污秽"观念形成与演变的论述，考察了女性性别身份对佛教末法思想及两晋南北朝女性信仰的影响。⑤彭华考察了佛教传入中土后和本土儒家思想的互相影响。⑥

二、佛教女性群体的研究

这一时期的研究成果主要表现在尼僧伽的研究领域，即以《比丘尼传》为主要研究材料对东晋到梁末（6世纪上半叶）的佛教出家女性的探讨，研究内容涵盖了经典翻译、教团历史、戒律实践、寺院分布与特点、社会公共参与等多个方面。

（一）对《比丘尼传》的研究

1. 对《比丘尼传》文本及创作背景的研究

较早对《比丘尼传》的文本和内容进行研究的是台湾学人吴季霏和周次吉，⑦此后大陆学人也陆续展开了对本书文本的整理和研究，如王孺童

---

① 普慧：《从佛典文学看佛教的女性观》，《陕西师范大学学报》2009年第1期。
② 江美玲：《从〈长老尼偈〉看小乘佛教女性观》，台中东海大学硕士论文，2004年；周次吉：《尼师成道典型之研究——读汉译巴利文原典〈长老尼偈〉》，《朝阳科技大学学报》（台中）2001年总第6期。
③ 曹卫玲：《两晋南北朝时期的佛教女性观》，云南师范大学硕士论文，2007年。
④ 张勇：《魏晋南北朝大乘佛教的流行与女性主体意识的觉醒》，觉继、学愚主编：《人间佛教的理论与实践》，第317—330页；《论魏晋南北朝大乘佛教经典翻译对妇女精神风貌的影响》，《中国社会科学院研究生院学报》2008年第1期。
⑤ 林欣仪：《舍秽归真：中古汉地佛教法灭观与妇女信仰》。
⑥ 彭华：《佛教与儒家在女性观上的相互影响与融合》，《哲学动态》2008年第9期。
⑦ 吴季霏：《〈比丘尼传〉研究》，《法光学坛》2000年总第4期；周次吉：《〈比丘尼传〉及其补遗考释》。

（又名王小明）所著《比丘尼传校注》（中华书局，2005年；上海古籍出版社，2022年）已成为十余年来学者研究南北朝比丘尼的基本文献资料。在文本校勘整理之外，王孺童还在前言中对《比丘尼传》收录的尼僧家世背景、出家因缘、主要信仰特点进行了分析介绍。庞仕影、刘飒和胡前胜等人撰写了关于《比丘尼传》的硕博士论文。① 以上诸人对《比丘尼传》的研究主要是从考察文本流传历史、对勘，探讨宝唱生平、创作背景，探讨《尼传》成书的社会背景及史料来源等三个方面展开。刘飒的论文内容最为全面，结构最完整。此外，作者还通过勾稽正史和其他文献中的比丘尼史料，弥补了宝唱原著在搜集史料方面的阙漏。

2. 以《比丘尼传》为主要史料来源的研究

以《比丘尼传》为主要史料来源研究两晋至南北朝比丘尼历史是近二十年来境内外成果最集中的部分，包括各类专题论文和硕博士论文。专题论文主要以杨孝容、张子开、李传军、刘飒、张承宗、白春霞等人为代表；② 硕士论文则有李玉珍、吴艳、谢素文、庄圆、禹玲玲、李静、代静、赵小媛等人③；博士论文以唐嘉和石少欣为代表。④

---

① 庞仕影：《宝唱〈比丘尼传〉研究》，复旦大学硕士论文，2006年；刘飒：《魏晋南北朝释家传记研究：释宝唱与〈比丘尼传〉》；胡前胜：《〈比丘尼传〉成书研究》，西北大学硕士论文，2010年。

② 杨孝容（蓉）：《从〈比丘尼传〉看刘宋时期尼僧概况》，《宗教学研究》1997年第3期；张子开：《〈比丘尼传〉所见蜀地尼僧传记及其语言学价值》，《宗教学研究》1999年第2期；李传军：《从比丘尼律看两晋南北朝时期比丘尼的信仰与生活》，《徐州师范大学学报》2006年第1期；刘飒：《〈比丘尼传〉所载古代比丘尼的风范》，《法音》2012年第2期；《论僧传中的神异现象——以〈高僧传〉和〈比丘尼传〉为例》，《中国文化研究》2011年第2期；张承宗：《东晋南朝尼姑事迹考》，《南京理工大学学报》2011年第2期；白春霞：《东晋南朝比丘尼自主性社会活动及影响因素探析——以〈比丘尼传〉为中心》，《管子学刊》2016年第2期；《东晋南朝时期儒佛妇德观的冲突与融合——以〈比丘尼传〉为中心》，《殷都学刊》2022年第2期。

③ 李玉珍：《唐代的比丘尼》；吴艳：《两晋南北朝与唐代比丘尼僧团的比较研究》，中国人民大学硕士论文，2005年；谢素文：《僧传里的善女人——以宝唱〈比丘尼传〉为中心》，台湾"中央大学"硕士论文，2006年；庄圆：《东晋南朝时期尼僧社会生活的历史考察——以〈比丘尼传〉为中心》，华东师范大学硕士论文，2007年；禹玲玲：《东晋南朝时期江南比丘尼研究——以梁代释宝唱〈比丘尼传〉为中心》，北京师范大学硕士论文，2008年；李静：《魏晋南北朝时期比丘尼若干问题研究》，华东师范大学硕士论文，2011年；代静：《东晋南朝比丘尼的身份和交往——以〈比丘尼传〉为中心》，南京师范大学硕士论文，2021年；赵小媛：《魏晋南北朝比丘尼神圣性的塑造：以〈比丘尼传〉为中心》，西北大学硕士论文，2022年。

④ 唐嘉：《东晋宋齐梁陈比丘尼研究》；石少欣：《六朝时期比丘尼研究》，南开大学博士论文，2013年。

杨孝容是较早进入佛教性别研究领域的学者,《从〈比丘尼传〉看刘宋时期尼僧概况》一文以《比丘尼传》卷二的记载为基础,分析了刘宋比丘尼的特点。张子开从语言学的角度论述了蜀地尼僧的特点及《比丘尼传》在语言学上的意义。李传军从比丘尼戒律的规定这一角度探讨比丘尼的信仰与社会生活情况。白春霞则以《比丘尼传》对两晋南朝比丘尼僧事迹的记载为出发点,探讨了这一时期比丘尼的精神面貌和儒教与佛教在女德观念上冲突与融合。

李玉珍的论文题目虽然是"唐代比丘尼",事实上有很大篇幅回溯了南北朝时期比丘尼制度的确立过程,特别是比丘尼戒律在中国的早期发展历程,其研究范式对大陆学界有很大影响。吴艳的论文探讨了早期尼僧团的特点。李静考察了魏晋南北朝时期比丘尼及其戒律的沿革,进而探讨比丘尼的社会活动与比丘尼寺院的发展,对北魏后宫出家制度的研究,梳理古代后妃出家制度的形成过程。李静在对南朝尼寺的考察中除了佛教文献外,还大量借鉴了方志石刻资料的内容。

相对于以上硕士论文而言,唐嘉和石少欣在篇幅、内容覆盖面、深度等方面都要超出前者许多。唐嘉考察了东晋南北朝时期女性信仰的历史社会背景和特点;按照历史分期考察了各个历史阶段尼众修行场所兴废、地域特点、寺院的经济状况梳理了尼众戒律的翻译和受戒历程的发展,从禅修和净土信仰两个方面论述了尼众实修情况等,从不同侧面呈现东晋南朝比丘尼的立体形象。石少欣则从六朝比丘尼的政治参与和影响、比丘尼的修行状况、尼僧伽制度发展源流和比丘尼与佛道关系等层面探讨了比丘尼制度在中土的发展演变和女性信仰与本土文化的关系。从内容上看,唐嘉侧重考察了东晋南北朝时期南方比丘尼的情况,对北方比丘尼的情况只是捎带进行了介绍;石少欣则在探讨南方比丘尼历史的同时用了相当大篇幅从政治参与、家族关联、实际修持等角度考察北朝比丘尼的历史。

(二) 北朝比丘尼的研究

相对于六朝南方比丘尼的研究而言,北朝比丘尼的研究起步较晚,研究内容往往集中在后妃出家现象、北朝比丘尼在宫廷政治中的影响和出家女众造像活动等方面。陈晨《北魏比丘尼研究》是目前唯一一篇以北朝比丘尼为研究对象的学位论文,该文对北魏比丘尼的世俗身份,出家原因,修行场所,国家对尼僧的管理及比丘尼的社会活动、信仰实践等进行了较全面的梳理和介绍。①

尚永琪《3—6世纪佛教传播背景下的北方社会群体研究》从佛教社会史的角度分析考察了佛教传播对中国古代传统社会"四民"的影响,其中第六章第二节"妇女参与佛事的苦难背景与欢乐意义"对了解北魏时期的女性及比丘尼喜乐所求极具启发性,第九章"对佛教信仰群体所处的社会组织的考察"对北魏的僧官制度与佛教邑义作了深刻的探讨,其中包括对比丘尼僧团与女性邑义的介绍。

白春霞的博士论文《北朝女性与佛教》就北朝时期佛教对社会各阶层女性生活的方式和产生的影响进行了全面考察,从性别和宗教关系的角度探讨了北朝多元文化交融的背景下,佛教与儒家女性观相互作用的过程。②

后妃出家是北朝佛教一个突出现象。汤用彤先生《汉魏两晋南北朝佛教史》第十四章"佛教之北统·北魏诸帝与佛法"中对这一现象进行了简单介绍。近年来,许智银、夏毅辉、陈怀宇也分别从不同角度对北朝后妃出家为尼史事进行考述。③夏文将北朝皇后的佛教信仰和佛教政策联系起来,着重论述了北魏冯、胡二位太后的佛教信仰以及国家对僧尼佛寺的态度。陈文梳理了北朝历史上后妃为尼的现象和政治社会原因,其关于北魏皇后对佛教发展的作用及后妃为尼现象的探讨具有启发意义。白春霞从社会性别的角度对北朝后妃出家为尼现象进行了解读,认为北朝特殊的政教关系和社会对女性性别角色的规制以及女性在宗教信仰中的边缘化等原因导致了这一现象的出现。④高二旺则从丧葬礼仪的角度对以皇后身份出家的北魏宣武帝皇后高氏在亡故后以比丘尼的丧葬仪轨进行安葬的历史背景进行了解读。⑤

（三）出家女众的造像研究

造像是北朝佛教信众最重要的功德福田事业之一,出家女众是重要的造像群体之一。历代学者皆热衷于搜集整理造像铭文,但从性别的角度认

---

① 陈晨:《北魏比丘尼研究》,吉林大学硕士论文,2016年。
② 白春霞:《北朝女性与佛教》,陕西师范大学博士论文,2019年。
③ 许智银:《论北魏女性出家为尼现象》,《许昌师专学报》2001年第6期;夏毅辉:《北朝皇后与佛教》,《学术月刊》1994年第1期;陈怀宇:《中古时代后妃为尼史事考》,《华林》编辑委员会编:《华林》（第二卷）,第133—148页。
④ 白春霞:《社会性别视角下的北朝后妃出家现象探析》,《中州学刊》2016年第11期。
⑤ 高二旺:《北朝葬礼之"尼礼"探析》,《宁夏社会科学》2008年第3期。

识和理解造像活动在近三十年来才开始陆续进行。最早涉入这一领域的是吴玲君，①她对北朝妇女(包括比丘尼)造像进行了图像学上的考察；邵正坤《北朝比丘尼造像记试探》一文以造像记为中心，对比丘尼造像进行考察，探讨了比丘尼这一群体在北朝的生存状态，讲述比丘尼作为职业信徒对造像活动的参与情况，揭示出北朝佛教的世俗化特征。②佐藤智水、李林昊和宋莉等人也对北朝女性造像情况进行了研究。③群体性造像是比丘尼造像的重要组成部分。佐藤的论文通过对具体造像案例的举证，分析探讨了在群体性造像中比丘尼的角色和意义；李林昊则比较了北朝时期比丘尼、平民女性和贵族妇女等三类女众群体性造像题记的书写特点，并认为在群体性造像中，比丘尼对于所在邑义的造像活动具有指导作用；宋莉主要考察的是关中地区的妇女造像，她认为，北朝关中地区比丘尼造像数量不多，且多为群体性造像。北朝因造像等功德活动形成的邑社影响较大，女性则是邑社组织的重要成员，还出现了纯女性的邑社组织。宁可、黄霞、郝春文等学者对北朝时期女性结社情况进行了深入讨论。④

出家女众个案研究也是近年来学者关注较多的部分。王珊和周玉茹的研究以对北魏中后期宫廷政治具有深远两位影响的比丘尼僧芝和慈庆墓志为研究切入点，通过解读志文，对这两位比丘尼的生平以及她们在宫廷政治角力中扮演的角色等进行了严密考证；⑤石少欣和陈超对在宫廷斗争中失败的宣武帝皇后高英出家为尼一事的前因后果进行了考述；⑥傅清音则通过对近年来西安出土的两方隋代初年比丘尼墓志的考察，探讨了元魏皇室女子在元魏政权灭亡后婚姻和信仰的关系。⑦

---

① 吴玲君：《北朝妇女的佛教信仰活动：以佛教造像铭刻为例》，台湾中正大学硕士论文，1998年。
② 邵正坤：《北朝比丘尼造像记试探》，《古籍整理研究学刊》2014年第4期。
③ 佐藤智水：《北魏女性的集体造像》，《魏晋南北朝隋唐史资料》2019年第1期；李林昊：《渗透与分离：北朝女性群体造像记探微》，《中原文化研究》2019年第3期；宋莉：《从造像记看五至七世纪关中地区妇女造像》，《西北美术》2019年第4期。
④ 宁可、郝春文：《北朝至隋唐五代间的女人结社》，《北京师范学院学报》1990年第5期；黄霞：《北图藏敦煌"女人社"规约一件》，《文献》1996年第4期；郝春文：《再论北朝至隋唐五代宋初的女人结社》，《敦煌研究》2006年第6期。
⑤ 王珊：《北魏僧芝墓志考释》，郭润涛、彭小瑜编：《北大史学》(13)，第87—107页；周玉茹：《北魏比丘尼统慈庆墓志考释》，《北方文物》2016年第2期。
⑥ 石少欣、陈洪：《北魏世宗高皇后出俗为尼考》，《文学与文化》2012年第2期；陈超：《权力、价值与信仰：北魏宣武帝高皇后出家事件探析》，《宗教学研究》2022年第3期。
⑦ 傅清音：《新出元华光墓志与元媛柔墓志所见元魏宗女的婚姻和信仰》，中国文化遗产研究院编：《出土文献研究》(第十八辑)，第410—422页。

对西域地区出家女众的研究也得到了相关学者的关注,包括尼僧的宗教活动、寺院经济。陈丽萍对敦煌地区女性写经供养的情况进行了探讨。①

张梅雅和石小英对出家女众与本家的关系进行了较为深入的探讨。②此外,佛教对妇女丧葬礼仪的影响也进入了学者的视野,高二旺和张承宗分别从个案和整体角度探讨了魏晋南北朝出家女众的丧葬礼仪。③

总体而言,目前国内外对两晋南北朝时期佛教女众的研究大多是基于释宝唱所撰《比丘尼传》进行的,而《比丘尼传》收录的六十余位比丘尼中,有五十余位长期生活在南方。对于北方比丘尼教团和女性佛教信仰的形态和社会影响,学界虽有所关注,但研究对象大多集中在社会中上层,对占人口绝大多数的普通女性信众的研究还有较多的地方需要进一步关注。

从研究方法上看,早期的出家女众研究一般是基于文献学、历史学和宗教学的研究方法,特别是对于《比丘尼传》的研究,是学者们基于文献学和历史学研究最勤的领域。随着研究的深入,心理学、社会学、女性学等学科的研究方法逐步引入,跨学科的研究方法的使用拓展了出家女众研究的视角和深度。跨学科研究方法对学者个人的学术能力、专业背景和视野提出了新的要求,由于种种条件的限制,目前跨学科研究方法的使用还不够深入,成果数量也比较少。社会学研究方法使用也不太多,且多是从社会史或社会分层的角度来展开,如尚永琪和李传军的研究等。女性学的观念和方法对广大从事宗教性别研究的学者也有一定影响,如杨孝容、唐嘉、白春霞等人的研究或多或少地采用了女性主义的视角和方法。

从资料使用上看,上述研究大多以正史和经典文献资料为主,对于承载着信仰者心愿与宗教实践的造像、写经题记和墓志等金石资料以及各种地方文献的使用不够充分。近年来,随着各种新史料的不断出土,在前人的基础上运用新的研究方法和理念进行深入细致的研究显得很有必要。新中国成立七十多年来,特别是近四十年来基建的快速发展,使考古事业取得丰硕成果的同时也给佛教出家女众研究提供了更多的新材料。

---

① 陈丽萍:《敦煌女性写经题记及其反映的妇女问题》,兰州大学敦煌学研究所、南华大学、美国密歇根大学编:《敦煌佛教艺术文化国际学术研讨会论文集》,第83—99页。
② 张梅雅:《同行解脱之道:南北朝至唐朝比丘尼与家族之关系》,《文献》2012年第3期;石小英:《魏晋南北朝时期尼僧与世俗家庭的关系》,《敦煌学辑刊》2021年第4期。
③ 高二旺:《魏晋南北朝丧礼与社会》;张承宗:《魏晋南北朝妇女丧葬礼仪考》,《苏州大学学报》2010年第2期。

南北朝出家女众研究中,赵婧的博士论文以六朝时期与比丘尼相关的造像记、写经题记、墓志文为基础,力图发掘和考察这一时期佛教女性群体的历史形象、人格特质和她们在文学、文化上的贡献。①赵婧在视角和资料使用上虽有所创新,但某些结论和观点存在可商榷之处,如她对"佛教书写"内涵和外延的界定,她将以比丘尼为主体的书写活动及产生的文本如造像、写经和墓志文都列为比丘尼"书写"的范围。南北朝时期虽然不乏具有较高教养的中上层社会阶层的出家女众,但相当部分造像写经题记中出现的尼众,很多是普通平民,文化水平并不高。且北朝造像已经形成产业,除了特别定制以外,刻工刻下的题记愿文往往存在模式化和套路化的问题,不一定真的出自造像尼众。作者还提出"宫廷女性出家去世后,其比丘尼弟子为其书写墓志文"的论断,②不知道作者的依据何在。北朝墓志文中,明确撰者和书者姓名的极少,墓志文中可以看到尼弟子为其操办后事,却不曾见到书写墓志文的明确记载。作者将比丘尼的书写归因为苦难的社会现实,过分强调外在环境对于人的影响,忽视了人的主动性。写经造像是基于佛教教义教规的信仰活动,主动积极的行为,并非简单地由于外在环境的压力作出的减压释放的举措。

大多数研究是基于文本资料和经典解读对比丘尼僧团制度、修行方式、社会交往和影响等进行分析,新的史料文献碑刻和写经题记等挖掘还处于起步阶段,运用新的理论和方法对比丘尼的社会意义的研究还有较长的路程。

第三节　资料与研究方法

一、资 料 来 源

(一)内典文献

1. 佛教经律论文献

四部《阿含》、四部广律(《四分律》《五分律》《十诵律》《僧祇律》)、戒

---

① 赵婧:《六朝比丘尼佛教书写研究》,武汉大学博士论文,2019 年。
② 赵婧:《六朝比丘尼佛教书写研究》,第 125 页。

经、戒本以及各种论书如《大智度论》《善见律毗婆沙论》《律二十二明了论》等。佛教经典中存在大量直接与女性信仰相关的大小乘经典,如《须摩提经》《胜鬘经》《顺权方便经》《转女身经》《大爱道比丘尼经》《佛母般泥洹经》等,以女性为主要人物的经典更是数不胜数。这些经典体现的佛教观念与女性信仰及其修道生活有直接关系。

2. 佛教史传类文献

受中国传统史学发达的影响,佛教史传类著作是佛教史学成就最大的部分,流传至今的僧尼传记成为后世研究佛教最重要的史料来源。与两晋南北朝出家女众直接相关的有梁代僧人宝唱撰写的《比丘尼传》和民国僧人震华编写的《续比丘尼传》。《高僧传》《续高僧传》《法显传》《弘赞法华赞》《法华传记》《法华灵验传》《观音经持验记》《净土往生传》和《出三藏记集》中也有大量与出家女众相关的史料。

3. 佛教地理类典籍

佛教地理类典籍如《洛阳伽蓝记》中保存着较多北朝出家女众相关史料。此外,成书于明代和清代的《金陵梵刹志》和《南朝寺考》虽则后出,但仍保存了较多建康及周边尼寺的资料。

(二) 传世史料

传世史料是主要的史料来源。包括:

1. 正史类

《晋书》《宋书》《南齐书》《梁书》《陈书》《魏书》《周书》《北齐书》《南史》《北史》《隋书》等正史类著作。正史类著作中的本纪和传记部分是人物研究的主要资源;"志"则是各种典章制度和文化的重要依据。此外当代学者杜斗城爬梳正史辑出的《正史佛教资料类编》亦为本研究提供了不少便利。

2. 类书文集类

主要有清人严可均辑《全上古三代秦汉三国六朝文》,特别是其中的《全晋文》至《全隋文》。时人和后人编辑的各种文集,如《玉台新咏》《昭明文选》等也有相当部分与佛教有关的背景资料。

3. 笔记小说类

六朝志怪小说风行,虽不乏荒诞不经的文字,但在很大程度上真实地反映了时代的精神风貌和价值取向。本书参考较多的有刘义庆《世说新语》、干宝《搜神记》以及近人搜集整理的《汉魏六朝笔记小说》等。

(三) 考古遗存、碑铭和出土文书

1. 考古遗存、文物

考古遗存和文物是两晋南北朝出家女众信仰与社会研究的实物资料。由于历史久远，实物资料罕见，与佛教相关的考古遗存为本研究提供了了解"历史现场"的机会，为讨论女众信仰与社会的关联提供了空间。

2. 金石铭文

金石铭文的使用主要以造像题记和墓志为主。和其他研究主题不同的是，在数千年的人类历史长河中，女性绝大多数时间隐没在男性的身影后面，女性之于人类历史的活动、心理诉求、价值和意义大多隐没在历史宏大叙事模式之下。造像题记、写经题记和墓志文等都是直接面对当事人的材料，未经过历史文本记录者的转述，更真实地反映了当事人的心理需求和行动逻辑，具有和历史文献材料同等的使用价值。金石铭文的实物除了集中收藏于国家图书馆的墓志碑刻外，还有近几十年出土并收藏于各省市博物馆以及保存于原址的金石铭文。本研究使用的金石铭文主要来源于《金石萃编》《石刻史料新编》《北京图书馆藏中国历代石刻拓本汇编》《鲁迅辑校石刻手稿》《龙门石窟碑刻题记汇录》等各种有录文和实物流转历程者；也包括实物不存，仅有录文者。此外，各种与考古和文物研究相关的学术期刊历年来也陆续公布了一大批新出土的石刻材料，这些都是本研究重要的史料来源。两晋南北朝墓志出土不算太多，使用较多的主要有《汉魏南北朝墓志汇编》《新出魏晋南北朝墓志疏证》和《汉魏六朝碑刻校注》等。

3. 出土文书

主要以敦煌和吐鲁番出土汉文文书为主。吐鲁番文书就其性质，可粗略分为公私文书、古籍、佛道等教经卷四大类；敦煌文书则以敦煌藏经洞出土文献为主，如《吐鲁番出土文书》《新获吐鲁番出土文献》《柏孜克里克石窟出土汉文佛教典籍》《中国古代写本识语辑录》以及《敦煌愿文集》等。

造像写经是古代信众信仰实践最重要的表现形式，是实现功德福田最重要的途径。和造像相比较，写经由于材质的关系，很难在中原内地保存下来。敦煌吐鲁番地区历史上佛教兴盛，由于气候干燥，成为一百余年来佛教纸质和壁画、石窟等佛教文物出土最丰富的地区。出土文书既反映了敦煌吐鲁番地区古代社会和宗教信仰的历史，同时也反映了中原内地的历史：出土文书中有相当部分记载了内地的情况。对写经题记和写经文本的分析,可以补充传统史料文献对于这一地区佛教出家女众记载的缺失,更能促进从更广阔的时空背景下对5到6世纪西域地区出家女众思想行为的认识和理解。

二、研究方法

历史学、文献学和田野调查被很多学者视作宗教学研究的基本方法。①在实际操作中,除了这三项之外,人类学、心理学、现象学、伦理学、社会学等研究方法也常常被交叉使用。本研究主题涉及宗教学、历史学和女性学等相关学科,在研究方法上存在一定的交叉性。由于研究主题距今相当久远,在方法和立场上,应注意以下两个方面。

(一) 文献资料的对勘、比较

两晋南北朝至今已约一千五百年,古文献在多年的辗转流传过程中,由于各种原因造成的讹误在所难免,同一件史实在不同的历史文献中经常呈现出不同的面貌。在本书的实际操作中,需要对同一历史事件关涉的史料作尽可能详尽的搜集,在此基础上相互比勘,以求原貌。对于源头不同的同一件史实,则须不同角度进行比较观察,以求得尽可能全面的了解,并恢复事件原貌。

(二) 回到历史场景,试图"同情地理解古人"

沧海桑田,人世浮沉。今人的生活场景较之两晋南北朝时期千差万别。古人的信仰和价值观念尤其需要认真体察,断不能以今人的价值取向和认知去框设古人。如何利用有限的材料去感知古人,了解古人,需要较强的耐心和同理心,正如陈寅恪先生在《冯友兰〈中国哲学史〉上册审查报告》中所说:"吾人今日可依据之材料,仅为当时所遗存最小之一部,欲藉此残余断片,以窥测其全部结构,必须备艺术家欣赏古代绘画雕刻之眼光及精神,然后古人立说之用意与对象,始可以真了解。"至于如何做到真正了解,陈先生又言:"所谓真了解者,必神游冥想,与立说之古人,处于同一境界,而对其持论所以不得不如是之苦心孤诣,表一种之同情,始能批评其学说之是非得失。"②今人古人,心同理同。作者固然不能穿越到历史人物和历史事件发

---

① 于君方:《宗教学研究方法:兼论台湾尼僧史的研究》,《青松萌芽》(嘉义)1999年第4期。
② 陈寅恪:《冯友兰〈中国哲学史〉上册审查报告》,《金明馆丛稿二编》,第279页。

生的时空背景中,但通过最大限度地深入文本和实物材料,最大可能地贴近古人,保持同理心、同情心,倾听史料文字的"言外之意",对历史真相进行"还原",在实证的基础上对其思想、观念和行为的意义和价值进行合理诠释。

宗教作为一种文化现象,信仰是其核心内容。信仰的主体是人,信仰的发生和行动表现为一系列的崇拜心理和实践行为。作为信仰主体的人是生活在一定时空背景中的,无论观念和行为都受到既有主观意愿以及社会文化环境和所在群体的影响和制约。特别是宗教信仰的心理和行为具有一定超验性,文字(无论是石刻还是传抄的写本)在记录的时候很可能会有一定的"隔膜",加上题记的书写者往往并非行为人本身,使得文字不能全面深入表达行为人的所思所想,这就需要研究者在具有同理心同情心的同时,具备相应的敏锐度和体察能力。

第四节 篇章结构

本研究希望解决两个方面的问题:一是佛教女众出家制度在中土扎根、发展、演变的历史;二是从宗教史、社会史和女性史的角度对两晋南北朝时期出家女众的信仰、政治权力和社会观念的相互影响等方面的关系作一探讨。在导言和结语之外,本书拟通过六个部分对这两个方面进行探讨。

导论主要就研究问题的缘起、基本概念、学术史回顾以及研究资料与方法等作简要介绍。

第一章主要着眼于两晋时期汉地女性所处的宗教文化环境的探讨。两汉之际基本确立了中国本土化宗教的体系,儒家哲学和礼教经过董仲舒等人的加工整理,基本具备了宗教形态,佛教教义和组织形式刺激了道教的发展,大乘佛教与女性相关的经典的翻译与解脱观念的演进对中土女性追求自我解脱提供了新的路径。

第二章主要探讨比丘尼僧伽制度在中土的确立和在两晋南北朝时期的发展变化,主要从地域和教团发展、比丘尼受戒历程、尼僧伽管理和丧葬礼仪等角度探讨比丘尼教团在两晋南北朝时期兴衰发展的过程。受戒是僧团身份确认最重要的标准,无论是印度还是中土,女众出家受戒都经历了曲折的过程。本章从两晋到南朝宋齐时期女众受戒过程的演变为切入点,探讨不同教团的差异,僧团内部对比丘尼教团的规范、国家的外部控制以及比丘尼的丧葬制度的变化。

第三章探讨南北分裂环境下出家女众在国家政治生活中扮演的角色和产生的影响。随着比丘尼僧团影响的扩大,玄学清谈的文化环境、较高的门第出身和文化修养给了南方比丘尼往来于皇室、官僚贵族的机会;另一方面,女主政治的出现也使得比丘尼作为隐形政治力量介入了宫廷斗争。北朝时期比丘尼的地位和社会影响虽然不如南方比丘尼那样耀眼,但由于统治者对佛教信仰的偏好,南北两地比丘尼以不同形式对国家政治生活产生了程度不同的影响。

第四章就比丘尼的修行实践展开讨论。两晋南北朝时期比丘尼修行实践主要表现为经典讲诵、禅修、立寺造像等。尼众禅修在南方蔚然成风,来自罽宾的禅法和禅师对南朝尼众影响深远。《法华经》对女性解脱的关注使得其在出家女众中有较高的普及度。第三节从《法华经》经文对女性解脱的肯定、尼众依照该经进行修持的概况以及尼众烧身供养等三个方面探讨比丘尼修习《法华经》的情况。本章还探讨了观音信仰和净土信仰对比丘尼(特别是南方地区)的影响。

第五章探讨了出家女众佛教信仰实践两个最重要的方面:造像与写经。两晋南北朝比丘尼造像主要集中在北魏及其后的东西魏和北齐、北周,本章采用量化分析方法考察北朝女众造像的基本情况,同时对比丘尼造像题材、受福对象、龙门石窟比丘尼造像以及比丘尼与北魏宫廷政治的关系进行了考察。由于气候和环境等原因,目前所见这一时期出家女众写经主要集中在敦煌和吐鲁番一带。5到6世纪之间共计二十三目比丘尼写经题记(有确切纪年的题记十五目,无明确纪年的题记八目)的分类整理,并结合同时期敦煌高昌地区经济、社会和文化背景的变迁,对比丘尼写经时代背景、写经种类、题记内容所反映的女性佛教信仰倾向和心理进行了探讨。

第六章就佛教女性出家制度在中土的扎根及其与本土文化之间的相互影响进行探讨,主要包括女性出家修行与经学世家家风门风的演变、出家女众与本家的关系、出家"剃发"的社会象征意义以及佛道教关系视野下的女众出家修道等方面。

结语部分就前面六章所讨论的问题进行集中总结,指出本书的论述在该领域中尚未解决的问题以及未来研究的可能走向。

第一章 两晋南北朝的信仰环境与佛教女性解脱观

第一节 两晋南北朝中土女性的宗教信仰环境

从上古到两晋南北朝时期，中国本土宗教基本形成了以儒家（教）、[①]仙道文化和巫风共存并相互影响的基本形态。

一、儒家（教）文化影响下的女性

古代中国宗教经历了从原始宗教到以祖先崇拜为核心的宗法性传统宗教的演变，即牟钟鉴先生所提出的"以天神崇拜和祖先崇拜为核心，以社稷、日月、山川等自然崇拜为羽翼，以其他多种鬼神崇拜为补充，形成相对稳固的郊社制度、宗庙制度和他祭祀制度"。敬天法祖作为传统宗教生活的

---

① 对于儒家（教）的定性，在多年争论中，主要形成了三种观点：一是儒教就是宗教；二是儒教非宗教，只是一种以政治伦理为核心的思想学说；三是儒家不是宗教，但具有宗教性，儒学具有超越性和终极等宗教性因素，在中国历史上发挥了宗教的作用，但没有形成真正意义上的宗教。以任继愈先生为代表的一批学者认定儒家具有强烈的宗教属性，径直称之为"儒教"；以牟钟鉴先生为代表的学者则将包括儒家在内的中国本土主流宗教称为"宗法性传统宗教"。学者争论所得出的结论虽有所不同，但无一例外都认为，两汉时期，以董仲舒为代表的儒士对儒家改造后，在思想、礼仪和组织上，儒家（教）和先秦时期已有根本的不同。此一时期，随着佛教的传入和道教的形成，奠定了此后两千余年中国宗教的基本形态和格局。值得注意的是，现代汉语"宗教"一词系舶来品，其内涵和外延是基于西方基督宗教一神教基础上产生的，对于中国这样一个有五千年悠久历史，注重伦理和现实生活，具有多神传统的中华文明来说有诸多不适用的地方。讨论历史时期人群的宗教信仰，需要"换位"，即要站在古人的时空场景下开展。对于两汉之后的魏晋南北朝时期的人群而言，儒释道"三教"共存，相融相摄，相拒相斥，已是当时人的共同认识；在日常生活中，人们也常常将三者等量齐观。

核心体系,"成为中国宗法等级社会礼俗的重要组成部分,是维系社会秩序和家族体系的精神力量,是慰藉中国人心灵的精神源泉"。①

上古时期的宗教信仰更多的是巫术活动,即李泽厚先生所言的中国早期文化中的"巫史传统",②在此之外,原始宗教信仰包括自然崇拜、鬼魂崇拜、生殖崇拜、图腾崇拜、祖先崇拜等五大崇拜。③到了夏商周时期,中国宗教的基本面貌发生了重大变化,经过"绝地天通"的宗教改革,统治者垄断了祭祀权,民众和神明直接交流的通道被禁绝,"人神无相侵渎",原始宗教向国家宗教过渡。④在这一重大变革过程中,"伴随着'上帝'至上神的出现、血统的纳入以及祖先崇拜的彰显,促使以天神崇拜和祖先崇拜为核心的古代国家宗教逐渐形成并日益成熟"。⑤

两汉之际,随着阴阳五行学说的继续流行,谶纬之说得到了古、今文经学家的认可,儒学逐步神学化。在这样的大背景下,以祠天祭祖为核心的儒家礼教、以阴阳五行为基础的神仙方术和以符命感应为主的谶纬构成了中国人宗教生活的主要内容。⑥

上古时期宗教一定程度上保留了生殖崇拜和女性祖先崇拜的痕迹,但在大多数时候,女性处于缺席的地位。特别是生殖崇拜,从早期对女性性别特征——乳房和女阴的崇拜转向男女合生或者男性生殖崇拜(女根),女性始祖则从早期的独立神祇变成男性始祖神的配偶。中古早期,纳入国家祭典的神祇基本都是男性或者是男性形象。古人重祭祀,祭祀的对象包括天神、地祇和人鬼,所有被祭祀的鬼神中,极少有以女性形象出现的。两汉时期,纳入国家祭典的一千五百多位神祇中,女性神祇只有两位。⑦

儒家(教)文化体系里,宗庙祭祀维系着国家、社会和家庭的稳定,而女性作为国家、社会、家庭的一员,在宗庙祭祀中的角色和地位比较微妙。祭祀祖先等神灵是家族成员显示其身份地位的重要活动,通过祭祀来考察女

---

① 牟钟鉴:《中国宗法性传统宗教试探》,《世界宗教研究》1990年第1期。
② 李泽厚:《从巫到礼 释礼归仁》,第3页。
③ 参见牟钟鉴、张践:《中国宗教通史》,第4页。
④ 参见牟钟鉴、张践:《中国宗教通史》,第78、85页。
⑤ 刘伟:《"绝地天通":中国古代原始宗教的国家宗教转向》,《深圳大学学报》2021年第6期。
⑥ 参见李四龙:《人文宗教引论——中国信仰传统与日常生活》,第57页。
⑦ 参见林富士:《六朝时期民间社会所祭祀"女性人鬼"初探》,《中国中古时期的宗教与医疗》,第461页。

性在家族中的地位高低具有重要意义。①夏商时期,妇好与丈夫商王武丁一起征战四方,一起治理国家,作为武丁的正妻,妇好死后享受了与丈夫一样的祭祀。正如《礼记·祭统》所言:"夫祭也者,必夫妇亲之,所以备外内之官也。官备则具备。水草之菹,陆产之醢,小物备矣。……凡天之所生,地之所长,苟可荐者,莫不咸在,示尽物也。外则尽物,内则尽志,此祭之心也。"②这里的"妇",指的就是男子的正妻。

西周时期女性出嫁前后在家族祭祀中享有不同的地位,一般说来只有"宗妇"即家族族长的正妻才有资格享祭。③西周贵族宗庙祭祀祖先的场景在《诗经·小雅·楚茨》中有生动的记录:"礼仪既备,钟鼓既戒。孝孙徂位,工祝致告。神具醉止,皇尸载起。鼓钟送尸,神保聿归。诸宰君妇,废彻不迟。诸父兄弟,备言燕私。"④这里主祭的"君妇",指的是宗子之嫡妻,即家族族长的正妻。陕西省扶风县出土西周晚期青铜器姬寏母豆铭文正是反映了这一历史传统。⑤从祭器的制作到死后享祭的次序来看,男性比女性享有优先权利:祭器的制作权掌握在男性手中,死后男性祖先的地位也高于女性祖先。妇女一生中需要经历四个重要的人生阶段:女、妻、母、妣,其中"母"的地位最高,母职的实现需要男子娶其为妻,同时诞下男性子嗣。⑥两周重食,食器在西周至春秋时期墓葬随葬品中占有重要地位,但男女墓葬中,随葬食器的组成也出现男尊女卑的差异,不仅女性自作食器的频率低于男性,且工艺和形制都比男性要粗糙简略。⑦

儒家由天尊地卑的宇宙观推导出男尊女卑、男主女从的两性伦理。《周易·系辞上》说:"天尊地卑,乾坤定矣。……乾道成男,坤道成女。乾知大始,坤作成物。"⑧《春秋繁露·基义》则云:"阴者,阳之合;妻者,夫之合;子者,父之合;臣者,君之合。物莫无合,而合各有阴阳。……君臣、父

---

① 参见朱凤瀚:《论商周女性祭祀》,张国刚主编:《中国社会历史评论》(第一卷),第129—135页。
② 阮元校刻:《十三经注疏》,第3479页。
③ 参见耿超:《浅议姬寏母豆与师𬭼钟作器者关系及族姓》,《考古与文物》2011年第1期。
④ 阮元校刻:《十三经注疏》,第1008页。
⑤ 参见耿超:《浅议姬寏母豆与师𬭼钟作器者关系及族姓》,《考古与文物》2011年第1期。
⑥ 参见陈昭容:《周代妇女在祭祀中的地位》,李贞德、梁其姿主编:《妇女与社会:台湾学者中国史研究论丛》,第1—45页。
⑦ 参见孙晓鹏:《性别视角下两周铜簠随葬现象研究》,陕西省社会科学院古籍整理研究所编:《古文献整理与研究》(第六辑),第224页。
⑧ 阮元校刻:《十三经注疏》,第156—157页。

子、夫妇之义,皆取诸阴阳之道。君为阳,臣为阴;父为阳,子为阴;夫为阳,妻为阴。"①女性被排除在公共事务之外,所谓"妇无公事,休其蚕织"(《诗经·大雅·瞻卬》),"牝鸡之晨,惟家之索"(《尚书·牧誓》)。②女子的价值表现在"宜室宜家",女性的角色在于人妇、人母,尤其是后者,母职被认为是女子最重要的角色,不嫁或无子的女性将无人祭祀,成为孤魂野鬼。

本土以儒教为核心的统宗教,关注的是群体,是国家、宗族、家族和家庭的命运与价值,个人价值必须附丽于群体。和其他宗教比起来,儒教主要关注的是现世利益,对终极问题的关注相对薄弱,缺少对生从何来、死向何方的回答,缺少对个体生命价值和社会价值的关怀和体认,而这一切,恰恰是被排斥于公共领域之外的妇女所特别需要的。

两晋南北朝时期及以前的国家(宗族)祭祀体系中,女性大多数时候扮演的是隐形人的角色。在国家和宗族祭祀中,除了极少数的祭礼如亲蚕礼,是由皇后主祭,祭礼的主持人绝大多时候都是男性。即使是家庭内部的祭祀,除了正妻或者是诞育有男性子嗣的妾室才可能有主祭和享祭的机会。

二、仙道文化中的女性

道教贵柔守雌,道教的神仙谱系中,女性神仙也有一席之地。中古时期,涌现了一大批主角是女性的道教神仙故事和传说。上古时期的女仙,在道术法力上常常超过男子,这些杰出的女仙,往往成为向男子教授道法的老师,如《黄帝内经·素问》中向黄帝传授长生知识的素女,《庄子·大宗师》中向南伯子葵讲述修真次第的女偊等。在南伯子葵眼里,女偊因为"闻道修真",虽年长但是面容很年轻——"有少容",对其道法非常向往。《列仙传》《神仙传》《汉武内传》《墉城集仙录》等记载了许多女性神仙的事迹。刘向笔下的女仙遍及多个社会阶层,有上古帝王之女(赤帝女、炎帝少女)、后宫嫔妃(江妃二女、钩弋夫人)、宫人(毛女)、女商人(女丸)、平民女(阳都女)、动物(蚕女、龙女)等。③

六朝时期女性修仙观念已较为普遍。道教茅山派的创始人杨羲所著

---

① 董仲舒著,苏舆撰:《春秋繁露义证》卷一二,第350页。
② 阮元校刻:《十三经注疏》,第1245、388页。
③ 参见刘向撰,王叔珉校笺:《列仙传校笺》;李素萍:《从道教成仙修炼看女性之地位》,《中国道教》2001年第3期。

《真诰》中塑造了庞大的女仙群体,在现实中也涌现出一批以修仙为志的女性。道教上清派则构筑了一个以女仙魏华存为中心,其他众仙真共同参与的传经神话故事。这些女仙不仅是被崇奉的神灵,也是修道者倾慕的对象,还是上清派修仙术中不可或缺的因素。①

秦汉时期,黄老道和方仙道在社会有广泛影响,社会上层女子很多受到其修行方法的影响。出土马王堆汉墓主角辛追夫人生前即笃好服食丹药,常食朱砂,以致中毒而死。

两汉时期方仙道的神仙方术家具有一定的男女平等的思想,甚至出现了以女子为对象的房中术。②《列仙传·女丸》就记载了一则采阳补阴的故事:

> 女丸者,陈市上酤酒妇人也。作酒常美,遇仙人过其家饮酒,以《素书》五卷为质。丸开视其书,乃养性交接之术。丸私写其文要,更设房室,纳诸少年饮美酒,与止宿,行文书法。如此三十年,颜色更如二十时。仙人数岁复来过,笑谓丸曰:"盗道无私,有翅不飞。"遂弃家追仙人去,莫知所之云。③

上古时期的女仙玄女和素女被汉朝人视为教授房中术女仙。张衡《同声歌》描写了一对男女在新婚之夜体会到的床笫之乐,女主角由衷地发出了"素女为我师,仪态盈万方。众夫所稀见,天老教轩皇。乐莫斯夜乐,没齿焉可忘"④的感叹。

民间道教组织中,女性修道者也有一席之地。五斗米道重视女性信徒,张鲁母亲卢氏在丈夫张衡死后继任祭酒一职,进一步扩大了五斗米道的实际影响。张鲁之女(又作张女郎)是三国时期五斗米道众中最有影响力的女性之一,她死后,被后世尊为道教女性神明之一。

两晋南北朝时期,原本奉道的女众开始有了独立修行的意识。这一过程中逐渐形成了中国女性修道史上七大派别⑤中的三派:中条山老姆派(又

---

① 参见李铁华:《道教上清派传经神话的降授传统与女仙崇拜》,《老子学刊》2017年第2期。
② 参见朱越利:《方仙道和黄老道的房中术》,《宗教学研究》2002年第1期。
③ 刘向撰,王叔岷校笺:《列仙传校笺》卷下,第156页。
④ 丁福保编:《全汉三国晋南北朝诗·全汉诗卷二》,第37页。
⑤ 陈撄宁先生根据女性修行方法的不同将之归纳为六大派别,除文中所述三派外,还有谢自然仙姑派、曹文逸真人派、孙不二元君派等。

称剑术派)、丹阳谌姆派(又称外丹派)和南岳魏华存夫人派(又称存思派),①并涌现出一批修道有成的女性奉道者。

三、行走于官民之间的女巫

"巫"在上古时期人类日常生活中具有重要影响,"巫史传统"虽然在西周"制礼作乐"之后开始淡化,但巫术和巫者在此后从未在国人的生活中缺席。李零认为,中国传统宗教生活的源头在于"巫"和"巫术",巫术、方术和礼仪一起,构成了中国早期宗教的三个维度。②巫作为具有交通鬼神、预测吉凶、疗疾禳灾、特异功能者,在上古时期政治和民众日常生活中扮演了重要角色。古代巫觋往往同时出现,《说文解字》如是解释:"觋,能斋肃事神明也。在男曰觋,在女曰巫。"巫觋最要的职责是交通鬼神,所谓"巫也者,处乎人神之间,而求以人之道,通于神明者也"。③《山海经·大荒西经》云:"有灵山,巫咸、巫即、巫盼、巫彭、巫姑、巫真、巫礼、巫抵、巫谢、巫罗十巫,从此升降,百药爰在。"④商朝时,女巫经常出入于王宫,可参加祭祀和商王占卜,也可负责求雨、降神、疗疾治病等。

西周时期,巫被纳入国家官制系统,国家有关祈禳舞雩、祭事等事务分别由男女巫者负责。众巫之长曰司巫,掌群巫之政令:

> 若国大旱,则帅巫而舞雩。国有大灾,则帅巫而造巫恒。祭祀,则共匰主及道布及蒩馆。凡祭事,守瘗。凡丧事,掌巫降之礼。男巫,掌望祀望衍授号,旁招以茅。冬堂赠,无方无算。春招弭,以除疾病。王吊,则与祝前。女巫,掌岁时祓除、衅浴。旱暵,则舞雩。若王后吊,则与祝前。凡邦之大灾,歌哭而请。⑤

《国语·楚语》记录了观射父的一段话清晰地说明了巫觋的含义:

---

① 参见岳齐琼:《汉唐期间道教修炼方式与道教女性观之变化研究》,四川大学博士学位论文,2007年,第80—86页。
② 参见李零:《中国方术续考》,第131页。
③ 瞿兑之:《释巫》,《燕京学报》1930年第7期。
④ 郝懿行:《山海经笺疏》卷一六,安作璋主编:《郝懿行集》(第六册),第4994页。
⑤ 《周礼·春官宗伯》,阮元校刻:《十三经注疏》,第1762—1763页。

> 古者民神不杂。民之精爽不携贰者,而又能齐肃衷正,其智能上下比义,其圣能光远宣朗,其明能光照之,其聪能听彻之,如是则明神降之,在男曰觋,在女曰巫。①

女巫纳入官制的传统在南朝时期一度中断,在北魏政权得到了延续。北魏继承中原王朝原有的带有巫术宗教色彩的官职,太卜令之设,此后北齐、后周均设专门的官巫。隋文帝时期,太常寺"统郊社、太庙、诸陵、太祝、衣冠、太乐、清商、鼓吹、太医、太卜、廪牺等署。……太卜署有卜师、相师、男觋、女巫、太卜博士、助教、相博士、助教等员"。②隋文帝虽以奉佛虔诚著称,但对于巫者也表示礼遇,女巫在隋王朝的国家祭典中亦有一席之地,《隋书·礼仪志二》记载:"高祖既受命,遣兼太保宇文善、兼太尉李询,奉策诣同州,告皇考桓王庙,兼用女巫,同家人之礼。"③

两汉时期,除了官方祭典中的天帝信仰外,民间社会存在广泛的民间神祇崇拜,如司命、灶神、门神、四灵(青龙、白虎、朱雀、玄武)等,此还存在广泛的鬼、怪的崇拜与祭祀。④民间各种神祠数量庞大,导致"巫"的数量激增,权贵阶层蓄养巫觋较为普遍。西汉武帝时期宫廷多次发生巫蛊案,女巫深度介入,对西汉中期政治影响很大。

第一次巫蛊案发生在元光五年(前130),陈皇后与卫子夫争宠,女巫楚服为陈后建立"神祠"献祭邪神进而诅咒。事发后楚服被处以枭首,陈皇后被废,这次事件受株连达三百余人:

> 元光五年,上遂穷治之,女子楚服等坐为皇后巫蛊祠祭祝诅,大逆无道,相连及诛者三百余人。楚服枭首于市。使有司赐皇后策曰:"皇后失序,惑于巫祝,不可以承天命。其上玺绶,罢退居长门宫。"⑤

汉武帝太子刘据被废的直接原因在于武帝宠臣江充以巫蛊陷害。昭帝

---

① 左丘明撰,徐元诰集解:《国语集解》,第512—513页。
② 魏徵等:《隋书》卷二八,第776页。
③ 魏徵等:《隋书》卷七,第136页。
④ 参见马新:《论两汉时代的乡村神祇崇拜》,《山东社会科学》2004年第1期。
⑤ 班固:《汉书》卷九七上,第3948页。

时广陵厉王刘胥觊觎皇位,请女巫李女须帮助其对汉昭帝、昌邑王刘贺以及汉宣帝等施行咒术:

> 始,昭帝时,胥见上年少无子,有觊欲心。而楚地巫鬼,胥迎女巫李女须,使下神祝诅。女须泣曰:"孝武帝下我。"左右皆伏。言:"吾必令胥为天子。"胥多赐女须钱,使祷巫山。会昭帝崩,胥曰:"女须良巫也!"杀牛塞祷。及昌邑王征,复使巫祝诅之。后王废,胥浸信女须等,数赐予钱物。宣帝即位,胥曰:"太子孙何以反得立?"复令女须祝诅如前。①

两晋宫廷巫风盛行,晋惠帝皇后贾南风多亲近女巫:

> 初,太后(晋惠帝司马衷母杨太后)尚有侍御十余人,贾后夺之,绝膳而崩,时年三十四,在位十五年。贾后又信妖巫,谓太后必诉冤先帝,乃覆而殡之,施诸厌劾符书药物。②

东晋元帝也很信任巫者,宠妃郑氏久病不愈,元帝废朝终日祈祷,"以祈祷颇废万机",引起朝臣顾荣的不满,乃上书劝谏,要元帝废除鬼道淫祀:

> 贵嫔未安,药石实急;祷祀之事,诚复可修;岂有便塞参佐白事,断宾客问讯?今强贼临境,流言满国,人心万端,去就纷纭。愿冲虚纳下,广延俊彦,思画今日之要,塞鬼道淫祀,弘九合之勤,雪天下之耻,则群生有赖,开泰有期矣。③

后赵废太子石邃的乳母刘氏是一位女巫。石邃给予刘氏高位荣宠,刘氏利用石邃的信任介入高层权力之争:"石邃保母刘芝初以巫术进,既养邃,遂有深宠,通贿赂,豫言论,权倾朝廷,亲贵多出其门,遂封芝为宜城君。"④

---

① 班固:《汉书》卷六三,第 2760—2761 页。
② 房玄龄等:《晋书》卷三一,第 956 页。
③ 房玄龄等:《晋书》卷六八,第 1813—1814 页。
④ 房玄龄等:《晋书》卷一〇六,第 2763 页。

齐废帝萧昭业在即位之前就行为不轨,他礼重女巫杨氏,在乃父文惠太子和乃祖齐高帝遘疾之时,多次令杨氏设坛祷祀,欲令二人速亡:"文惠太子自疾及薨……令女巫杨氏祷祀,速求天位。……武帝有疾,又令杨氏日夜祷祈,令宫车早晏驾。"①

北魏孝文帝幽皇后冯氏秽乱后宫,被孝文帝疑忌,冯氏与母常氏一起"求托女巫,祷厌无所不至,愿高祖疾不起……又取三牲宫中妖祠,假言祈福,专为左道"。②

不惟皇室盛行巫风,民间巫风也很兴盛。东晋时隐士夏统因母病请女巫在家中作法禳灾:

> 会母疾,统侍医药,宗亲因得见之。其从父敬宁祠先人,迎女巫章丹、陈珠二人,并有国色,庄服甚丽,善歌舞,又能隐形匿影。甲夜之初,撞钟击鼓,间以丝竹,丹、珠乃拔刀破舌,吞刀吐火,云雾杳冥,流光电发。统诸从兄弟欲往观之,难统,于是共绐之曰:"从父间疾病得瘳,大小以为喜庆,欲因其祭祀,并往贺之,卿可俱行乎?"统从之。入门,忽见丹、珠在中庭,轻步佪舞,灵谈鬼笑,飞触挑抶,酬酢翩翻。统惊愕而走,不由门,破藩直出。归责诸人曰:"昔淫乱之俗兴,卫文公为之悲惋;蟋蟀之气见,君子尚不敢指;季桓纳齐女,仲尼载驰而退;子路见夏南,愤恚而忧忾。吾常恨不得顿叔向之头,陷华父之眼。奈何诸君迎此妖物,夜与游戏,放傲逸之情,纵奢淫之行,乱男女之礼,破贞高之节,何也?"遂隐床上,被发而卧,不复言。众亲踧踖,即退遣丹、珠,各各分散。③

晋宋时期,江南一带民众对巫者依赖程度很高:"东境旧俗,多趣巫祝,及(昙摩蜜多)妙化所移,比屋归正,自西徂东,无思不服。"④六朝时期民间对女巫的信仰较为广泛,女性日常生活中常有巫者的身影,江东地区主要表现为女性人鬼崇拜,如丁姑、梅姑、厕神紫姑和蒋山神之妹清溪小姑等都是女鬼。⑤

---

① 李延寿:《南史》卷五,第136页。
② 魏收:《魏书》卷一三,第333页。
③ 房玄龄等:《晋书》卷九四,第2428—2429页。
④ 慧皎:《高僧传》卷三,《大正藏》第50册,第343页上。
⑤ 参见林富士:《六朝时期民间社会所祭祀"女性人鬼"初探》,《中国中古时期的宗教与医疗》,第460—475页。

南北朝时期,女巫在宫廷和民间仍然有相当的影响,随着佛教出家女众人数的增加和影响力的变大,女巫和比丘尼在不同的时空阶段出现了交集。对此,后文将详述。

第二节　两晋南北朝女性的教育背景

两晋南北朝时期,社会主流文化并不提倡女性在公共领域有所作为,但不少世家大族女眷在家庭濡染和熏陶下受到良好的教育。世家大族基于管理家族事务和抚育子女的考虑,重视家族女性的教育,贵族家庭一般都会为族中未出阁的女儿配备保傅,"尊敬师傅,听从阿保"①成为贵族女子通行的美德。这些有才识的女子和同一时期的部族智者、宗教人士和儒士文人一起被视作"知识阶层"的一员。②南北朝时期,贵族家庭的女子教育不仅仅局限在其幼年时期,在其许嫁后还要为其增加如何为人妻为人母的教育,所谓"弱笄就傅,章台之业早传;出教公宫,淑里之才先达"。③

两晋南北朝时期,官学衰微,私学日渐发达。私学的繁荣为女性施展才华提供了便利条件,家境良好的女儿因此得到了教育机会,出现了一大批才女。魏文帝皇后甄氏,"年九岁,喜书,视字辄识,数用诸兄笔砚,兄谓后言:'汝当习女工。用书为学,当作女博士邪?'后答言:'闻古者贤女,未有不学前世成败,以为己诫。不知书,何由见之?'"④刘聪之妻刘娥,"幼而聪慧,昼营女工,夜诵书籍,傅母恒止之,娥敦习弥厉"。⑤左思妹左芬,"少好学,善缀文,名亚于思……为《离思赋》……答兄思诗、书及杂赋颂数十篇,并行于世"。⑥蔡文姬写出了流传千古的《悲愤诗》;谢道韫以"柳絮因风起"为叔父谢安激赏;鲍照之妹鲍令晖亦以诗文闻名,钟嵘在《诗品》中称:"令晖歌诗,往往崭绝精巧,《拟古》尤胜。"⑦梁代刘孝绰的三个妹妹也毫不逊色:"其三

---

① 《大齐平阳王国故昭妃冯氏墓志铭》,王连龙:《新见北朝墓志集释》,第130页。
② 参见楼劲:《魏晋南北朝隋唐时期的知识阶层》,第49—92页。
③ 《乞伏令和妻郁久闾募满墓志》,周晓薇、王其祎:《贞石可凭:新见隋代墓志铭疏证》,第102页。
④ 陈寿:《三国志》卷五裴松之注引《魏书》,第159页。
⑤ 房玄龄等:《晋书》卷九六,第2519页。
⑥ 房玄龄等:《晋书》卷三一,第957、962页。
⑦ 钟嵘:《诗品》卷下,第384页。

妹,一适琅邪王叔英,一适吴郡张嵊,一适东海徐悱,并有才学。悱妻文尤清拔,所谓刘三娘者也。悱为晋安郡卒,丧还建邺,妻为祭文,辞甚凄怆。悱父勉本欲为哀辞,及见此文,乃阁笔。"①梁萧衍皇后郗氏,"幼明慧,善隶书,读史传。女工之事,无不闲习"。②陈武帝皇后章氏,"善书计,能诵《诗》及《楚辞》"。③陈后主皇后沈氏,"聪敏强记,涉猎经史,工书翰。……唯寻阅图史及释典为事"。④富于才情的女子大量出现和女性少年时期在家中接受教育密切相关。如《孔雀东南飞》女主角刘兰芝说自己"十五弹箜篌,十六诵诗书";⑤北魏李彪之女,"幼而聪令,彪每奇之,教之书学,读诵经传",李氏后入宣武帝后宫为婕妤,"常教帝妹书,诵授经史"。⑥

积极而普遍的女教一方面为她们获得个性的释放提供了条件,同时也使她们有机会反哺下一代,为族中少儿的启蒙教育作出贡献。⑦

三国名士钟会幼年失怙,少年时期的教育主要来自母张氏:

> 夫人性矜严,明于教训,会虽童稚,勤见规诲。年四岁授《孝经》,七岁诵《论语》,八岁诵《诗》,十岁诵《尚书》,十一诵《易》,十二诵《春秋左氏传》《国语》,十三诵《周礼》《礼记》,十四诵成侯《易记》,十五使入太学问四方奇文异训。谓会曰:"学猥则倦,倦则意怠;吾惧汝之意怠,故以渐训汝,今可以独学矣。"⑧

西晋夏侯湛也对其母羊氏的学养和教育钦佩不已:

> 我母氏羊姬,宣慈恺悌,明粹笃诚,以抚训群子。厥乃我龀齿,则受厥教于书学,不遑惟宁。敦《诗》《书》《礼》《乐》,孳孳弗倦。……用缉和我七子,训谐我五妹。惟我兄弟姊妹束脩慎行,用不辱于冠带,实母氏是凭。⑨

---

① 李延寿:《南史》卷三九,第1012页。
② 李延寿:《南史》卷一二,第338页。
③ 李延寿:《南史》卷一二,第343页。
④ 李延寿:《南史》卷一二,第346页。
⑤ 余冠英:《汉魏六朝诗选》卷一《焦仲卿妻》,第41页。
⑥ 李延寿:《北史》卷四〇,第1465页。
⑦ 李静:《魏晋南北朝少儿研究》,南京师范大学硕士论文,2008年,第34—35页。
⑧ 陈寿:《三国志》卷二八裴松之注,第785页。
⑨ 房玄龄等:《晋书》卷五五,第1497页。

前秦韦逞之母宋氏出身于儒学世家,后受苻坚礼请,为长安贵族子弟教授《周礼》:

> 家世以儒学称。宋氏幼丧母,其父躬自养之。及长,授以《周官》音义,谓之曰:"吾家世学《周官》,传业相继,此又周公所制,经纪典诰,百官品物,备于此矣。吾今无男可传,汝可受之,勿令绝世。"……逞时年小,宋氏昼则樵采,夜则教逞,然纺绩无废。①

刘宋天文学家何承天,"五岁丧父。母徐广姊也,聪明博学,故承天幼渐训义"。②南齐王融,"母临川太守谢惠宣女,惇敏妇人也。教融书学"。③谢安九世孙谢贞也是在其母王氏启蒙教育下成长:

> 贞幼聪敏,有至性。……母王氏,授贞《论语》《孝经》,读讫便诵。八岁,尝为《春日闲居》五言诗,从舅尚书王筠奇其有佳致,谓所亲曰:"此儿方可大成,至如'风定花犹落',乃追步惠连矣。"④

北朝也有不少妇女担任教育重任。如太学博士房景先,"幼孤贫,无资从师,其母自授《毛诗》《曲礼》。……昼则樵苏,夜诵经史,自是精勤,遂大通赡"。⑤元务光母卢氏,"少好读书,造次必以礼。盛年寡居,诸子幼弱,家贫不能就学,卢氏每亲自教授,勖以义方"。⑥皇甫和年十一而孤,"母夏侯氏才明有礼则,亲授以经书"。⑦东魏北齐时期的裴让之,十六丧父,"(母)辛氏高明妇人,又闲礼度,夫丧,诸子多幼弱,广延师友,或亲自教授"。⑧北周辛公义,"早孤,为母氏所养,亲授《书》《传》。周天和中,选良家子任太学生"。⑨

---

① 房玄龄等:《晋书》卷九六,第 2521 页。
② 李延寿:《南史》卷三三,第 868 页。
③ 萧子显:《南齐书》卷四七,第 817 页。
④ 姚思廉:《陈书》卷三二,第 426 页。
⑤ 魏收:《魏书》卷四三,第 978 页。
⑥ 李延寿:《北史》卷九一,第 3012 页。
⑦ 李延寿:《北史》卷三八,第 1394 页。
⑧ 李延寿:《北史》卷三八,第 1384 页。
⑨ 李延寿:《北史》卷八六,第 2884 页。

南北朝时期的妇女不仅致力于子女少年时期的教育,有的还入宫帮助皇室处理文书和其他事务,负责监督教导宫廷女子的道德礼仪和行为规范,以提高其文化素养。她们所担任的职务有内司、作司、大监、女侍中、女尚书、美人、女史、女贤人、女书史等。那些出身清白、才华出众的妇女很多就入居禁中为师,教导宫廷妇女。如"吴郡韩蔺英,妇人有文辞。宋孝武世,献中兴赋,被赏入宫。宋明帝世,用为宫中职僚。世祖以为博士,教六宫书学,以其年老多识,呼为'韩公'"。① 又如陈后主时,"以宫人有文学者袁大舍等为女学士。后主每引宾客对贵妃等游宴,则使诸贵人及女学士与狎客共赋新诗,互相赠答,采其尤艳丽者以为曲词,被以新声"。②

第三节　佛教女性解脱观在中土的传播

一、佛教女性解脱观的演进

对于女性能否通过修行得以解脱,不同历史阶段的佛教经典对此有不同的态度。原始佛教和部派佛教经典中,经常可以看见"厌弃"女身的文字,许多经典认为女性身体存在不利于修行的各种障碍,女人加入僧团将不利于僧团和佛法传播,更不要说证果成佛;部派佛教后期直到大乘佛教初期,出现了女性通过"转生为男"并成就佛果的观念,随着大乘佛教的进一步发展,女性"即身成佛"成为佛教内部普遍的认识,对广大妇女信众产生了巨大的影响。

(一) 对"女身"的否定和厌弃

古代印度,妇女不论是在社会政治、经济,还是在家庭生活以及宗教灵修中都处于"失语"状态。无论是在社会公共空间还是在家庭的私领域中,大多数妇女的经济和社会地位都很低下。即使是高种姓女子,无论作为女儿、妻子或者母亲,都始终处于从属地位,受到家族中男性的管制。《摩奴法典》规定,无论是未成年的小姑娘还是出嫁的青年妇女乃至老年妇女,都

---

① 萧子显:《南齐书》卷二〇,第392页。
② 姚思廉:《陈书》卷七,第132页。

不可以自己决定处理任何事情,也绝不要寻求脱离父亲、丈夫和儿子,因为那样"会使两家人都受到轻视"。在婆罗门教教义规定中,女性被视作邪恶的化身。对此,《摩奴法典》曾有多处论述:"人世间,诱使男子堕落是妇女的天性……妇女不但可以使愚者,也可以使贤者悖离正道,使之成为爱情和肉欲的俘虏……"①

　　反婆罗门特权中成长起来的佛教一方面认为众生平等,对于女性供养求法等行为都予以肯定,同时又认为女性在生理和心理上存在种种障碍,既不利于自身修行,也不利于男子的修行。

　　早期佛教经典认为,女性在心性上属于垢秽,有碍修行。《杂阿含经》卷三六总结了女子具有的各种负面因素:"女人梵行垢,女则累世间。"②《增一阿含经·邪聚品》说女人有往往凭借"色力、亲族之力、田业之力、儿子之力、自守力"等五种力量表现出骄慢夫主之心,同时存在着"生豪贵之家、嫁适富贵之家、使我夫主言从语用、多有儿息、在家独得由己"③等五种欲想。《增一阿含经·马王品》又说女人有"九种弊恶之法":一者女人臭秽不净;二者女人恶口;三者女人无反复;四者女人嫉妒;五者女人悭嫉;六者女人多喜游行;七者女人多瞋恚;八者女人多妄语;九者女人所言轻举。④《大爱道比丘尼经》卷下则从女子身体形态和性情等方面列举了女子做作扭捏、轻浮、虚荣、自恋、迷惑丈夫等"八十四态"。⑤无论是梵行垢、五欲想、九恶法还是八十四态,所有这一切都是对女性从外在仪态到内在的价值追求的全面否定。

　　早期声闻部经典对女性的否定性描述林林总总,最核心的当属女人"五碍"说。"五碍",又称五障、五漏、不得行五事、五处不能得作等,在《中阿含·瞿昙弥经》《增一阿含·马血天子品》《四品法门经》《佛说超日明三昧经》《大智度论》《正法华经》《妙法莲华经》等多部佛教经论中都有记载。各部经典著录文字稍有不同,概括而言指的是女性修行者不得成就天帝释、魔天王、梵天王、转轮圣王、三界法王等五种果报。

---

① 《摩奴法典》,第50页。
② 《大正藏》第2册,第266页上。
③ 《大正藏》第2册,第699页中。
④ 《大正藏》第2册,第769页下。
⑤ 《大正藏》第24册,第954页上—下。

"五碍"的最后一"碍"——不得作三界法王,即女身既不能在器世间(现实社会)做国主,同时也不能通过修行得到解脱,则是从根本上否定了女性。①

(二) 转女成男

女身污垢不得成佛是部派佛教坚持的观点。在部派佛教看来,女性如果要成佛,必须经过累世修行,转成男身,才具有成佛的资格。到了部派佛教后期初期大乘时代开始出现"转身"说,认为女身虽然不能成佛,但"转女身成男身"后就有了成佛解脱的可能。转女成男并最终成就佛果的代表性人物是娑竭龙王之女,《法华经·提婆达多品》详细记录了龙女瞬间转成男身成就佛果的故事。经文中,智积菩萨听闻文殊菩萨介绍八岁龙女智慧利根,能于刹那顷发菩提心,得不退转,心生疑惑表示不能相信。智积菩萨话音刚落,龙女便出现于前,为他示现了成佛的迅速,并驳斥了舍利弗关于"女身垢秽,非是法器"的观点:

> 时舍利弗语龙女言:"汝谓不久得无上道,是事难信。所以者何?女身垢秽,非是法器,云何能得无上菩提?佛道悬旷,经无量劫勤苦积行,具修诸度,然后乃成。又女人身犹有五障:一者不得作梵天王,二者帝释,三者魔王,四者转轮圣王,五者佛身。云何女身速得成佛?"尔时龙女有一宝珠,价直三千大千世界,持以上佛。佛即受之。龙女谓智积菩萨、尊者舍利弗言:"我献宝珠,世尊纳受,是事疾不?"答言:"甚疾。"女言:"以汝神力,观我成佛,复速于此。"当时众会,皆见龙女忽然之间变成男子,具菩萨行,即往南方无垢世界,坐宝莲华,成等正觉,三十二相、八十种好,普为十方一切众生演说妙法。②

经文描述了八岁龙女向佛陀敬献龙珠,瞬间女身转成男身,前往极乐世界,身坐莲花,同时具备成佛的一切相好,最终证得佛果,为大众宣讲正法的

---

① 不同部派对女性能否解脱这一问题的回答稍有不同:说一切有部认为女性可以通过修行转成男身而成佛;化地部认为女人永世不能成佛;大众部则较之说一切有部更进一步,认为女性成佛尽管艰难,但还是可以实现的。详参古正美:《佛教与女性歧视》,《当代》(台北)1987年总第11期,第27—35页;古正美:《〈弥沙塞部〉的女人观对中国女性教团的影响》,《台湾大学创校四十年国际中国哲学研讨会论文集》,1985年,第339—367页。
② 《大正藏》第9册,第35页下。

历程。龙女成佛需要克服两大障碍：一是女身，二是旁生。在原始佛教和部派佛教时期女人"五障"的语境下，身为畜生道和女形的龙女显然不具有成佛的可能，但在大乘佛教般若性空学说下，事理本自圆融，因缘性空，诸相皆幻，男相与女相皆是幻象，一切众生由业所致，随其因缘现男女之别。《维摩诘经·观众生品》中天女以神通之力把舍利弗变成天女形象，自己则化身如舍利弗后，二人的一段对话充分证明了这一点：

> （天女）问（舍利弗）言："何以不转女身？"舍利弗以天女像而答言："我今不知何转而变为女身。"天曰："舍利弗若能转此女身，则一切女人亦当能转。如舍利弗非女而现女身，一切女人亦复如是，虽现女身而非女也，是故佛说一切诸法非男非女。"……天女还摄神力，舍利弗身还复如故。天问舍利弗："女身色相，今何所在？"舍利弗言："女身色相，无在无不在。"天曰："一切诸法亦复如是，无在无不在。夫无在无不在者，佛所说也。"①

除了八岁龙女之外，还有多部佛经提供了女性菩萨转女成男成就佛果的事例，较有代表性的有《佛说阿阇世王女阿术达菩萨经》中的阿阇世王女愁无忧，《佛说月上女经》中的月上女，《佛说大净法门经》中的金光首女，《宝女所问经》中的宝女，《佛说无垢施女经》中的无垢施女，《佛说须摩提菩萨经》中的须摩提女，《佛说维摩诘经》中的天女等。《佛说转女身经》中，佛陀提到了转女成男的窍诀：发菩提心、持戒自律、修证佛法、护持佛教、具平等心和智慧成就等。

从南北朝到隋唐，对女身的厌弃和对男身的向往，一度困扰着中土女性，使她们在自身性别认同上出现了长时间的困惑和烦恼。南北朝时期的造像和写经题记常常可以看到女性对自己女性性别身份感到自卑的叙述，她们期望通过造像、写经供养、诵读经典等功德福业实践使自己在来生得以转生成男。受这一观念影响的人群，既有优婆夷，也有出家女众。北魏孝昌三年（527）宋景妃造像记所言："佛弟子宋景妃，自惟先因果薄，福缘浅薄，生于阎浮，受女人形，赖亡母慈育恩深，得长轻躯，是以仰寻勘养之劳，无以

---

① 《大正藏》第14册，第548页中—下。

投报。今且自割钗带之金,仰为亡考妣造释迦像一区,藉此微功,愿令亡考妣托生西方妙乐国土,值闻佛法。"①北魏永平二年(509)敦煌比丘尼建晖在其写经题记中发愿:"比丘(尼)建晖,既集因殖,禀形女秽,婴罹病疾,抱难当今……因此微善,使得虽女身后成男子,法界众生,一时成佛。"②

(三)即身成佛

较之于部派佛教的"女人五碍",初期大乘佛教"转女成男"开许女性可以修道证果已经有了很大的进步,但这终不是究竟,在大乘佛教的进一步发展中,女性即身成佛思想逐渐盛行。

佛陀在过去世曾以女身成佛。《大般涅槃经·如来性品》中,佛陀自述其以女身成佛,向众人宣告女性以女身成佛的可能性和必然性:"我(佛陀)又示现于阎浮提,女身成佛。众人皆言:'甚奇,女人能成阿耨多罗三藐三菩提。'"③此外,弥勒菩萨、地藏菩萨等大菩萨也在过去世曾以女身示现。佛陀及诸大菩萨示现女身最终成佛的事例向大众表明,女身不是成佛的障碍。

女身得佛授记成佛是女身成佛的重要形式之一。授记,又名受记、记莂、记说等等,本指分析教说,或以问答方式解说教理,后大多用于记说、预记当下或未来世成就的果证以及转生处。授记成佛指的是佛对菩萨或发心修行的人给予将来证果、成佛的预记。《法华经》广开授记成佛之门,在本经中,不仅大迦叶、舍利弗、阿难等声闻罗汉得授记,连一贯以反派形象出现的提婆达多也被佛陀授记成佛。

阿含类多部经典记载了女身授记成佛的案例。《增一阿含·马血天子品》的王女牟尼因为没有及时发大愿,未能在当世得到授记,但宝藏如来仍告诉她说:"牟尼女,成无上正真道也。然王女当知,将来无数阿僧祇劫有佛出世,是汝善知识,彼佛当授汝决。"④《贤愚经·贫女难陀品》中,贫女难陀通过行乞灯油供佛之功德得佛陀授记,谓其未来世成佛,名灯光如来。这一故事被称为"贫女灯缘"。《六度集经》《根本说一切有部毗奈耶药事》《生经·佛说譬喻经》等经典中亦多有与之相似的女人布施得以授记成就

---

① 刘景龙、李玉昆主编:《龙门石窟碑刻题记汇录》(上卷),第260页。
② 池田温:《中国古代写本识语集录》,第100页。
③ 《大正藏》第12册,第389页中。
④ 《大正藏》第2册,第758页上。

佛果的故事。在《妙法莲华经》中,大爱道、耶输陀罗以及其他有学无学之六千比丘尼,则是佛陀在王舍城耆阇崛山中为大众宣说《法华经》时被授记成佛。

二、竺法护的译籍与女性信仰的发展

"宗教的传播靠翻译,佛经中译如此,圣经英译也是如此。交往中的翻译,甚至可以改变整个文化。"①佛教在中国的传播,首先得力于经典的翻译,但直到公元三四世纪,佛典的流传和翻译相当程度上还只是个人和部分小团体自发自觉的行为,译者个人的水平和喜好决定了佛典翻译的质量和倾向。②在大乘佛教的影响下,从公元3世纪开始到公元7世纪(即两晋南北朝直到初唐时期),中土部分女性出现了冲破礼教束缚,积极追求与男性的平等、积极参与社会政治事务的倾向。③公元4世纪以后,汉地女性得以突破本土传统宗教文化的束缚,和男子一样剃度出家修行,获得和男子一样的灵性解放的权利,这对于当时的中国妇女来说是巨大的进步。这一巨大突破,和大乘佛教经典的翻译特别是竺法护及其翻译团队所作的工作密不可分。

竺法护(228—306)的翻译开启了中国佛教的新时代,对佛教在中国的传播贡献很大。僧祐《出三藏记集》卷一三《竺法护传第七》赞叹法护"孜孜所务,唯以弘通为业。终身译写,劳不告惓。经法所以广流中华者,护之力也。"④时人赞叹道:"护公,菩萨人也。寻其余音遗迹,使人仰之弥远。夫诸方等、无生、诸三昧经类,多此公(法护)所出,真众生之冥梯。"⑤

古代印度社会贬低妇女,妇女虽然有种姓高低之分,但缺少独立人格,附属于男性,《摩奴法典》规定:"妇女少年时应该从父;青年时从夫;夫死从子;无子从丈夫的近亲族……"⑥此外,印度社会普遍认为女性有着种种缺

---

① 彭树智:《文明交往论》,第25页。
② 自后秦鸠摩罗什在逍遥园设立译场,中国佛典翻译进入了官办阶段,成为国家文化事业的一部分。
③ 参见张勇:《论魏晋南北朝大乘佛教对女性精神风貌的影响》,《中国社会科学院研究生院学报》2008年第1期。
④ 《大正藏》第55册,第98页上。
⑤ 僧祐:《出三藏记集》卷九,《大正藏》第55册,第62页中。
⑥ 《摩奴法典》,第130页。

陷，所谓"女人身有十恶事"；女性智力低下，在男子眼里，女性只有两个指头的智慧，即"二指智"。早期佛教虽然提出了众生平等的口号，并允许女性进入僧团，但还没有完全摆脱古代婆罗门教对女性的贬抑倾向。特别是部派佛教悲观厌世，提倡"无生"，将性欲和性行为视为大罪，多部广律都将须提那比丘与妇行淫作为佛陀制戒的直接原因。女性的身体被视为男性的欲望对象，是男子修行的最大障碍，此外还要求比丘尼严守"八敬法"①，严格僧团伦理秩序。大乘佛教赋予女性与男子同样成佛的权利，事实上也就解除了三事隔、五事碍对女性的束缚，赋予了她们成为转轮王、成就佛果的权利。大乘佛教突破小乘部派佛教种种局限，对妇女的态度相当宽松，这在竺法护所翻译的经典中有充分表现。

　　法护的译籍中涉及女性的非常多，《超日明三昧经》《大净法门经》《宝女所问经》《海龙王经》等都对部派佛教执着于男女相的分别，女身不能成佛等进行了反驳。如《超日明三昧经》中讲到一位名叫慧施的长者女向佛要求以"女身"受"佛道"，遭到一位名叫上度的比丘的反对，上度比丘提出了女人有"三事隔"（即少制父母；出嫁制夫，不得自由；年老受制于子）、"五事碍"（即女人不得作帝释、梵天、魔天、转轮圣王、佛），并有八十四种丑态，因此"女人不得作佛"。慧施女对上度比丘的上述观点进行了有力的批驳。她说，世间万法"譬如幻师化作日月、帝释、梵天、转轮圣王、天龙鬼神、人民、禽兽，随意则现，恍惚之间则不知处"，一切都是"本无处所，随行而成"。既然"一切无相，何有男女？"既无男女，"吾取佛者，有何难也？"这一论证得到了佛陀的认可，佛陀回应："一切无处随行而成，不合不散不兴不衰，无见无闻、无念无知、无言无说，乃成正觉。"②慧施女的论辩，在理论上为女子争取了成佛的权利。

　　竺法护另一部译籍《宝女所问经·问宝女品》中，宝女提出佛法"无男子法""无女人法"，进一步否定女身是一种恶报的观点，破斥了舍利弗坚持的"女身是恶报"的观点。③

---

① 又作"八重法"或"八不可过法"，规定比丘尼无论年龄、辈分、学养都须受比丘的教诲、管制，对比丘表示礼敬等。
② 《大正藏》第 15 册，第 541 页上—542 页上。又该经虽署名为聂承远译，但聂作为法护最重要的弟子和译经助手，主要是对该经整理删减，主要意旨还是源于竺法护。
③ 《大正藏》第 13 册，第 459 页上—460 页下。

《佛说海龙王经·女宝锦受决品》中,龙女名宝锦与万龙夫人致礼佛陀,发愿"来世得为如来、至真、等正觉"。大迦叶对此发愿不以为然,认为宝锦女和众夫人不可以女身得成佛道。宝锦女毫不畏惧,和大迦叶往复论辩女性能否成就正觉,提出了"道心无男无女"的有力论断,因此"不可以女身得成佛道,男子之身亦不可得"。佛陀说:"此宝锦女三百不可计劫后,当得作佛,号曰普世如来、至真、等正觉,世界曰光明,劫曰清净。"①

《诸佛要集经》通过离意女与文殊师利菩萨的对话,批驳了文殊师利对"男相""女相"的执着。文殊师利问离意女:"何故不转女身?"离意女提出了一系列的反问:达诸法者有男女乎?计于色者有男女乎?受想行识有男女乎?地水火风有男女乎?虚空旷然,无有边际,不见处所,有男女乎?所说文字本末有处所,得男女乎?对离意女这一连串发问,文殊师利难以招架,一一回答:"无也。"离意女乘势反问:"一切诸法悉如虚空,当以何因转于女像成男子乎?"②

主张对女性解脱持宽容态度的《法华经》,最早也是由竺法护翻译的(译名为《正法华经》,共十卷二十七品)。太康七年(286)法护将该经译出,此后的数年中,他一边校对一边为众弟子讲授这部经,受到长安和洛阳僧俗广泛欢迎。③

竺法护还翻译了一系列弥勒类经典,包括《佛说弥勒成佛经》(又名《弥勒下生经》一卷,与鸠摩罗什所出为同本异译)、《弥勒为女身经》(又名《弥勒菩萨为女身经》一卷)和《弥勒菩萨所问本愿经》(一卷)等三部。这三部经典对促进两晋时期佛教在女性中的传播具有很重要的意义。《弥勒为女身经》记载了弥勒菩萨在过去世中曾化身为一系列女性,受佛度化,最终成就佛果的故事。该经已亡佚,部分章节收录在《六度集经》(收入该经卷六,题名作《弥勒为女人身经》和《女人求愿经》)和《经律异相》(收入该书卷一〇,题名作《能仁为帝释身度先友人》)中。从这些零散的文字中,我们仍可窥知这一系列弥勒类经典对女性信仰的宽容与肯定。

竺法护在中土的译经弘法开辟了中土宗教信仰的新时代,更为汉地广大女性精神信仰打开了新的一页。在大乘佛教经典精神的影响下,妇女突

---

① 《大正藏》第 15 册,第 149 页中—下。
② 《大正藏》第 17 册,第 768 页中。
③ 参见僧祐:《出三藏记集》卷八,《大正藏》第 55 册,第 56 页下。

破了两汉以来经学对女性的精神控制。①两晋南北朝时期,南北方都出现了规模庞大的比丘尼教团,在社会政治和各种公共事务领域都有较大影响。从这个意义上看,竺法护翻译的弥勒经典对广大妇女佛教信仰者来说无疑是一个福音。对此,任继愈先生给予了高度评价,他说:"佛教史上,很少有这样集中地关注妇女问题,而且如此为妇女争取平等地位的译家。可以说,竺法护在很大程度上提炼了佛经关于妇女观念的精华。"②

三、净土信仰与女性解脱

中古时期流传着各种净土信仰,除了广为人知的弥陀净土(即西方净土)以外,较有影响的还有观音净土、药师净土、阿閦佛净土、弥勒净土(兜率净土)等。各种净土中,阿弥陀佛净土和药师佛净土都没有女性存在。阿弥陀佛四十八愿之一为"设我得佛,十方无量不可思议诸佛世界,其有女人闻我名字,欢喜信乐,发菩提心,厌恶女身,寿终之后复为女像者,不取正觉。"③因此,"(众生)但论生彼国,无女人及无盲聋喑哑人"。④药师佛则发愿:"愿我来世得菩提时,若有女人,为女众苦之所逼切,极生厌离,愿舍女身。若闻我名,至心称念,即于现身转成男子,具丈夫相,乃至菩提。"⑤因此,"彼佛土,一向清净,无有女人,亦无恶趣,及苦音声"。⑥弥勒净土在五代以前拥有较大的影响,道安、玄奘都是弥勒净土的信仰者和追随者。⑦和其他几种净土不同的是,弥勒净土有一个女性的净土世界。⑧经典记载:"(兜率天中)阎浮檀金光中,出五百亿诸天宝女,一一宝女住立树下,执百亿宝无数璎珞,出妙音乐,时乐音中演说不退转地法轮之行……(八色琉璃渠中)水出华中如宝花流,一一华上有二十四天女,身色微妙如诸菩萨庄

---

① 参见张勇:《论魏晋南北朝大乘佛教对妇女精神风貌的影响》,《中国社会科学院研究生院学报》2008年第1期。
② 任继愈主编:《中国佛教史》(第二卷),第83页。
③ 康僧铠译:《佛说无量寿经》卷上,《大正藏》第12册,第268页下。
④ 智𫖮:《净土十疑论》,《大正藏》第47册,第80页中。
⑤ 义净译:《药师琉璃光七佛本愿功德经》卷上,《大正藏》第14册,第413页中。
⑥ 玄奘译:《药师琉璃光如来本愿功德经》,《大正藏》第14册,第405页下。
⑦ 道安和玄奘都希望往生弥勒净土:"(道安)每与弟子法遇等,于弥勒前,立誓愿生兜率。"(慧皎:《高僧传》卷五,《大正藏》第50册,第353页中)玄奘在西行取经途中多次遭遇危险,终以诵念弥勒名号得以解脱,他临终时更告知门人弟子,(死后)"决定得生弥勒前"。(道宣:《续高僧传》卷四,《大正藏》第50册,第458页中)
⑧ 参见唐嘉:《弥勒为女身经探微》,《贵州大学学报》2010年第2期。

严身相。"①

　　无论是弥陀净土还是药师净土,对女性的身体形象都是否定的,女性需要累世功德才能转身成男,具备往生此方的资格,接纳女身的弥勒净土因此更容易获得女性的认可。弥勒过去世中也曾多次以女身得到佛的救度,这对于广大妇女而言,不能不说是一个巨大激励。因此,弥勒类经典一经翻译便得到了广泛传播,弥勒及其所在的兜率净土也成为隋唐以前广大妇女共同推重的对象。北朝时期,北方出现了一批以女性为供养人的弥勒造像。

　　在大乘佛教积极为女性解脱提供经典依据的同时,部派佛教对女神的否定和厌弃仍然具有相当的影响。活跃在齐梁时期的建康禅林寺净秀尼作为建康尼僧团中才学、禅定和律仪的佼佼者,得到了比丘僧团、官方和社会广大信众的认可,但她在晚年仍对自己能否往生兜率天心存疑惑,原因仅在于自己是"女人"。最终,她在梦中得到彭城寺比丘令法师自陈自己虽然为男身,但在持戒修行上都不如净秀尼——"虽为丈夫,不能精进,持戒不及上(净秀尼)"的自我剖白后,才确信自己能够上升兜率净土:

　　　　上(即净秀尼)以天监五年六月十七日得病,苦心闷,不下饮。彭城寺令法师,以六月十九日夜得梦,见一处,谓是兜率天上,住止严丽,非世间比,言此是上住处,即见上在中。于是法师有语上:"上得生好处,当见将接。上是法师小品檀越,勿见遗弃。"上即答云:"法师丈夫,又弘通经教,自应居胜地。某甲是女人,何能益?"法师又云:"不如此也。虽为丈夫,不能精进,持戒不及上。"②

四、厌弃女身观念对中古佛教的影响

　　中国佛教的主体虽然是大乘佛教,但原始佛教和部派佛教的基本观念对中国佛教仍有相当大的影响,就女性观而言,两晋南北朝直至隋唐时期,早期佛教对女身的厌弃与否定仍然有一定影响。

---

① 沮渠京声译:《佛说观弥勒菩萨上生兜率天经》,《大正藏》第14册,第418页下—419页上。
② 道宣:《广弘明集》卷二三,《大正藏》第52册,第271页下。

原始佛教严格禁止比丘接触妇女。佛教认为，一切生命都是因为淫欲而产生，正如《圆觉经》所言："诸世界一切种性……皆因淫欲而正性命。"①佛陀制戒的直接原因，也是因为僧团成员在回家探视父母期间和原来的妻子发生了性行为，导致妻子怀孕，引起了外界对僧团的种种非议。因此广律和戒本都对女性接近僧侣和寺院作了严格规定："僧寺不得畜女净人，坏僧梵行"，②不许比丘和女人单独接触，不得"独在屏处、覆处、障处、可作淫处坐"③等等。早在隋代，僧团就为僧寺是否接纳女施主、女香客、女净人多有争论，僧团领袖更是以身作则，严格执行，《续高僧传·释灵裕传》记云：

非律所许，寺法不停女人尼众，誓不授戒，及所住房，由来禁约，不令登践……弘法之时，方听女众入寺，并后入先出，直往无留。致有法席清严……④

在日常行仪中，僧人和女信徒严格保持距离被视为僧人最重要的美德。华严四祖澄观受到朝野景仰，除了学问广博、修持精严以外，还有一条美德，即严格僧俗男女界限，"目不视女人"。⑤

这一观念在两晋南北朝直至隋唐有一定影响，特别是在佛教遭遇到巨大的外界压力的时候，对于女身的厌弃和女性能否解脱的争议特别强烈。⑥与此同时，中土比丘对女性修道的态度也表现出先宽后严的趋势。十六国时期至刘宋时的佛图澄、求那跋摩、僧伽跋摩等对女性出家表示鼓励和欢迎，到了齐梁以后，随着比丘尼僧团的扩大，各种不如法的现象引起社会非议，特别是北朝皇帝两次"禁佛"，末法思想开始在社会蔓延。僧团草创时期佛陀针对女众出家提出的限制，如"八敬法"和女众出家导致"正法减少五百年"等观点，重新为僧团领袖所重视。比丘尼在僧团中的地位，以及其对于佛教的传承的负面影响等频频受到质疑。从慧皎的《高僧传》到道宣的《续高僧传》可以明确看到这一发展趋势。

---

① 《大正藏》第 17 册，第 916 页中。
② 道宣：《四分律删繁补阙行事钞》卷上之二，《大正藏》第 40 册，第 23 页中。
③ 佛陀耶舍译：《四分律比丘戒本》，《大正藏》第 22 册，第 17 页上。
④ 《大正藏》第 50 册，第 497 页中。
⑤ 赞宁：《宋高僧传》卷五，《大正藏》第 50 册，第 737 页下。
⑥ 参见林欣仪：《舍秽归真：中古汉地佛教法灭观与妇女信仰》，第 215—286 页。

小　结

秦和两汉开创了我国大一统王朝的历史发展方向,奠定了经济、社会、文化各个方面的基本面貌,中华本土宗教的基本体系,即以儒家宗法性宗教为主体,佛教和道教为辅助的基本框架,也在这一时期开始形成。"佛教对汉末以来本土精神世界和思想发展有重要的补充作用。它以超功利的文化态度、和平主义价值与德性哲学、独有的出世思想,不仅赢得汉末以来动乱之中民众的接纳,而且引起统治者的关注。"[①]佛教的传入为中华文化注入了新的血液,极大地丰富了中华文化的内涵,启发了儒教和道教的哲学义理及宗教性的发展完善。佛教的女性解脱观弥补了中国本土宗法性传统宗教对女性个体生命关注的不足,中土女性的灵性追求在大乘佛教的影响下有了新的内容和目标,开启了女性信仰生活的新局面。从原始佛教到大乘佛教,佛教对待女性成佛的态度经历了女人五碍不能成佛到转女成男、即身(授记)成佛的演进。早期佛教经典对"女身"的否定和厌弃只是因为外在社会文化环境的顾虑而出现了对女性的否定,在佛性上仍然给予女性成佛的肯定。大乘佛教进一步发展了般若性空学说,否定了部派佛教的理论基础,转女成男思想为女性成佛提供了方便,即身成佛和女身授记的思想进一步为女性通过修行获得灵性解放打开了大门,促进了女性佛教信仰的进一步发展。

---

① 王健:《汉唐中外文化交流的宏观审视与断想》,《中华文史论丛》2003年第2期,第29页。

第二章　比丘尼教团的成立与发展

第一节　汉地比丘尼僧团出现时间的讨论

汉地比丘尼僧伽建立的时间,史料记载存在分歧,学术界大多数将东晋升平元年(357)作为汉地比丘尼僧伽建立的标志。这一年,武威太守之女种令仪和同伴二十四人礼罽宾沙门智山剃度,在洛阳宫城西门外立竹林寺,作为共修之所。《比丘尼传》的作者宝唱认为这是中国佛教史上里程碑式的事件,他在《比丘尼传·序》中说:"像法东流,净捡为首。"①

考诸史籍,在净捡之前,有多条汉地有尼的记载。

一、汉明帝母阴夫人出家说

《广弘明集·归正篇·汉显宗开佛化本传三》记载:

> 皆绕法兰听说法要……司空阳城侯刘峻,与诸官人士庶等千余人出家。四岳诸山道士吕惠通等六百二十人出家,阴夫人王婕妤等与诸官人妇女二百三十人出家。便立十寺,七所城外安僧,三所城内安尼。②

二、汉明帝时洛阳妇女阿潘出家说

此说最早见于《汉法本内传》,后法琳于《破邪论》中引用,谓:"京都

---

① 《大正藏》第 50 册,第 934 页中。
② 道宣:《广弘明集》卷一,《大正藏》第 52 册,第 99 页中。道宣《集古今佛道论衡》和道世《法苑珠林》等也有相似记载。

(洛阳)妇女阿潘等一百二十一人出家。"①《大宋僧史略》卷上"东夏出家"条记载:"汉明帝听阳城侯刘峻等出家,僧之始也;洛阳妇女阿潘等出家,此尼之始也。"②宋高承编撰《事物纪原》引用《大宋僧史略》记载:"汉明帝既听刘峻出家,又听洛阳妇女阿潘等出家。此盖中国尼之始也。"③

上述两条史料虽然出现时间不同、文字不同,所说的其实是同一件事,即都认为汉明帝时期洛阳已有大量男女出家信徒和佛寺。通过对僧史的考察,可以知道,汉地第一位登坛受戒的出家人是三国时的朱士行,此前虽有所谓"沙门严佛调"之说,但严并不是严格意义上的"沙门",仅仅是进行了三皈依的俗家信众,他剃掉头发,从外相上看与俗人不同,只是"剪发殊俗尔"。严佛调虽有僧人的外表形象,但没有按照佛教的仪轨受戒,因此不能算是正式的僧侣。正如赞宁所言:"汉魏之僧也,虽剃染成形,而戒法未备,于时二众唯受三归。"④直到东汉末年,往来于各地的僧人基本来自西域诸国或印度。

按照佛教的戒律,只有受过戒才具有沙弥(尼)或比丘(尼)的资格。就算刘峻、阿潘、阴夫人等出家确有其事,但在当时,佛教各部广律甚至戒本都还未输入,自然谈不上受戒,所谓僧尼自此始的说法也就没有根据可言。又,东汉时期,政府明令禁止汉人出家,而司空刘峻和阴夫人都是皇室重要人物,自然不能违禁。且阴夫人身为光武帝宠妃,汉明帝生母,其地位之显赫可想而知,但是,关于她信佛、出家的事,不仅正史,同时及稍后的其他史籍也未见一星半点记载。同时期楚王刘英供养沙门的史实却被载入本传,阳城侯及阴夫人等数百人出家影响远远大于楚王英奉佛的行为,史官焉能不载?

道宣和赞宁作为佛教史学家、律师,治学态度自不待言,但他们距离距阴夫人出家的东汉初年最短的也有六百余年,其记载的可信度相对于活跃在五六世纪时的宝唱来说要低一些。宝唱活跃的时代距离净检出家不足二百年,能接触到更多史料和民间故老传说,其记载当更为可信。且《汉法本

---

① 法琳:《破邪论》卷一,《大正藏》第 52 册,第 480 页中。靖迈《古今译经图纪》卷一、智昇《续集古今佛道论衡》、景霄《四分律钞简正记》卷九等所记内容与法琳相同,均来自《汉法本内传》。
② 赞宁:《大宋僧史略》卷上,《大正藏》第 54 册,第 237 页下。
③ 高承撰,李果订:《事物纪原》卷七,第 387 页。
④ 赞宁:《大宋僧史略》卷上,《大正藏》第 54 册,第 238 页中。

内传》已被断定为伪书,《法苑珠林》的作者道世生活的年代佛道相争甚为激烈,在僧史上,屡有因佛道争斗而彼此攻击高自位置的例子。

三、三国时江左某尼

《梁书·扶南传》记载:

> 高祖改造阿育王寺塔……阿育王即铁轮王,王阎浮提,一天下。佛灭度后,一日一夜,役鬼神造八万四千塔,此即其一也。吴时有尼居其地,为小精舍,孙綝寻毁除之,塔亦同泯。①

《南朝寺考·长干寺》所记与《梁书》内容相近:"大长干寺先有塔,不知所始,相传为周敬王时阿育王所造八万四千塔之一。吴代有尼居其地,构小精舍,孙綝毁除之。"②从文字看,该条史料并无新意,很可能是从《梁书》摘录而来。三国时吴地是否有比丘尼的记载学术界尚存争议。《梁书》是目前最早也是唯一的记载,且行文只是说"有尼",并未提及在戒律意义上的身份,很可能是一位在日常生活中礼拜佛像、诵读经典、按照某些佛教仪轨生活的女性信仰者。

四、西 晋 说

《法苑珠林》引《冥祥记》记载:

> 阙公则,赵人也。恬放萧然,唯勤法事。晋武之世,死于洛阳。道俗同志,为设会于白马寺中。其夕转经,宵分闻空中有唱赞声。仰见一人,形器壮伟,仪服整丽,乃言曰:"我是阙公则,今生西方安乐世界,与诸菩萨共来听经。"合堂惊跃,皆得睹见。时复有汲郡卫士度,亦苦行居士也,师于则公,其母又甚信向,诵经长斋,常饭僧。时日将中,母出斋堂与诸尼僧逍遥眺望,忽见空中有一物下,正落母前,乃则钵也。③

---

① 姚思廉:《梁书》卷五四,第790页。
② 刘世珩:《南朝寺考》,《大藏经补编》第14册,第624页。
③ 道世:《法苑珠林》卷四二,《大正藏》第53册,第616页中。

卫士度,西晋著名优婆塞,司州汲郡(治所在今河南卫辉)人,活跃于西晋惠帝时期(290—306),译有《道行般若经》二卷,《高僧传·帛远传》曾收录其事迹。①卫士度母与诸尼生活的时代不应晚于西晋武帝和惠帝时期,或稍早于洛阳竹林寺诸尼。

第二节　比丘尼僧团的建立与扩大

一、洛阳比丘尼僧团的建立

汉地比丘尼出现的时间除了上文四种说法外,目前比较公认的是东晋初年,净检则是汉地第一位比丘尼。对此,《比丘尼传·晋竹林寺净捡尼》如是记载:

> 净捡,本姓仲,名令仪,彭城人也。父诞,武威太守。捡少好学,早寡家贫,常为贵游子女教授琴书。闻法信乐,莫由谘禀。后遇沙门法始,经道通达。晋建兴中,于宫城西门立寺,捡乃造之。始为说法,捡因大悟,念及强壮,以求法利,从始借经,遂达旨趣。他日谓始曰:"经中云比丘、比丘尼,愿见济度。"始曰:"西域有男女二众,此土其法未具。"捡曰:"既云比丘、比丘尼,宁有异法?"始曰:"外国人云尼有五百戒,便应是异。当为问和上。"和尚云:"尼戒大同细异。不得其法,必不得授。尼有十戒,得从大僧受,但无和上尼,无所依止耳。"捡即剃落,从和上受十戒,同其志者二十四人,于宫城西门共立竹林寺。未有尼师,共谘净捡,过于成德。
>
> 和上者,西域沙门智山也。住罽宾国,宽和有智思,雅习禅诵。晋永嘉末,来达中夏,分卫自资,语必弘道。时信浅薄,莫知祈禀。建武元年,还反罽宾。后竺佛图澄还,述其德业,皆追恨焉。
>
> 捡蓄徒养众,清雅有则,说法教化,如风靡草。晋咸康中,沙门僧建

---

① 慧皎《高僧传》卷一载:"时晋惠之世,又有优婆塞卫士度,译出《道行般若经》二卷。士度本司州汲郡人,陆沈寒门,安贫乐道,常以佛法为心。当其亡日,清净澡漱,诵经千余言,然后引衣尸卧,奄然而卒。"(《大正藏》第50册,第327页下)

于月支国得《僧祇尼羯磨》及戒本。升平元年二月八日,洛阳请外国沙门昙摩羯多为立戒坛。晋沙门释道场以《戒因缘经》为难,云其法不成。因浮舟于泗,捡等四人同坛止,从大僧以受具戒。晋土有比丘尼,亦捡为始也。当其羯磨之日,殊香芬馥,阖众同闻,莫不欣叹,加其敬仰。善修戒行,志学不休。信施虽多,随得随散。常自后己,每先于人。到升平末,忽复闻前香,并见赤气。有一女人,手把五色花,自空而下。捡见欣然,因语众曰:"好持后事,我今行矣。"执手辞别,腾空而上。所行之路,有似虹蜺,直属于天。时年七十矣。①

宝唱在传文中对净检的俗家情况、出家因缘、师承、受戒、修行法门和往生等具体情况进行了详细介绍。尽管净检剃度的准确时间无法判定,但从其剃度师智山西归和其在泗水船上受戒的时间来看,她剃度为沙弥尼应在东晋建武元年(317)之前。

从程序上看,女众修道身份的确立最关键的一环就是"受戒",特别是具足戒。在传文中,宝唱对净检尼两次受戒(沙弥尼戒和具足戒)的心理、僧团的态度和曲折的过程进行了细致入微的记述,从这些文字来看,宝唱对净检尼是否是第一位比丘尼的态度是十分肯定的。作为一位态度严谨的佛教史家和律师,宝唱无疑代表了长期以来主流僧团的态度。

继净检尼之后,女性出家者日益增多,在社会上产生了很大影响,佛图澄弟子安令首尼就领导了二百多人的尼众僧团。南北朝时期,僧团出现"僧众尼亦众"②的现象,出家女众不仅数量大,在修行和持戒上也有相当大的建树。

二、比丘尼僧团的扩大

继净检出家、立竹林寺,在洛阳建立第一个比丘尼僧团以后,各地慕名前来求道问法的女众纷至沓来,随后的数十年中,比丘尼僧团在地域和人数上都有较大幅度的增长。

从地域上看,比丘尼僧团的分布从黄河流域的洛阳扩散到华北地区的邺城(治所在今河南安阳北和河北临漳南之间)、淮河流域的司州(治所在

---

① 宝唱:《比丘尼传》卷一,《大正藏》第50册,第934页下—935页上。
② 白文固、赵春娥:《中国古代僧尼名籍制度》,第22页。

今河南汝南信阳一带)、关中地区弘农(治所在今河南灵宝和陕西潼关之间)长安、长江流域的巴蜀、荆州和建康、岭南地区的番禺一带以及河西地区的姑臧(治所在今甘肃武威)、敦煌、高昌(治所在今新疆吐鲁番)等地。东晋末年,著名的尼寺则有洛阳竹林寺(净检所立)、邺城建贤寺(安令首尼所立)、司州西寺(智贤尼所立)、弘农北岳寺、长安薛尚书寺(薛尚书舍宅立)、建康建福寺(东晋司空何充所立)、永安寺(东晋穆帝何皇后为昙备尼立,又称何后寺)、建康延兴寺(东晋康帝皇后储氏为僧基尼所立)、建康新林寺(东晋简文帝为道容尼立)、建康简静寺(会稽王司马道子为妙音尼立)、建康谢镇西寺(镇西将军谢尚舍宅立)、建康太后寺(晋孝武帝母李太后立)等。到刘宋时期,尼寺建造达到高潮,这一时期新建尼寺数量达三十九所,是整个六朝时期的最高点。①

除去最初净检尼"同志二十四人"之外,最早跟随净检学法的是后赵邺城的安令首尼。佛图澄以"荣拔六亲,令君富贵"劝诱安令首的父亲放弃阻挠,安令首最终得以出家,并跟随佛图澄和净检尼受戒。作为佛图澄第一位女众出家弟子,石赵政权上下都对之另眼相看,为之建了能住二百余人的建贤寺,石虎也因为她的缘故,将其父的官职从外兵郎擢升至黄门侍郎。

十六国南北朝时期,部分佛寺规模相当宏大,如江陵长沙寺,住僧一度达到千余人。同时期尼寺的住众规模,则从数十到数百不等。净检领导的洛阳竹林寺,住众二十余人。安令首领导的邺城建贤寺,住众二百余人。妙音主导的建康简静寺,"徒属百余人"。龟兹尼僧伽蓝阿丽蓝住众则达到百八十人之多。

三、西域及河西地区的出家女众

(一)龟兹地区的出家女众

西域地区在西汉武帝以后开始纳入中央政权治下。从汉武帝开始到东汉末年,汉政权先后在西域广袤地区设置了戊己校尉、西域都护等官职,遣人赴任,并在此屯田驻兵,进行了有效的统治。龟兹,又作"丘慈""屈支""拘夷"等,为西域三十六国之一。《汉书·西域传》记载:"龟兹国,王治延城(今新疆库车县),去长安七千四百八十里。户六千九百七十,口八万一

---

① 唐嘉:《东晋宋齐梁陈比丘尼研究》,第102—104页。

千三百一十七,胜兵二万一千七十六人。……南与精绝、东南与且末、西南与扜弥、北与乌孙、西与姑墨接。能铸冶,有铅。东至都护治所乌垒城三百五十里。"①《一切经音义》卷四则云:"丘慈,或言龟兹,正言屈支也。屈音居勿反,多出龙马,《左传》云屈产之乘也。"②公元3到7世纪,佛教被龟兹国王奉为国教,上自国君下至草民,无不宗奉。佛教在此繁荣兴盛数百年,深刻地影响了西域诸国。《晋书·四夷传》记云:"龟兹国西去洛阳八千二百八十里,俗有城郭,其城三重,中有佛塔庙千所。人以田种畜牧为业,男女皆剪发垂项。王宫壮丽,焕若神居。"③

龟兹国僧人众多,得到王室和贵族家庭的供养,僧团享有较高的社会地位。鸠摩罗什母亲龟兹王女耆婆年轻时曾和当地贵族妇女、比丘尼一起供养雀梨寺高僧,"(耆婆)闻雀梨大寺名德既多,又有得道之僧,即与王族贵女德行诸尼,弥日设供,请斋听法"。④耆婆本人,则在鸠摩罗什七岁时出家为尼。

对于龟兹出家女众的情况,史料流传不多,惟《出三藏记集·比丘尼戒本所出本末序》载:

> ……拘夷国寺甚多,修饰至丽。王宫雕镂,立佛形像,与寺无异。……阿丽蓝(百八十比丘尼)、输若干蓝(五十比丘尼)、阿丽跋蓝(三十尼道),右三寺比丘尼统,依舌弥受法戒。比丘尼,外国法不得独立也。此三寺尼,多是葱岭以东王侯妇女,为道远集斯寺,用法自整,大有检制。亦三月一易房,或易寺。出行,非大尼三人不行。多持五百戒,亦无师一宿者辄弹之。⑤

4世纪晚期,龟兹及周边地区有几处规模较大的尼寺,多则近二百人,少则三五十人。住寺尼众多是王侯贵族家庭的女眷,如鸠摩罗什的母亲耆婆、阿竭耶末帝尼均为龟兹国公主,皆"博览群经,特深禅要。云已证二果,闻法喜踊"。⑥根据相关学者对龟兹地区石窟壁画人物衣饰特点的研究,四

---

① 班固:《汉书》卷九六下,第3911页。
② 玄应:《一切经音义》卷四,《中华藏》第56册,第882页中。
③ 房玄龄等:《晋书》卷九七,第2543页。
④ 慧皎:《高僧传》卷二,《大正藏》第50册,第330页上。
⑤ 僧祐:《出三藏记集》卷一一,《大正藏》第55册,第79页下。
⑥ 慧皎:《高僧传》卷二,《大正藏》第50册,第331页上。

五世纪时龟兹存在着一定数量的石窟式尼众寺院,如克孜尔石窟第3、104、114、188、176、205、227号石窟中有数量不等的比丘尼形象,此外库木吐喇石窟群第50窟、森木塞姆第26、48石窟和玛扎巴赫第9窟壁画中也有比丘尼的形象。①

龟兹和温宿盛行小乘佛教说一切有部,有部《十诵律》曾广泛流传于龟兹一带。鸠摩罗什少年时曾跟随卑摩罗叉学习《十诵律》,后又将之译成汉文,流布中土。20世纪初,考古学家在当地进行的三次考察中多次发现梵文戒律文本残卷,经鉴定,均属于说一切有部戒律。

龟兹和温宿国尼众持戒严格,"用法自整,大有检制",依止的是说一切有部的戒律。龟兹比丘尼持戒严谨,深得汉地僧众的称叹,东晋僧人竺法汰在《比丘尼戒本所出本末序》中如是说道:

> 法汰顷年鄙当世为人师,处一大域,而坐视令无一部僧法,推求出之,竟不能具。吾昔得《大露精比丘尼戒》,而错得其药方一柙,持之自随二十余年,无人传译。近欲参出,殊非尼戒,方知不相关通至于此也。赖僧纯于拘夷国来,得此戒本,令佛念、昙摩持、慧常传,始得具斯一部法矣。然弘之由人,不知斯人等能尊行之不耳。②

龟兹比丘尼依止的戒本后来流传到汉地被翻译成汉文,即《比丘尼大戒》《授比丘尼戒仪》和《二岁戒仪》。

(二)高昌及河西地区的出家女众

作为丝绸之路上的重要节点,高昌和河西地区都较早受到佛教的影响。早在西汉时期,高昌就被纳入中央政权管辖之下,此后的东汉和三国时期,中央政府一直在该地驻兵屯田,进行有效的管辖。十六国时期,先后隶属前凉、前秦、后凉、西凉、北凉五个地方政权。五凉政权大多崇奉佛教,推动了该地区佛教的繁荣。特别是北凉沮渠氏西迁至高昌后,高昌佛教迅猛发展,奠定了此后数百年的基础。③

---

① 参见吕明明:《龟兹尼寺初探》,《敦煌研究》2007年第1期。需要指出的是,克孜尔石窟虽然开凿延续时间从公元3世纪到7世纪末,但主要兴盛时间是在公元4—6世纪,符合本书探讨的时限。
② 僧祐:《出三藏记集》卷一一,《大正藏》第55册,第80页上。
③ 参见安阳:《北凉统治与高昌佛教》,《敦煌学辑刊》2007年第4期。

和临近的车师、龟兹等地盛行小乘佛教不同的是,高昌地区受中原大乘佛教影响较大。出土文献表明,至迟到西晋末期,该地区佛教开始盛行。吐鲁番地区出土文献中,最早的佛经文献为西晋元康六年(296)三月十八日竺法护译写《诸佛要集经》和西晋永嘉二年(308)二月所写的《摩诃般若波罗蜜经》。①

该地区活跃着一定数量的出家女众。公元6世纪时,高昌国有尼寺名曰郎中寺,其中有冯姓比丘尼,戒行精苦,烧指供佛,很可能受到了《法华经·药王菩萨本事品》的影响:

> 冯尼者,本姓冯,高昌人也。时人敬重,因以姓为号。年三十出家,住高昌都郎中寺。菜蔬一食,戒行精苦。烧六指供养,皆悉至掌。②

此外,高昌大族多建有寺院,本地出家女众除集中住寺以外,还有相当部分居家,乃至还有租赁他人房舍居住者。出身上层家族的女子还能继承家族财产,拥有自己的土地和为自己劳作的奴隶"作人"和"婢女"。高昌比丘尼社会地位较高,受到上层贵族倾心供养。阿斯塔那50号墓出土高昌国虎牙氾某墓出土《传供食账》供养题记第二行记载:"十八前五日,次虎牙氾传,细面三斛,糜米六斗,粟米一斗半,供襄邑夫人前尼道师……"③

佛教进入河西地区的时间较早。十六国时期,凉州佛教发展迅速:"凉州自张轨后,世信佛教。敦煌地接西域,道俗交得其旧式,村坞相属,多有塔寺。"④凉州佛教兴盛,石窟造像技术精美,被世人称作"凉州模式",极大地影响了中原内地造像风格。作为东来西去的重要节点,吐鲁番和河西的区位优势使其较早地接触到来自西域和印度及中原地区思想学说。该地区还出土了大量比丘尼写经题记,经本的范围涵盖经律论三藏,以经藏为主,中原地区流行的大乘佛教经典也在该地大量流行,如《大涅槃经》《法华经》《药师经》《无量寿经》等的出现频次都比较高(这一时期出家女众写经情况,详参后文第五章第二节"5到6世纪敦煌高昌出家女众的写经供养")。

---

① 参见池田温:《中国古代写本识语集录》,第74、75页。
② 宝唱:《比丘尼传》卷四,《大正藏》第50册,第946页中。
③ 《吐鲁番出土文书》(第三册),第227页。
④ 魏收:《魏书》卷一一四《释老志》,第3032页。

第三节　从"爱道之缘"到二部受戒

佛教传到中土,首先翻译流通的是经藏和论藏。由于历史条件的限制,中土律典翻译滞后,而本地又确有僧尼受戒确认身份的迫切需要,在这一背景下,净检尼依止大众部戒本和羯磨法受戒,虽是方便之法,也不违佛陀本怀。随着广律的翻译,本土僧尼对于受戒仪轨认识和理解进一步深入,出于虔诚和慎重的考虑,本土尼众产生了按照部派广律的要求依止二部僧重修受戒的强烈愿望,从而有了刘宋元嘉年间建康尼僧二次受戒。此次建康尼僧受戒直接影响了整个东亚汉传佛教六百余年,其意义不可谓不深远。

一、"爱道之缘"

中土社会对于佛教出家者身份的认定包括两个层面,即国家层面的认定和僧团内部的认定。国家层面的认定是政府对于有出家意愿的人通过一定的方式(如试经)进行审批,合格者发给度牒,即公(官)度。公度制度并非一开始就有,北朝中后期才开始出现,隋唐臻于完善。[①]公度无法覆盖到所有僧尼,即使是管理严格的唐代,私度者的数量仍然难以计数。僧团内部的认定则通过授戒来实现。戒律为佛陀亲口制定,被僧团共同认可,拥有最高的神圣性和权威性,因此受戒与否和已受何种层次的戒法便成为僧团和社会对出家者身份认定的普遍标准。

历史上,女众出家得戒方式各有不同,续明法师将佛教史上出家女性的得戒方式概括为七类:

> 一、八敬比丘尼,如大爱道及五百舍夷女是。有说唯大爱道一人依八敬法得戒,余五百舍夷女从十一众(引者注:即依止十位比丘和大爱道比丘尼受戒)。二、二十众比丘尼:中国出家女众,应从僧尼各十,两部边受。《资持记》云:"二十众受者,为明女报惑深智浅,喜生慢怠,必欲受具,僧尼各十,方发胜心。"三、小年曾嫁比丘尼:谓年小曾嫁,为夫

[①]　白文固、赵春娥:《中国古代僧尼名籍制度》,第15页。

家所使,任忍众苦,加厌本事;若十岁出家,先与六法,满十二岁,即可为授具戒。四、遣信比丘尼:尼得本法已,应往僧中更受,因尼貌出众,恐途中有命、梵等难,故律开遣信赴僧中乞戒。五、边方十众比丘尼:即僧尼各五,而成十众。六、善来比丘尼:唯佛世有。所谓"善来比丘(尼)!须发自落,袈裟在身"者是。七、破结使比丘尼:断尽见思烦恼,证阿罗汉果,则比丘尼戒品,自然具足。①

七种得戒方式中,前五种只有尼众,后两种也通用男众,汉地尼众得戒主流则是第二种"二十众比丘尼"。

爱道之缘即大爱道瞿昙弥的受戒因缘。佛陀姨母兼养母大爱道瞿昙弥的出家受戒因缘在多部经典和律典都有记载,如阿含部《中阿含》卷二八《林品·瞿昙弥经》、中阿含单行本《瞿昙弥记果经》;本缘部《中本起经》卷下《瞿昙弥来作比丘尼品》;律部《五分律》卷二九《比丘尼法》、《四分律》卷四八《比丘尼揵度》、《大爱道比丘尼经》和《毗尼母经》卷一;南传《增支部》八集第六《瞿昙弥品》等。其中以《大爱道比丘尼经》的记载最为详尽。

《大爱道比丘尼经》记载,大爱道瞿昙弥三次向佛陀请求允准女性出家修道,都遭到佛陀严词拒绝。阿难心生怜悯,也向佛陀请求,佛陀初以女人出家会导致"梵行不得久住"而拒绝,阿难又以瞿昙弥对佛陀有深厚鞠养之恩打动佛陀。佛陀终于同意瞿昙弥等人的请求,同时要求女众出家必须以遵守"八尊师法"(又名八敬法、八重法等)②为前提。得到大爱道等人的承诺后,佛陀首先为大爱道授了沙弥尼戒(沙弥尼十戒)。大爱道听受十戒,

---

① 续明:《比丘律仪与比丘尼律仪》,张曼涛主编:《现代佛教学术丛刊》第 88 册《律宗概述及其成立与发展》,第 310—311 页。
② 八敬法的产生过程,各家经律的记载大同小异,不同的地方是大爱道请求出家的缘起、地点、次数稍有差别。关于"八敬"具体内容,《大爱道比丘尼经》《中本起经》《中阿含》《四分律》《五分律》《僧祇律》《十诵律》《根有律》《律二十二明了论》和《铜鍱律》(南传)等均有记载,只是详略稍有不同。《大爱道比丘尼经》卷上如是记载:"何谓为八敬? 一者比丘持大戒,母人比丘尼当从受正法,不得戏故轻慢之,调欺咳笑说不急之事用自欢乐也。二者比丘持大戒,半月以上比丘尼当礼事之。……三者比丘、比丘尼不得相与并居同止。……四者三月止一处自相捡挍,所闻所见当自省察。……五者比丘尼不得讼问自了。……六者比丘尼有庶几于道法者,得问比丘僧经律之事,但得说般若波罗蜜,不得共说世间不急之事也。……七者比丘尼自未得道,若犯法律之戒,当半月诣众僧中自首过忏悔,以弃憍慢之态。……八者比丘尼虽百岁持大戒,当处新受大戒比丘下坐,当以谦敬为作礼。"(《大正藏》第 24 册,第 946 页中—下)

成为十戒沙弥尼,三年持戒圆满后,佛陀更为其授具足戒。至此,大爱道终于成为僧伽的正式成员。大爱道之后,五百释种女也相继出家,并依止大爱道和其他比丘出家受戒。如同大爱道的得戒方式,这种由佛陀(比丘)授予沙弥尼戒和比丘尼具足戒即佛教史所谓的"爱道之缘"。①

"爱道之缘"指的是大爱道出家受戒只依止大僧的得戒方式。这一得戒方式和佛教发展传播进入稳定期后的授戒仪轨有较大不同,这是佛教在佛教僧团草创时,处理陷入僵局的问题时灵活和方便的体现。据佛陀入灭后结集成立的五部广律,汉地佛教女众出家未按部派戒律规定依止二众受戒仍具有受戒合法性。刘宋元嘉中,建康景福寺比丘尼曾以自己是否得戒向僧团领袖请教,求那跋摩便以"爱道之缘"为其作了解答:

> 时景福寺尼慧果、净音等,共请跋摩云:"去六年,有师子国八尼至京,云宋地先未经有尼,那得二众受戒,恐戒品不全。"跋摩云:"戒法本在大僧众发,设不本事,无妨得戒,如爱道之缘。"②

二、"边地"意识与二部受戒

汉地首位比丘尼净检出家受戒的过程非常曲折。她初从罽宾沙门智山剃度时只是受了十戒,仅具有沙弥尼资格。③后世争论的焦点在于尼众受戒

---

① 关于大爱道出家受戒因缘,僧团内部存在不同的说法,比较流行的是续明法师在《比丘律仪与比丘尼律仪》一文中提到的八敬得戒的说法。《四分律》卷四八记载,因阿难不忍大爱道等人悲伤,为大爱道(摩诃波阇波提)及五百释种女求情,佛陀告诉阿难说,女众出家须遵守八敬法,并说若大爱道等人承诺奉行八敬法,就能"受戒":"'如是阿难!我今为女人说此八不可过法,若能行者即是受戒。'尔时阿难闻世尊教已,即往摩诃波阇波提所语言:'女人得在佛法中出家受大戒。世尊为女人制八不可过法,若能行者即是受戒。'即为说八事如上。摩诃波阇波提言:'若世尊为女人说此八不可过法,我及五百舍夷女人当共顶受。阿难!譬如男子、女人年少净洁庄严,若有人与洗沐头已止于堂上,持优钵罗华鬘、阿希物多华鬘、瞻婆华鬘、苏曼那华鬘、婆师华鬘授与彼,彼即受之系置头上。如是阿难!世尊为女人说八不可过法,我及五百舍夷女人当共顶受。'时阿难即往世尊所,头面礼足已却住一面,白佛言:'世尊为女人说八不可过法,摩诃波阇波提等闻已顶受,譬如男子、女人年少净洁庄严,若有人洗沐头已止于堂上,持诸华鬘授与彼,彼即两手受之系置头上。''如是阿难!摩诃波阇波提及五百女人得受戒。'"(《大正藏》第22册,第923页中—下)
② 慧皎:《高僧传》卷三,《大正藏》第50册,第341页上—中。
③ 《沙弥尼戒经》规定沙弥尼十戒为:不得杀生、不得盗窃、不得淫泆、不得两舌恶言、不得饮酒、不得坐金银高床、不得集聚珍宝、不得听歌舞音乐声拍手鼓节、不得食饮失时。详参《大正藏》第24册,第937页上—下。

是否要在"二部僧"前受戒。净检受戒所依据的除了"爱道之缘"的成例之外，所依据的经典仅仅是沙门僧建从月氏国带回的僧祇部的羯磨法和戒本。对于僧祇部的戒律，汉地僧尼并不陌生，早在曹魏时来华僧人昙柯迦罗就已将其翻译为《僧祇戒心》（一卷）并用之于指导传戒："更集梵僧立羯磨受戒，东夏戒律始自乎此。"①于是净检等众尼"请外国沙门昙摩羯多为立戒坛"。正当众尼以为因缘成熟可以受戒时，障碍出现了，释道场以此前译出的《戒因缘经》的记载为根据，认为昙摩羯多等人施设的戒坛不符合规定："沙门释道场以《戒因缘经》为难，云其法不成。"②

释道场认为净检受戒"不如法"，那么，《戒因缘经》对女众受戒又是如何规定的呢？由于该经早已亡佚，后人只能通过与其同本异译的《鼻奈耶》来了解大概。《鼻奈耶》卷三讲述了旃陀罗钵吉蹄女见阿难相貌庄严心生淫欲意，欲以阿难为夫，后经佛陀度化出家，并由阿难带领依止大爱道为之剃发授具足戒，完成出家受戒程序的故事：

> 时世尊为此女故，广与大众说法。无数方便现诸法义，柔濡义、檀义、尸义、天义、说淫不净义、增长生根诸结义、出家义、诸道品义。时世尊说四圣谛苦习尽道，时此女人即在坐上解四圣谛，父母得阿那含道，女得须陀洹道。譬如纯帛氎衣易为作色，彼闻法亦尔。时父母叉手白佛："从今以往归佛归法归众，听为优婆塞，尽命不杀归命。"时钵吉蹄女现世得果，头面礼佛足叉手向佛，白世尊言："所犯过者，世尊含容，愿如来不尤责。如小儿如痴、如无善，所向阿难作不善意，愿恕听入道为比丘尼，得依世尊修行梵行。"时世尊告阿难："汝往，阿难！将二比丘尼及此女人，往夏坐比丘尼所，摩诃钵柘钵提瞿昙弥：'世尊有教，以此女为道，授具足戒。'"时阿难受此教已，将二比丘尼及此女人，往诣钵柘钵提瞿昙弥所："世尊有教，使此女为道，授具足戒。"大爱道问阿难："云何阿难！世尊许旃荼罗女为道耶？"阿难报："瞿昙弥！此女人以得道果，何以不得为道？"时大爱道即与剃发为道，授具足戒，教威仪礼节，得八解脱禅、得阿罗汉道。③

---

① 智昇：《开元释教录》卷一，《大正藏》第55册，第486页下。
② 宝唱：《比丘尼传》卷一，《大正藏》第50册，第394页下。
③ 竺佛念译：《鼻奈耶》卷三，《大正藏》第24册，第864页中—下。

净检尼受戒的时代,一方面大部广律没有翻译出来,对于女众受戒程序,汉地佛教界了解得并不全面;另一方面则是本土此前并无女众出家的先例,要从戒腊满足的女众受戒根本就是缘木求鱼。尽管释道场以《戒因缘经》作为问难的经典依据,但也只是代表了僧团部分人的立场。

同时,各部广律对女众是否必须依止二众受戒规定并不完全一致,矛盾的是净检尼依止的僧祇部的戒律强调二部受戒的必要性,此外,昙柯迦罗翻译的大众部《僧祇戒心》和康僧铠所译出昙无德部《昙无德律部杂羯磨》,都强调了女众应在两众中完成从沙弥尼到比丘尼的具足戒仪式。①

从东晋末年到刘宋初年,四部广律及其戒本陆续翻译流通,尼僧伽内部对于受戒程序的合法性的讨论再次被提起。大众部《僧祇律》和弥沙塞部《五分律》都主张在两众前得戒,而说一切有部的《十诵律》和昙无德部的《四分律》则同意女众可从比丘前得戒。②按理说,《十诵律》并不十分强调尼众必须在二众前得戒,为何此时建康尼众又如此介怀?这就需要从元嘉初年景福寺慧果尼与天竺沙门求那跋摩的一段对话谈起。对此,《比丘尼传》卷二如是记载:

>(慧)果问曰:"此土诸尼先受戒者,未有本事。推之爱道,诚有高例,未测厥后,得无异耶?"(求那跋摩)答:"无异。"又问:"就如律文,戒师得罪,何无异耶。"答曰:"有尼众处不二岁学,故言得罪耳。"又问:"乃可此国先未有尼,非阎浮无也。"答曰:"律制,十僧得授具戒,边地五人,亦得授之。正为有处不可不如法耳。"又问:"几许里为边地?"答曰:"千里之外,山海艰隔者是也。"③

考虑到不同的地区佛教发展程度不同,律制对于相对偏远地区的僧尼受戒执行了较为宽松的规定,即"中国满十人,边方数充五"。④按照律制,十

---

① 《昙无德律部杂羯磨》,《大正藏》第 22 册,第 1047 上—1050 页中。又《僧祇戒心》已亡佚,同本异译的《摩诃僧祇比丘尼戒本》有类似记载,详见《摩诃僧祇比丘尼戒本》,《大正藏》第 22 册,第 556 页下。
② 李玉珍:《唐代的比丘尼》,第 127 页。
③ 《大正藏》第 50 册,第 937 页中—下。
④ 义净译:《根本说一切有部毗奈耶颂》卷上,《大正藏》第 24 册,第 618 页中。《毗尼母经》卷六则云:"五人僧者,得自恣布萨。边地有律师得受具,中国不得。"(《大正藏》第 24 册,第 834 页中)

位年腊具足的比丘方可为人授具足戒,但偏远之地,五位比丘也可得戒。汉地此前尼众得戒的标准,正是佛教中"边地"的标准,这对于长期以"中国"自称的汉地僧尼来说,情感上似乎有点难以接受。

何为"边地"?何为中国?佛教史上,"中国"的范围并非一成不变。一般认为,印度佛典中的"中国",有两层含义:其一指的是富庶丰饶的地方,其二则指的是佛教发展较为繁荣兴盛之处。印顺法师认为,在原始佛教语境中,"中国"指的是释迦牟尼所游化地区,边地即释迦牟尼所不曾游化的地方。①所谓"弊生处者,安陀罗、舍婆罗、兜呿罗、修利、安息、大秦国等,在此边国中生,若在大众中,则多怖畏。佛在迦毗罗婆中国生,故无所畏"。②随着佛教传播范围的扩大,西北印度的犍陀罗和南部印度的锡兰(狮子国)虽然佛陀在世时并未踏足,但随着这些地方佛教的繁荣,也被视作"中国"。

佛教经典中,"边地"被视为充满愚痴、蛮荒处所,佛法不到之地。生在边地,是累世行恶业、起邪心的结果,是一件极其悲苦的事情,生在边地和生在最低贱的贱民种姓严重程度一样:"菩萨摩诃萨如是学,终不堕地狱、饿鬼、畜生中,终不生边地,终不生栴陀罗家"。③地藏菩萨遇到持邪见者,往往为之说"边地受生报"。④《五分律》卷一四也说:"边地者,无比丘、比丘尼处。"⑤身在边地,比丘为人说戒也失去了原有的价值,意义降低到和对愚痴人、聋人等同:"若聋人满众说戒,得成就说戒,边地人、痴钝人等亦如是。"⑥

尽管当时中土佛教已相当兴盛,但此前净检尼受戒的诸多违缘,给后世尼众留下了心结。对于建康这些早就疑心自己此前的受戒程序不够如法的比丘尼来说,当听到自己受戒的标准竟然是远离佛法中心"中国"的蛮夷之地"边地"的标准时,内心的震动可想而知。这种差距激起了她们正本清源寻求正统的决心,纷纷要求按照戒律重新受戒。

为了打消慧果等人的疑虑,帮助她们实现受戒程序合法化,求那跋摩开始了各种准备。鉴于在建康的狮子国尼众"年腊未登,又十人不满",求那跋摩"更请外国尼来满足十数"。⑦元嘉十年(433)天竺律师僧伽跋摩到达

---

① 参见印顺:《初期大乘佛教之起源与开展》,第397页。
② 鸠摩罗什译:《大智度论》卷二五,《大正藏》第25册,第243页上。
③ 鸠摩罗什译:《大智度论》卷七七,《大正藏》第25册,第605页上。
④ 实叉难陀译:《地藏菩萨本愿经》卷上,《大正藏》第13册,第781页下。
⑤ 《大正藏》第22册,第97页中。
⑥ 僧伽跋摩译:《萨婆多部毗尼摩得勒伽》卷三,《大正藏》第23册,第580页中。
⑦ 慧皎:《高僧传》卷三,《大正藏》第50册,第341页中。

建康,与此同时,外国舶主竺难提也载着狮子国尼铁萨罗等十一人到达,众人于是请僧伽跋摩在南林寺施设戒坛,为众尼如法授戒。

重受戒的比丘尼人数,各部史籍说法不一,较有代表性的是《比丘尼传·僧果尼传》所记载的"次第重受,三百余人"。①此次南林寺传戒,不仅开设了戒坛,还开了尼众到僧寺受戒的先例。②到了北宋,官方又以尼众往僧寺受戒不合风俗为由加以禁止,尼众仍在尼众一边受戒,③戒期中的日常教授由尼众引礼师和比丘尼阿阇梨担当,只是在最后登坛时比丘阿阇梨来到尼寺,二十位比丘和比丘尼阿阇梨共同为求戒尼众授戒。

三、尼众二次受戒在建康僧团中引发的争论

从净检到僧果,中土尼众受戒经历引起了僧团内部关于尼众受戒程序和受戒目的的激烈讨论。升平元年(357)净检受戒引发僧团内部的激烈讨论,在遭到部分僧团领袖的反对后,净检尼受戒的地点从洛阳转移到了泗水,在船上结界,完成受戒程序,这就是佛教史上著名的"船上受戒"。④

---

① 《大正藏》第50册,第939页下。船山彻教授根据道宣《四分律删繁补阙行事钞》、定宾《四分律疏饰宗义记》、大觉《四分律钞批》《四分律行事钞简正记》等史料,整理出本已亡逸的《元嘉初三藏二法师重受戒记》。根据散见史料,参与南林寺二次受戒的尼众有来自影福寺、小建安寺、瞿昙寺、永安寺、王国寺等各寺尼众三百余人。详见船山彻:《六朝隋唐佛教展开史》第三章《梁·僧祐〈萨婆多部师资传〉》,第303—305页。

② 元嘉年间戒坛设于建康南林寺。南林寺为僧寺,则此时尼众二部受戒程序是在僧寺展开,江北地区则是在南齐建武年间才有了尼众往僧寺受戒的记录,比建康等江南地区要晚近五十年。事见僧祐:《出三藏记集》卷一二,《大正藏》第55册,第90页中。又,《比丘尼传》认为南林寺比丘尼二次受戒已建有戒坛。关于戒坛的始设时间,赞宁认为,汉地最早施设戒坛系曹魏时期昙柯迦罗与昙谛所为,汉地最早受戒比丘为朱士行,南齐永明年间,吴地才第一次设立了戒坛;道宣律师撰《关中立戒坛图经》,是汉地僧尼首次如法施设戒坛的开始:"嘉平正元中,(昙柯迦罗)与昙谛于洛阳出《僧祇戒心》,立大僧羯磨法。东土立坛,此其始也。详其曼荼罗大抵施设不同,或巨摩规地,或以木构层,筑泥分级,俱名坛也。除土扫地,则名墠也。墠场坛不同,皆是西域曼荼罗也。若据律宗,则须结厌隅,分限从其自然。生于作法,缅想魏朝,固应漠落矣。若此方受戒,则朱士行为其首也。南朝永明中,三吴初造戒坛,此又吴中之始也。唐初灵感寺南山宣律师按法立坛,感长眉僧(即宾头卢身也)随喜赞叹,立坛应法勿过此焉。"(赞宁:《大宋僧史略》卷上,《大正藏》第54册,第238页中)

③ 赞宁:《大宋僧史略》卷上,《大正藏》第54册,第238页中—下。

④ 对于净检尼等人选择船上受戒一事,唐嘉通过对船上结界合法性的考察认为,此次船上结界符合律制的规定,净检因此被认定为汉地第一位比丘尼。参见唐嘉:《东晋宋齐梁陈比丘尼研究》,第278—296页。

回顾晋宋时期中土比丘尼的受戒史,可以看到,无论是净检尼还是差不多八十年后的僧果尼,外国沙门在她们的受戒过程中起了主导作用。净检受戒时,昙摩羯多将受戒地从洛阳转移到反对力量较小的泗水船上。当慧果等人向求那跋摩提出受戒疑惑时,求那跋摩的态度相当谨慎,他再三对慧果等人解释此前仅从大僧处受戒和戒律本身并不相违,可以比照大爱道受戒因缘,不影响她们得戒,他说:"戒法本在大僧众发,设不本事,无妨得戒,如爱道之缘。"求那跋摩这一回答并没有让慧果等人满意,她们又提出了对此前为她们授戒的僧人戒腊不足的担心:"恐年月不满,苦欲更受。"对此,求那跋摩的回答是:"苟欲增明,甚助随喜。"①即他请狮子国尼东来,目的是帮助建康诸尼解除困惑,并不是否定此前本土只从大僧一众边受的合法性,而是为了让这些尼众增长善业。

元嘉年中以景福寺尼为主的建康尼众二次受戒在僧团内部引起了不小的震动。慧果尼等人面对来自佛教中心狮子国比丘尼是否得戒的质疑时,底气应该是不足的,才有其后对求那跋摩的请益和狮子国铁萨罗等尼众来华的后续。求那跋摩、商主竺难提和僧伽跋摩等人在数年间相续接力乃有了建康尼僧的二次受戒。正如升平年间净检受戒引发的僧团内部的激烈讨论一样,从《比丘尼传》相关记载来看,此次受戒是以西域僧人为主导的。②西域僧人主导比丘尼重受戒事,意味着此前本土僧人主导的尼众受戒仪轨不如法,那么,本地僧人是如何看待此事的呢?同期建康祇洹寺慧义法师认为此举系"矫异":

祇洹慧义擅步京邑,谓为矫异,执志不同,亲与跋摩拒论翻覆。跋

---

① 慧皎:《高僧传》卷三,《大正藏》第 50 册,第 341 页中。
② Kthran. A. Tsai 认为,中土早期比丘尼僧团成立有三个重要特点:1.中国比丘尼制度源自斯里兰卡来华尼僧,她们的传统是上座部的传统;2.中土早期比丘尼没有完整的律部文献;3.外国沙门而不是中国沙门在比丘尼僧团的建立过程中起了关键作用。(Kthran. A. Tsai, "The Chinese Buddhist Monastic Order for Women: The First Two Centuries", in *Women in China Current Directions in Historical Scholarship*, Richard W. Guiss and Stanley Johannesen eds., Youngtown, New York: Philo Press, 1981, p.7)需要说明的是,Kthran. A. Tsai 所持的观点 1 中斯里兰卡尼僧的传统来自上座部传统并不准确,根据僧果等人受戒所依止的戒律义来看,应属于部派佛教之说一切有部的传统。事实上,斯里兰卡比丘尼制度在公元 11 世纪时已消亡,直到 1903 年才恢复沙弥尼(十戒女)的传承,1998 年在中国台湾国际佛光会的协助下为包括斯里兰卡二十位沙弥尼在内的一百三十五名女性戒子传授三坛大戒。

摩标宗显法,理证明允。既德有所归,义遂回刚,靡然推服,令弟子慧基等服膺供事,僧尼受者数百许人。①

祇洹寺寺主慧义和刘宋政权关系密切。义熙十三年(417),他入嵩山感致玉璧,为刘裕称帝作了舆论推动工作。因此功绩,刘裕对他"加接尤重,迄乎践祚,礼遇弥深"。②慧义本人对戒律有深究,他曾参与法显译场,协助翻译《摩诃僧祇律》等一系列佛教经典。③慧义此时提出异议,似应代表了当时建康僧团的主流意见。

事实上,影福寺诸尼早有重受具戒的念头,且此事由于求那跋摩的到来才提上了日程。求那跋摩与慧义都隶籍于祇洹寺,且慧义在祇洹寺的地位远高于求那跋摩,为何跋摩在世之日慧义没有提出异议?其中有一个重要原因,即求那跋摩等人对尼众受戒问题的回答,影响了僧团内部的稳定,当时不仅比丘尼要重受,部分建康比丘甚至祇洹寺僧人也要求加入重受的行列:

> 至元嘉十一年,有僧伽跋摩者,时号三藏法师,与前三藏同至杨都,为诸僧尼等,于南林寺坛重受具戒。于时祇桓寺僧慧照等五十人,影福寺尼慧果等三百二十三人,同从重受。④

以慧义为代表的建康僧团领袖向僧伽跋摩提出了质疑。对于此次僧诤,《高僧传》和《出三藏记集》的记载比较简略,道宣对此有详细记述:

> 有慧义法师,禀性刚烈,不耐喧聩,谓三藏曰:"大法东流,传道非一。先贤胜哲,共有常规。岂独改易,何穆众望?"答曰:"五部之异,自此常理,相与弃俗,本为弘法。法必可传,何忤众情?"又问曰:"夫戒非可见之色也。顷见重受戒者,或依旧腊次,或从后受为始,进退之间,足

---

① 慧皎:《高僧传》卷三,《大正藏》第50册,第342页中。《出三藏记集》卷一四所载文字与此略同。
② 慧皎:《高僧传》卷七,《大正藏》第50册,第368页下。慧义寻玉璧事,又载沈约:《宋书》卷二七,第784页。
③ 陈志远:《祇洹寺踞食之诤再考》,《六朝佛教史研究论集》,第295页。
④ 道宣:《关中创立戒坛图经》,《大正藏》第45册,第813页中。

致深疑?"答曰:"人有二种,故不一类。若年岁不满,胎月未充,则以今受为初。若先年已满,便入得戒之位,但疑先受有中下心,理须更求增胜而重戒,即依本腊而永定也。"又问:"自誓不杀,身口已满,有何不尽,更重受耶?"答曰:"戒有九品,下为上因,至于求者,心有优劣,所托缘起,亦自不同。别受重发,有何障碍?五戒十戒,生亦各异。乃至道定律仪,并防身口,不同心业,有一无二也。"如是云云,又问:"三藏昔存之日,布萨僧事,常在寺中,及至受戒,何为独出邑外,咸是善法,何以异耶?"答:"诸部律制,互有通塞,唯受戒事重,不同余事。若余法不成,唯得小罪,罪可忏悔。夫绍隆佛种,用消信施,以戒为本。若不成就,非出家人。障累之源,断灭大法,故异余者。"于是慧义欣然无言,遂令弟子慧基等渡蔡州岸,于船上受戒。①

上引文中,慧义就重受戒是否影响僧团团结、是否影响戒子僧腊的计数以及戒坛为何单设等问题——向僧伽跋摩提出质疑,僧伽跋摩——进行解答,慧义最终"欣然无言",同意比丘尼重受具戒,但将比丘重受戒的地点改到了蔡州,和此前的净检尼一样,在船上结界传戒。慧义对传戒的地点如此煞费苦心,或许和前朝净检尼一样,是为了避免本地僧团进一步争议而提出的折中考虑。

第四节 比丘尼僧伽的管理

一、尼寺内部的管理

(一) 寺主

寺主一名起源于佛陀时代,主要职责是管理寺院僧事。因寺院是国王所立,因此寺主的任命也是由国王决定:"时彼国王,知佛许可,寻即为佛及比丘僧,造立房舍,请一比丘,用作寺主,管理僧事,每于一日,余行不在。"②

---

① 道宣:《关中创立戒坛图经》,《大正藏》第26册,第813页中。
② 支谦译:《撰集百缘经》卷五,《大正藏》第4册,第227页下。

两晋之际净检尼在洛阳建立竹林寺,并未明确寺院内部事务管理如何进行,从记载来看,她和二十余位尼众的关系更多的是和合的师徒关系:"同其志者二十四人,于宫城西门共立竹林寺。未有尼师,共谘净捡,过于成德。"①

安令首出家后先造建贤寺,其后因随其学法者人数众多,建立了更多的精舍:"一时道学莫不师宗,因其出家者二百余人,又造五六精舍。"②住众人数大幅度增加,安令首如何管理？由于相关史料阙如,无法遽断。从安令首与石赵政权关系紧密程度来看,有可能是在借鉴净检管理竹林寺师徒相资的基础上,辅以国家行政层级管理。到了东晋后期,部分尼寺规模进一步扩大,昙备尼主导下的建康永安寺住众达到三百余人。昙备尼去世后,何太后命令由昙备尼的弟子昙罗"敕续师任"。③师任为何,无从得知,推测可能是总揽全寺一切事务的职位。

尼寺寺主一词最早出现在东晋安帝时,其后的刘宋时多次出现相关记载:

"太傅(司马道子)以太元十年为立简静寺,以(妙)音为寺主,徒众百余人。"④

刘宋时,江陵(牛牧)寺有寺主名法弘比丘尼。⑤

刘宋僧端尼出家得到了永安寺主的协助,"(永安)寺主置于别室,给其所须,并请《观世音经》,二日能诵"。⑥

宋明帝刘彧欣赏宝贤尼,任命其为寺主,"(帝)赏接弥崇,以泰始元年敕(宝贤尼)为普贤寺主"。⑦

刘宋邵陵王刘子元礼请智胜尼为南晋陵寺主,任职多年。⑧

建康普贤寺净晖尼在晚年也担任了寺主一职。青园寺扩建后分为东西二寺,新建东青园寺推举法全尼为寺主。

---

① 宝唱:《比丘尼传》卷一,《大正藏》第50册,第934页下。
② 宝唱:《比丘尼传》卷一,《大正藏》第50册,第935页上。
③ 宝唱:《比丘尼传》卷一,《大正藏》第50册,第936页上。
④ 宝唱:《比丘尼传》卷一,《大正藏》第50册,第936页下。
⑤ 宝唱:《比丘尼传》卷二,《大正藏》第50册,第938页上。
⑥ 宝唱:《比丘尼传》卷二,《大正藏》第50册,第939页上。
⑦ 宝唱:《比丘尼传》卷二,《大正藏》第50册,第941页上。
⑧ 宝唱:《比丘尼传》卷三,《大正藏》第50册,第943页上。

从《比丘尼传》所记尼众担任寺主的经过来看，寺主的任命和寺院出资人的关系较大，即出资建寺的大檀越在寺主人事上更有发言权。如永安寺和简静寺都是由出资人（何太后、会稽王司马道子）决定寺主人选；普贤寺为路太后所立，属于皇家功德寺，由宋明帝决定寺主人选也在情理之中；南晋陵寺由立寺人邵陵王选择寺主也属此例。当然，大檀越同时也会考虑到住众的意见和被推举者的德行，如青园寺被分拆为两个寺院，因倡议者宝婴尼突然去世，为了维持稳定，乃以原寺主法全尼暂时管理新寺："众既新分，人望未缉，乃以全为寺主。"①

南朝担任尼寺寺主者基本都是出家众，在北朝，比丘尼担任尼寺寺主者仅见一例，即北齐比丘尼刘集，她曾受命为邺城文宣大寺寺主。②除了比丘尼外，北朝时还有数量不少的男女俗众担任寺主的事例，这在造像题记中多有体现。俗众担任寺主者，一般是寺院建设的发起人，负责寺院日常维护和运营，至于寺院住众修行，则不在其管理范围内。

（二）维那

维那（Karmadāna），又作唯那，音译"羯磨陀那"，意译"授事"。寺中三纲之一。维为汉语，纲维之义，又称为纲维、次第、授事、知事、悦众、寺护等，③维那可统管僧团事务，"此云悦众，出僧中事并主之"。④在印度佛教文化语境里，维那为主管僧众威仪的"授事者"，《南海寄归内法传》卷四曰："授事者，梵云羯磨陀那。陀那是授，羯磨是事。意道，以众杂事指授于人，旧维那者非也。维是周语，意道纲维，那是梵音，略去羯磨陀字也。"⑤汉传佛教文化语境里里，维那为主管寺中事务者，与上座、典座同称三纲。

维那一职早在原始佛教时期就已出现，主要职责为负责僧团的唱念规矩等。其设置因缘，《十诵律》卷三四记载：

> 佛在舍卫国。尔时祇陀林中僧坊中，无比丘知时限唱时，无人打捷稚，无人扫洒涂治讲堂食处，无人次第相续敷床榻，无人教净果菜，无人

---

① 宝唱：《比丘尼传》卷三，《大正藏》第 50 册，第 943 页中。
② 《宫讲法师集墓志》，贾振林主编：《文化安丰》，第 210 页。
③ 参见丁福保主编：《佛学大辞典》，第 2512 页下。
④ 宗赜：《禅苑清规》卷三，第 33 页。
⑤ 《大正藏》第 54 册，第 226 页中。

看苦酒中虫,饮食时无人行水,众散乱语时无人弹指。是事白佛,佛言:"应立维那。"①

从律典的记载来看,维那职责非常繁琐,举凡僧坊所有事务,无一不在其关注下。佛陀时代,目犍连曾担任过维那一职,因为僧众中有不净比丘导致佛不说戒,于是向佛陀提出辞职。②《敕修百丈清规》将维那职责解释为:"纲维众僧曲尽调摄,堂僧挂搭、辨度牒真伪;众有争竞遗失,为辨析和会;戒腊资次床历图帐,凡僧事内外无不掌之,举唱回向以声音为佛事,病僧亡僧尤当究心。"③

维那一职在《比丘尼传》中屡有出现。

蜀郡善妙烧身时,需要维那打磬召集众人来告别:

> 至四月八日夜半,以布自缠而烧其身。火已亲顶,命其妹令呼维那打磬:"我今舍寿,可遍告诸尼,速来共别。"④

刘宋广陵僧果尼:

> (元嘉)十八年,年三十四矣。时宴坐经日,维那故触,谓言已死。惊告寺官,寺官共视,见果身冷肉强,唯气息微转。⑤

刘宋建康景福寺法辩尼:

> 每预众席,恒如睡寐。尝在斋堂,众散不起。维那惊触,如木石焉。⑥

以上三例尼寺维那,所承担的职责为负责日常作息、唱念和禅堂规矩等。

---

① 《大正藏》第 23 册,第 250 页中。
② 僧伽提婆译:《增一阿含经》卷四四,《大正藏》第 2 册,第 786 页下。
③ 德煇重编:《敕修百丈清规》卷四,《大正藏》第 48 册,第 1132 页中。
④ 宝唱:《比丘尼传》卷二,《大正藏》第 50 册,第 939 页中—下。
⑤ 宝唱:《比丘尼传》卷二,《大正藏》第 50 册,第 939 页下—940 页上。
⑥ 宝唱:《比丘尼传》卷二,《大正藏》第 50 册,第 940 页中。

(三) 纲纪

刘宋元嘉以后,尼寺内部管理职务在寺主之外出现了"纲纪"一职。首位担任尼寺"纲纪"的是慧果尼:"(元嘉七年寺主弘安尼以起寺,借券书见示,是永初三年。)割宅东面为立精舍,名曰景福。果为纲纪,赒遗之物,悉以入僧,众业兴隆,大小悦服。"①纲纪具体负责什么事务,传中未明确,可能是协助寺主的职务。《比丘尼传》卷二《南安寺慧琼尼》提到了慧琼尼"纲纪寺舍,兼行讲说本经";又《永安寺僧端尼》记载:"元嘉十年,(僧端)南游上国,住永安寺。纲纪众务,均爱等接。大小悦服,久而弥敬。"②

和"维那"不同的是,"纲纪"是本土词汇,语出《诗经·大雅·棫朴》:"勉勉我王,纲纪四方"。③纲纪一词,在古代典籍中有多重含义。可作法度、纲常解,如《史记·秦始皇本纪》:"大圣作治,建定法度,显著纲纪。"④《汉书·礼乐志》:"夫立君臣,等上下,使纲纪有序,六亲和睦,此非天之所为,人之所设也。"⑤《大唐西域记·阿耆尼国》:"勇而寡略,好自称伐,国无纲纪,法不整肃。"⑥作治理、管理解,如《汉书·律历志上》:"汉兴,方纲纪大基,庶事草创,袭秦正朔。"⑦亦可作官职解,指古代公府及州郡主簿。《后汉书·张升传》:"仕郡为纲纪,以能出守外黄令。"⑧《资治通鉴·晋明帝太宁二年》:"有诏:'王敦纲纪除名,参佐禁锢。'"胡三省注:"纲纪,综理府事者也。"⑨

据此,慧果尼所任寺之纲纪,应该类似于寺院管理职务。

二、国家尼僧官的设置

如果说寺主、纲纪和维那是尼僧伽内部自我管理设置的职务,其范围一般限于一寺,尼僧正和比丘尼统则是国家为管理整个佛教僧团事务而设置的行政职务,是国家的僧官,具有半公半私的性质。两晋南北朝时期,随着僧尼人数的增加,管理也成为亟待解决的大事。僧尼除了在自律的基础上

---

① 宝唱:《比丘尼传》卷二,《大正藏》第 50 册,第 937 页中。
② 宝唱:《比丘尼传》卷二,《大正藏》第 50 册,第 938 页中、939 页上。
③ 阮元校刻:《十三经注疏》,第 1108 页。
④ 司马迁:《史记》卷六,第 249 页。
⑤ 班固:《汉书》卷二二,第 1030 页。
⑥ 玄奘:《大唐西域记》卷一,《大正藏》第 51 册,第 870 页上。
⑦ 班固:《汉书》卷二一上,第 974 页。
⑧ 范晔:《后汉书》卷八〇下,第 2627 页。
⑨ 司马光:《资治通鉴》卷九三,第 2930 页。

遵守戒律的规定以外,僧团开始着力于制定各种制度法规,以加强内部管理。道安制订《僧尼轨范》作为教团自己管理的自己的法规,江左支遁制定了《众僧集议节度》,庐山慧远制定了《社寺节度》《外寺僧节度》及《比丘尼节度》等。僧官制度发端于东晋,后秦姚兴完善了僧官设置,以僧䂮为国内僧主,僧迁为悦众,法钦、慧斌共掌僧录。和其他职官一样,担任僧官的僧人领取国家俸禄,僧官的人选为比丘。到了南北朝时期,随着僧团规模的扩大,出现了比丘尼僧官,即比丘尼自己来领导尼众僧团。关于南北朝时期的尼僧官制度,谢重光和白文固教授合著《中国僧官制度史》对之作了说明,王孺童在《比丘尼传校注·前言》对之也有所论述,继有西南大学吴为民教授在《释"比丘尼统"及相关北朝僧官》①一文中详加解说。

南北朝比丘尼僧官名目各有不同,南朝为尼僧正,北朝则为比丘尼统,两者均纳入国家行政管理体系,确定员额和品级俸禄,由国家在尼僧中确定人选加以任命。

(一) 尼僧正和尼都维那

南朝很早就设立僧正管理僧尼事务,尼僧正的设置则源于宋明帝时期。宋明帝于泰始元年(465)敕任宝贤为普贤寺主,同时敕令与宝贤名辈略齐的比丘尼法净进住普贤寺,"宫内接遇,礼兼师友"。②泰始二年敕任比丘尼宝贤为都邑僧正,敕令法净为京邑都维那。宝贤"甚有威风,明断如神。善论物理,屈枉必释。秉性刚直,无所倾挠"。③法净"在事公正,确然殊绝。随方引汲,归德如流。荆楚诸尼及通家妇女,莫不远修书瞩,求结知识。其陶冶德风,皆类此也,谘其戒范者七百人"。④

刘宋时期设立的尼僧官还享有俸禄,普贤寺宝贤尼是领受官方薪俸的首位比丘尼。《大宋僧史略》之《僧主秩俸》云:"宋宝贤为京邑尼僧正,文帝四事供养,孝武月给钱一万。尼正之俸,宝贤始也。"⑤

---

① 吴为民:《释"比丘尼统"及相关北朝僧官》,《光明日报》2011年5月26日第11版。吴文对"比丘尼统"的相关考证存在多处讹误,如错将《出三藏记集》卷一一"此三寺比丘尼,统依舌弥受戒"断句为"此三寺比丘尼统,依舌弥受戒",故认为龟兹国在4世纪时即有"比丘尼统"的设置;又将北魏慈庆尼(王钟儿)去世后被追赠"比丘尼统"的原因归结"佛法精深";还认为北朝担任比丘尼统唯慈庆尼一人,事实上在慈庆尼之前,还有僧芝尼为首任比丘尼统。
② 宝唱:《比丘尼传》卷二,《大正藏》第50册,第941页中。
③ 宝唱:《比丘尼传》卷二,《大正藏》第50册,第941页上。
④ 宝唱:《比丘尼传》卷二,《大正藏》第50册,第941页下。
⑤ 赞宁:《大宋僧史略》卷中,《大正藏》第54册,第245页中。

宝贤尼和法净尼在任时颇得令名,宝唱称赞宝贤尼"在任清简,才兼事义,安众惠下。萧然寡欲,世益高之";①法净尼则"在事公正,确然殊绝。随方引汲,归德如流"。二人在任期间的最大影响是扭转了元嘉以来尼众动辄要求重受戒的风气。元嘉年中,景福寺尼慧果等人鉴于此前所受比丘尼戒戒品不全,在求那跋摩、僧伽跋摩和狮子国尼的协助下,新开戒坛,依止二部僧再次受戒。慧果等人此次受戒在建康尼众中引起轰动,先后重受者达三百余人。元嘉以后,此风不减,引起了管理机构的注意:

> 以元嘉十一年,从僧伽跋摩于南林寺坛重受具戒,非谓先受不得,谓是增长戒善耳。后诸好异者,盛相传习,典制稍亏。元徽二年法律颖师于晋兴寺开《十诵律》。其日有十余尼,因下讲欲重受戒。贤乃遣僧局赍命到讲座,鸣木宣令诸尼,不得辄复重受戒。若年岁审未满者,其师先应集众忏悔竟,然后到僧局,僧局许可,请人监检,方得受耳。若有违拒,即加摈斥。因兹已后,矫竞暂息。②

刘宋以后,似乎尼僧正的设置不再延续,尼僧伽事务的管理重新纳入僧正的管辖范围。

(二)比丘尼统

对于北朝尼僧伽的管理,由于史料阙如,历史上教内学者对之不甚重视,认为其并没有独立的管理制度,比丘尼依附于比丘进行管理。事实上,北朝在大僧管理系统之外,还短期设立了比丘尼僧官,即"比丘尼统"。

北魏管理僧尼事务被称为"道人统""沙门统"或"僧统":

> 秦制关中,立僧正为宗首。魏尊北土,改僧统领缁徒。虽发新题,亦提旧职。后魏皇始中,赵郡沙门法果戒行精至,开演法籍,太祖征为沙门统。……沙门统之官,自法果始也。复有罽宾沙门师贤,本是王种,东游凉土,又来京下。值罢佛法,权假医术,而守道不改,于重兴日即为沙门。同辈五人,魏帝亲为下发,诏贤为僧统。僧统之官,自师贤始也。③

---

① 宝唱:《比丘尼传》卷二,《大正藏》第50册,第941页上—中。
② 宝唱:《比丘尼传》卷二,《大正藏》第50册,第941页上。
③ 赞宁:《大宋僧史略》卷中,《大正藏》第54册,第243页上—中。

北魏担任过比丘尼统一职的有两位比丘尼：胡灵太后从姑僧芝尼和保育宣武帝和孝明帝的慈庆尼（二人事迹详见第三章第二节）。僧芝尼在胡太后摄政后被授予"比丘尼统"一职，弟子僧和、道和分任比丘尼都维那，洛阳城内的胡统寺很可能就是"比丘尼统"的官署所在。都维那的职责为何呢？《魏书》中有维那执掌的相关记载："若为三宝巡民教化者，在外赍州镇维那文移，在台者赍都维那等印牒，然后听行。违者加罪。"①慈庆尼则是在死后追赠的官职，意在表彰她对皇室子孙的照护。慈庆尼之后，北朝再无设立尼僧官的记载。

（三）宫讲法师

孝文帝和宣武帝皆雅好文学，对佛教义理有浓厚兴趣，受邀入宫讲法者众多，比丘尼刘集是其中之一，她也是北朝唯一一位被明确称为"宫讲法师"者。墓志记载："（刘集）时年廿五，魏宣武帝所宠，为宫讲法师。"②一定程度上讲，"宫讲法师"不能算是严格意义上的僧官，更可能只是当朝给予入宫讲法的僧尼名誉性的称号，类似于唐代的内供奉。

又，孝明帝时似曾有"讲内典沙门"之设。《洛阳伽蓝记》卷二《城东·龙华寺》记云："（胡）太后以钟声远闻，遂移在宫内，置凝闲堂前，与讲内典沙门打为时节。"③从字面意思来看，此"讲内典沙门"和"宫讲法师"的职能和性质相当接近。胡太后俗家世代奉佛，本身也有一定的佛学修养，她掌权的时候，延续宣武帝时期僧人入内为皇帝及后宫成员讲经的惯例是很有可能的。

第五节　两晋南北朝出家女众的丧葬

一、印度和西域僧尼的丧葬形式

（一）印度僧尼的丧葬形式

印度早期佛教时期，火葬是僧伽地位较高的僧尼采用的主要丧葬形式。

---

① 魏收：《魏书》卷一一四《释老志》，第3038页。
② 《宫讲法师集墓志》，贾振林主编：《文化安丰》，第210页。
③ 杨衒之著，杨勇校笺：《洛阳伽蓝记校笺》卷二，第72页。作者按：周祖谟校释《洛阳伽蓝记》（中华书局，2013年，第52页）记为"内讲沙门"；范祥雍校注本（上海古籍出版社，1978年，第75页）则记为"讲内典，沙门"。

佛陀临终时,阿难曾经向佛陀询问下葬之法。佛陀以转轮圣王的葬法为例,详述佛陀灭度后的情形:

> 阿难即从座起,前白佛言:"佛灭度后,葬法云何?"……佛言:"欲知葬法者,当如转轮圣王。"阿难又白:"转轮圣王葬法云何?"佛告阿难:"圣王葬法,先以香汤洗浴其体,以新劫贝周遍缠身,以五百张叠次如缠之。内身金棺,灌以麻油毕,举金棺置于第二大铁椁中,栴檀香椁次重于外,积众名香,厚衣其上而阇维之。讫收舍利,于四衢道起立塔庙,表刹悬缯,使国行人皆见法王塔,思慕正化,多所饶益。阿难!汝欲葬我,先以香汤洗浴,用新劫贝周遍缠身,以五百张叠次如缠之。内身金棺,灌以麻油毕,举金棺置于第二大铁椁中,旃檀香椁次重于外,积众名香,厚衣其上而阇维之。讫收舍利,于四衢道起立塔庙,表刹悬缯,使诸行人皆见佛塔,思慕如来法王道化,生获福利,死得上天。"①

由上可知,佛陀葬法与俗世最高贵的转轮圣王一样,先洗浴身体,再用白布包裹,放入金棺中,再灌进麻油,之后将金棺放入铁椁,外面再套木椁,积木焚烧,最后收取舍利,于四衢中起塔供养。

原始佛教时期,证得罗汉果位的僧尼多采用火葬形式。大爱道及五百比丘尼涅槃和佛陀亲自供养舍利的过程,向世人展示了印度比丘尼丧葬处理流程。

经典记载,佛陀入灭前三个月时,大爱道及与五百比丘尼不忍见佛灭

---

① 佛陀耶舍、竺佛念译:《长阿含经》卷三《游行经》中,《大正藏》第1册,第21页上—中。又,释宝唱《经律异相》卷四"阿难问葬法"条记云:"佛言:'我葬之法,如转轮圣王。先以香汤浴身,劫贝裹体,次以五百张白叠缠之,内金棺中,灌以麻油。复以金棺置铁椁内,栴植香椁,次绕其外。积众香薪,厚衣其上,而阇维之。薪尽火灭,收取舍利。于四衢道,起立塔庙。表刹悬幡,使见者思慕,多所饶益。'佛言:'有四种人,应为起塔:一如来,二辟支佛,三声闻,四转轮王。皆应香华、幡盖、伎乐供养。佛于双树间,铺置床座,以头南,首面向北方。所以然者,佛法流布,当久住北方。佛自牒僧伽梨,右胁如师子王,累足而卧。'阿难又问:'阎浮提界有几种葬?'佛言:'无数。我此国土,有水葬、火葬、塔冢之葬。振旦国人葬送之法,金银珍宝,刻镂车乘。飞天伎乐,铃钟歌咏,用悦终亡。身带衣服,盛置棺椁,妙香芬苾,千百万众送于山野,庄严处所。人民见者,莫不欢欣。振旦边王,所领人民,欲葬之时,成持棺椁,内石室中,疾病之日,开看骸骨,洗浴求福,使病得愈。又有命终,无有棺椁,直取尸骸,置高阁上。疾急之时,下尸咒愿,以求福佑。'"(《大正藏》第53册,第17页下)

度,征得佛陀同意后,先行灭度。她们退还精舍,各在空中,作各种神变,同时泥洹。佛令阿难入城请耶输提备办相应器具以供养大爱道等人的舍利:

> 尔时,耶输提大将即办五百床,五百坐具,五百瓶油、酥、薪,及诸耶维之具,往至世尊所……佛告曰:"汝今各取大爱道身及五百比丘尼身,出毗舍离到旷野之处,吾欲于彼供养舍利。"……尔时,世尊将诸比丘僧,前后围绕,往至大爱道比丘尼寺中。尔时,世尊告阿难、难陀、罗云:"汝等举大爱道身,我当躬自供养。"……尔时,毗沙门天王告五百鬼曰:"汝等往至栴檀林中,取香薪来,当供养蛇旬。"时,五百鬼闻天王语已,即往至栴檀林中,取栴檀薪来至旷野之间。是时,世尊躬自举床一脚,难陀举一脚,罗云举一脚,阿难举一脚,飞在虚空,往至彼冢间;其中四部之众,比丘、比丘尼、优婆塞、优婆夷,举五百比丘尼舍利至于冢间。……是时,世尊复告大将曰:"汝今各取五百舍利,各分别而供养之,二沙弥亦复使然。"时,大将受佛教已,各各分别而取供养,即取蛇旬。尔时,世尊复以栴檀木着大爱道身上。……尔时,诸天、人民皆悉云集在于冢间;天、人大众十亿姟那术。时大将火灭已,复取舍利而起偷婆。①

古代印度社会丧葬形式有多种,玄奘在《大唐西域记》将之概括为火葬、水葬和野葬等三种类型:"送终殡葬,其仪有三:一曰火葬,积薪焚燎;二曰水葬,沈流漂散;三曰野葬,弃林饲兽。"②

(二)西域地区僧尼丧葬形式

西域地区葬法,主要分为四种,即火葬、水葬、土葬和林葬,正如道宣所言:

> 西域本葬,其流四焉:火葬焚以蒸新,水葬沈于深淀,土葬埋于岸旁,林葬弃之中野。法王轮王,同依火祀。③

---

① 僧伽提婆译:《增一阿含经》卷五〇,《大正藏》第2册,第822页中—823页中。此外,增壹阿含的单行本《佛母般泥洹经》也有相似的记载。
② 玄奘:《大唐西域记》卷二,《大正藏》第51册,第877页下。
③ 道宣:《续高僧传》卷二七《遗身篇·论曰》,《大正藏》第50册,第685页中。

其中火葬和林葬是最重要的两种,所谓"中国(按,此指印度)四葬:水葬投之江流,火葬焚之以火,土葬埋之岸劳(旁),林葬弃之中野为雕虎所食。律中多明火、林二葬。亦有薶(埋)者"。①

中古西域地区的僧人大多采用火葬的方式,这一葬法直接影响了中古时期汉地前往西域求法的僧人,他们大多也入乡随俗,在当地去世后也采用火葬起塔的方式安葬。三国时西行第一人朱士行"终于于阗,春秋八十。依西方法阇维之,薪尽火灭,尸犹能全。众咸惊异,乃咒曰:'若真得道,法当毁败。'应声碎散,因敛骨起塔焉"。②

高昌比丘法朗西行至龟兹国,得到龟兹王的礼遇,在龟兹舍寿后火葬:

> 王待以圣礼,后终于龟兹。焚尸之日,两眉涌泉直上于天,众叹希有,收骨起塔。③

北魏时至罽宾求法的智严:

> 步归至罽宾,无疾而化,时年七十八。彼国法,凡圣烧身各处,严虽戒操高明,而实行未办。始移尸向凡僧墓地,而尸重不起,改向圣墓,则飘然自轻。④

来华的西域僧人也有按照西域法丧葬者:

> (求那跋摩)既终之后,即扶坐绳床,颜貌不异,似若入定。道俗赴者,千有余人,并闻香气芬烈。……即于南林戒坛前,依外国法阇毗之。四部鳞集,香薪成蕴。灌之香油,以烧遗阴。五色焰起,氛氲丽空。是时天景澄朗,道俗哀叹。仍于其处起立白塔。⑤

---

① 道宣:《四分律删繁补阙行事钞》卷下之四,《大正藏》第40册,第145页下。
② 慧皎:《高僧传》卷四,《大正藏》第50册,第346页下。
③ 慧皎:《高僧传》卷一〇,《大正藏》第50册,第392页下。
④ 慧皎:《高僧传》卷三,《大正藏》第50册,第339页下。
⑤ 慧皎:《高僧传》卷三,《大正藏》第50册,第341页中。

当然,来华西域僧人也有放弃西域火化之法者,如永嘉年中来华的西域沙门帛尸梨密多罗,即采用的汉地土葬之法:

> 密常在石子冈东行头陀。既卒,因葬于此。成帝怀其风,为树刹冢所。后有关右沙门来游京师,乃于冢处起寺。①

本土僧人中,死后依照印度西域火葬之法者亦有多例。
西晋洛阳僧人诃罗竭:

> 元康八年(298)端坐从化,弟子依西国法阇维之。焚燎累日,而尸犹坐火中,永不灰烬。②

东晋蜀地僧人释贤护:

> 临亡,口出五色光明,照满寺内,遗言使烧身。弟子行之。既而支节都尽,唯一指不然,因埋之塔下。③

刘宋蜀地僧人普恒:

> 明旦平坐而卒。……生时体黑,死更洁白。于是依得道法阇维之。薪藉始然,便有五色烟起,殊香芬馥。④

印度阇维之法虽然被中土僧团接受,但因为和本土主流葬俗不同,难免会遭到来自政府或其他方面的限制和质疑。北魏玄高圆寂后,原计划采用佛教传统葬法——阇维之法,但限于政府禁令,只得采用传统墓葬的办法:"明日迁柩,欲阇维之,国制不许,于是营坟即窆。道俗悲哀,号泣望断。"⑤

---

① 慧皎:《高僧传》卷一,《大正藏》第50册,第328页上。
② 慧皎:《高僧传》卷一〇,《大正藏》第50册,第389页上。
③ 慧皎:《高僧传》卷一一,《大正藏》第50册,第396页下。
④ 慧皎:《高僧传》卷一一,《大正藏》第50册,第399页中—下。
⑤ 慧皎:《高僧传》卷一一,《大正藏》第50册,第398页上。

荼毗后起塔供养在南北朝比较普遍,这一丧葬方式来源于《长阿含经》卷三所载关于释迦牟尼涅槃荼毗后八王分舍利回国起塔供养的故事。蜀僧法琳和北齐禅师僧稠都是荼毗后起塔供养的典型案例。

南齐蜀地僧人释法琳:

> ……令死后焚身。言讫,合掌而卒。即于新繁路口,积木燔尸。烟焰冲天,三日乃尽。收敛遗骨,即于其处而起塔焉。①

北齐禅师僧稠:

> 皇建二年(561)五月,弟子昙询等奏请为起塔。下诏曰:故大禅师德业高迥,三宝栋梁,灭尽化终,神游物外。可依中国之法阇毗起塔,建千僧斋,赠物千段,标树芳迹,示诸后代。敕右仆射魏收为制碑文。……既而克日准敕,四部弥山,人兼数万,香柴千计。日正中时焚之以火,莫不哀恸断绝,哭响流川。登有白鸟数百,徘徊烟上,悲鸣相切,移时乃逝。仍于寺之西北建以砖塔。②

火葬这一葬俗早在史前时期即已出现,考古工作者在全球许多地方发现了上古火葬遗存。③生活在我国西北的羌人相当长时间一直保留着火葬习俗。《墨子·节葬》云:"秦之西有仪渠之国者,其亲戚死,聚柴薪而焚之,燻上,谓之登遐。"④《吕氏春秋·孝行览·义赏篇》曰:"氐羌之民,其虏也,不忧其系累,而忧其死不焚也。"⑤正史中亦颇有边疆少数民族焚尸火葬的记录。《后汉书·南蛮西南夷列传》载:"六夷七羌九氐……死则烧其尸。"⑥《南史·林邑传》记:"死者焚之中野,谓之火葬。"⑦闻一多先生认为:

---

① 慧皎:《高僧传》卷一一,《大正藏》第50册,第402页上—中。
② 道宣:《续高僧传》卷一六,《大正藏》第50册,第554页下。
③ 参见《科技考古实验室最新研究揭示中国新石器时代最早的火葬墓》,https://news.xmu.edu.cn/info/1002/57638.htm,2022-08-06。
④ 孙诒让:《墨子间诂》卷六,第187页。
⑤ 王利器:《吕氏春秋注疏》(第2册),第1483页。
⑥ 范晔:《后汉书》卷八六,第2858页。
⑦ 李延寿:《南史》卷七八,第1949页。

"火葬的意义是灵魂因乘火上天而得永生,故古代所载火葬俗流行的地方,也是不死传说发生的地方。今甘肃新疆一带,正是古代羌族的居地,而传说中的不死民,不死之野,不死山,不死树,不死药等也都在这里。"① 佛教的火葬习俗来源较为复杂,既有雅利安人的传统,也有印度河流域的文化遗存,佛教的生命观和轮回观念与火葬具有较强一致性,得到了传承。

二、中土比丘尼的葬法

关于佛教初传至南北朝比丘尼的丧葬方式,《比丘尼传》和尼僧墓志并没有特别说明,只能从其中涉及的片言只语中略得二三线索。根据尼传和墓志等史料搜检,两晋南北朝时期中土比丘尼葬式略如下表所示:

表1 两晋南北朝比丘尼丧葬一览表

名讳	时代	区域	遗体处置	葬地	丧事主持者	纪念方式	备注
道容	东晋	秣陵县新林寺	衣冠冢	建康新林寺旁	朝廷	衣冠冢	
慧琼	宋	广陵南永安寺	露尸葬	聚宝山高座寺前岗	弟子	坟上起塔	
慧叡	宋	山阴竹园寺	土葬	傅山	不详	不详	此傅山不知确处
僧敬	齐	建康崇圣寺	不明	钟山之阳	弟子	沈约制碑文	
妙智	齐	建康华严寺	土葬	方山定林寺南	丧事官给	王伦妻江氏为著石赞文序	
慧绪	齐	建康集善寺	土葬	不明	不详	周舍制碑文	
智胜	齐	建康建福寺	不明	钟山	丧事官给		
昙简等	齐	剡县法音寺	烧身②	剡县白石山	僧俗弟子	树封坟刹	

---

① 闻一多:《闻一多中国神话十五讲》,第156页。
② 昙简、昙勇、净珪等三人系烧身,因此不存在遗体处置的问题,但因其烧身后僧俗将其舍利骨灰以瓮盛装进行安葬,故此处仍列入。

续表

名讳	时代	区域	遗体处置	葬地	丧事主持者	纪念方式	备注
僧念	梁	建康禅林寺	土葬	秣陵县中兴里			
慧胜	梁	建康闲居寺	土葬	建康白板山	不详		
净行	梁	建康竹园寺	土葬	钟山	不详		
僧述	梁	建康闲居寺	土葬	钟山之阳	不详		
惠晖	梁	建康乐安寺	土葬	镇江丹徒县石头岗村	不详		
道贵	梁	建康顶山寺	土葬	钟山之阳	丧事官给		
慈义（高英）	北魏	洛阳瑶光寺	土葬	迁葬于邙山	弟子法王等	有墓志留存	以尼礼葬之
僧芝	北魏	洛阳乐安寺	土葬	邙山之阳	丧事官给弟子等	有墓志留存	丧礼隆重
慈庆（王钟儿）	北魏	皇宫内道场	土葬	邙山之北	丧事官给	中书侍郎常景奉敕作墓志	临终赠官
智首（元纯陀）	北魏	洛阳大觉寺	土葬	邙山西南	外孙	墓志留存	丧礼隆重
王氏（元）尼		不明	土葬	葬洛阳邙山家族墓地	家人	墓志留存	
慧义	东魏	不明		不明	不明	墓志留存	
道洪	北魏	谯郡曹氏		不明	不明	墓志留存	以尼礼葬之
张鹿寺尼	东魏	山东临朐张鹿寺	土葬	山东临朐县张陆河村丹河北岸	不详	墓室，石棺和木棺合葬	
比丘尼刘集	北齐	邺城文宣寺	土葬	不详	不详	墓志留存	以尼礼葬之
道信（垣南姿）	北齐	邺城	土葬	邺城家族墓地	儿子	墓志留存墓室，有陪葬物	

续表

名讳	时代	区域	遗体处置	葬地	丧事主持者	纪念方式	备注
等行（李难胜）	北齐	邺城妙胜寺	土葬	邺城西北一十里处河北省磁县申庄乡	不明	墓志留存	以尼礼葬之
乙弗氏①	西魏	长安	瘗窟	天水麦积山第43窟	西魏皇室	石室瘗埋	以皇后之礼安葬
元沙弥	北齐	不明	土葬	家人	建德六年卒	墓志留存	不明
常悲（李娥姿）②	北周	长安妙胜尼寺	土葬	长安城南	僧团		以尼礼葬之
法净（朱满月）	北周	长安妙胜尼寺	土葬	长安城南	僧团		以尼礼葬之
元华光	北周隋	雍州等觉寺	土葬	卒葬长安少陵塬家族墓地	家人	墓志留存	以尼礼葬之
元媛柔	北周隋	雍州等觉寺	土葬	卒葬长安少陵塬家族墓地	家人	墓志留存	以尼礼葬之

佛教流传到中土后，本土僧尼采用丧葬形式主要还是林葬和土葬两种形式：

> 西域本葬，其流四焉：火葬焚以蒸薪，水葬沈于深淀，土葬埋于岸旁，林葬弃之中野。法王、轮王同依火祀，世重常习，余者希行。东夏所传，惟闻林、土，水、火两设，世罕其踪。故瓦掩虞棺，废林、薪之始也。夏后圣周，行瓦棺之事也。殷人以木椁椟，藤缄之也。中古文昌，仁育成治。虽明窆葬，行者犹希。故掩骼埋胔，堋而瘗也。上古墓而不坟，

---

① 刘淑芬教授将乙弗氏的葬式归结为俗人石室瘗埋形式（刘淑芬：《中古的佛教与社会》，第270页），但乙弗氏生前已按照仪轨出家，虽然最终的葬礼是按照皇后之礼安葬，这一丧葬形式在北朝并非个例，从宗教身份来看，仍可视为尼众葬式之一。

② 常悲尼、法净尼及元华光、元媛柔姑侄的卒年都在开皇中，距离北周灭亡已数年之久，但因其活跃年代主要是在北周时期，亡故后丧葬形式多受北朝影响，故此一并计入。

未通庶类。赫胥卢陵之后,现即因山为陵。下古相沿,同行土葬。纭纭难纪,故且削之。若乃碑行纪言,导后叶之清绪;施轮树塔,表前德之徽功。《阿含》之所开明,即世弥其昌矣。至于埋尸塔侧,尚制远撒边坊。亲用骨涂,寔乃虚通诣附。又有厌割人世,生送深林。广告四部,望存九请。既失情投,俛俛从事。道俗赞善,傧从相催。鞏戚不已,放身岩壑。据律则罪当初聚,论情则随兴大舍。余有削略赘疣,虽符极教,而心含不净,多存世染。必能旷荡无寄,开化昏迷。①

从道宣的记述可知,火葬是西域僧尼常用的葬式,但在中土,早期主要以土葬和林葬为主,水葬和火葬都比较少见。究其原因,在道宣看来,此土僧尼葬式不同于西域者,是因为世人习惯所致,按照风俗多采用土葬的缘故。

总体而言,北方地区僧众实行火葬者较少,南方地区僧尼葬式则较为多元,既有火葬,也有露尸葬,更多的是土葬。

(一) 林葬

林葬,又称露尸葬,也作全身葬,②是佛教基于"布施"理念的一种丧葬形式,即人死后不用棺椁,将死者的遗体置于户外,或是山林野地,或沉于水中,由鸟兽虫鱼食用。③南北朝时期采用林葬方式的以比丘为主,④至于比丘尼,史料所见同期采取露尸葬的仅有刘宋时建康南安寺比丘尼慧琼一例:

> 慧琼者,本姓锺,广州人……以元嘉二十年随孟顗之会稽,至破冈卒,敕弟子云:"吾死后不须埋葬,可借人剥裂身体,以食众生。"至于终尽,不忍屠割,乃造句容县,举着山中,欲使鸟兽自就啖之。经十余日,俨然如故,颜色不异。令使村人以米散尸边,鸟食远处米尽,近尸之粒皆存。⑤

---

① 道宣:《续高僧传》卷二七《遗身篇·论曰》,《大正藏》第50册,第685页中。
② 王磊:《试论中古时期佛教徒的全身葬法》,《中山大学学报》2013年第2期。
③ 刘淑芬:《林葬——中古佛教的露尸葬研究之一》,《中古的佛教与社会》,第184页。
④ 佛教僧人的林葬方式也影响到了在家信众,北魏后期处士冯亮笃好佛理,常年隐居嵩山,与僧徒礼诵为业,延昌二年(513)去世后,"置尸盘石上,去人数里外。积十余日,乃焚于山。以灰烬处,起佛塔经藏"(《魏书》卷九〇,第1931页)。
⑤ 宝唱:《比丘尼传》卷二,《大正藏》第50册,第938页中。

露尸葬在南北朝时期并不普遍,《高僧传》等史籍的记载表明,和隋唐时期相比,南北朝时期选择露尸葬的僧尼几乎都长期生活在南方,且以比丘为主。慧琼尼的愿望和同时期采取露尸葬的僧人相似,希望将身体"以食众生"。对于慧琼的遗言,弟子进行了有折扣地执行,她们没有对遗体进行肢解,只是将之运送到远离城市的句容县山中,任由鸟兽啄食。十余日后入山准备捡拾遗骸时才发现遗体完好,弟子慧朗将之安葬在高座寺前。

（二）石室瘗埋

石室瘗埋是一种受到西域佛教影响、本土用于调和林葬的丧葬形式。①西魏文帝皇后乙弗氏葬式应属于瘗穴葬法。乙弗氏葬室在天水麦积山石窟第43窟,是前室置佛教造像,后室为墓穴,纵式葬尸的"洞房石室"形式的布局。②《北史·西魏文帝文皇后乙弗氏传》记载:大统六年,"遣中常侍曹宠赍手敕令后自尽……召僧设供,令侍婢数十人出家,手为落发。事毕,乃入室,引被自覆而崩,年三十一。凿麦积崖为龛而葬……后号寂陵"。③新疆鄯善县吐峪沟石窟、敦煌莫高窟北区和龙门石窟先后发现了大量隋唐时期藏尸或者藏骨灰的瘗窟（瘗穴),④特别是龙门石窟及周边区域,石室瘗埋的比丘尼和优婆夷比较集中。

（三）土葬

土葬是最常见的遗体处置形式,无论是烧身还是实行露尸葬的尼众,最后遗骸（骨灰）都会入土,符合儒教文化入土为安的习俗。

南北朝比丘尼墓葬出土数量极少,仅有1957年在邺城遗址以西约5公里河北省磁县西南部、漳河与滏阳河之间的讲武城乡王家店村东出土的北齐比丘尼道信（垣南姿）墓和1985年山东省临朐县辛寨镇张陆河村出土的东魏兴和三年（541）张鹿寺比丘尼墓葬等二例。

根据考古报告的记载,比丘尼道信（垣南姿）墓葬被判定为邺城北朝墓葬群二期的中型墓葬。该二期墓葬等级较高,埋葬的主要是北齐皇族成员、

---

① 刘淑芬:《石室瘗窟——中古佛教露尸葬研究之二》,《中古的佛教与社会》,第244—289页。
② 天水麦积山石窟艺术研究所主编:《中国石窟·天水麦积山》,第173页。
③ 李延寿:《北史》卷一三,第507页。
④ 李文生、杨超杰:《龙门石窟佛教瘗葬形制的新发现——析龙门石窟之瘗穴》,《文物》1995年第9期;刘薛梅:《敦煌莫高窟北区石窟中发现有25座瘗窟》,《中国民族报》2006年9月26日;吾买尔·卡得尔、杨超杰:《吐峪沟石窟瘗窟的新调查》,《中原文物》2021年第4期。

上层官吏和贵族。道信尼墓为斜坡墓道单室砖室墓,坐北朝南,由斜坡墓道、甬道和墓室组成。墓室近方形为主,砖室墓墓壁以砖砌成,墓室地面平铺青砖,墓室顶部穹窿顶或四角攒尖顶。①

1957年考古人员在进行考古发掘时现场所见,道信尼墓葬地面上存有夯筑封土,方圆约20米,高约4米。墓室深度距地面7米左右,墓道为斜坡式,墓室平面呈方形。洞顶已塌,墓门口用砖砌作人字形封堵,墓壁上残留有白灰或红色痕迹(可能原来有壁画),墓葬内堆积了较多乱砖和卵石,人架已朽乱。据头骨残片看,为单身葬并出有铁棺钉。考古人员在道信尼墓道的扰土中清理出了绿釉四耳罐、青釉粗碗残片。墓志在墓室内南端偏西处,志盖齐全,盖上铭刻有为"齐故司马氏太夫人比丘尼垣墓志之铭"的文字,埋葬年代为北齐"太宁二年(562)"。②

张鹿寺比丘尼墓葬位于临朐县张陆河村北20米处的丘岭坡地上,墓无封土,墓中有石棺、木棺各一具。该墓位于丹河水库北岸,符合佛教戒律"土葬埋之岸旁"的规定。考古工作者对张鹿寺比丘尼墓葬情况进行了详细记录,兹引如下:

> 墓室为单室券顶,类似的单室券顶墓葬在临朐一带还有其他墓葬出土。石棺盖和棺体由一块整石凿就,这一点和目前已见北朝石棺大多数由石板拼合而成不同。墓室坐北朝南,单室,平面圆角方形,券顶,由青砖砌筑,边长310厘米、高255厘米。墓室内停放石棺、木棺各一具,棺首朝北,其中石棺有东魏兴和三年(541)纪年铭文,木棺在石棺东侧,腐朽严重,外观形制略小于石棺。石棺长216厘米,首宽70厘米、高63厘米,尾宽40厘米、高43厘米。棺为石灰石质,仿木棺形式,棺盖、棺身各用一整条石斫砟、凿造而成。棺盖沿长轴起拱,内凿出凹槽。棺盖上表面居中竖排四朵圆形莲花纹,依次为内圈四外圈八瓣双层莲纹,直径23.7厘米,中心有衔接棺鼻的卯口;内圈十二莲瓣外圈十忍冬叶纹,中心九颗莲子,直径21.2厘米;内圈斜十二莲瓣外圈六忍冬叶纹,中心八颗莲子,直径20.5厘米;内圈四莲瓣外圈十三忍冬叶纹,直径

---

① 沈丽华:《邺城地区东魏北齐墓群布局研究》,《考古》2016年第3期。
② 河北省文物管理委员会:《河北磁县讲武城古墓清理简报》,《考古》1959年第1期。

21厘米,中心有衔接棺鼻的卯口。棺身一侧长板外表面,刻莲花纹两朵以及铭文三行。莲花纹分列两端,均为内圈四外圈八瓣双层莲纹,直径20厘米,中心嵌有棺鼻吊环;靠近棺尾吊环位置刻有铭文,纵书三行共22字:大魏兴和三年岁次辛酉/安平县张鹿寺尼化生之神寿。另一侧长板外表面无纹样,仅对应位置有两枚棺鼻。棺身首、尾短板外表面各绘一朵莲花纹,但图案模糊。棺内除残骸外,还留有竹席残片,再无他物。墓室内随葬有青瓷罐1件、残瓷盘2件、陶罐1件,惜出土时均已破碎。①

(四) 坟刹

关于刹,玄应《一切经音义》卷一如是解释:

> 刹,又作擦,同,音察,梵言差多罗,此译云土田。经中或言国,或云土者,同其义也。或作刹土者,存二音也。即刹帝力名守田主者,亦是也。案:刹,书无此字,即刺字略也。刺音初一反。浮图名刹者,讹也,应言剌瑟胝剌,音力割反,此译云竿。人以柱代之,名为刹柱,以安佛骨,义同土田,故名刹也。以彼西国塔竿头安舍利故也。②

根据《一切经音义》的解释,刹的本义是土田,后人误将浮屠称为刹,实际应为刹柱,其功能在于安置僧尼去世后火化的骨舍利,这和前文原始佛教时期僧团盛行的转轮王及证得果位的僧尼大德阇维后起塔供养舍利相类似。

南齐有三位烧身供养的比丘尼,僧俗弟子对其遗烬采用了立坟刹的形式。法音寺昙简尼烧身供养,"道俗哀恸,声震山谷,即聚所余,为立坟刹也"。同夜烧身者还有法音寺净珪尼,"道俗哀赴,莫不哽咽,收其舍利,树封坟刹焉"。同寺昙勇尼,"永元三年(501)二月十五日夜,积薪自烧,以身供养。当时闻见,咸发道心,共聚遗烬,以立坟刹云"。③

这种火化后安置舍利(骨灰)起塔的形式,在北朝还见诸在家众。北魏孝文、宣武时期的冯亮在死后交代给他料理丧葬事宜的兄子冯综:"置尸磐石上,去人数里外,积十余日,乃焚于山,灰烬处,起佛塔经藏。"④

---

① 宫德杰:《山东临朐大佛寺等四处遗址出土造像、经幢及石棺》,《文物》2018年第10期。
② 《中华藏》第56册,第814页中。
③ 宝唱:《比丘尼传》卷三,《大正藏》第50册,第943页下、944页中。
④ 李延寿:《北史》卷八八,第2910页。

冯亮的遗体处置方式,经历了林藏、火葬两个阶段,最后在焚化处起塔供养。

火化后起塔虽是印度佛教最尊贵的遗体处置形式,但和汉地视死如生的理念不符,南北朝时期,火葬在汉地受到了批判。南齐顾欢盛陈佛教和本土宗教的夷夏之别,著《夷夏论》,将火葬、蹲踞和僧徒剃发一起作为蛮夷习俗加以批判:"端委搢绅,诸华之容;翦发旷衣,群夷之服。擎跽磬折,侯甸之恭;狐蹲狗踞,荒流之肃。棺殡椁葬,中夏之制;火焚水沈,西戎之俗。全形守礼,继善之教;毁貌易性,绝恶之学。"①在此背景下,这一时期大多数出家女众更多地采用全身棺椁土葬的方式也就不难理解了。同时必须注意到,较之于比丘,比丘尼采用火葬的比例相对较低,这一点,很可能和她们的丧葬受俗家影响较大有关。

三、葬所的选择

葬所的选择方面,则有寺院附近、山中等,建康东南的钟山和洛阳北邙山是埋葬出家女众较集中的两个区域。

(一)寺院附近

《比丘尼传》最早提到尼众丧葬的是东晋后期新林寺道容尼:"太元中,忽而绝迹,不知所在。帝敕葬其衣钵,故寺边有冢云。"②

刘宋广陵南安寺慧琼尼安葬在高座寺前岗。高座寺在南京雨花台景区内,又名石子冈,初建于西晋,东晋高僧帛尸梨密多罗于此说法,圆寂后便安葬于此。《高僧传》记载:"(帛尸梨)密常在石子冈东行头陀,既卒,因葬于此。成帝怀其风,为树刹冢所。后有关右沙门来游京师,乃冢处起寺,陈郡谢混赞成其业,追旌往事,仍曰高座寺也。"③

妙智尼葬在建康方山定林寺南。此方山即南京市江宁区方山。定林寺造于刘宋元嘉年中,有上寺和下寺之分,自创立之日起,名僧辈出,已成为建康的佛教中心。④

---

① 萧子显:《南齐书》卷五四,第931页。
② 宝唱:《比丘尼传》卷一,《大正藏》第50册,第936页中。
③ 慧皎:《高僧传》卷一,《大正藏》第50册,第328页上。
④ 刘淑芬:《东晋南朝"钟山文化区"的形成》,《六朝的城市与社会》,第189—192页。陈志远在《上定林寺经藏考》一文中对定林寺与南朝皇室的关系以及寺内藏书等进行了详细考订。参见陈志远:《六朝佛教史研究论集》,第143—157页。

（二）山中

《比丘尼传》提到的六朝比丘尼卒后葬于山中较多，主要有傅山、白石山、白板山和钟山等地；北朝比丘尼的葬地则有洛阳北邙山等地。

1. 会稽傅山

会稽竹园寺慧濬尼。慧濬"年七十三，宋大明八年而卒，葬于傅山"。①

2. 剡县白石山

卒后葬于剡县白石山的有昙勇、昙简和净珪尼等三人。白石山在剡县东南，《嘉泰会稽志》卷一八云："黄山水经剡县东，簟山南有黄山、白石山，三山为县之秀。"②宋齐间道士褚伯玉（？—479）曾在白石山设"太平馆"，作为其晚年隐逸之所。③

3. 建康白板山

闲居寺慧胜尼，"年八十一，梁天监四年卒，葬于白板山也"。④白板山今无考，但今南京市西南有板桥镇，《资治通鉴》记载：齐中兴元年（501），萧衍起兵攻建康，命"吕僧珍据白板桥"，⑤或恐即在此附近。

4. 建康钟山

钟山又称蒋山，位于建康东郊，以东吴所立蒋子文庙得名。六朝时以山林园泉之美为人称道，沈约《郊居赋》云：

> 惟钟岩之隐郁，表皇都而作峻，盖望秩之所宗，含风云而吐润。……孤嶝横插，洞穴斜经；千丈万仞，三袭九成。亘绕州邑，欵跨郊坰；素烟晚带，白雾晨萦。近循则一岩异色，远望则百岭俱青。⑥

---

① 宝唱：《比丘尼传》卷二，《大正藏》第50册，第941页上。此傅山不知具体位置。王孺童在《比丘尼传校注·慧濬尼传》注文中引《山海经》卷五《中山经》云："又西一百四十里，曰傅山，无草木，多瑶碧。厌染之水出于其阳，而南流注于洛，其中多人鱼。其西有林焉，名曰墦冢。谷水出焉，而东流注于洛，其中多珚玉。"（王孺童：《比丘尼传校注》，第107页）按照王氏这一注文，傅山当在洛水之东，距离慧濬尼生长和常年活动的山阴（今浙江绍兴）有千里之遥，或恐记载有误。今浙江嵊州市三界镇有傅山村，清初有傅姓人家迁居至此，村东有山原名来龙山，后改名傅山，村名即为傅山村。又，绍兴越城区有山名府山，但其改名为傅山系南宋以后，此前一直名卧龙山。

② 沈作宾：《嘉泰会稽志》卷一八，第39页。

③ 《南齐书》卷五四（第927页）云："上（孝武帝）不欲违其志，敕于剡白石山立太平馆居之。"

④ 宝唱：《比丘尼传》卷四，《大正藏》第50册，第946页下。

⑤ 司马光：《资治通鉴》卷一四四，第4499页。

⑥ 姚思廉：《梁书》卷一三，第240—241页。

南朝建康钟山周边佛教兴盛,寺院林立,高僧云集,是建康僧尼葬地的首选。建康僧尼集葬钟山的风气源于南齐竟陵王萧子良,他"疆界钟山,集葬名德"。①定林上寺的僧远是萧子良在钟山立墓第一人。②永明二年(484),僧远圆寂,齐武帝萧赜和萧子良分别致书哀悼。在萧子良父子的着意安排下,钟山成为建康僧尼安葬最为集中的区域,葬在钟山的比丘尼达七人之多,他们分别是:

南齐建福寺智胜尼,永明十年四月八日卒,"年六十六,葬于钟山。文帝给其汤药,凶事所须,并宜官备也"。③

南齐崇圣寺僧敬尼于永明四年二月三日亡故,"葬于钟山之阳。弟子造碑,中书侍郎吴兴沈约制其文焉"。④

梁竹园寺净行尼,年六十六,天监八年卒,葬于钟山。⑤

梁闲居寺僧述尼,年八十四,天监十四年而卒,葬于钟山之阳。⑥

梁顶山寺道贵尼,葬钟山之阳。⑦

5. 洛阳北邙山

邙山是北魏至隋唐时期皇室和贵族葬地最集中的地区,葬在邙山的比丘尼往往和皇室或贵族有密切关系。北朝时期,安葬在邙山的比丘尼有僧芝尼、慈庆尼、慈义尼和智首尼等,僧芝尼和慈庆尼皆有功于北魏皇室,慈义尼则是宣武帝废后,智首尼则是元魏宗室之女。

(三) 家族墓地

归葬家族墓地也是尼众葬地选择之一。归葬家族墓地在北朝出家女众中表现更为突出。北齐比丘尼道信系司马綦续弦夫人,司马子如寡嫂,晚年剃度出家,亡故后由幼子送至邺城西北司马氏家族墓地安葬。⑧元华光和元媛柔这对姑侄生前同住受家族供养的雍州等觉尼寺,死后入葬长安杜陵塬的元氏家族墓地。⑨李祖娥和李难胜姑侄最后的归葬之所为高齐皇室墓园,

---

① 宝唱:《比丘尼传》卷三,《大正藏》第50册,第942页下。
② 慧皎:《高僧传》卷八,《大正藏》第50册,第378页中。
③ 宝唱:《比丘尼传》卷三,《大正藏》第50册,第943页上。
④ 宝唱:《比丘尼传》卷三,《大正藏》第50册,第942页中。
⑤ 宝唱:《比丘尼传》卷四,《大正藏》第50册,第947页上。
⑥ 宝唱:《比丘尼传》卷四,《大正藏》第50册,第947页中。
⑦ 宝唱:《比丘尼传》卷四,《大正藏》第50册,第948页上。
⑧ 魏收:《齐故司马氏夫人比丘尼垣墓志》,石永士等主编:《河北金石辑录》,第233页。
⑨ 傅清音:《新出元华光墓志与元媛柔墓志所见元魏宗女的婚姻和信仰》,中国文化遗产研究院编:《出土文献研究》(第十八辑),第410—422页。

也属于此类。入唐以后,出家女众归葬家族墓地的情形更加普遍。唐代比丘尼与本家关系紧密,贵族家庭出身的尼众在生死问题上出现了"生归于佛,殁归于乡(家)"①的特点。

四、葬礼与葬具

儒家文化将日常礼仪概括为五礼,即吉礼、凶礼、军礼、宾礼和嘉礼。丧礼属于"五礼"之一的"凶礼"。《周礼·春官·大宗伯》记云:"以凶礼哀邦国之忧,以丧礼哀死亡。"②如果说凶礼属于国家(群体)的宏大叙事,丧礼则是个人生命消亡的哀悼。儒家文化强调慎终追远,丧礼在传统礼仪制度中占有重要地位。《礼记·曲礼下》:"居丧未葬,读丧礼。既葬,读祭礼。"孔颖达疏:"丧礼,谓朝夕奠下室,朔望奠殡宫,及葬等礼也。"③关于僧尼葬礼的具体情况,史籍记载不多,有一点可以肯定的是,南北朝时期已经有专门用于处理僧尼后事的仪轨。现有史料对尼众丧礼的记载主要集中在北朝,特别是北朝出身上层社会的比丘尼群体中,这一群体的丧礼受政治因素的影响较大。

(一)高等级比丘尼的葬礼

在北魏的葬礼级别中,有王礼、后礼、王太妃礼、沙门之礼、道士之礼、士礼、百姓之礼、庶人之礼、国礼等多种级别和名称。④最尊贵的王礼不仅施用于在世拥有王爵的贵族,同时还应用于因各种原因被褫夺王爵的罪臣或者不具有王爵而有大功于政权者,如河西王沮渠牧犍、北海王元详、南安王拓跋余、文成帝子安乐王元长乐、咸阳王元禧等,他们作为罪臣最终都被以王礼安葬。北魏宗室景慕帝曾孙元熙子元晫(景献)、北齐赵郡王高叡、北周贺拔岳等人生前虽没有王爵,但因有大功于社稷,死后仍以王礼葬之。被废的后妃也有可能以皇后之礼安葬,如孝文幽皇后冯氏死后被葬以后礼,还有被逼出家的西魏文帝皇后乙弗氏等。同为废后的比丘尼契义(宣武帝皇后高英)⑤亡故后却并没有获得同等礼遇,而是以"尼礼"代之,仅有弟子法王

---

① 《唐故龙花寺内外临坛大德韦和尚墓志》,周绍良主编:《唐代墓志汇编》,第2032页。
② 阮元校刻:《十三经注疏》,第1637—1638页。
③ 阮元校刻:《十三经注疏》,第2723页。
④ 高二旺:《北朝葬礼之"尼礼"探析》,《宁夏社会科学》2008年第3期。
⑤ 高氏出家原因参见后文第三章第二节。

(随高英出家的贴身宫人)等为其操持后事,丧礼可以说是相当潦草,对此,《通典》如是记载:

> 孝明帝神龟元年(518)九月,尼高皇太后崩于瑶光寺。诏曰:"崇宪皇太后,德协坤仪,徽符月晷……夫礼沿情制,义循事立,可特为齐缞三月,以申追仰之心。"有司奏:"按旧事,皇太后崩仪,自复魄敛葬,百官哭临,其礼甚多。今尼太后既存委俗尊,凭居道法。凶事简速,不依配极之典;寺庭局狭,非容百官之位。但因葬日,衢路奉接,义成君臣,终始情礼,理无废绝。辄立仪如别。内外群官,权改常服,单衣袤巾,奉送之墓,列位哭拜,事讫而除。止在京师,更不宣下。"①

孝明帝为何要如此潦草地对待高英的葬礼,有学者认为这是"孝明帝兼顾情与礼而加变通,适当降低丧礼规格的办法"。②事实真的如此吗?孝明帝即位时年仅六岁,实际掌权者是他的母亲灵太后胡氏。高英的出家和暴薨都是宫闱斗争的结果,她的政敌既有当朝皇帝的生母胡灵太后,也有宗室和权贵,其死也来得非常突然:"天文有变,灵太后欲以后当祸,是夜暴崩,天下冤之。丧还瑶光佛寺,嫔葬皆以尼礼。"③在此背景下,高氏死后不能享有正常丧葬礼仪也就可以理解了。

与之形成鲜明对比的是宣武帝和孝明帝的傅姆比丘尼慈庆的葬礼。慈庆尼虽然只是宫人出身,但葬礼格外隆重。临终时,皇帝亲临探望,"车驾恭临省视,自旦达暮,自监药剂",④亡后更被追赠比丘尼统的职位,丧事官给,由四品官员护丧,并由中书侍郎亲自撰写墓志。所有这一切都是政争失败的废后高英远远不能比拟的。

(二)俗人以尼礼安葬

南北朝时期,还存在一种在家众亡故后按照佛教丧葬方式安葬的特殊形式,即亡者本系在家众,临终时举行剃度仪式,往后采用佛教葬仪。这一葬仪虽然史料记载不多(仅两例),仍代表了这一时期佛教女众特殊丧葬形式。

---

① 杜佑:《通典》卷八〇,第2169页。
② 张承宗:《魏晋南北朝妇女丧葬礼仪考》,《苏州大学学报》2010年第2期。
③ 魏收:《魏书》卷一三,第337页。
④ 赵超:《汉魏南北朝墓志汇编》,第146页。

南齐永明中,刘彤继母杨氏死后无人料理丧事,建康崇圣寺尼慧首为杨氏举行了剃度仪式,为之买棺送葬:

> 九年,又坐与亡弟母杨别居,不相料理,杨死不殡葬。崇圣寺尼慧首剃头为尼,以五百钱为买棺材,以泥洹舆送葬刘墓。①

慧首尼为杨氏剃度,可以看作是为了安葬杨氏而采取的方便之举。值得注意的是装殓杨氏遗体的"泥洹舆"。舆者,车也。从当时的场景来看,泥洹舆应是当时佛教僧尼葬礼中装殓遗体的葬具之一,其形制如何,因史料匮乏,后人无从得知,似从佛陀涅槃后茶毗时使用的棺床演变而来。②搜寻史籍,历代僧人亡故后遗体装殓使用泥洹舆的只有玄奘大师一例。玄奘大师入灭后,长安从事丝织品贸易的信众用三千匹缯为大师特制泥洹舆以安放棺木,并以珠宝鲜花装饰,"东市绢行用缯三千匹结作泥洹舆,兼以花佩庄严,极为殊妙,请安神柩"。③从文字的记载来看,中土古人所说的泥洹舆似乎没有规定的形制,慧首尼为杨氏送葬所用的泥洹舆,也不会像百余年后信众为玄奘大师特制的那般华贵美观,极有可能只是时人对佛教葬仪使用的葬具的泛称。

杨氏作为在家众之身以出家众之礼安葬,在当时并非孤例,北魏中期的裴植(466—515)也是俗人行僧人丧礼的典型。裴植母奉佛出家,裴植事母至孝,亦以佛教信仰直接影响到他对自己后事的处置:"临终,神志自若,遗令子弟命尽之后,翦落须发,被以法服,以沙门礼葬于嵩高之阴。"④

考古研究表明,南北朝时期墓葬以木棺为主,也有部分带有画像的石棺。⑤从史料记载和考古发掘来看,两晋南北朝时期僧尼无论采取哪种下葬形式,林藏、火葬还是土葬,最终都需要适当的葬具盛放遗体(骨骸/骨灰/舍利),他们使用的葬具主要有石棺、瓦棺和木棺(又称作木櫘椟)等。东魏张鹿寺比丘尼墓室里出土的葬具有石棺和木棺各一具,石棺明确为张鹿寺尼所用,木棺为何人所用,因证据缺乏,不敢遽断。从北齐比丘尼道信(垣

---

① 萧子显:《南齐书》卷三六,第643页。
② 僧祐在其所著《僧宝集下》(已亡佚)中曾提到"泥洹舆"似乎出自《佛般泥洹经》,见僧祐:《出三藏记集》卷一二,《大正藏》第55册,第92页上。
③ 慧立本,彦悰笺:《大唐大慈恩寺三藏法师传》卷一〇,《大正藏》第50册,第278页上。
④ 魏收:《魏书》卷七一,1571页。
⑤ 中国社会科学院考古研究所:《中国考古学·三国两晋南北朝卷·绪论》,第23页。

南姿)墓室内人架已散乱的情况看,其所使用的葬具很有可能为木棺,只是因为墓室进水导致木棺早已朽坏。瓦棺则主要用于火葬(烧身)者,如前述烧身供养的六位南朝比丘尼。

五、比丘尼墓(碑)志创制的社会因素

考古学研究表明,从三国至南北朝时期,中土葬俗经历了三次大的变化。①西晋时由于碑禁的缘故,墓室开始出现墓志。到了南北朝时期,北方墓葬内安放墓志成为普遍现象,南方出土墓葬墓志较之北方要少,特别是僧尼墓志,在南方出现的频率较之社会平均水平要低。现有出土僧尼碑志和史籍记载显示,无论南北方,当时僧尼的丧葬都不同程度上受到了教团以外的各种社会因素的影响。

南齐时萧道成父子在钟山"疆界名山,集葬名德",以区分葬地来凸显僧人地位成为南朝统治者的通行作法。在萧道成父子之后,继有梁武帝萧衍也在名僧宝志葬地附近为同时代名僧安排葬地,并使之成为比钟山定林寺规格更高的"开善旧墓"。②指定墓地之外,南朝皇室还通过赙赠、褒宠、为僧尼创制碑文、行状等方式将僧尼葬仪纳入传统丧葬礼仪,表面上看是僧尼获得较高社会地位的表现,另一面则是政府加强对僧团的管控的表现。南朝比丘尼中,获得名士撰写碑文殊荣的有僧敬尼、智胜尼和慧绪尼三位,她们在生前都和南齐皇室关系密切。

北朝僧尼虽然也和政权关系密切,并有高规格僧官设置,北朝统治者在部分僧尼去世的时候也有褒宠、赙赠等行为,但都没有为之创制碑志的习惯,少部分僧尼则享有撰写墓志的待遇。撰写墓志行为的发起方,有的是本家眷属,有的是其弟子,还有少数来自朝廷。和碑文撰述以表彰丧主一生功业德行不同的是,墓志放置于墓室中,功能在于家人怀念和日后可能迁葬时"惧陵谷变迁"识别之用。因此,碑文具有"公"的性质,而墓志则更多地体现了"私"的作用。

尼僧丧葬也是如此,大多数丧葬是僧团内部行为。北朝有相当数量比丘尼丧葬仪式是由家人主持,最终归葬家族墓地。这些比丘尼在世时和本家保

---

① 中国社会科学院考古研究所:《中国考古学·三国两晋南北朝卷·绪论》,第20—24页。
② 李猛:《制作哀荣:南朝僧尼碑志之兴起》,《中国历史研究院集刊》2021年第1辑。

持密切联系,有的甚至长时间居住在俗家。此外,北朝还有少数比丘尼的丧葬属于官葬的性质,如与胡灵太后关系密切的僧芝尼、慈庆尼和练行尼小冯等。

小　结

佛教传到中土两千余年,大江南北的女性得以接触到来自异域的佛教出家修道制度,开启了中土女性信仰生活的新篇章。

纵观世界佛教史,比丘尼僧伽制度的确立大多经历了一个曲折的过程,具足戒作为比丘尼身份确认最关键的一环,在中土佛教出家女众早期历史中更显得突出。佛陀时代的女众剃度受戒仪轨具有时代的特殊性,同时也给中土比丘尼僧伽的建立提供了借鉴。

中国佛教僧官史上,比丘尼僧官的设置是昙花一现,仅仅在南北朝之间有过短暂的历史。南朝尼僧官的设置更多地是出于管理比丘尼受戒和日常事务的需要,是官府和佛教僧团基于教团稳定共谋的结果;北朝尼僧官的设置则是作为当政者对于于己夺权有功的个别比丘尼的褒扬赏赐,具有很强的偶然性和政治性。正如谢重光先生所指出的:"北魏僧官大多主动依附皇权,这与南朝僧官及许多上层僧侣为坚持佛教的特殊礼仪及政权的相对独立性而进行的长期斗争是大异其趣的。"[1]北魏虽有比丘尼统和其他相关设置,但其在尼僧团管理等方面似乎没有多大的建树,这和南朝尼僧正的表现形成鲜明对比。到隋唐时期,由于方等戒坛的设置,国家对僧尼传戒的控制进一步加强,出现了官方认可的比丘尼临坛大德的设置,但其职权范围仅限于传戒,持续时间虽长,但权限范围较小。

丧葬作为生命终结的礼仪,与丧葬相关的遗体处置方式、葬地、葬具和丧葬礼仪等都承载了族群深厚的信仰、心理、伦理、道德和艺术传统。佛教传入中土,不仅改变了人们的精神世界,还将源自印度的丧葬方式传到了中土,不仅火葬开始在中土流行,露尸葬也在僧团中实行。印度佛教的丧葬仪式在中土经过改良,符合中土伦理和道德,葬地、葬具和葬礼等方面既受到印度佛教的影响,同时又照顾到本土文化重视血缘亲族关系和礼仪秩序的特点。

---

[1]　谢重光:《中古佛教僧官制度和社会生活》,第69页。

第三章　两晋南北朝出家女众与政治

第一节　两晋南朝比丘尼与政治

两晋南朝时期比丘尼中相当部分出身于贵族家庭,家人因其宗教身份得以提升政治和社会地位;皇室贵族帮助因战乱南下的比丘尼在南方立足,比丘尼与权贵后妃交游,为其提供宗教服务的同时,主动或被动地介入宫廷政治斗争。

一、东晋十六国时期的比丘尼与政治

女性虽然被隔绝在政治体系之外,比丘尼僧伽作为社会体系的一员,仍然和政治有着各种间接和直接的联系。

（一）家人因其宗教身份得以提升政治和社会地位

这一点最有代表性的是后赵时的安令首尼。史载,安令首尼父亲徐忡本不同意其出家,安令首搬出了当朝国师佛图澄为其说项。佛图澄一方面使用神通使徐忡看见女儿的前世与佛教的渊源,同时对他许以荣华富贵的诱惑:"若从其志,方当荣拔六亲,令君富贵。"①安令首乃"因得剃落"。此后,安令首因为学养戒行精严得石虎敬重,其父也因此从品级较低的外兵郎（尚书省外兵曹长官,六品）擢升至黄门侍郎、清河太守。至此,佛图澄安令首出家"荣拔六亲"提升家族名望的预言成真。

（二）皇室贵族为兴建尼寺

东晋诸尼受奉佛皇室成员和贵族集团的供养,他们为尼众提供财物供

---

① 宝唱:《比丘尼传》卷一,《大正藏》第50册,第935页上。

养,对部分比丘尼以师礼事之。比丘尼则以提供宗教服务作为回报,并在适当的时候给予政治上的建议和参考。皇室成员和比丘尼的交往,进一步促进了佛教在宫廷女性群体中的传播。

南方特别是都城建康地区的尼僧寺院的建设与东晋贵族的扶持密不可分,外戚、后妃是比丘尼在建康立足的重要支持者。建福寺、何后寺等建康早期尼寺都是在后妃、贵戚的支持下兴建发展起来的。东晋时建康城新建的 8 所尼寺(建福寺、永安寺、延兴寺、新林寺、简静寺、庄延寺、太后寺、铁萨罗寺)中,有 7 所是皇室和世家大族出资修建。①最早的建福寺是何充所建,永安寺(何后寺)是穆帝皇后何氏所建,延兴寺则是康献皇后褚氏所建,新林寺为简文帝为道容尼所建,简静寺为司马道子所立,庄延寺(又作兴严寺、谢镇西寺)是镇西将军谢尚舍宅而立,太后寺则是孝武帝生母李太后所立。

南渡比丘尼在建康立足,很大程度上得益于东晋政权中早期奉佛的贵族,其中何充和何准是最积极的支持者。庐江何氏是魏晋南北朝时期江东一带著名士族,自曹魏何祯起即"累世昌阜"。《晋书·何充传》记载:"何充字次道,庐江潜人,魏光禄大夫祯之曾孙也。……充风韵淹雅,文义见称。"②何充奉佛有名于当世,许理和则认为:"何充与同盟褚氏在都城中多方刺激佛教的发展。何充与竺道潜和支遁关系密切;实际上,他是我们所了解的高级官员中第一位真正的佛教徒。"③何充笃信佛教,个人资财多用于建寺供僧,"性好释典,崇修佛寺,供给沙门以百数,糜费巨亿而不吝也"。④何的弟弟何准也笃信佛教,二人并称"奉佛二何"。⑤《晋书·何准传》载:"何准字幼道,穆章皇后父也。高尚寡欲……充居宰辅之重,权倾一时,而准散带衡门,不及人事,唯诵佛经,修营塔庙而已。"⑥

公元 5 世纪初,随着北方的动荡,北方出家女众为躲避战乱纷纷南渡,她们首先需要解决的是如何安身的问题。何充家族首开其风,为南渡尼众

---

① 唐嘉:《东晋宋齐梁陈比丘尼研究》,第 90 页。
② 房玄龄等:《晋书》卷七七,第 2028 页。
③ 许理和:《佛教征服中国》,第 132 页。
④ 房玄龄等:《晋书》卷七七,第 2030 页。
⑤ 《世说新语·排调》云:"二郗奉道,二何奉佛,皆以财贿。谢中郎云:'二郗谄于道,二何佞于佛。'"(刘义庆著,刘孝标注,余嘉锡笺疏:《世说新语笺疏》卷下之下,第 956 页)
⑥ 房玄龄等:《晋书》卷九三,第 2417 页。

兴建寺院：

> 晋建元元年①春，与慧湛等十人济江，诣司空公何充。充一见甚敬重。于时京师未有尼寺，充以别宅为之立寺。问感曰："当何名之？"答曰："大晋四部，今日始备。檀越所建，皆造福业，可名曰建福寺。"②

从晋至南陈近三百年，建福寺一直是建康著名尼寺，高尼辈出，讲学不辍。

晋穆帝皇后何氏名"法倪"，是何充之弟何准之女，笃信佛教，为昙备尼兴建了永安尼寺。《比丘尼传·北永安寺昙备尼传》载：

> 昙备，本姓陶，丹阳建康人也。少有清信，愿修正法……母不能违，听其离俗。精勤戒行，日夜无怠。晋穆皇帝礼接敬厚，常称曰："久看更佳。"谓章皇后何氏曰："京邑比丘尼，鲜有昙备之俦也。"到永和十年，后为立寺于定阴里，名永安（今之何后寺是）。谦虚导物，未尝有矜慢之容。名誉日广，远近投集，众三百人。③

永安寺后改称何后寺，寺院人事任命也因此受到皇室的影响和制约。

（三）康献皇后褚氏与僧基尼

从立国之初的"王与马共天下"到中后期的庾、谢、桓氏对皇帝的控制，终东晋百余年皇祚，皇权一直受到门阀士族的掣肘。在此背景下，名义上处于权力中枢的皇帝不甘心被架空，试图通过各种途径拉拢其他势力，除了拉拢外戚，帝后还在信仰的前提下援引结纳以僧尼为代表的地方中下层士族，成为其抗衡中央大族的一种政治手段。

自明帝以下，东晋诸帝多以幼冲即位，多有太后临朝摄政故事。南渡后，司马氏家族多位皇后出身于奉佛世家，自身信仰虔诚，如康帝皇后褚蒜子、穆帝皇后何氏、孝武帝皇后王氏等。摄政诸后中，除明帝皇后庾氏外，其

---

① 建元元年，原作"永和四年"，此据王孺童校改。参见释宝唱著，王孺童校注：《比丘尼传校注》卷一，第 15 页。
② 宝唱：《比丘尼传》卷一，《大正藏》第 50 册，第 935 页下。
③ 《大正藏》第 50 册，第 935 页下—936 页上。

他诸人多为佛教信徒,如康帝皇后褚蒜子、穆帝皇后何法倪、孝武帝母李氏等。其他嫔妃也多有奉佛之举,多乐意和建康尼众往来,为之传法弘教提供各种帮助。褚蒜子是东晋奉佛后妃中最有代表性者。褚蒜子出身阳翟(治所在今河南禹州,时隶属颍川郡)褚氏,父褚裒,少有简贵之风,与杜乂齐名,历任西阳王掾、吴王文学。苏峻之乱平定后,封都乡亭侯,迁司徒从事中郎,出为豫章太守。康帝即位,以后父身份征拜为中书令。褚氏在魏晋时期迅速崛起,迈入高等士族的行列。褚后长寿,① 又善于审时度势,康帝去世后曾三度临朝摄政。

褚氏信佛甚笃,在后宫中设佛像礼拜:

> 桓温之废海西公也,太后方在佛屋烧香,内侍启云"外有急奏",太后乃出。②

和褚氏走得较近的比丘尼是僧基尼。褚蒜子崩于太元九年(384),年六十一,生卒年应为(324—384),她仅比僧基尼大了六岁,二人应该算同龄人。③ 僧基出身平原明氏家族。关于明氏的起源,《通志略》记云:

> 姬姓,虞仲之后也。有百里奚者,为虞之公族大夫,晋献公灭虞,虏虞公及其大夫百里奚,以媵秦穆姬,自此遂为秦大夫。奚生孟明视,视名也,明字也,以字为氏。④

从西晋末年开始,明氏家族开始崛起,七世祖明褒在晋惠帝时担任徐州刺史一职。刺史作为地方军事行政长官,显示明氏家族在地方影响力的上升,已跻身地方豪族之列,此后明氏后人长期在青齐一带担任重要地方行政

---

① 褚氏太元九年(384)崩,年六十一,寿命已超过同时期多位帝后。
② 房玄龄等:《晋书》卷三二,第976页。
③ 关于僧基的生卒年和剃度年份,《比丘尼传》的记载多有抵牾之处。传文记载,僧基,隆安元年(397)卒,享寿六十八。二十一岁出家,则其生年应在公元330年,即咸和五年,出家时间应在晋穆帝永和六年,即公元350年。同文又记载:"康皇帝(即康帝司马岳)雅相崇礼。建元二年(344),皇后褚氏为立寺都亭里通恭巷内,名曰延兴。"(《大正藏》第50册,第936页上)若生卒年无误,按后文的记载,僧基尼在康帝在位(342—344)期间就已经出家。
④ 郑樵:《通志二十略·氏族略第三·以字为氏·诸国人字》"明氏",第116页。

僚属职务,以武力见长,拥有不可忽视的实力。明氏在东晋南朝时通过联姻进一步巩固提升家族地位和影响,与之联姻的士族有清河崔氏,平原刘氏、杜氏,渤海封氏和略阳垣氏等。明褒之外,此一时期,明氏家族还有明预、明普、明汲、明菩萨等人相继在青徐一带的政治舞台上崭露头角。[1]明预曾任大将军苟晞的从事中郎。明汲曾任主簿、知县,撰《家训》四卷。晋宋时明氏家族另一位重要人物明俨,曾任州别驾、东海太守,结缡清河崔氏。明俨的子孙皆在政治上颇有作为,刘宋时,明昙憘曾任散骑员外郎。[2]

尼传记载,僧基少年时就有了出家修道的意愿,不乐婚嫁,对于母亲安排的婚事采取抵制态度,未婚夫见她意志坚定,终于认识到"人各有志,不可夺也",乃劝说僧基母亲同意其出家。僧基尼的剃度仪式极其盛大,远远超过《比丘尼传》中的任何一位比丘尼,彼时明氏家族在地方的地位和影响力可见一斑。僧基剃度时,"内外亲戚,皆来庆慰,竞施珍华,争设名供。州牧给伎,郡守亲临。道俗咨嗟,叹未曾有"。[3]从这一记述来看,僧基的出家已经超越了家族和僧团的范围,可以称得上当地社会政治生活中的一件大事。由于出身的关系,僧基少年时即受到了良好的教育,性格沉稳,"枢机最密,善言事议",此性情和处事智慧为她和康献皇后褚氏的往来奠定了基础。

康帝崩后,褚氏在皇帝、宗室和门阀士族的权力争夺中不仅成功保全自身,还使自己的家族权力不断得到延伸,三度临朝,扶立六帝,成为东晋中后期中央政治博弈中一支不可或缺的力量。不得不说褚蒜子具有高超的政治运作能力并善于借用各种外力,僧基尼就是褚氏结纳援引的具有地方豪族背景的佛教势力之一。

(四) 妙音尼干政

尼众为皇帝和后宫的宗教服务使得佛教在东晋皇室中大为盛行,这在《比丘尼传》中多有记载。简文帝时,道容尼运用神通为帝"驱乌",因此受到简文帝的信任,以师礼事之,并为立新林寺,资给所需。终其一朝,简文帝对佛教都相当尊崇,并进一步影响到孝武帝对佛教的态度,宝唱因此认为:"(简文)帝显尚佛道,容之力也。"[4]

---

[1] 陆帅、胡阿祥:《明昙憘墓志所见南朝境内的"青齐土民"》,《东岳论丛》2014年第3期。
[2] 《宋故员外散骑侍郎明府君墓志铭》,《考古》1987年第1期。
[3] 宝唱:《比丘尼传》卷一,《大正藏》第50册,第936页上。
[4] 宝唱:《比丘尼传》卷一,《大正藏》第50册,第936页中。

至孝武帝朝,比丘尼与皇室和诸王的交往更加密切,进一步介入到高层政治活动中,引起了朝臣对于僧尼此举于戒行有亏的议论:

> 今台府局吏、直卫武官及仆隶婢儿取母之姓者,本臧获之徒,无乡邑品第,皆得命议,用为郡守县令,并带职在内,委事于小吏手中;僧尼乳母,竞进亲党,又受货赂,辄临官领众。……臣闻佛者清远玄虚之神,以五诫为教,绝酒不淫。而今之奉者,秽慢阿尼,酒色是耽,其违二矣。……尼僧成群,依傍法服。五诫粗法,尚不能遵,况精妙乎!而流惑之徒,竞加敬事,又侵渔百姓,取财为惠,亦未合布施之道也。①

东晋比丘尼最为显赫者当数简静寺的支妙音尼。妙音尼以才干为帝(按:指孝武帝)及司马道子欣赏,供养丰厚,"富倾都邑"。史载:

> (妙音)幼而志道,居处京华,博学内外,善为文章。……每与帝及太傅中朝学士谈论属文,雅有才致,藉甚有声。太傅以太元十年(385)为立简静寺,以音为寺主,徒众百余人,一时内外才义者,因之以自达。②

妙音尼深得皇帝和司马道子的信任,当朝权贵争与之游,"贵贱宗事,门有车马日百余乘",其势力之大,竟至于影响到封疆大吏的任命。桓玄为了独揽大权,欲以暗弱的殷仲堪代替王忱,还要请妙音尼为之说项:

> 荆州刺史王忱死,烈宗欲以王恭代之。时桓玄在江陵,为忱所折挫,闻恭应往,素又惮恭。殷中堪时为黄门侍郎生,玄知殷仲堪弱才,亦易制御,意欲得之,乃遣使凭妙音尼为堪图州。既而烈宗问妙音:"荆州缺,外问云谁应作者?"答曰:"贫道出家人,岂容俗中论议,如闻内外谈者,并云无过殷仲堪,以其义虑深远,荆楚所须。"帝然之,遂以代忱。③

---

① 房玄龄等:《晋书》卷六四,第 1733—1734 页。
② 宝唱:《比丘尼传》卷一,《大正藏》第 50 册,第 936 页下。
③ 宝唱:《比丘尼传》卷一,《大正藏》第 50 册,第 936 页下—937 页上。

不惟如此,妙音尼还颠倒黑白,混淆是非。妙音通过走夫人路线,把奸佞的王国宝说成"忠谨",史载:

> 中书令王国宝性卑佞,特为道子所宠昵……(国宝)以谄事道子,宁(按:中书郎范宁,国宝之舅)奏请黜之。国宝惧,使陈郡袁悦之因尼妙音致书与太子母陈淑媛,说国宝忠谨,宜见亲信。……①

妙音尼对高层人事任命的介入,进一步影响了东晋政局。殷仲堪得任荆州刺史,终为桓玄所制,东晋大权更加旁落,乃至于"晋祚自此倾矣"。②

汤用彤先生在分析了晋朝走向衰亡的主客观因素后总结道:"晋祚之倾,内由道子、王国宝辈之昏乱专横,外由王恭、殷仲堪、桓玄等之抗兵。以致安帝之世,桓玄篡立。刘裕继起,而晋鼎以革。虽朝廷之失政,非全由释氏僧尼之冒滥,不得归罪于佛教,然尼妙音等之窃弄大权,结纳后妃,与朝政不纲,亦有甚大关系焉。"③

孝武帝一朝朝政混乱,君臣失仪,史家往往将之归结为君臣亲昵尼僧,导致出现种种灾异现象,兹举两例可明:

> 孝武太元十三年四月,广陵高平阎嵩家雌鸡生无右翅,彭城人刘象之家鸡有三足。京房《易传》曰:"君用妇人言,则鸡生妖。"是时,主相并用尼媪之言,宠赐过厚,故妖象见焉。④

此处主即是孝武帝司马曜,相则是会稽王司马道子。

> (太元)十三年十二月乙未,延贤堂灾。是月丙申,蟊斯则百堂及客馆、骠骑府库皆灾。于时朝多弊政,衰陵日兆,不哲之罚,皆有象类,主相不悟,终至乱亡。会稽王道子宠幸尼及姏母,各树用其亲戚,乃至出入宫掖,礼见人主。天戒若曰,登延贤堂及客馆者多非其人,故灾之也。⑤

---

① 房玄龄等:《晋书》卷六四,第 1733—1734 页。
② 房玄龄等:《晋书》卷九,第 242 页。
③ 汤用彤:《汉魏两晋南北朝佛教史》,第 246 页。
④ 房玄龄等:《晋书》卷二七,第 827 页。
⑤ 房玄龄等:《晋书》卷二七,第 807 页。

比丘尼为皇室成员和高级官员提供宗教服务,在此过程中,因为和皇室成员、高层官员、权贵等有近距离的接触,为她们通过非制度性手段参与贵族权臣的政治斗争埋下了伏笔。

(五) 示现神通,预测吉凶的比丘尼

除了上述通过直接或间接方式参与政治的比丘尼以外,东晋时期还有比丘尼示现神通,间接对政治产生了影响。东晋末年,有一位受到权臣桓温供养的比丘尼曾经以曲折的方式警告桓温篡位的野心:

> 温性俭,每宴惟下七奠柈茶果而已。然以雄武专朝,窥觎非望,或卧对亲僚曰:"为尔寂寂,将为文景所笑。"众莫敢对。既而抚枕起曰:"既不能流芳后世,不足复遗臭万载邪!"尝行经王敦墓,望之曰:"可人,可人!"其心迹若是。时有远方比丘尼名有道术,于别室浴,温窃窥之。尼裸身先以刀自破腹,次断两足。浴竟出,温问吉凶,尼云:"公若作天子,亦当如是。"①

以谣谶卜算占验等方式用于弘教谋食,是中古僧人常用的手段,②其中以比丘为多,也有少量比丘尼参与,她们往往具有师承不明、居止不定、行事散漫自由、不拘于戒律的特点。《魏书》记载了北魏末年一位具有预言能力的比丘尼:

> 先是,伟与仪曹郎袁昇、屯田郎李延孝、外兵郎李奂、三公郎王延业方驾而行,伟少居后。路逢一尼,望之叹曰:"此辈缘业,同日而死。"谓伟曰:"君方近天子,当作好官。"而昇等四人,皆于河阴遇害,果如其言。③

---

① 房玄龄等:《晋书》卷九八,第 2576 页。游方尼裸浴警示桓温事,道世《法苑珠林》卷三三亦有载:"晋大司马桓温,末年颇奉佛法,饭馔僧尼。有一比丘尼,失其名,来自远方,投温为檀越。尼才行不恒,温恒敬待,居之门内。尼每浴,必至移时。温疑而窥之,见尼裸身挥刀,剖腹出脏,断截身首,支分脔切。温怪骇而还。及至尼出浴室,身形如常。温以实问,尼答云:'若遂凌君上,刑当如之。'时温方谋问鼎,闻之怅然。故以戒惧,终守臣节。尼后辞去,不知所在。"(《大正藏》第 53 册,第 545 页上)
② 严耀中:《魏晋南北朝时期的占卜谶言与佛教》,《史林》2000 年第 4 期。
③ 魏收:《魏书》卷八一,第 1793 页。又,袁昇等四人在河阴之变时为尔朱荣诛杀,山伟累仕于前废帝和孝静帝,卒后更追赠开府仪同三司。

北齐邺城有惠化尼作谣谶：

> 天平三年，神武（高欢）西讨，令泰自潼关入。四年，泰至小关，为周文帝所袭，众尽没，泰自杀。初，泰将发邺，邺有惠化尼，谣云："窦行台，去不回。"①

二、南朝比丘尼与政治

南朝比丘尼与政治的关系主要表现在两个方面：一是政权对比丘尼的管制，二是受后妃诸王和勋贵供养的尼众介入到宫廷政治斗争中。

南朝政权对出家女众的管制，主要通过设立尼僧官和干预尼众受戒事务实现。随着女众出家人数的增加，政权日益意识到对比丘尼的管制的重要，仿照比丘管理制度，设立了专门管理比丘尼的僧官"尼僧正"，将之纳入中央政府统一管理。

佛教三藏中，较之于经藏和论藏，律藏的翻译具有滞后性，所谓"先经后律"，导致相当长时间以来戒律译本不健全，僧团依止戒律多样，对于僧团内部对很多问题存在争议。这一点对于尼僧伽影响最大，从东晋初年到刘宋初年，僧团内部对于尼众得戒方式和依止戒律长期存在困惑和争议，到刘宋元嘉中发展到了顶峰，刘宋政权介入尼众受戒事务，以《十诵律》作为建康比丘尼依止戒律，在江东一带推广了尼众二部受戒的仪轨。②刘宋元嘉十一年（434），狮子国比丘尼铁萨罗等人在建康南林寺设戒坛，依《十诵律》为建康尼众举行二部僧受戒，正式确立了汉地比丘尼制度。

南朝女尼参政，主要出现在刘宋和南齐时代，尤以刘宋时最为显著。女尼和后妃、贵妇的结交在社会上产生了极坏的影响。其时公主骄横，时人将之归结为女尼的教唆。③更有甚者，部分比丘尼还参与了诸王的谋叛活动，如道育尼、法净尼等。

（一）主动介入权力斗争的道育尼和法静尼

道育尼参与了废太子劭的谋叛活动。道育尼原本系一名女性巫者，

---

① 李延寿：《北史》卷五四，第 1952 页。
② 李玉珍：《唐代的比丘尼》，第 133—137 页。
③ 宋明帝欲嫁女与江湛孙，江湛惧公主，乃使人作让婚表，谓公主骄横是因"姆娣争媚，相劝以严；妮媪竞前，相诒以急"，又曰："尼媪自倡多知，务检口舌。其间又有应答问讯，卜筮师母。"（沈约：《宋书》卷四一，第 1291 页）

姓严,因结交东阳公主侍女王鹦鹉,"自言通灵,能役使鬼物",得到太子劭和皇次子浚的信任,并"参与宫事",协助二人作巫蛊厌胜之术,道育因此被劭等尊为天师。事发,文帝下令搜捕道育,道育乃"变服为尼,逃匿东宫",受劭和始兴王的掩护,出入于京都和江陵,为刘劭效力,终为孝武帝刘骏所杀。①

在此事件中,道育的初始身份是一位介入宫廷政治的巫者,她事发后"变服为尼"得以躲过抓捕,说明在当时比丘尼游走效力于权贵是一种普遍现象。

王国寺②比丘尼法静则是深度介入此后不久的宗室刘义康的叛乱。刘义康(409—451),小字车子,宋武帝刘裕第四子,宋文帝刘义隆异母弟,喜欢与僧尼往来。文帝执政初期,受命为相,后因骄狂,缺少君臣礼仪,为文帝所忌,遭到贬抑。法静尼参与的刘义康谋立篡位的叛乱,在《比丘尼传》和正史如《宋书》《南史》皆有载,其中以《宋书·范晔传》最为详尽:

> 有法略道人,先为义康所供养,粗被知待,又有王国寺法静尼亦出入义康家内,皆感激旧恩,规相拯拔,并与熙先往来。使法略罢道,本姓孙,改名景玄,以为臧质宁远参军。熙先善于治病,兼能诊脉。法静尼妹夫许耀,领队在台,宿卫殿省。尝有病,因法静尼就熙先乞治,为合汤一剂,耀疾即损。耀自往酬谢,因成周旋。熙先以耀胆干可施,深相待结,因告逆谋,耀许为内应。豫章胡遵世,藩之子也,与法略甚款,亦密相酬和。法静尼南上,熙先遣婢采藻随之,付以笺书,陈说图谶。法静还,义康饷熙先铜匕、铜镊、袍段、棋奁等物。熙先虑事泄,酖采藻杀之。③

孔熙先"文史星算,无不兼善",还善于医术,他曾受法静尼委托为其妹夫台宿卫殿省许耀治病。孔熙先欲报彭城王之恩,便拉拢许耀欲行谋逆,法静尼往来其间,为刘义康、孔熙先等人传递书信。不久事泄,刘义康被废为

---

① 沈约:《宋书》卷九九,第2424—2425页。
② 王国寺,又作王园寺,元嘉七年宋大将军为德乐尼所立,此大将军为何人,史无载,有可能即彭城王刘义康,《宋书》卷六八记载刘义康在元嘉六年(439)领平北将军。
③ 沈约:《宋书》卷六九,第1822页。

庶人,孔熙先、范晔等人被杀,参与其事的王国寺比丘尼法静和昙览也"人身穷法",曾盛极一时的王国寺受二人牵连,住寺尼僧被遣散,寺院被毁。

刘宋大明二年(458),僧人昙标与羌人高阇勾结谋反,激怒了孝武帝。孝武帝试图下诏沙汰僧尼,但因其生母路太后笃信佛教,常供养僧尼,在她的影响下,此诏令未能成行:

> 世祖大明二年,有昙标道人与羌人高阇谋反,上因是下诏曰:"佛法讹替,沙门混杂,未足扶济鸿教,而专成逋薮。加奸心频发,凶状屡闻,败乱风俗,人神交怨。可付所在,精加沙汰,后有违犯,严加诛坐。"于是设诸条禁,自非戒行精苦,并使还俗。而诸寺尼出入宫掖,交关妃后,此制竟不能行。①

往返宫掖,宫闱秘事往往经她们口传,她们也不自觉地卷入宫廷权力之争。齐废帝郁林王萧昭业失德,西昌侯萧鸾诛杀废帝宠臣徐龙驹等人,起因在于往来于后宫和前朝的诸尼在背后议论,"尼媪外入者,颇传异语",②引起废帝猜忌。当大臣、宗室谋废立的消息传到郁林王耳朵里,他向自认为亲信的萧坦之追问谋逆者,萧坦之遂将责任推卸给女尼的流言蜚语:"诸尼师母言",并谓:"岂可以尼姥言为信!"③

与东晋时相比,南朝勋戚权贵蓄养僧尼成风,深为世人诟病。④时人叙僧徒之腐败,直言不讳,其言论直指女尼与权贵结交的种种不堪行径:"复假精医术,托杂卜数,延姝满室,置酒浃堂。"⑤史载:刘义宣"白皙,美须眉,长七尺五寸,腰带十围,多畜嫔媵,后房千余,尼媪数百"。⑥后来刘义宣谋反,其蓄养尼僧亦成为其他臣子弹劾他的罪状之一,柳元景讨伐义宣的檄文中写道:"姬妾百房,尼僧千计。"⑦

---

① 沈约:《宋书》卷九七,第 2386—2387 页。
② 司马光:《资治通鉴》卷一三九,第 4354 页。
③ 李延寿:《南史》卷四一,第 1053 页。
④ 皇室、贵族蓄养僧尼的风气由来已久。太平真君五年(444)太武帝下诏:"自王公已下,有私养沙门者,皆送官曹,不得隐匿。"(魏收:《魏书》卷一一四《释老志》,第 3034 页)梁武帝也曾蓄养家僧,并设立家内道场。参见志磐:《佛祖统纪》卷三八,《大正藏》第 49 册,第 355 页。
⑤ 沈约:《宋书》卷八二,第 2100 页。
⑥ 沈约:《宋书》卷六八,第 1799 页。
⑦ 沈约:《宋书》卷七四,第 1918 页。

当然,参与到政治中的南朝比丘尼也并非全是政治秩序破坏者的负面形象,梁灭亡后参与保护前朝王子的比丘尼法慕便是其中之一。承圣元年(554),西魏占领江陵,梁元帝萧绎被杀,元帝孙子萧庄(父萧方等,早卒,元帝封其为永嘉王)年仅七岁,逃匿于民家,得比丘尼法慕保护方幸免于难:"五月,庚辰,侯平等擒莫勇、魏永寿。江陵之陷也,永嘉王庄生七年矣,尼法慕匿之,王琳迎庄,送之建康。"①

(二) 被齐武帝猜忌的慧绪尼

无论是东窗事发,变身为尼以求自保的道育,还是传递书信的法静尼,这两人都是主动参与到刘宋皇室的权力之争,最终不免身死寺破,牵累僧团。南齐时慧绪尼②尽管一再避免和权力发生直接接触,仍不可避免地受到猜忌,最终凭借敏锐的政治直觉和妥善应对得以善终。

被严耕望先生称为"中古时代最繁荣之交通路线"的荆襄沿线,东起襄阳(治所在今湖北襄阳市)至江陵(治所在今湖北荆州市),"东联吴会,西通巴蜀",是古代中国南北交通东、中、西三线之中线的主干道,水陆并通,商业发达。独特的区位优势使得其不仅在政治军事上占有十分重要的位置,在东晋南北朝时期的宗教文化领域,该地区仍然发挥着号令全国的举足轻重的影响。③道安南下驻锡襄阳,其后,长安僧团解散,僧人四散,荆襄沿线佛寺成为长安僧团南下必经之所。东晋至南朝前期近二百余年,佛教义学中心除了二秦时短暂归属长安之外,荆襄地区当仁不让地成为众多高僧积聚的中心,即使后来定居建康的僧尼,和荆襄佛教教团也有千丝万缕的联系,如倡导"一阐提亦能成佛"的道生,其师承渊源也来自荆襄教团。④

有鉴于此,荆襄一带佛教教团的头面人物,往往成为各路诸侯争相结交

---

① 司马光:《资治通鉴》卷一六六,第 5129 页。
② 慧绪尼事迹,详见宝唱:《比丘尼传》卷三,《大正藏》第 50 册,第 943 页下—944 页中。《高僧传》卷一〇亦有载,僧慧通自言其与慧绪尼为姊弟(《大正藏》第 50 册,第 394 页上)。
③ 参见陈志远:《六朝前期荆襄地区的佛教》,《中山大学学报》2019 年第 2 期;孙齐:《六朝荆襄道上的道教》,中国社会科学院历史所魏晋南北朝隋唐史研究室、宋辽金元史研究室编:《隋唐辽宋金元史论丛》(第八辑),第 117—141 页。
④ 竺道生先师从道安的同学竺法汰,后入庐山跟随道安的学生慧远,最后又至长安随鸠摩罗什问学,因此,尽管其常住建康,但其思想渊源仍然来自荆襄佛教教团。竺道生后在建康因倡"一阐提亦可成佛"被摈,表面上看是由于僧团内部对"佛性"理解的观点分歧,深层次的原因还有建康教团与荆襄教团之间的斗争。

的对象,同时,建康政治中枢的最高统治者,也在着力扩大建康僧团的影响力。东晋孝武帝时期,简静寺妙音尼受桓玄请托,为殷仲堪谋荆州刺史一职(详参前文"支妙音尼干政"),终至影响到东晋政权几乎落入桓氏家族手中。南齐萧赜父子(萧赜及其子文惠太子萧长懋)供养礼敬尼众是南朝皇帝中数量最多者,这些受供养的尼众则无一不具有荆襄教团的背景。

1. 受请供养

慧绪尼幼年称信,十八岁剃度出家,住江陵三层寺。慧绪尼俗家郡望已不可考,很可能在父祖时即已移居江陵。她先后师从江陵隐尼和从北魏南下至江左的玄畅禅师。隐尼和玄畅禅师都以禅法见长,慧绪尼因此又以禅师称名于世。隐尼史无载。玄畅,《高僧传》卷八有载,其先在平城师从玄高,太武灭佛时只身逃走,南下至扬州。在扬州他得到了宋文帝刘义隆的赏识,但他拒绝了宋文帝请其驻锡建康的建议,反而驻锡在远离政治中枢的江陵长沙寺。长沙寺为道安弟子昙翼所立,是道安教团在荆州最得力的道场,玄畅此举似乎意在表明他和荆襄教团之间的密切关系。[①]慧绪尼自幼生活在江陵,师承和驻锡地都在此,说她是荆襄教团尼众代表当无可争议。在宋齐各方势力斗争中,无论是荆州的主政官员还是社会上层人士,都具有不可忽视的影响。

慧绪尼和萧嶷的交往源于刘宋末年荆州刺史沈攸之沙简僧尼的行动。沈攸之素不信佛法,出镇荆州后,便开始沙汰僧尼,拆寺毁像。沈攸之此次沙简僧尼声势不小,仅长沙寺一寺还俗者即达数百,慧绪恐不可避免,乃东下建康避难。慧绪尼在此次避难东下的过程中结识了萧嶷,萧嶷及其妻妾对慧绪尼礼遇甚深,"备尽四事……敬信甚深,从受禅法"。[②]昇明二年(478)沈攸之兵败,自缢于江陵,沙汰僧尼一事不了了之,慧绪尼这才得以返回江陵。萧嶷受萧道成派遣镇守荆州,与他一同赴任的就有慧绪尼。

萧嶷是萧道成次子,齐武帝萧赜胞弟,天资颇高,深得萧道成喜爱。萧赜父子对萧嶷表面亲厚,实则多有猜疑。[③]萧赜多次因"失旨"差点被废太子

---

① 玄畅在宋齐禅代时的表现也颇耐人寻味。他一开始远离建康驻锡江陵,更进一步溯江东上,驻锡益州齐后山,似乎一直在避开政治。到昇明三年突然转向,建立"齐兴寺",向外界散播"齐兴"的预言,而这一年,正是萧道成父子代宋自立的关键时刻。
② 宝唱:《比丘尼传》卷三,《大正藏》第 50 册,第 944 页上。
③ 唐春生:《萧嶷与齐武帝之"夙嫌"析——兼及与文惠太子之关系》,《重庆师范学院学报》2001 年第 1 期。

之位,与此同时,萧嶷却战功赫赫,执掌机要,对萧赜有相当大威胁:"世祖(萧赜,时为太子)以事失旨,太祖颇有代嫡之意。"①萧赜即位当年即永明元年(483),萧赜就以"驱合不逞,窥窬非觊"②为由诛杀垣崇祖、荀伯玉和江谧等与萧嶷关系密切的三人,而萧嶷也至此不再出镇地方,回到建康担任虚职。长期接受他合家供养的慧绪尼也随萧嶷到了建康。为方便慧绪尼往来王府,为家人提供宗教服务,萧嶷又在建康城东郊"东田"豫章王府东面为慧绪尼建寺安置,号曰"福田寺"。

2. 装病远离

永明后期,萧赜和萧嶷之间的心结愈加严重,加上文惠太子萧长懋的介入,萧嶷的处境愈发微妙。在此期间,萧嶷小心翼翼以求自保。天不遂人愿,随着和萧嶷有过父子名分的萧子响杀害僚佐一事爆发,萧赜父子对萧嶷疑忌日益加重。永明十年(492)萧嶷病死,公开的原因是病亡,但坊间却盛传文惠太子下毒致其速亡的流言。③

与此同时,慧绪尼也察觉到了危险,开始减少和萧嶷家族的往来。永明九年(491),慧绪自称精神疲顿,身体不适,倒也没有大病,一到萧嶷家中便不想进食,面容憔悴,便苦苦请求萧嶷让她返回自己的寺庙。回去之后,怪病就立即消除。几天后,萧嶷又延请她来讲经,可一到他家,又病重如前。自此,不再入王府,"自称忽忽苦病,亦无正恶,唯不复肯食,颜貌憔悴,苦求还寺,还寺即平愈。旬日中,辄复请入,入转如前"。④从刘宋昇明末年起,慧绪尼开始接受萧嶷的供养,延续二十余年。从永明九年末开始,萧嶷就已经染疾,次年春天病情加重,作为长期受萧嶷全家供养的比丘尼,无论是从人情还是道义上看,慧绪尼都没有避而不见、不上门慰问的理由。

3. 集善寺的建立

萧嶷虽死,萧赜对萧嶷王府旧人的猜忌没有终止,他甚至疑心慧绪尼与萧嶷府中暗通消息,于是借口福田寺地方狭小,将受萧嶷供养的诸尼搬迁至

---

① 萧子显:《南齐书》卷二二,第409页。
② 萧子显:《南齐书》卷二五,第464页。
③ 文惠太子在药中下毒,加重萧嶷的病情一事,《南史·豫章文献王嶷传》有载:"(萧)嶷薨后,忽见形于沈文季曰:'我未应便死,皇太子加膏中十一种药,使我痈不差,汤中复加药一种,使利不断。'"(李延寿:《南史》卷四二,第1067页)
④ 宝唱:《比丘尼传》卷三,《大正藏》第50册,第944页上。

新建的集善寺:"武皇帝(萧赜)以东田郊迫,更起集善寺,悉移诸尼还集善,而以福田寺别安外国道人阿梨。"①从区位上看,福田寺位于钟山东南麓萧嶷东田园宅附近,寺院与园宅形成了非常紧密的关联,新建的集善寺则在钟山以西,②和福田寺比起来,距离东田王宅要远得多。

从前朝的历史教训出发,萧赜对慧绪尼的猜忌和防备并非空穴来风。荆州(江陵)扼长江中上游的关键门户,从三国至南朝,据守荆州武将往往成为建康政权的最大威胁。刘宋数十年的统治中,荆州教团曾多次卷入宗室和方镇武将发动的军事行动中,影响最大的莫过于刘宋孝武帝时期谯王刘义宣叛乱中的求那跋陀罗和慧璩二人。③服务于刘义宣的佛门中人,除了求那跋陀罗和慧璩外,还有他日常供养的数百尼众。对于萧赜来说,慧绪尼及其家族在江陵经营日久,作为荆州尼众的头面人物,在当地佛教徒中极具影响力。慧绪尼受萧嶷一家供养多年,且其师父玄畅禅师在禅法义解之外,亦以神通见知于世:"洞晓经律,深入禅要,占记吉凶,靡不诚验。坟典子氏,多所该涉。至于世伎杂能,罕不必备。"④玄畅曾师从玄高,玄高以神通著称,"属在神通"。玄高"神情自若,禅慧弥新,忠诚冥感,多有灵异。磬既不击而鸣,香亦自然有气。应真仙士,往往来游。猛兽驯伏,蝗毒除害"。⑤他在平城被害,与他和太子晃结交,介入太子晃与权臣崔浩、太武帝之间的权力斗争有关。对于有神通的僧人,历代统治者在礼遇的同时又心存忌惮。玄畅深得乃师真传,"舒手出香,掌中流水,莫之测也"。⑥玄高、玄畅都长于神通,玄畅南奔之后,和萧嶷在宋齐禅代之际亦有往来,"齐骠骑豫章王嶷作镇荆峡,遣使征请"。⑦如此,玄畅和慧绪师徒在此前就与萧嶷之间有千丝万缕的联系,不能不让齐武帝提高警惕。

---

① 宝唱:《比丘尼传》卷三,《大正藏》第 50 册,第 944 页上。
② 魏斌:《南朝建康的东郊》,《中国史研究》2016 年第 3 期。
③ 陈志远:《六朝前期荆襄地域的佛教》,《中山大学学报》2019 年第 2 期。
④ 慧皎:《高僧传》卷八,《大正藏》第 50 册,第 377 页上。
⑤ 慧皎:《高僧传》卷一一,《大正藏》第 50 册,第 397 页中。
⑥ 费长房:《历代三宝纪》卷一〇,《大正藏》第 49 册,第 93 页中。
⑦ 根据《高僧传·玄畅传》《法献传》的记载,萧赜及其子文惠太子萧长懋、竟陵王萧子良都曾对玄畅表示友好,永明中玄畅更受请从江陵泛舟东下至建康,住灵根寺,复又被萧赜任命为两岸僧主一职,和法献一起总领京邑乃至全国僧务。尽管有种种礼遇行为,但并不意味着萧赜父子对玄畅全面信任,更多的是对玄畅所代表的佛教势力的一种表态示好,事实上,玄畅抵达建康后不久就因为"中途动疾,带患至京……少时而卒"。

萧嶷死后,萧赜对豫章王府的处置也很可疑。《南齐书》记载:"(萧嶷)薨后,第库无见钱,世祖敕货杂物服饰得数百万,起集善寺,月给第见钱百万,至上崩乃省。"①萧嶷一死,萧赜即下令将其府中服饰杂物变卖,为众尼新建寺院,将其重新安置,并从府库每月拨钱百万用以供养家人。萧嶷虽死,即使无钱,他有王妃妻妾和成年诸子,遗物自有这些人处置,似不必劳驾皇帝大费周章,又是变卖遗物,又是建寺,又是拨钱蓄养家眷。如果萧嶷家眷贫穷,更没有理由用变卖服饰杂物的钱款新建寺院,安置尼僧。唯一的可能是,萧赜在萧嶷死后对其王府进行了变相的"抄家"清查,安置尼众的福田寺也在其中。最终,萧赜没有找到萧嶷谋反的证据,于是由国库拨巨款恤养家眷作为抚慰,择地新建集善寺安置慧绪尼等人以割断她们同王府旧人的联系。

在萧嶷死后多年里,尽管府内女眷多次盛情邀请,慧绪尼都和她们保持着适当的距离。最后一次受邀入府,是在她预感到自己将不久于人世之时,她"愿一入第,与诸夫娘别",②作七日禅斋毕后月余便去世。

第二节 北朝比丘尼与政治

一、佛教在北朝宫廷的传播

北魏皇室出身于蒙古草原东北部的鲜卑拓跋部落。早在立国之初,拓跋氏就对佛教有一定的了解:"文帝(沙漠汗,?—277)久在洛阳,昭成(什翼犍)又至襄国,乃备究南夏佛法之事。"太祖(道武帝拓跋珪)占领黄河北岸时,对沿途所遇沙门都表示友好,并令军队不得侵犯,"平中山,经略燕赵,所逕郡国佛寺,见诸沙门、道士,皆致精敬,禁军旅无有所犯。帝好黄老,颇览佛经"。太宗拓跋嗣则"遵太祖之业,亦好黄老,又崇佛法,京邑四方,建立图像,仍令沙门敷导民俗"。③

拓跋氏在立国之初就对佛教表示了友好的态度,但他们对于佛教的态度

---

① 萧子显:《南齐书》卷二二,第418页。
② 宝唱:《比丘尼传》卷三,《大正藏》第50册,第944页上。
③ 魏收:《魏书》卷一一四《释老志》,第3030页。

主要以实用为主,即以之辅助王化、敷导民俗。佛教进入后宫时间较早,随着拓跋氏的征服和联姻,较早接触佛教的部落的女性将佛教信仰带入了北魏后宫,较有代表性如道武帝皇后慕容氏、明元帝皇后姚氏和太武皇后赫连氏等。

　　道武帝皇后慕容氏出身于后燕皇室,慕容氏家族与佛教多有渊源。①慕容氏的父亲慕容宝礼敬沙门昙猛,引昙猛参与军国大事。②明元帝皇后姚氏乃后秦皇帝姚兴之女,颇受宠遇,出入居处,礼秩如后。去世后,追赠皇后玺绶,并加谥号曰"昭哀"。姚兴是中国佛教史上著名的奉佛君主,在姚兴的提倡和鼓励之下,后秦佛教发展迅速,姚氏家族其他成员姚显、姚嵩、姚爽等都是佛教的积极支持者,姚氏应该对佛教有较深的感情。太武帝皇后赫连氏来自大夏国,是大夏皇帝赫连勃勃之女。大夏国灭后,赫连氏和两位妹妹俱被纳为贵人,后立为皇后。需要说明的是,赫连勃勃并非如史籍所载那般一直仇视佛教,在其统治后期,治下区域佛教有了一定发展。③此外,赫连勃勃自称"天王",这也是其受佛教转轮王思想影响的表现。④

　　以上几位与佛教有深厚渊源的后宫嫔妃将佛教信仰带入北魏后宫,以后北魏皇室多位皇后(太后)与佛教都有密切的渊源,如文明太后冯氏、灵太后胡氏,佛教在后宫得到了快速传播,普通嫔妃、宫人和内侍宦官等大多成为佛教的信仰者和拥护者。

　　传统儒家文化体系里,女性被排斥在社会公共事务之外:"女正位乎内,男正位乎外。男女正,天地之大义也";⑤"男不言内,女不言外。非祭非丧,不相授器"。⑥虽然五代以前,社会主流文化并没有像宋儒那般严格刻板地强化男女日常生活和精神文化空间区隔,总体而言,女子还是被隔绝在政治等公共领域之外。在特定的历史阶段和文化语境下,也有女主(太后)摄政的现象,但往往是作为救急措施存在。⑦

---

① 郑成淑:《慕容鲜卑的佛教文化》,《文史哲》2005 年第 2 期。
② 房玄龄等:《晋书》卷一二三,第 3089 页。
③ 刘林魁:《赫连勃勃诛焚佛法说证伪》,《宁夏社会科学》2010 年第 6 期。
④ 统治者自称天王是十六国南北朝时期少数民族君主常见操作,其思想渊源来自佛教转轮王思想,可参见古正美:《东南亚的"天王传统"与后赵时代的"天王传统"》,《佛学研究》1998 年。
⑤ 《周易·家人》,阮元校刻:《十三经注疏》,第 102 页。
⑥ 《礼记·内则》,阮元校刻:《十三经注疏》,第 3168 页。
⑦ 杨联陞:《中国历代女主和女主政治略论》,杜芳琴主编:《发现妇女的历史:中国妇女史论集》,第 104—134 页。

北朝比丘尼与政治的关系主要表现在两个方面:其一是北朝多有后妃出家现象,后妃出家的直接原因往往和宫廷政治密切相关;其二则是来往于后宫的比丘尼加入了影响北魏宫廷政治的"小人"行列,成为北魏中后期女主政治的重要推手之一。

二、后 妃 为 尼

上层社会特别是与宫廷关系密切的尼众,她们的出家很多是受到宫廷政治斗争的影响,失败者往往出家为尼。纵观北朝二百余年五个政权(北魏、东魏、西魏、北齐、北周),以宫廷(王室)嫔妃身份出家为尼的达22人之多,其中多人的出家和政治斗争密切相关。

(一)北魏

北魏孝文皇帝后宫有昭仪冯氏、废皇后冯氏和后宫曹氏等先后为尼。宣武帝后宫也有三位成员在他死后出家为尼,分别是皇后高氏、灵太后胡氏和婕妤李氏。孝明帝皇后胡氏和孝庄帝皇后尔朱氏也出家为尼。

1. 孝文帝幽皇后冯氏(大冯)①

孝文帝两位冯姓皇后都曾先后出家为尼,即幽皇后大冯和练行尼小冯。两位冯氏都是文明太后冯氏的侄女,二人同父异母。幽皇后大冯年纪稍长,先入宫,不久因为疾病被冯太后遣"还家为尼",及至冯太后去世,复迎入宫:

> 孝文幽皇后,亦冯熙女。母曰常氏,本微贱,得幸于熙,熙元妃公主薨后,遂主家事。生后与北平公夙。文明太皇太后欲家世贵宠,乃简熙二女俱入掖庭,时年十四。其一早卒。后有姿媚,偏见爱幸。未几疾病,文明太后乃遣还家为尼,高祖犹留念焉。岁余而太后崩。高祖服终,颇存访之,又闻后素疹痊除,遣阉官双三念玺书劳问,遂迎赴洛阳。及至,宠爱过初。②

---

① 史籍一般称之为"幽皇后冯氏",但因其受命出家为尼时封号为"昭仪",封后乃是其再次入宫之事,故此处仍以"昭仪"称之。又,大冯出家乃其姑母冯太后旨意,因其家族世代信仰佛教,因病出家或有"禳灾"之意。
② 魏收:《魏书》卷一三,第332—333页。

2. 孝文废皇后冯氏（练行尼小冯）

废皇后练行尼冯氏晚于其姊幽皇后冯氏进宫。二人虽为姐妹，但有嫡庶之别。幽皇后（大冯）是妾常氏所生，为庶出之女，废皇后（小冯）则是嫡女身份。文明太后去世后，孝文帝守制日满，立小冯为皇后。不久大冯病愈再次入宫受宠，她逐渐受到冷落，"（大冯）轻后而不率妾礼"，最终被觊觎后位已久的姐姐冯昭仪陷害，废为庶人，出家为尼。因其信仰虔诚，戒行精苦，时人尊为练行尼：

>孝文废皇后冯氏，太师熙之女也。太和十七年，高祖既终丧，太尉元丕等表以长秋未建，六宫无主，请正内位。高祖从之，立后为皇后。高祖每遵典礼，后及夫、嫔以下接御皆以次进。车驾南伐，后留京师。高祖又南征，后率六宫迁洛阳。及后父熙、兄诞薨，高祖为书慰以叙哀情。及车驾还洛，恩遇甚厚。高祖后重引后姊昭仪至洛，稍有宠，后礼爱渐衰。昭仪自以年长，且前入宫掖，素见待念，轻后而不率妾礼。后虽性不妒忌，时有愧恨之色。昭仪规为内主，谮构百端。寻废后为庶人。后贞谨有德操，遂为练行尼。后终于瑶光佛寺。①

小冯（废后）的出家更多的原因是因为其姊大冯对其得宠的妒忌，二人在争宠斗争中小冯明显落于下风，受到皇帝的嫌弃，不得不出家。

3. 后宫曹氏（道洪尼）

曹氏是孝文帝后宫一位妃嫔，品级不详，出身谯郡（治所在今安徽亳州）曹氏家族，孝文帝死后"投簪出俗"剃度为尼，法名道洪，至东魏武定元年十一月卒。②曹氏出家原因不明，或许和后文宣武帝婕妤李氏相类。

4. 宣武帝皇后高英（慈义）

高氏俗名高英，乃宣武帝舅高偃之女，继宣武顺皇后于氏之后继立，（高英）"性妒忌，宫人希得进御。及肃宗即位，上尊号曰皇太后"。宣武帝驾崩，五岁的太子元诩继位，是为孝明帝。于忠和其他元氏宗室一起诱杀高肇，随着高肇的垮台，高英彻底失去了外援，胡灵太后将其废为尼，改名为慈

---

① 魏收：《魏书》卷一三，第332页。
② 《比丘尼曹道洪墓志》，叶炜、刘秀峰：《墨香阁藏北朝墓志》，第54页。

义,住在瑶光尼寺:

> 宣武皇后高氏……甚见礼重。性妒忌,宫人希得进御。及肃宗即位,上尊号曰皇太后。寻为尼,居瑶光寺,非大节庆,不入宫中。……神龟元年,太后出觐母武邑君。时天文有变,灵太后欲以后当祸,是夜暴崩,天下冤之。丧还瑶光佛寺,嫔葬皆以尼礼。①

宣帝幼年丧母,即位之后即着力于寻找舅氏的消息,高肇(宣武帝母文昭皇后高昭容之兄)一家遂得以青云直上,景明四年(503)其弟高偃之女入宫被封为贵嫔。高英性格强势,先是逼死皇后于氏,②晋封为皇后,有专房之宠,"宫人希得进御"。宣武帝子嗣稀薄,后期唯有充华胡氏育有一子元诩。作为未来的储君生母,胡氏并没有按照"子贵母死"传统被处死,只是未被进一步晋封位份。宣武帝病逝后,高英被尊为皇太后,胡氏被尊为皇太妃,不久即出家,墓志谓其"志愿道门,出俗为尼"。③以高氏对于家族地位的重视和在宫中一贯的强势性格来看,她的出家显然不是出于自愿,乃是和孝明帝生母胡氏争夺后宫控制权失败的结果。高氏出家没有实现胡氏的最终目的,不久,胡氏就以天象异常逼迫高氏自杀,连葬礼也仅仅按照佛教比丘尼的葬仪处置,对于权倾一时的高氏家族来说,无疑是巨大的羞辱。

5. 灵太后胡氏

孝明帝元诩幼年继位,权力实际掌握在母亲灵太后胡氏手中。胡氏家族世代奉佛,武泰元年(528),为尔朱荣大军所逼,胡氏自落发为尼:

> 武泰元年,尔朱荣称兵渡河,太后尽召肃宗六宫皆令入道,太后亦自落发。……太后妹冯翊君收瘗于双灵佛寺。出帝时,始葬以后礼而追加谥。④

---

① 魏收:《魏书》卷一三,第336—337页。
② 虽没有直接证据证明皇后于氏是高英所害,但高英却是于皇后死亡的直接受益人,《魏书·宣武顺皇后于氏传》谓:"后(于氏)静默宽容,性不妒忌,生皇子昌,三岁夭殁。其后暴崩,宫禁事秘,莫能知悉,而世议归咎于高夫人。"(魏收:《魏书》卷一三,第336页)
③ 赵超:《汉魏南北朝墓志汇编》,第102页。
④ 魏收:《魏书》卷一三,第340页。

此处灵太后胡氏落发,是在尔朱荣大兵威逼之下,政权遭到极度威胁时为了保全自身性命的权宜之计。

6. 宣武帝婕妤李氏

(李)彪有女,幼而聪令,彪每奇之,教之书学,读诵经传。尝窃谓所亲曰:"此当兴我家,卿曹容得其力。"彪亡后,世宗闻其名,召为婕妤,以礼迎引。婕妤在宫,常教帝妹书,诵授经史。……后宫咸师宗之。世宗崩,为比丘尼,通习经义,法座讲说,诸僧叹重之。①

北魏后宫中,婕妤属于九嫔之一,位视九卿,其品级和孝明帝生母充华胡氏相等。婕妤李氏的出家或许有自愿的成分,也有情势之下自保的考虑。

7. 孝明皇后胡氏(明相)

胡氏乃灵太后兄胡盛之女,灵太后为保持家族荣耀,将之迎入,立为儿子元诩的皇后,然"肃宗……专嬖充华潘氏,后及嫔御并无过宠"。②武泰元年(528)河阴之变,胡氏与姑灵太后一起落发为尼,灵太后被逼自杀,胡明相后终老于瑶光寺。

和姑姑兼婆婆灵太后一样,孝明皇后胡氏的落发也是面对尔朱荣大兵威逼下的自保之计,最终因此身份得以善终。

8. 孝庄帝皇后尔朱氏

孝庄帝元子攸,系彭城王勰第三子,武泰元年(528)河阴之变,孝明帝被杀,尔朱荣立元子攸为帝,是为孝庄帝,立尔朱荣之女为后。不久尔朱兆废元子攸,皇后尔朱氏为高欢所纳,不久剃度为尼。史籍记载:"尔朱氏,荣之女,魏孝庄后也。……后为尼,神武为起佛寺。"③

(二) 西魏

西魏有两位皇后为尼,分别是文帝皇后乙弗氏和恭帝皇后若干氏。

1. 文帝皇后乙弗氏

乙弗氏出身吐谷浑贵族,大统元年(535)立为皇后,子元钦同时册封为太子。但文帝元宝炬受到游牧争取蠕蠕的逼迫,不得不废掉乙弗氏后位,令

---

① 魏收:《魏书》卷六二,第1399页。
② 魏收:《魏书》卷一三,第340页。
③ 李延寿:《北史》卷一四,第518页。

其剃发为尼,另娶蠕蠕公主郁久闾氏为后。郁久闾氏对此结果并不满意,步步紧逼,乙弗氏被逼自尽,临死前召僧设供,为数十位侍婢举行出家仪式,亲自为她们落发:

> (文帝)命后逊居别宫,出家为尼。悼后犹怀猜忌,复徙后居秦州,依子秦州刺史武都王。……六年春,蠕蠕举国度河,前驱已过夏……乃遣中常侍曹宠赍手敕令后自尽。……召僧设供,令侍婢数十人出家,手为落发。事毕,乃入室,引被自覆而崩,年三十一。①

2. 恭帝皇后若干氏

恭帝元廓在位四年,556年十二月在宇文护的逼迫下让位给宇文觉(宇文泰嫡子),改封宋公,后被杀,皇后若干氏出家为尼,无人闻问,最后死在佛寺:

> 恭帝皇后若干氏,司空长乐正公惠之女也。有容色,恭帝纳之为妃。及即位,立为皇后。后出家为尼,在佛寺薨,竟无谥。②

西魏皇权急剧衰落,皇帝不仅受到手握重兵的权臣的控制,还受到外族的侵逼,朝不保夕。西魏文帝尽管对皇后乙弗氏颇怀深情,一开始还想利用"剃度为尼"以退为进,暂时保住乙弗氏的性命,但终不敌蠕蠕的逼迫,乙弗氏最终以"尼"的身份自尽。恭帝元廓皇后若干氏则在恭帝被杀后,出家为尼,在佛寺了此残生。

(三)北齐

北齐有四位皇后削发为尼,分别是文宣帝皇后李祖娥、废帝高殷皇后李难胜、后主皇后斛律氏和胡氏等。

1. 文宣帝皇后李氏(祖娥)

李祖娥是北齐文宣帝高欢的皇后,父亲乃赵郡李希宗,生子高殷(废帝)及太原王高绍德,高洋称帝后立为皇后。高演废高殷自立,逼幸于李

---

① 李延寿:《北史》卷一三,第506—507页。
② 李延寿:《北史》卷一三,第508页。

氏,又因生女不举受到高演百般摧残,最终出家为尼:

> 后有娠,太原王绍德至阁,不得见,愠曰:"儿岂不知邪?姊姊腹大,故不见儿。"后闻之大惭,由是生女不举。帝横刀诟曰:"尔杀我女,我何不杀尔儿?"对后前筑杀绍德。后大哭,帝愈怒,裸后乱挞之,号天不已。盛以绢囊,流血淋漓,投诸渠水,良久乃苏,犊车载送妙胜尼寺。后性爱佛法,因此为尼。①

2. 废帝皇后李氏(难胜)

李难胜出身赵郡李氏,乃宣帝皇后李祖娥兄李祖勋之女,天保十年(559)拜太子妃。高洋死后,高殷一度登基,不久就被叔父高演废黜为济南王。皇建二年(561)二月,高殷被害,年幼的李难胜(时年十三)出家为尼,住邺城妙胜尼寺:

> 尼俗讳难胜,法名等行,赵郡柏仁永宁乡阴灌里人也。……威宗后之侄焉。祖司空文简公希宗……父仪同三司祖勋……以天保十年册拜皇太子妃。入奉严禁,内训唯穆。至愍悼王逊居别馆,降为济南王,妃盖亦恬然,无惊得丧。俄而悼王即世……乃悟是法非法,如幻如梦,厌离缠染,托情妙极,遂落兹绀发,归心上道。……以武平元年五月十四日,迁神于大妙胜寺舍,时年二十二焉。……粤以其月三十日壬午,永窆于邺城之西北一十里处。②

3. 后主皇后斛律氏

齐后主高纬皇后斛律氏,父斛律光,素有军功,逐渐掌握大权。斛律家族与高氏家族婚姻关系密切,斛律光长子斛律武都,娶义宁公主,女为皇后。武平三年(572),因后主猜忌,斛律光被杀,斛律皇后因此被废出家为尼,齐灭后改嫁他人:

---

① 李延寿:《北史》卷一四,第521页。
② 罗新、叶炜:《新出魏晋南北朝墓志疏证(修订本)》,第187页。

后主皇后斛律氏,左丞相光之女也。初为皇太子妃,后主受禅,立为皇后。武平三年正月,生女,帝欲悦光,诈称生男,为之大赦。光诛,后废在别宫,后令为尼。①

斛律氏因父兄权势得以封后,又因父兄失势被褫夺后位并被逼为尼。

4. 后主皇后胡氏

后主皇后胡氏,系后主舅舅陇东王胡长仁之女,是继斛律氏后被高纬立为皇后。胡太后(武成帝皇后胡氏)为取悦后主,将侄女送入宫中,立为弘德夫人,进为昭仪,大被宠爱。斛律氏被废,后位空虚,胡氏得斛律孝征支持被立为后,因此受到后主乳母女侍中陆令萱的嫉恨,陆在胡太后面前进谗言:

于太后前作色而言曰:"何物亲侄女,作如此语言!"太后问有何言。曰:"不可道。"固问之,乃曰:"语大家云,太后行多非法,不可以训。"太后大怒,唤后出,立剃其发,送令还家。②

后主皇后胡氏的出家缘于后宫嫔妃之间争宠失败,同时又和丧失姑母兼婆婆(胡太后)的信任有关。

(四) 北周

北周共有六位皇后出家为尼,分别是孝闵帝皇后元胡摩、武帝皇后李娥姿以及宣帝四位皇后。

1. 孝闵帝皇后元氏

北周孝闵帝宇文觉皇后元胡摩,556年十二月,权臣宇文护(宇文泰侄子)废西魏恭帝,立宇文觉。次年九月,又废为略阳公,皇后元胡摩无奈出家为尼。③

元胡摩的遭遇和前述西魏恭帝皇后若干氏遭遇相似。

2. 武帝皇后李娥姿

武皇后李氏,名娥姿,楚人也。于谨平江陵,后家被籍没。至长安,

---

① 李延寿:《北史》卷一四,第523—524页。
② 李延寿:《北史》卷一四,第524页。
③ 李延寿:《北史》卷一四,第527—528页。

周文以后赐武帝。后得亲幸,生宣帝。……宣帝崩,静帝尊为大帝太后。隋开皇元年三月,出俗为尼,改名常悲。八年,殂,以尼礼葬于京城南。①

3. 宣帝四位皇后同时为尼

北周宣帝同时立了五位皇后,分别是天元大皇后杨丽华、天大皇后朱满月、天中大皇后陈月仪、天左大皇后尉迟炽繁、天右大皇后元乐尚。其中杨氏乃太傅杨坚之女,朱氏生了太子宇文阐(静帝)。宣帝死,杨氏被尊为皇太后,朱氏因为帝母的缘故被尊为帝太后,二人得以继续暂时留居宫中,陈氏、元氏和尉迟氏同时出家。不久,静帝被废,杨坚登基,杨氏改封为乐平公主,朱氏被送往尼寺为尼。对此,史书如是记载:

> 宣帝后朱氏,名满月,吴人也。……宣帝崩,静帝尊后为帝太后。隋开皇元年二月,出俗为尼,改名法净。六年,殂,以尼礼葬于京城西。
> 宣帝后陈氏,名月仪,自云颍川人,大将军山提之第八女也。……帝崩,后出俗为尼,改名华光。后永徽初终。
> 宣帝皇后元氏,名乐尚,河南洛阳人,开府晟之第二女也。……帝崩,后出家为尼,改名华胜。
> 宣帝皇后尉迟氏名繁炽,蜀公迥之孙女也。……大象二年三月,立为天左大皇后。帝崩,后出俗为尼,改名华道。②

无论是李娥姿还是周宣帝的四位皇后,她们都在政权灭亡后被新政权的统治者送往尼寺为尼。③对于杨隋王朝来说,这些女眷都是作为前朝(北周)政权的"未亡人",让她们出家为尼终老于佛寺无异于是一种"人道"的安置方式。

(五)宗室诸王妃

此外,北朝政权宗室诸王的妻妾也有剃发为尼者,如孝文帝子京兆王元

---

① 李延寿:《北史》卷一四,第529页。
② 李延寿:《北史》卷一四,第530—531页。
③ 杨丽华与其他四人虽同为宣帝皇后,但她同时又是新政权统治者杨坚的女儿,对新王朝来说,杨氏不仅仅是北周的皇后,更是本朝的公主,受到的待遇与其他人自然不同。

愉妾李氏和北齐高洋之子任城王高湝的妻子王妃卢氏。

京兆王元愉乃孝文帝第四子，王妃于氏，乃宣武顺皇后之妹。元愉之纳于氏，系宣武帝出于拉拢于忠父子的考虑。于氏不为元愉所宠，另一位出身歌姬的杨氏因歌声动听被元愉纳为妾室，深得元愉宠爱，杨氏不久生子元宝月。此事为顺皇后不满，召李氏入宫，"毁击之，强令为尼于内，以子付妃（元愉正妃于氏）养之"。① 杨氏为尼的时间不长，只有一年左右，随着皇后于氏去世，杨氏得以回到元愉的身边。

高欢第十子北齐任城王高湝被北周军队俘虏后自杀，妃子卢氏被周军赏赐给斛斯征。卢氏不从，乃蓬首垢面，长斋不言笑，后为尼。②

以上22人中，以皇（太）后身份出家者18人，妃嫔2人，宗室诸王女眷2人。除了北魏孝文帝朝后宫曹氏和宣武帝朝婕妤李氏的出家，自我选择成分较大以外，其余20人，绝大多数是因为各种原因被动剃发出家为尼（尽管形式上表现为主动）。除孝文帝后宫曹道洪、宣武帝婕妤李氏、京兆王元愉的妾侍杨氏③以外，多与宫廷政治斗争关系密切。大多数出家者，都属于宫廷政治斗争失意者，如孝文帝废皇后练行尼冯氏（小冯）、宣武帝皇后高英尼慈义、齐废帝高殷妃李难胜、齐后主高纬皇后斛律氏、西魏文帝皇后乙弗氏④等；或者是政权更迭后继任统治者对前朝宫廷女子的特殊安置，如西魏恭帝皇后若干氏、北周武帝和宣帝皇后等。

部分女性出家和高层政治斗争密切相关，逼迫失败者披剃出家成为胜利者羞辱惩戒对方的手段，也是失败者以较为体面的方式退出政治舞台的策略，此将在后文详述。

三、比丘尼与北魏中后期的宫廷政治

北朝后宫存在数量和影响不小的尼众集团，主要由失意嫔妃、宫廷女

---

① 魏收：《魏书》卷二二，第589页。又，杨氏墓志对于杨氏被逼为尼一事隐而不言，盖因其为尼时间短暂，且属于被逼。详见《魏故临洮王妃杨氏墓志铭》，大同北朝艺术研究院：《北朝艺术研究院藏品图录·墓志》，第84—85页。
② 李百药：《北齐书》卷一〇，第137页。
③ 杨氏为尼表面上看是宫廷女眷争宠的结果，暗里却是由于宣武帝元恪与京兆王元愉以及皇后于氏家族之间的权力斗争。
④ 从史料记载来看，乙弗氏和蠕蠕公主之间虽未发生正面冲突，但蠕蠕军队和蠕蠕公主的不断逼迫是乙弗氏出家并最终自尽的直接原因，因此也可视作宫廷权力斗争的失意者。

官、地位低下的奴婢组成。她们的存在既是佛教在宫廷女众中传播的结果，同时也受北魏宫廷政治的影响。北朝比丘尼在宫廷政治的影响和北魏女主政治密切相关。尽管北魏太武帝为了避免子少母壮、母后干政而确立了子贵母死的制度，但百密一疏，太武帝此举虽然有效地防备了皇帝生母和母族部落对皇权的干涉，在特定的社会历史文化背景和各种历史事件共同作用下，北魏皇权在某些特定的时段，仍免不了被后宫妃嫔和宦官把持架空的局面。除了后期的冯太后和胡太后之外，早在道武帝之前，拓跋族历史上便不乏皇后或者母后干预王位继承的事例。①

汉魏至南北朝时期，宫廷和有财力的世家大族为新生儿配备乳母是普遍现象。②乳母往往因为哺育与孩子感情亲厚而介入到政治斗争中，受到士大夫的排斥。按照北魏子贵母死的故事，被立为储君的皇子生母早早去世，往往与乳母有超越生育关系的母子之情，乳母获得了前所未有的权力和名位，如北魏平城时期出现了两位乳母身份的太后：世祖乳母窦氏（惠太后）和文成帝乳母常氏（昭太后），这两位乳母太后也成为北魏女主政治的滥觞。到了宣武帝朝，宫廷女官王钟儿以比丘尼（慈庆尼）身份对宣武帝、孝明帝朝的宫廷政治产生了重要影响。

太武帝乳母保太后窦氏（376—440）和文成帝乳母昭太后常氏（？—460）既不是皇帝生母，也不是前朝皇帝后妃，最终却以皇帝乳母的身份荣登太后之位，成功地将北朝女主政治推向了第一个高峰。太武帝生母杜氏被处死后，尚在幼年的拓跋焘将对母亲的依恋投射到乳母窦氏身上：

> 世祖感其恩训，奉养不异所生。及即位，尊为保太后，后尊为皇太后……太后训厘内外，甚有声称。性恬素寡欲，喜怒不形于色，好扬人之善，隐人之过。世祖征凉州，蠕蠕吴提入寇，太后命诸将击走之。……初，后尝登峤山，顾谓左右曰："吾母养帝躬，敬神而爱人，若死而不灭，必不为贱鬼。……"别立后寝庙于峤山，建碑颂德。③

---

① 参见田余庆：《拓跋史探》第一章《北魏后宫子贵母死之制的形成和演变》，第25—32页。
② 参见李贞德：《汉魏六朝的乳母》，《"中研院"史语所集刊》（台北）第70本第2分，1999年8月。
③ 魏收：《魏书》卷一三，第326页。

昭太后常氏本是文成帝乳母，因罪被没入宫掖，后被太武帝择选为嫡皇孙乳母。常氏后以"阿保高宗，母仪天下"①得以荣登高位，掌握大权。对此，《魏书·文成昭太后常氏传》有载：

> 高宗乳母常氏，本辽西人。太延中，以事入宫，世祖选乳高宗。慈和履顺，有勤劳保护之功。高宗即位，尊为保太后，寻为皇太后，谒于郊庙。和平元年崩，诏天下大临三日，谥曰昭，葬于广宁磨笄山，俗谓之鸣鸡山，太后遗志也。依惠太后故事，别立寝庙，置守陵二百家，树碑颂德。②

窦氏和常氏均系罪臣家眷入宫，最终因缘际会得以荣登高位掌握大权，这一历史结局，和统治者身边围绕的"小人"有密切关系。正如魏收对文明太后冯氏当政时的宫廷形势所作的评价："时冯太后宣淫于朝，昵近小人而附益之，所费以钜万亿计，天子徒尸位而已。"③所谓"小人"，即是不能通过正当制度途径对政治施加影响的群体。对于北魏中后期宫廷而言，得宠的阉宦、宫廷女官和往来于后宫的比丘尼构成了"小人"的主体。

北朝宫廷政治中，长期存在着一个由宫廷后妃、阉宦、内廷女官和比丘尼共同组成的隐形政治集团，比丘尼则是北魏中后期女主政治的重要推手之一。北魏中后期的宫廷政治中，最有影响力的是活跃在孝文、宣武和孝明帝朝的僧芝尼和慈庆尼。从二人的生卒年和介入宫廷政治的具体行事来看，僧芝尼和慈庆尼具有较多重合之处。僧芝尼生于442年，卒于熙平元年（516），享年七十五岁；慈庆尼生于439年，卒于正光五年（524），享年八十六岁。两人生年相差三年，可算同龄人，壮年时期都和北魏后宫关系密切，生前卒后备享哀荣，在北魏孝文、宣武和孝明帝时期的北魏宫廷政治中扮演了举足轻重的角色。

（一）僧芝尼

1. 征辟入代（平城）

僧芝尼出身于安定临泾（治所在今甘肃省镇原县）胡氏，十七出家，早

---

① 《魏故齐郡王妃常季繁墓志铭》谓："初昭太后狼圣善之德，正坤元之位，阿保高宗，母仪天下，惠训迈于当时，鸿勋济于来世。"（赵超：《汉魏南北朝墓志汇编》，第132页）
② 魏收：《魏书》卷一三，第327—328页。
③ 魏收：《魏书》卷一〇五之三，第2412页。

习经论,精于诵习《法华经》《胜鬘经》《大涅槃经》等大乘经典,具备一定的佛教义学基础,被推举为众讲经,声播一方。文明太后第二次临朝执政,征召各地硕德僧尼至平城:"太和中,文明太后圣境域中……爰命驿车,应时征辟。"①僧芝尼就在此时被临泾的地方官送到了平城。

北魏自道武帝起,佛教在宫廷广泛传播,妃嫔奉佛已经成为普遍现象,后宫产生了大量的宗教需求。比丘虽然也可以入内讲经或主持佛教仪式,但毕竟男女有别,出入宫禁的频率和地点都有所顾制。冯太后尽管拥有至尊的地位,在此问题上,也不能不有所顾虑。因此,引入身世清白、修行和学养俱佳的出家女众就显得很有必要。另外,冯太后此时面向全国招募僧尼还有政治上的考虑,即削弱平城僧团的影响。献文帝此时尽管已禅位闲居,但并没有完全放弃对政事的关注:"及传位高祖,犹躬览万机,刑政严明,显拔清节,沙汰贪鄙。牧守之廉洁者,往往有闻焉。"②文明太后虽地位尊崇,但由于献文帝拓跋弘非其亲生,二人本有隔阂,她被迫还政于献文帝后,又以"子贵母死"的成例处死了献文帝所宠爱的太子拓跋宏(即孝文帝)生母李夫人和外祖南郡王李惠,③进一步削弱献文帝政治集团的影响力。昙曜身为文成、献文两朝的沙门统,北魏佛教领袖,与两位皇帝保持着良好的关系。昙曜作为平城僧团领袖,同时又是文成、献文两朝政治的象征,冯太后第二次临朝执政时已经被边缘化。④作为这一批被征辟的僧尼,在一定程度上,有填补原平城昙曜僧团被边缘化后留下空白的考虑。

2. 导训六宫

僧芝到平城后,很快就发挥了她"擅长讲说"的特长,得到了文明太后和孝文帝的信任:"高祖孝文帝道隆天地,明逾日月,倾诚待遇,事绝常伦。世宗宣武皇帝信心三宝,弥加弥宠,引内帏掖,导训六宫。"⑤以上文字,纵不乏溢美之词,但也在一定程度上反映了僧芝尼作为北魏宫廷中少数精通义

---

① 《魏故比丘尼统僧芝墓志铭》,赵君平、赵文成编:《河洛墓刻拾零》,第 20 页。
② 魏收:《魏书》卷一一一,第 2876 页。
③ 孝文帝生母李夫人和外祖父李惠被处死事,见魏收:《魏书》卷一三《献文思皇后李氏传》,第 331 页;卷八三上,第 1825 页。又,李凭在《北魏平城时代》第三章《乳母干政》(第 159—163 页)中对此事亦有探讨。
④ 石松日奈子:《云冈中期新论——沙门统昙曜的地位丧失和胡服供养人像的出现》,《考古与文物》2004 年第 5 期。
⑤ 《魏故比丘尼统僧芝墓志铭》,赵君平、赵文成编:《河洛墓刻拾零》,第 20 页。

学的比丘尼,在孝文、宣武两朝宫廷中受到重视的程度。孝文帝去世后,僧芝尼继续发挥其在后宫的影响,特别是宣武帝朝,达到了"引内帏掖,导训六宫"的程度。

频繁往来于后宫,使得僧芝尼不仅取得了孝文帝朝后宫控制者冯氏一族的信任,还进一步对宣武帝朝后宫妃嫔的择选产生了影响。太和二十年(496)废皇后冯氏(小冯)在失宠后礼僧芝为师出家,入住瑶光寺。可以认为,僧芝尼之所以能够将废皇后收入座下,一方面是在长期的相处中,僧芝尼无论从僧团内的地位还是个人能力来说,无疑都是后宫妃嫔女官最信任的尼众。另一方面,对于大冯(幽皇后)来说,将自己的对手(小冯)交给与后宫关系密切的僧芝应该是放心的。

僧芝尼还利用其在宣武帝朝后宫的影响力,为尚书王肃的儿女谋得相对理想的政治前途。①景明元年(500)王肃在南朝的妻子谢氏(谢庄之女)携儿女至洛阳投奔王肃。王肃此时已尚公主,无奈之下,建正觉寺以安置母子四人。不久王肃病逝,但谢氏三个子女在其后都拥有了较为不错的政治前程和婚姻。长女王普贤,被宣武帝纳为三夫人之一的一品贵华夫人(地位仅次于皇后),次女嫁与为广阳王元渊为妃。子王绍袭爵,历官太子洗马、员外常侍、中书侍郎,延昌四年(515)病亡,王绍之女后更入宫为孝明帝嫔。②虽然僧芝尼早在孝明帝即位的第二年(孝明帝于延昌四年正月即位,继续沿用该年号,至第二年改元)就已去世,王绍女入孝明帝后宫为胡太后执政时期,此事应系胡氏念及乃姑旧时恩义而为。所有的这一切,应该和谢氏善于审时度势,礼僧芝为师,利用僧芝影响力荫庇儿女有关。③

僧芝尼之于宣武帝朝对宫廷政治的影响最重要的有两点:其一是引荐侄女胡氏入宫,并时时加以训导,使之在众妃嫔中脱颖而出;其二则是配合胡氏废掉宣武帝皇后高英,并将之剃度为尼,置于胡氏姑侄二人的监控之下。

关于胡氏的入宫,《魏书·宣武灵皇后胡氏传》载:"后姑(即僧芝尼)为尼,颇能讲道,世宗初,入讲禁中。积数岁,讽左右称后姿行,世宗闻之,乃召

---

① 关于僧芝尼对谢氏一家的提携,王姗在《北魏僧芝尼墓志考释》[郭润涛、彭小瑜编:《北大史学》(13)]一文中有详述。
② 参见罗新:《陈留公主》,《读书》2005年第2期。
③ 僧芝墓志记载:故车骑将军、尚书令、司空公王肃之夫人谢氏,乃是齐右光禄大夫、吏部尚书谢庄之女……为法师弟子。

入掖庭为承华世妇。"胡氏家族历代仕宦和影响力在安定一带,距离北魏统治中心平城千里之遥,如果没有僧芝尼的引荐,胡氏很难有机会入宫,更不必说被皇帝临幸产下皇子。胡氏的性格和处事方式亦多受僧芝尼的影响,"太后性聪悟,多才艺,姑既为尼,幼相依托,略得佛经大义"。可以认为,由于得到熟悉宫闱故事的僧芝尼的提点,才使胡氏有了不同于其他妃嫔的识见和胆量:

> 椒掖之中,以国旧制,相与祈祝,皆愿生诸王、公主,不愿生太子。唯后每谓夫人等言:"天子岂可独无儿子,何缘畏一身之死而令皇家不育冢嫡乎?"及肃宗在孕,同列犹以故事相恐,劝为诸计。后固意确然,幽夜独誓云:"但使所怀是男,次第当长子,子生身死,所不辞也。"①

若非如此,以胡氏初入宫仅位居内官系统中品级不高的世妇(位视中大夫,从三品上)的位置来看,在等级森严、皇后悍妒的宣武帝后宫,是很难有出头之日的。

3. 高氏(英)出家

宣武帝初即位,朝政受制于以彭城王勰为首的六位辅政大臣(史称六辅),乃着意提拔外家,壮大皇权,以便与六辅抗衡,舅氏高氏一族由是腾贵于北魏朝堂。②高肇、高显和高猛同日得封,高肇后更领尚书令,高氏一族权倾一时。景明四年(503),宣武帝舅高偃之女高英被迎入后宫为夫人(正一品)。正始五年(508)三月,皇后于氏薨,七月,晋封高氏为后。此后,高氏宠冠六宫,性情强势,"夫人嫔御有至帝崩不蒙侍接者"。③

宣武帝驾崩后,高氏一度为皇太后,不久即出家为尼。高氏出家的原因,《魏书》和墓志均语焉不详。《魏书·宣武皇后高氏传》云:"及肃宗即位,(高)上尊号曰皇太后。寻为尼,居瑶光寺,非大节庆,不入宫中。"④墓志则谓:"帝崩,志愿道门,出俗为尼。"⑤事实上,从高氏早期行事来看,她对

---

① 魏收:《魏书》卷一三,第337—338页。
② 高氏家族自称郡望渤海,实则系高句丽寒族,后冒认族谱自称渤海高氏之后,《魏书·高肇传》谓其"出自夷土,时望轻之",高氏兄弟初受封时,"皆甚惶惧,举动失仪"。(魏收:《魏书》卷八三下,第1829—1830页)
③ 魏收:《魏书》卷一三,第337页。
④ 魏收:《魏书》卷一三,第336页。
⑤ 《瑶光寺尼慈义墓志铭》,赵超:《汉魏南北朝墓志汇编》,第102页。

于后位和高氏家族的权势相当在意,绝不是墓志所言的"志愿道门,出俗为尼",而是宣武帝崩后,代表前朝的外戚势力、宗室诸王及军功贵族集团和后宫内太子嫡母(皇后高英)以及生母(充华胡氏)之间激烈斗争的结果。《魏书·肃宗纪》记载了宣武帝驾崩后两月间发生的激烈的宫廷斗争,通过对宣武帝驾崩后孝明帝即位初期重要时间节点的考察,可以发现端倪:

> (延昌)四年春正月甲寅,帝不豫,丁巳,崩于式乾殿。
> (延昌)四年春正月丁巳夜,即皇帝位。戊午,大赦天下。己未,征下西讨东防诸军。庚申,诏太保、高阳王雍入居西柏堂,决庶政,又诏任城王澄为尚书令,百官总己以听于二王。……二月庚辰,尊皇后高氏为皇太后。辛巳,司徒高肇至京师,以罪赐死。……己亥,尊胡充华为皇太妃。……三月甲辰朔,皇太后出俗为尼,徙御金墉。①

延昌四年(515)正月丁巳(十三日)宣武帝驾崩,当天夜里,太子元诩便登基即位。先皇刚刚升遐,太子就迫不及待地登基,似乎有些不近情理,期间皇后高氏和太子詹事王显虽然提出异议,但遭到崔光等人的驳斥。行事如此仓促,甚至不能等到第二天,不合礼制,显然并非五岁太子本意,而是来自受到高肇排挤急于掌握大权的宗室重臣如于忠、崔光等人授意。②在此期间,高氏已感受到来自太子生母胡充华的威胁,想先下手为强,加害胡氏。崔光与于忠早已悉知高英的谋划,将胡氏"置于别所,严加守卫"。鉴于高肇其时尚领兵在外,二月初七礼高氏为皇太后,尊胡氏为皇太妃,暂时稳住了高氏和高肇。二月初八,高肇甫一回京就被处死,高氏旋被废太后位,被迫礼僧芝为师,送往瑶光寺为尼。不仅如此,于忠等人还剥夺了高氏入宫的权力,下令(高氏)"非大节庆,不入宫中",斩断了她和后宫前朝旧人的联系,也为日后胡氏利用天象害死高氏埋下伏笔。

从表面上看,僧芝作为北魏比丘尼僧团最高领袖"比丘尼统",地位最尊的前皇太后出家礼其为师似乎是顺理成章的事情,事实上,在宫闱斗争中,僧芝尼更重要的身份是胡氏的姑姑,将高氏纳入自己的弟子群中,更多

---

① 魏收:《魏书》卷八,第215页;卷九,第221页。
② 参见杜士铎主编:《北魏史》,第362—363页。

的是替自己的侄女胡太后监控她的政敌。尽管僧芝尼在次年（熙平元年，516）正月十九日即圆寂，高氏（慈义尼）失去后位后被禁锢在瑶光寺，处于僧芝弟子和胡氏的监控之下已成事实。高肇一死，高英在朝中再无援手，神龟元年（518）九月，胡氏即借口天象异常导致高氏暴崩。①

和高英失去后位的巨大落差相对应的是，孝文帝时以废后身份出家的练形尼冯氏，出家之后的待遇较之于宫中，并没有太大的变化："（王）遇自以常更奉接，往来祗谒，不替旧敬，衣食杂物，每有荐奉。后（小冯）皆受而不让。又至其馆，遇夫妻迎送谒伏，侍立执臣妾之礼。"②

（二）慈庆比丘尼

慈庆尼（俗名王钟儿）既是受宫廷斗争失败影响出家的典型例子，也是以出家身份介入宫廷政治的又一个典型案例。王钟儿作为良家子因罪连坐籍没为官奴婢，成为掖庭奚官局女奴，主要负责后宫医药丧葬等事务。在此期间，因缘际会，与前朝景穆皇帝的昭仪斛律氏和孝文帝妃嫔高昭容相识。由代迁洛的路途中，高昭容被害，王钟儿被迫出家为尼，暗中保护了高昭容遗下的三个子女，成为事实上的"乳保"。皇子元恪成年后登基，慈庆尼受宣武帝的委托，再次"保护"元恪唯一的皇子元诩，直至正光五年（524）去世。回溯慈庆尼的一生，可以清楚地发现北魏中后期出家女众在激烈宫廷斗争中扮演的角色和影响。

1. 墓志全文

慈庆尼，现存史籍无载，还原其历史原貌唯一的依据便是其墓志。1923年阴历三月慈庆墓志出土于洛阳东北山岭头村东南五里小冢，全称"魏故比丘尼统慈庆墓志铭"。志石高 65 厘米，广 65.6 厘米，二十六行，满行二十六字，全文共 774 字，正书，在同期出土的北魏后宫嫔妃墓志中属于形制较大的类型。③志文记录了慈庆尼的俗家背景、出家原因及社会交往，还记载了北魏皇室的佛教活动，蕴含丰富的历史信息，对于研究北魏比丘尼史具有

---

① 魏收《魏书》一〇五之四记载："闰月戊午，月犯轩辕。占曰'女主忧之'。神龟元年九月，皇太后高尼崩于瑶光寺。……上崩，（高）后废为尼，降居瑶光寺，寻为胡氏所害，以厌天变也。"（第 2376、2435 页）
② 魏书：《魏书》卷九四，第 2024 页。
③ 出土北魏墓志形制大小和官职级别成相应比例，已出土的后妃墓志中以宣武帝贵华夫人王普贤墓志形制（高 55 厘米，广 68 厘米）为最大。详见赵超：《试谈北魏墓志的等级制度》，赵振华主编：《洛阳出土墓志研究文集》，第 41—42 页。

很高的历史价值。墓志全文如下:

  尼俗姓王氏,字钟儿,太原祁人,宕渠太守虔象之女也。禀气淑真,资神休烈。理怀贞粹,志识宽远。故温敏之度发自龆华,而柔顺之规迈于成德矣。年廿有四,适故豫州主簿行南顿太守恒农杨兴宗。谐襟外族,执礼中馈,女功之事既缉,妇则之仪惟允。于时宗父坦之,出宰长社,率家从职,爰寓豫州。值玄瓠镇将汝南人常珍奇,据城反叛,以应外寇。王师致讨,掠没奚官,遂为恭宗景穆皇帝昭仪斛律氏,躬所养恤,共文昭皇太后,有若同生。太和中固求出家,即居紫禁。尼之素行,爰协上下,秉是纯心,弥贯终始。由是忍辱精进,德尚法流,仁和恭懿,行冠椒列。侍护先帝于弱立之辰,保卫圣躬于载诞之日。虽劬劳密勿,未尝懈其心。力衰年暮,莫敢辞其事。寔亦直道之所依归,慈诚之所感结也。正光五年,尼之春秋八十有六,四月三日,忽遘时疹,出居外寺。其月廿七日,车驾躬临省视。自旦达暮,亲监药剂。逮于大渐,余气将绝,犹献遗言,以赞政道。五月庚戌朔七日丙辰,迁神于昭仪寺。皇上伤悼,乃垂手诏曰:尼历奉五朝,崇重三帝,英名耆老,法门宿齿。并复东华兆建之日,朕躬诞育之初,每被恩敕,委付侍守。昨以晡时,忽致殒逝,朕躬悲悼,用惕于怀。可给葬具,一依别敕。中给事中王绍,鉴督丧事,赠物一千五百段,又追赠比丘尼统。以十八日窆于洛阳北芒之山,乃命史臣作铭志之。其词曰:

  道性虽寂,淳气未离。冲凝异揆,缁素同规。于昭淑敏,寔粹光仪。如云出岫,若月临池。契阔家艰,屯邅世故。信命安时,初瞑末遇。孤影易影,穷昏难曙。投迹四禅,邀诚六度。直心既亮,练行斯敦。洞窥非想,玄照无言。注荷眷渥,兹负隆恩。空嗟落晷,徒勖告存。停銮不久,徂舟无舍。气阻安般,神疲旦夜。延伫翠仪,淹留銮驾。灭彩还机,夷襟从化。悲缠四众,悼结两宫。哀数加厚,窆礼增崇。泉幽冈景,陇首栖风。扬名述始,勒石追终。征虏将军中散大夫领中书舍人常景文。李宁民书。

根据志文的记载可知,慈庆尼(王钟儿)出身于官宦之家,一生经历了出嫁、入宫、出家三个阶段,这几次大的转折都和当时历史背景联系在一起。

慈庆尼亡于正光五年（524）五月庚戌朔七日，时年八十六岁，上溯可推知她生于公元 439 年，即北魏太武帝太延五年。二十四岁结婚，应该是在公元 463 年，即北魏文成帝和平四年。

2. 慈庆尼（王钟儿）的俗家背景

慈庆尼俗家姓王，闺名钟儿，太原祁县人，父亲王虔象，曾任宕渠（治所在今四川渠县）太守。二十四岁时王钟儿嫁给了弘农人杨兴宗，其后不久，夫家因受刘宋叛将常珍奇的叛乱牵连以罪人家眷身份没入宫掖庭为奴。

王钟儿娘家是祁县王氏。太原王氏中古时代是著名的世家大族，分为晋阳王氏和祁县王氏两支，祁县王氏是汉末司徒王允之后。汉末魏晋之际，祁县王氏历经战乱，家族成员连遭董卓部将李傕和司马懿的诛杀，力量大为衰减，两晋时期宗族显贵者不多，直至南北朝时期才陆续有人出仕为官。至刘宋时期，祁县王氏这一支已经从祁县前往青徐一带，先仕南燕慕容氏，后又效力于刘宋政权，仕刘宋者中，以王玄谟为代表。

王钟儿之父王虔象，史无载，从其曾担任过宕渠太守的经历来看，很可能是两晋时南迁后仕于刘宋的祁县王氏的支系。宕渠，古地名，其得名源于宕渠水（今渠江），治所在今四川渠县。《后汉书·郡国志五》记载属巴郡，东汉建安二十三年（218），刘备分巴西郡置宕渠郡，章武二年（222）撤销宕渠郡设置，归入巴西郡。后主延熙中（238—257）复置宕渠郡，"郡建九年省"，仍属巴西。晋惠帝元康六年（296），又分巴西郡置宕渠郡，属梁州刺史治下。东晋穆帝永和三年（347），灭成汉，复置宕渠郡并领有宣汉、汉兴（即汉昌）、宕渠县三县。梁大同二年（536）废。公元 5 世纪，宕渠郡属于刘宋和萧齐的统治区域。①

结缡杨家是王钟儿命运转折的第一个关键点。志文记载："（钟儿）年廿有四，适故豫州主簿行南顿太守恒农杨兴宗。"《魏书·地形志下》云："恒农郡，前汉置，避显祖讳，改曰'恒'。"②由上可知，王钟儿的夫家是弘农杨氏，丈夫杨兴宗，曾任豫州主簿南顿太守，公公杨坦之，曾任长社令。和太原王氏一样，弘农杨氏也是东汉以来的士族大姓。文成帝和平三年（462）王钟儿嫁给豫州主簿南顿太守杨兴宗，时年二十四岁。

---

① 谭其骧主编：《中国历史地图集》（第四册），第 17—20 页。
② 魏收：《魏书》卷一〇六下，第 2631 页。

钟儿的公公杨坦之和丈夫杨兴宗二人事迹亦不见载于史籍,但从其仕宦轨迹来看,二人都是级别不高的地方官员。杨兴宗曾任豫州主簿、南顿太守。南顿,即西周封国之一顿子国,处淮河北岸的颍、汝之间。李吉甫《元和郡县志》卷八曰:"南顿县,本汉旧县,属汝南郡。古顿子国,后逼于陈,南徙,故号南顿。"①西晋惠帝时,"分汝南立南顿",南顿县上升为南顿郡,属豫州辖,郡治在今南顿镇,即今河南项城市的南顿镇一带。根据《魏书·地形志中》记载,南顿是司州下属郡县之一。按《魏书·职官志》对北魏职官品级序列记载,司州主簿属从七品,每郡设置三位太守。南顿郡位列下郡,太守品级为正六品。钟儿的公公杨坦之曾宰长社。长社,古邑名,治所在今河南省长葛县东,本春秋时郑长葛邑。《魏书·地形志中》记:长社,魏属颍川郡,为下属三县之一。县的最高长官为令,为从五品。按照北魏职官品级序列,长社属于下县,长社令品级为第八品。杨氏父子二人虽然出身世家大族,但担任的官职品级都不高。从王、杨二人郡望和父辈的仕宦经历来说,王(钟儿)和杨(兴宗)的婚姻也算门第相当。

3. 入宫原因

按照时人的习惯,婚后的王钟儿本该承担起作为家族女主人的职责,所谓"谐襟外族,执礼中馈",为夫家生儿育女,相夫教子,和睦亲族,但是动荡的社会现实把一个弱女子卷入了历史的漩涡。志文记载:"宗父坦之,出宰长社,率家从职,爰寓豫州。"钟儿的公公杨坦之调任长社令,上任之时便将家眷安置在豫州,钟儿作为儿媳,自然也在其列。不久,她就因为早前投降北魏的刘宋武将常珍奇叛乱牵连被掠卖为官奴婢。

常珍奇,汝南人,刘宋名将,曾任刘宋司州刺史,长期镇守江淮等地。宋武帝刘骏死后,刘彧杀刘子业自立,常珍奇不服,遂与徐州刺史薛安都、兖州刺史毕众敬等谋立宗室刘子勋,事败,无奈于泰始二年(466,魏献文帝天安元年)和薛安都一起降魏。《魏书·显祖纪》云:"(天安元年)九月,刘彧司州刺史常珍奇以悬瓠内属。"②《魏书·常珍奇传》又记云:

常珍奇者,汝南人也。为刘骏司州刺史,亦与薛安都等推立刘子勋。

---

① 李吉甫:《元和郡县图志》卷八,第 214 页。
② 魏收:《魏书》卷六,第 126—127 页。

子勋败,遣使驰告长社镇请降,显祖遣殿中尚书元石为都将,率众赴之。中书博士郑羲参石军事。进至上蔡,珍奇率文武来迎,羲说石令径入城,语在《羲传》。事定,以珍奇为持节、平南将军、豫州刺史、河内公。①

然而,北魏君臣和常珍奇相互并不信任,各怀心事。常珍奇虽然受了北魏的封赏,但常氏对北魏统治集团仍然心存戒心,在接受拓跋氏官职的同时,又和刘宋朝廷暗通款曲,刘勔也积极和常珍奇书信传通,"劝令反房"。北魏朝野对珍奇等人也多有戒备。泰始四年(468)春天,常珍奇反叛,接受刘宋朝廷平北将军、司州刺史的官职,在悬瓠、上蔡一带烧杀掳掠,对此《魏书·常珍奇传》如是记载:

> 珍奇虽有虚表,而诚款未纯。岁余,征其子超,超母胡氏不欲超赴京师,密怀南叛。时汝徐未平,元石自出攻之。珍奇乘虚于悬瓠反叛,烧城东门,斩三百余人,虏掠上蔡、安城、平舆三县居民,屯于灌水。石驰往讨击,大破之。会日暗,放火烧其营,珍奇乃匹马逃免。其子超走到苦城,为人所杀。小子沙弥囚送京师,刑为阉人。②

常珍奇和薛安都等人投降北魏的时候,是通过长社镇请降的,时任长社令就是王钟儿的公公杨坦之。从史料记载看,杨坦之并未参与常珍奇的反叛,甚至可能对此"毫不知情",但在北魏君臣看来,长社令杨坦之脱不了干系,至少在常珍奇投诚一事上"失察",杨坦之也不免因此获罪,他的家眷亲属都要受到连累。作为儿媳,王钟儿也获罪于官,掠卖为奴,乃有了志文中"王师致讨,掠没奚官"的记载。从时间上看,应该是在泰始四年(468),这一年,王钟儿二十九岁,一位官宦人家的少妇就这样成了北魏后宫的一名下层官奴婢。

将罪臣女眷没入后宫作官奴婢是北魏朝廷处置罪臣的常用手法,如北魏著名的保太后和常太后都是因为乃罪臣之后而入宫,而其他为皇室服务的女官也多因家族成员犯事受牵连而成为后宫奴婢。③

---

① 魏收:《魏书》卷六一,第1365—1366页。
② 魏收:《魏书》卷六一,第1366页。
③ 详见苗霖霖:《北魏后宫制度研究》,吉林大学博士论文,2011年,第56—57页。

4. 后宫生活

王钟儿掠卖入官后，最初是作为奚官女奴在后宫执役。①奚官，全称奚官局，是北魏后宫管理下层宫人的管理机构。奚官女奴品级为五品，属于后宫品级较低的宫人。《魏书·皇后列传》谓：

> 高祖改定内官，左右昭仪位视大司马，三夫人视三公，三嫔视三卿，六嫔视六卿，世妇视中大夫，御女视元士。后置女职，以典内事。内司视尚书令、仆。作司、大监、女侍中三官视二品。监，女尚书，美人，女史、女贤人、书史、书女、小书女五官，视三品。中才人、供人、中使女生、才人、恭使宫人视四品，春衣、女酒、女飧、女食、奚官女奴视五品。②

奚官女奴的具体职责，相关史料并未记载，隋唐官制较多借鉴了北朝，在内官制度方面，奚官局被隋唐两代沿用。据《唐六典·内侍省·奚官局》云：

> 奚官局令掌奚隶工役，宫官品命；丞为之贰。凡宫人有疾病，则供其医药；死亡，则给其衣服，各视其品、命，仍于随近寺、观为之修福。虽无品，亦如之。凡内命妇五品已上亡，无亲戚，于墓侧三年内取同姓中男一人以时主祭；无同姓，则所司春、秋以一少牢祭焉。③

由上可知，奚官局主要掌管后宫医疗和丧葬事务。王钟儿作为奚官女奴，所负责的就是后宫医疗丧葬，和权力中心距离较远，同时又因为她这样特殊的职责，使她有可能和后宫嫔妃结成特别的情谊。

志文对王钟儿的后宫生活记载不多，只说其"为恭宗景穆皇帝昭仪斛律氏，躬所养恤，共文昭皇太后，有若同生"。恭宗景穆皇帝，即太武帝太子拓跋晃，文成帝拓跋浚之父，献文帝之祖父。太子晃生于神䴥元年（428）春正月，卒于正平元年（451），享年二十四岁，未及登基而亡。文成帝即位后，

---

① 北魏中期御作女尚书冯迎男及其母亲入宫之初也被编入奚官局，详见《魏故宫御作女尚书冯女郎之志》，赵超：《汉魏南北朝墓志汇编》，第123页。
② 魏收：《魏书》卷一三，第321—322页。
③ 李林甫等：《唐六典》，第359页。

追尊其父拓跋晃为景穆皇帝，庙号恭宗。太子晃妾侍斛律昭仪，当出自东胡后裔之高车族斛律部。按照北魏传统，太子嫔妃照例不予位号，所谓"魏旧太子后庭未有位号，高宗（按：即文成帝）即位，恭宗宫人有子者，并号为椒房"。① 斛律氏是否有子史无载，昭仪位号也是文成帝时加封。左右昭仪地位尊贵，为正一品上，仅次于皇后。一定意义上可以推测，斛律氏很有可能是太子晃某位早夭皇子的母亲。此外从她是恭宗景慕皇帝的妾侍的身份可以推断，斛律氏的年龄应该略长于王钟儿。作为景穆皇帝的妾侍之一，孝文帝的庶曾祖母，她在后宫应该是得到了一定的优待，故能够在王钟儿初入后宫，举目无亲孤独无助的时候，给予适当关心和帮助，"躬所养恤"，使王钟儿能够很快适应后宫复杂的生活。

文昭皇后高氏则是影响王钟儿后半生的一位重要人物。文昭皇后，魏书有传，近年亦有墓志出土。关于文昭皇后的生平，《魏书·孝文昭皇后高氏传》记载：

> 孝文昭皇后高氏，司徒公肇之妹也。父飏，母盖氏，凡四男三女，皆生于东裔。高祖初，乃举室西归，达龙城镇，镇表后德色婉艳，任充宫掖。及至，文明太后亲幸北部曹，见后姿貌，奇之，遂入掖庭，时年十三。②

高氏（照容）因姿容秀美得幸于孝文帝，③数年间先后生育了宣武帝元恪、广平王元怀和长乐公主元瑛三个子女。高氏虽然得宠，但毕竟年幼，又远离母族家人，对男女之事并不是十分了然，面对孝文帝的宠幸显得慌乱惊恐，乃至怀孕后出现了种种不良反应，需延医诊治。④《魏书·王显传》载："初文昭皇太后之怀世宗也，梦为日所逐，化而为龙而绕后，后寤而惊悸，遂成心疾。"⑤在此情况下，文明皇太后请来御医徐謇和王显为其诊治。王显诊断后认为高氏非有心疾，乃是怀孕生男之象。高氏自觉有病请御医诊疗

---

① 魏收：《魏书》卷一九上，第441页。
② 魏收：《魏书》卷一三，第335页。
③ 美貌之外，李凭教授认为，高氏入宫与得幸系文明太后冯氏基于故国情结，并有加强控制孝文帝的考虑。参见李凭：《北魏龙城三后考实》，《历史研究》2007年第3期。
④ 李凭：《北魏孝文昭皇后梦迹考实》，《社会科学战线》2013年第8期。
⑤ 魏收：《魏书》卷九一，第1968页。

期间,身为主管后宫疾病丧葬事务的奚官女奴王钟儿得以和高氏有较频繁接触。

王钟儿长高氏二十余岁,早年适杨氏为妇,或许还曾有产育经历,在怀孕生育问题上,她应该能给予高氏一定的指导,至少是心理安慰,高氏也一定很感激这位姐姐兼母亲式的宫人。王钟儿和高昭容在后宫和外朝都没有强有力的靠山,两人同病相怜,特殊的境遇使得两人结下了深厚的情谊,即志文所说的"(王钟儿)共文昭皇太后,有若同生"。

5. 保卫圣躬

志文言及王钟儿由宫人转变为比丘尼时只用了简单的七个字:"太和中固求出家"。在此必须注意到"太和中"和"固求"两个词。"固求"说明王钟儿此时出家意愿十分坚决,撇开信仰的因素不谈,她为什么偏偏在"太和中"坚决要求出家为尼,背后是否有什么不得已的苦衷? 要回答这个问题,还是要回到文昭皇后高氏的身上。

高氏得宠并诞育皇子(女)并没有给她带来名位的晋升(按,根据墓志和史籍的记载,高昭容生前很可能品级不高,孝文帝在其死后才将其追封文昭贵人,子元恪登基后进一步追封为文昭皇太后)和生活的幸福,反而因此招致了杀身之祸。高氏入宫后不久,冯太后欲"家世贵宠",先后向孝文帝的后宫引进了自己三位侄女(幽皇后、左昭仪和废皇后)。孝文帝在位的一大半时间里,无论外朝还是后宫,都处在冯氏家族的掌控之下。由于冯氏的压制,年轻得宠的高昭容一直没有得到晋封。太和十八年(494),幽皇后(时为昭仪)冯氏因为自己无子,动了效仿前朝"子贵母死"故事的念头,逼死高氏,将皇子元恪交由自己抚养,进一步将之确立为皇储。① 大冯杀母夺子之举,颇类其姑母文明太后壮年时赐死孝文帝生母李氏之行为。史载:"及冯昭仪宠盛,密有母养世宗之意,后自代如洛阳,暴薨于汲郡之共县,或云昭仪遣人贼后也。"②

可以想见的是,高氏被害,作为在后宫和高氏保持着深厚私人情谊的王

---

① 参见刘军:《试论北魏孝文帝太和末年的夺嫡之争》,《河南师范大学学报》2012 年第 3 期。又,作者认为,其时幽皇后冯氏因病出宫在家,谋害高后的主谋乃废皇后冯氏。尽管有对主谋到底是谁的争议,毋庸置疑的是,争取元恪的抚养权,巩固冯氏家族利益是冯氏姐妹的共识。

② 魏收:《魏书》卷一三,第 335 页。

钟儿此时也难免成为幽皇后的眼中钉,经历过数次离乱之苦、具有丰富后宫斗争经验的王钟儿当下面临的最重要的事情是如何保命。在此情形下,她选择了出家,以女尼的身份表明自己的超然态度,乃"固求出家"。从志文的记载看,出家之后的王钟儿(慈庆尼)仍然居住在后宫,"爰居紫禁",成为后宫比丘尼教团的成员之一,①直到病重时才迁居宫外。

奠定慈庆尼与北魏皇室亲密关系的事情发生在王钟儿出家以后,这是因为王钟儿在此前的后宫生活中积累了丰富的斗争经验,出家以后,进一步将这一长处发挥到极致,对于各种事务从容应对,得到上下好评,最重要的是,她还保护、养育了两代皇帝(宣武帝元恪和孝明帝元诩)。正如志文所言:

> 尼之素行,爰协上下,秉是纯心,弥贯终始。由是忍辱精进,德尚法流,仁和恭懿,行冠椒列。侍护先帝于弱立之辰,保卫圣躬于载诞之日。虽劬劳密勿,未尝懈其心。力衰年暮,莫敢辞其事。寔亦直道之所依归,慈诚之所感结也。

文昭皇后高氏被害之时,所遗下三个子女均年纪冲幼,最长的元恪只有十二岁,元怀和元瑛则分别只有七岁和六岁。②元恪虽然年龄不大,但已经表现出了与年龄不相称的老成与冷静。这一点,从他在生母被害死后与杀母仇人冯幽皇后的相处中可以看出。元恪年已十二,对于后宫秘事应该有所知晓,他在和杀害生母仇人幽皇后的日常相处中,能保持冷静从容:"世宗之为皇太子,三日一朝幽后,后拊念慈爱有加。高祖出征,世宗入朝,必久留后宫,亲视栉沐,母道隆备。"③这一切表现不是普通小孩所能具备的能力,以至于乃父孝文帝都认为他"有非常志相",这一切应该和慈庆尼"侍护先帝(即宣武帝)于弱立之辰",悉心教导有关。

孝明帝元诩虽然没有像乃父元恪少年时的遭遇,但他的出生仍然在后

---

① 早在明元、道武帝时期,北魏皇帝开始向宫廷引入佛教信仰,文成帝兴佛和常太后的推动不无关系。参见陈开颖:《性别、信仰、权力——北魏女主政治与佛教》,郑州大学博士论文,2012年,第61—64页。北魏时虽尚未有内道场和内尼的说法,但就宫廷佛寺的性质和住在其中的尼众的来源来看,和隋唐时期具有相同之处。关于内道场和内尼的界定,参见周玉茹:《唐代内尼稽考》,《佛学研究》2008年。
② 罗新、叶炜:《新出魏晋南北朝墓志疏证(修订本)》,第87页。
③ 魏收:《魏书》卷一三,第335页。

宫引起震动。因皇后高英多年来"性妒忌,宫人希得进御",后宫多年不曾诞育皇子,待到他出生,宣武帝恐其像其他皇子一样遭遇不测,对之采取了非常措施:"深加慎护,为择乳保,皆取良家宜者。养于别宫,皇后及充华嫔(及元诩生母灵太后胡氏)皆莫得而抚视焉。"①宣武帝为皇子择取的乳保是谁,史籍未载,通过对慈庆墓志的考察,我们可以断定,元诩的乳保是以慈庆为首的深受宣武帝信任的宫人。虽然慈庆尼当时的年龄已经很大,但她作为宣武帝生母生前的好友,宣武帝少年时期的精神依靠,加之她的出家身份,朝中没有亲属党羽,因此仍然是宣武帝最为信任的人。

北魏多以乳母哺育皇子,除了"子贵母死"故事以外,以乳母代替生母哺育婴幼是中古上层社会的普遍习惯。《礼记·内则》规定:"卜士之妻、大夫之妾,使食子……为孺子室于宫中,择于诸母与可者,必求其宽裕慈惠、温良恭敬、慎而寡言者,使为子师,其次为慈母,其次为保母,皆居子室,他人无事不往。"②慈庆尼虽然是以罪人之身没入宫中的官奴婢,但出身于官宦之家,受过一定的教育。此前也有太武帝乳母窦氏、文成帝乳母常氏以官奴婢晋身皇子乳母的成例,宣武帝选择慈庆尼作为乳保亦不为过。

受命之后,慈庆尼尽忠尽职,"保卫圣躬(按:即孝明帝元诩)于载诞之日。虽劬劳密勿,未尝懈其心。力衰年暮,莫敢辞其事"。正是有了慈庆尼的守护教育,孝明帝才得以逃过高英的迫害,最终顺利继承皇位。孝明帝生母胡氏也因此逃过了北魏延续近百年之久的"子贵母死"的旧习:"后宫产子将为储贰,其母皆赐死",③最终联络宗室大臣,废掉高氏,荣登皇太后之位,成为北朝第一个以皇帝生母活着得封太后的案例。基于这一前情,孝明帝元诩对慈庆尼也相当感激,自谓"朕躬诞育之初,每被恩敕,委付侍守"。

6. 丧事与追赠官品

正光五年(524)四月三日,慈庆尼因感染时疾,迁居宫外,最后在昭仪尼寺去世。④因为慈庆尼生前复杂和特殊的经历,"历奉五朝,崇重三帝"

---

① 魏收:《魏书》卷一三,第337页。
② 阮元校刻:《十三经注疏》,第3182—3183页。
③ 魏收:《魏书》卷一三,第325页。
④ 昭仪尼寺,史籍不载其与哪位昭仪有关,《洛阳伽蓝记·城内·昭仪寺》记云:"阉官等所立也,在东阳门内一里御道南。"(杨衒之撰,杨勇校笺:《洛阳伽蓝记校笺》卷一,第53页)慈庆尼在宫中生活四十余年,与宦官关系密切,最后在阉宦所立的昭仪尼寺去世,似乎也在情理之中。

（孝文帝、宣武帝、孝明帝），在位的孝明帝和胡灵太后都对之另眼看待，慈庆尼病重弥留之际，中使往来问候不绝，甚至皇帝亲临"车驾躬临省视。自旦达暮，亲监药剂"。慈庆尼死后，孝明帝按照北魏上层统治集团的习惯做法，规定丧事所需费用官给，赐物一千五百段，并派给事中王绍为其"护丧"。

护丧，特指为丧家经纪丧事。自汉晋以后，朝廷指派相应级别的官员监护死者的丧事，以示对死者的格外荣宠。北魏时期，护丧制度更加成熟，朝廷对丧主的护丧资格进行严格控制，参加护丧的官员，有八公、九卿、侍御史、门下等职，从品级看，从正一品到正九品不等。[①]为慈庆尼护丧的官员王绍，时为中给事中，属正五品下，在护丧官员的级别只能算是中等，但给事中这一职位和皇室关系紧密。北魏职官系统中，中给事中隶属于中侍中省。中侍中省是近侍机构，以中侍中、中常侍为长官。中给事中，领中尚药、中尚食、内谒者诸局，直接服务于帝后。王绍和同为久在内廷服务的慈庆尼无疑是相熟并相互认可的，慈庆的葬礼以中给事中王绍护丧，可能是朝廷表彰慈庆尼对北魏皇室特殊的贡献的信号。

慈庆身为一出家尼众，葬礼规格之高，规模之大，与太后身份出家的慈义尼（太后高英）形成鲜明的对比。神龟元年（518）九月，高氏暴崩，诏令以"尼礼"葬之，即不仅在生前剥夺了太后的身份和待遇，葬礼规格甚至不如因秽乱宫闱被孝文帝赐死的幽皇后冯氏，[②]不可不谓巨大的羞辱。

志文记载，慈庆尼死后，皇帝下令追赠其"比丘尼统"的官职。比丘尼统即专门管理比丘尼的职位，是北魏僧官系统的一个重要组成部分。北魏朝廷对大臣死后的赠官大致可以归结为三种类型：第一种类型为生前曾担任过某官，死后便赠予某官；第二种类型为生前并未担任过某官，死后却赠予某官；第三种类型则是除了赠予生前曾担任过的官职外，另外加赠其他品级更高的官职。北魏后期，宫廷女官死后追赠谥号和官职也成为惯例。[③]北魏时有僧统、沙门统、道人统等称号，属于最高级别的僧官。现有史料所见，北魏荣任比丘尼统一职的只有两人：一是慈庆尼，另一位则是胡灵太后从姑僧芝尼。[④]

---

① 参见刘军：《北魏护丧制度考》，《许昌学院学报》2010 年第 4 期。
② 幽后大冯死后，"殡以后礼。……谥曰幽皇后，葬长陵茔内"（魏收：《魏书》卷一三，第 334—335 页）。
③ 张鹤泉、苗霖霖：《北魏后宫谥法、赠官制度考略》，《社会科学战线》2010 年第 9 期。
④ 《魏故比丘尼统法师僧芝墓志铭》，赵君平、赵文成编：《河洛墓刻拾零》，第 20 页。

王钟儿一直服务于皇室,抚育保护了两位皇帝,深受元魏皇室的重视和礼遇,朝廷虽然希袭承袭惯例擢赠更高品级的职衔,但她毕竟是出家三十余年的慈庆尼,不再是担任宫廷女官的王钟儿,比丘尼统这一称号是符合她的宗教身份的。

孝明即位之初,曾与王钟儿一起为文昭皇后把脉诊疾的王显(宣武帝时为御医,任太子詹事)被目为高氏一党,被高氏集团的政治对手于忠等人以侍疾无效杀害:"朝宰托以侍疗无效,执之禁中,诏削爵位。临执呼冤,直阁以刀镮撞其腋下,伤中吐血,至右卫府一宿死。"王显作为宫廷御医,为元魏皇室服务多年,早年曾为孕中的文昭贵人解除心疾,复又在宣武帝元恪幼时为之疗疾,深得宣武帝信任;对于太子元诩,亦多有照护之功:"东宫既建,以为太子詹事,委任甚厚。世宗每幸东宫,显常迎侍。出入禁中,仍奉医药",①可谓功劳显赫,但最终仍因为站错了队(被视为高氏一党)被害。同与文昭贵人有故,后来又被宣武帝信任,身负保护太子之职,王显与王钟儿在人生轨迹上有许多相似之处,但最终他被拉入高氏一党,王钟儿却独善其身,得以善终,不得不佩服慈庆在宫中处事之谨慎,识见之清明。

慈庆尼墓志是北朝墓志中少数既记录了撰者又标明了书者名讳的墓志。撰者署名为征虏将军、中散大夫领中书舍人常景。常景,《魏书》本传有载,是北魏中期著名的文学家、政治家,恪守礼法,性情严谨,"有才思,雅号文章。……正光初,除龙骧将军、中散大夫……进号征虏大将军"。②常景既善为文章,曾奉胡太后诏命为洛阳永宁寺创制碑文。常景为慈庆尼撰写墓志,很可能是来自皇帝(灵太后胡氏)的直接授意:"乃命史臣作铭志之",因此志文的内容也体现了皇家对慈庆一生功业的评价。

值得注意的是,慈庆尼僧腊不短(太和十四年至正光五年,三十余年),应该具有一定的佛学修养,在僧团中也应该有所作为。北魏皇室成员如孝文帝、宣武帝佛学修养不低,孝文帝"手不释卷",宣武帝"雅好讲说",慈庆长期居住于宫禁内寺,对此也应该有所浸染。但通观墓志全文七百余字,对其佛学背景、师承关系和信仰生活只字未提,主体内容都是撰者站在皇室的立场上对墓主本人一生功德行事的概括与表彰。从这个意义上讲,慈庆尼首先是元魏皇室的有功之臣,两位皇帝的保姆,其次才是其一位有着三十多年僧腊的"比丘尼"。

---

① 魏收:《魏书》卷九一,第 1969 页。又,《魏书·于忠传》记载王显为于忠所杀。
② 魏收:《魏书》卷八二,第 1800—1803 页。

此外，通过对慈庆尼去世前后政治时局变化的考察，可以看到撰者如此行文的深层次原因。灵太后如此厚葬慈庆尼，除了对她保护儿子元诩的感激之情外，有更重要的政治上的考虑。常景撰写的墓志文极言慈庆尼在保卫孝明帝一事上的功绩，旨在让朝野记起她这位皇帝生母，争取更多的同情，以便对抗已控制朝政数年的元叉。正光元年(520)，领军元叉与刘腾发动政变，逼肃宗于显阳殿，闭灵太后于北宫，囚清河王元怿于门下省并将之杀害。自此，灵太后被软禁，元叉独揽大权。①直到正光四年(523)，把持宫闱的宦官刘腾死后，元叉对内廷的控制有所松懈，胡太后开始多方面活动，联络宗室，谋求反击："自刘腾死，叉又宽怠。太后与肃宗及高阳王雍为计，解叉领军。太后复临朝。"②

元叉作为孝明帝时疏族宗室，最终能"隔绝两宫"，架空幼主，擅权揽政，是自孝文以来北魏宗室群体分化的结果。③胡太后想要夺权返政，所能依靠的除了宗室诸王，还需要通过制造舆论唤起大众对于效忠皇室的关注，慈庆尼的去世正是这样一个机会。慈庆尼服务于北魏皇室四十余年，侍护保卫了两位皇帝(宣武帝、孝明帝)，忠心耿耿，可谓效忠皇室社稷的典范。对于胡太后而言，高度褒扬慈庆尼的功业，大张旗鼓地为其发丧、赠官、撰写墓志，有唤起宗室、群臣对处于幽禁中的太后、幼主的同情和效忠皇帝的意义，为她走出政治困境提供助力。

终北朝五个政权，削发为尼是皇室处理犯错、失宠和权力斗争中失意的后妃嫔妾的重要手段，这一方式后来为隋唐统治者继承，发展为有历史特色的"内尼"制度。后妃宦官与佛教的密切关系以及北朝特有的乳母制度，使得宫廷出家女众和权力中枢紧密相联，宫廷权力斗争中，出家女众成为一支特殊的政治力量。

小　　结

无论是东晋十六国还是南北朝时期，都不同程度地出现了比丘尼介入

---

① 张金龙：《北魏政治史》，第159页。
② 魏收：《魏书》卷一三，第339页。
③ 刘军：《北魏宗室族群的分化与元叉政变》，《殷都学刊》2014年第4期。

政治的现象,尽管在不同的历史时期、不同的地域,表现形式有所不同,但都属于对政治事务的"非制度性参与",受到主流社会的批评。

东晋南北朝时期,佛教出家女众一方面以自己的学养戒行得到了社会的肯定和信任,部分比丘尼更因缘际会得到了皇室贵族的信任,与之过从过密,甚至"权倾一朝,威行内外",在宫廷政治和权贵斗争中成为一支可资利用的力量。即便如此,她们终究属于被统治者利用的角色,没有合法的政治身份,被视作与"仆隶婢儿""姐姆""乳母"相类的小人。同时,由于她们过度介入世俗政治,与远离世俗、苦行清修的佛教教义相差甚远,影响了佛教的形象。尼众和皇室、权贵往来过密也对士大夫政治造成了冲击,遭致贵族士大夫激烈的攻评与批评,必要的时候他们甚至借用政治权力对整个僧伽进行清理整顿,对此,僧团内部有很清醒的认识,道恒曾批评道:

> 沙门既出家离俗,高尚其志,违天属之亲,舍荣华之重,毁形好之饰,守清节之禁……何栖托之高远,而业尚之鄙近。至于营求孜汲,无暂宁息。或垦殖田圃,与农夫齐流;或商旅博易,与众人竞利;或矜恃医道,轻作寒暑;或机巧异端,以济生业;或占相孤虚,妄论凶吉;或诡道假权,要射时意;或聚畜委积,颐养有余;或抵掌空谈,坐食百姓。斯皆德不称服,行多违法。虽暂有一善,亦何足以标高胜之美哉?自可废之,以一风俗。此皆无益于时政,有损于治道,是执法者之所深疾,有国者之所大患。①

道恒此论,可谓一语中的。

比丘尼介入权力斗争,也和当时统治者(军阀、权贵)借助佛教等宗教势力伺机扩大自己的政治影响力的历史背景有关。佛教初入中土,僧人为了传教不得不借助神通,统治者一方面有宗教信仰需求,同时更看重其神通能力和对信众的号召力,将其纳入幕中,作为宗教和军事政治顾问,如佛图澄之于石勒,沙门智通之于姚襄,僧慧义之于刘裕,慧琳之于宋文帝,无不如此。比丘尼虽然不如比丘那般在义学修养和天文地理等方面知识广博,但其女性身份带来的性别优势使她们更容易得到宫廷的信任。

---

① 道恒:《释驳论》,僧祐:《弘明集》卷六,《大正藏》第52册,第35页中。

南北两地政权不约而同地出现比丘尼出入宫廷,参与政治,是那个时代"女主政治"现象的延伸。女主政治作为中古时期君主专制下权宜过渡方式,由于缺少女主执政的制度性保障,执政的太后和官僚系统之间存在不完全信任的微妙关系,女主往往需要求助于外戚和内官,这就给往来于后宫,为宫廷提供宗教服务的女性宗教师(比丘尼、女巫、女道士等)提供了机会。

总体而言,南方政权中比丘尼介入政治的时间虽然长,但影响往往是局部性的,对中枢的影响不大。北朝政权在迁都洛阳后,宫廷比丘尼在中枢政治斗争中发挥了越来越大的影响,无疑是和女主个人拥有的影响力以及她与宗室和官僚系统的分化有关。表面上看起来,北朝比丘尼对政治的参与更加隐蔽,实则影响更为巨大,僧芝尼和慈庆尼二人于胡灵太后登上权力顶峰具有不可或缺的意义,这在二人墓志中透露得一清二楚。

第四章 两晋南北朝出家女众的修行实践

第一节 两晋南北朝出家女众修行实践概述

佛教重视修行,对于信徒的宗教实践活动,常以"信解行证"加以概括。信,指的是对三宝(佛、法、僧)具有正信;解,指的是对佛法义理获得正解;行,指的是依照佛陀的教法修行;证,指的是由修行而证得果位,有罗汉果和佛果等。按照经典规定,佛教修持的方法和路径很多,有"八万四千法门"之说。佛教传入汉地两千余年来,佛教徒的信仰实践活动都是围绕这四个方面展开的。

两晋南北朝时期,出家女众的修持实践活动大体上可以分为经典诵讲、习禅、持戒、遗身(焚身供养)、立寺造像等。诵讲、习禅、遗身、立寺等是南北朝时期南方出家女众常见的修行方式,造像则在北方比丘尼中更加盛行。

一、讲(诵)经

六朝时期的南方出家女众,大多重视某一部经的研读或讲说。比丘尼除了在寺院里为住众讲授外,皇室、贵族虔信佛教者还特为尼僧开设经筵,面向社会大众讲说。讲经说法,也成为那一时期比丘尼吸引信众的重要途径,《比丘尼传》收录讲经尼僧达十四人之多。

史料所见第一位讲经的比丘尼是东晋洛阳城东寺的道馨尼:"雅能清谈,尤善《小品》,贵在理通,不事辞辩,一州道学,所共师宗。比丘尼讲经,馨其始也。"[①]道馨尼还以善诵《法华经》和《维摩诘经》为世人称道。东晋

---

① 宝唱:《比丘尼传》卷一,《大正藏》第50册,第936页中。

时的尼僧一般仅限于自己诵经,南齐以后,讲经说法的尼众数量大大增加。如建康永安寺昙彻尼讲经,"才堪机务,尤能讲说,剖毫析滞,探颐幽隐";①华严寺妙智尼受齐武帝的邀请讲《胜鬘》和《净名》,受到了极高的评价,传云:"开题及讲,帝数亲临,诏问无方,智连环剖析,初无遗滞,帝屡称善,四众雅服。"②竟陵王萧子良精于佛理,他所结交的僧尼大多属于义学僧侣,学养深厚的女尼自然也在其列。普贤寺的净曜尼"精思研求,究大乘之奥",③竟陵王萧子良请她到府内讲《维摩经》。建福寺智胜尼听受《大涅槃经》,"一闻能持",还自制义疏,"辞约而旨远,义隐而理妙"。齐文惠太子和竟陵王都对她表示尊敬,文惠太子"雅相接召,每延入宫,讲说众经"。④

　　和南朝比起来,北朝佛教讲学风气显得比较薄弱。尽管如此,北朝佛教史上仍出现了几位善于讲说的尼众。活跃于孝文、宣武两朝的比丘尼统僧芝尼便是北魏佛教史上善于讲经的尼僧之一:"(僧芝)诵《涅槃》《法华》《胜鬘》廿余卷,乃为大众所推讲经。法师雅韵一敷,慕义者如云;妙音暂唱,归道者如林。故能声动河渭,德被岐梁者。"⑤因其"颇能讲道",频频出入后宫,为皇帝后妃讲授佛经。僧芝建立的胡统寺也成为洛阳尼众的义学中心:"其寺诸尼,帝城名德,善于开导,工谈义理,常入宫与太后说法。"⑥除了僧芝以外,宣武帝婕妤李氏尼也以善于讲经著称。李婕妤出身顿丘李氏,虽是寒族,父亲李彪却给予了她良好的教育。宣武帝崩后,李氏出家,"世宗崩,为比丘尼,通习经义,法座讲说,诸僧叹重之"。⑦生活在北魏到北齐时期的刘集也是一位善于讲说的比丘尼。从宣武帝到北齐文宣帝,她一直活跃于宫廷内外,还因此被敕封为"宫讲法师"。⑧

　　当时比丘尼读诵讲说的经典,主要是《大品》《小品》《胜鬘》《维摩诘经》《法华》和《涅槃经》等,《观世音经》也在尼僧中广为流行,其中尤以《维摩诘经》和《法华经》的讲说最为频繁。

---

① 宝唱:《比丘尼传》卷三,《大正藏》第50册,第942页上。
② 宝唱:《比丘尼传》卷三,《大正藏》第50册,第942页下。
③ 宝唱:《比丘尼传》卷三,《大正藏》第50册,第943页中。
④ 宝唱:《比丘尼传》卷三,《大正藏》第50册,第942页下—943页上。
⑤ 《比丘尼统僧芝墓志铭》,赵君平、赵文成编:《河洛墓刻拾零》,第20页。
⑥ 杨衒之撰,杨勇校笺:《洛阳伽蓝记校笺》卷一《城内·胡统寺》,第57页。
⑦ 魏收:《魏书》卷六二,第1399页。
⑧ 参见《宫讲法师刘集墓志》,贾振林主编:《文化安丰》,第210页。

二、修　　禅

　　禅定作为佛教"三学"之一,在佛教信仰者中的地位不言而喻。尼僧学禅,在东晋时尚不多见。随着东西交往的畅通,从4世纪开始,出现了西域高僧东来的热潮。姚秦弘始十三年(411)佛驮跋陀罗及其徒众被摈出长安,南下庐山,翻译禅经。北魏太武帝灭佛,关中和平城僧众相继南下,为江南佛教注入了新鲜血液。南下僧众中,有不少是禅僧。5世纪来中土的罽宾高僧如昙摩蜜多、昙摩耶舍、求那跋摩等相继在江南弘扬罽宾禅法,刘宋以后,南方尼僧伽中迅速流行起修禅的风气。尼僧修禅,频见神迹,还出现了以修禅著名的尼众道场,如成都长乐寺、建康东青园寺、禅林寺、闲居寺、禅基寺等(详情参见本章第二节)。

三、遗　　身

　　南朝出家女众向往天竺"烧身供佛"的古法,并起而仿效之。《法华经·药王菩萨本事品》对药王菩萨舍身供佛的宣扬和道教升仙、羽化、火解、水解等观念也影响了尼僧的这种狂热心理。《比丘尼传》中出现的烧身的尼姑计有蜀地善妙、慧曜尼、江陵三层寺道综尼、法音寺昙简、昙勇和净珪尼等人(详情参见本章第三节)。

四、持　　律

　　比丘尼教团一经出现,就受到有关戒律问题的滋扰,事实上这是佛教传入中国面临的一个普遍的问题。女性的出家的困难,原因在于以佛陀为代表的比丘们对女性进入僧伽后能否保持僧团和合清净存在着疑虑。在此背景下发展起来的比丘尼教团特别重视戒律在比丘尼个人身上的贯彻,其中尤以江南比丘尼为甚。①

　　中土女众出家伊始,就对戒律建设相当重视,首先表现在受戒仪轨。从4世纪初到5世纪,尼僧伽一直致力于比丘尼的受戒仪轨的不断完善。从净检尼依一部僧"船上受戒"到刘宋元嘉十一年(434)按照全本大律《十诵

---

① 尽管宝唱在撰写《比丘尼传》时并未如慧皎那样将入传僧人进行明确的分类,但有学者认为入传尼众亦可按照《名僧传》的体例进行分类,乃将僧基、慧果、宝贤、昙彻、净渊、令玉等人列为"律师"。参见王孺童:《比丘尼传校注·前言》,第13页。

律》规定实现了二部僧戒,其中既有教团领袖比丘的努力,也有尼众对自身受戒完整性的不断追求。

此外,从出家女众写经品类的分布亦可看到出家女众对持戒的重视。5到6世纪敦煌高昌地区出家女众写经品类中,律藏戒本是其中最重要的类别之一。23目写经题记中出现了7例与之相关的题记,比例高达30.43%。其内容涵盖了五部大律中三部大律:《僧祇律》《十诵律》和《四分律》。其中《大比丘尼羯磨经》和《大比丘尼羯磨》属于四分律藏部,《摩诃衍僧祇比丘尼戒本》属于僧祇律藏,《十诵比丘尼波罗提木叉戒本》和《比丘尼戒经》则属于十诵律部(详细情况参见第五章第二节)。

五、建塔、立寺与造像

建塔、立寺、造像和写经是佛教出家女众兴建福业、弘传教法的重要活动。

中古时期比丘尼寺院的建立,和贵族官吏关系较大,其中也不乏尼众自身的努力。①布施建寺的檀越,有皇室成员和贵族官吏,还有士族妇女。出家女众利用获得的傺施,加上自己募资立寺。平城、洛阳等地尼寺由贵族捐建的比重较大,南朝治下的区域尼众自建寺宇比例较高。先是净检在洛阳立竹林寺,随后又有智贤立精舍六所。慧琼尼先修了南安寺,然后"造菩提寺,堂殿坊宇皆悉严丽"。业首尼在青园寺基础上增造佛殿和僧房,"寺业兴立,众二百人,法事不绝"。业首尼之后又有宝英尼,"建塔五层,阅理有勤,蔬食精进"。②慧叡尼则主持修建了竹园寺。招明寺法宣尼利用信徒供养布施的财物"修饰寺宇⋯⋯写经铸像"。③尼僧猛在母亲因病东返后,即"舍宅为寺,名曰齐明"。④

刘宋时道瑗尼,"大造形像,处处安置";⑤建福寺智胜尼得到了南齐皇室的供养,与皇室关系密切,"舍衣钵,为宋、齐七帝造摄山寺石像";⑥萧梁

---

① 李玉珍曾就建康和洛阳两地尼寺的出资者进行比较,认为建康尼寺的建立者中,妇女和出家女众的比重比洛阳要大。参见李玉珍:《唐代的比丘尼》,第146—163页。唐嘉比较了东晋到南陈五个历史阶段南方尼寺的数量、出资者、地区和住寺人数规模,认为东晋南朝以建康为中心的尼寺群落,尼寺规模较大,建寺土地和资金来源都比较多元。详见唐嘉:《东晋宋齐梁陈比丘尼研究》,第80—120页。
② 宝唱:《比丘尼传》卷二,《大正藏》第50册,第938页中、940页中。
③ 宝唱:《比丘尼传》卷四,《大正藏》第50册,第948页上。
④ 宝唱:《比丘尼传》卷三,《大正藏》第50册,第942页中。
⑤ 宝唱:《比丘尼传》卷二,《大正藏》第50册,第938页上。
⑥ 宝唱:《比丘尼传》卷三,《大正藏》第50册,第943页上。

时净秀尼仍然"麻衣藿食,恭执泥瓦,夙夜精勤,制龛造像,无所不备";①僧述尼造像写经,造金像五躯,写经律达一千余卷。这是作为寺宇供奉公共目的的造像,还有的则是基于为师长、俗家眷属、个人福德等私人目的的造像,此类造像在北朝治下区域内较为常见。

第二节 两晋南北朝出家女众的禅观修习

一般认为,南北朝时期,南北佛教呈现出南义北禅的地域性分野,即南方佛教重视义学探究,北方佛教重视禅修实践和功德福业。②但考察同时期比丘尼的整体修学情况,却发现在禅修上出现了与之相异的特点。整体上,北方佛教虽然重视禅修,但北方禅修有成的比丘尼人数较少;南方比丘尼既重视义学,同时在禅修实践上亦不遑多让,多学修有成。值得注意的是,南朝时期,南方形成了几个区域性的比丘尼禅修集聚区域,如成都、彭城、建康等,其中以建康尼众的禅修成就最为突出。③

一、东汉三国两晋时期江南禅法的流布

"江东佛法,弘重义门,至于禅法,盖蔑如也。"④道宣这一论断使得后世很多人都以为修禅乃北方僧尼的主业,南方僧尼则以义学为主。然考诸史籍,我们发现,六朝时期的南方僧尼,一方面重视义学讨论,禅定法门,也很早就在江南风行,还出现了一大批禅学理论家和实践者。⑤《高僧传》"习禅

---

① 宝唱:《比丘尼传》卷四,《大正藏》第50册,第945页中。
② 汤用彤先生在《汉魏两晋南北朝佛教史》中提出了南北朝佛教呈现"南统"与"北统"的分别,并认为:"至晋末宋初,拓跋氏自代北入主中原,秦、凉佛教,颇受兵残。自后政治上形成南北之对立,而佛教亦显南北各异其趣。于是南方偏尚玄学义理,上承魏晋以来之系统。北方重在宗教行为,下接隋唐以后之宗派。"(第347页)
③ 就目前所见,史料对于比丘尼禅修的记载始于东晋建康建福寺康明感尼。汉地第一位比丘尼净检早年曾从"宽和有智思,雅习禅诵"的罽宾沙门智山,但似乎并未有从其习禅之举,乃至智山西归后,众人"皆追恨焉"。参见宝唱:《比丘尼传》卷一,《大正藏》第50册,第934页下。
④ 道宣:《续高僧传》卷一七,《大正藏》第50册,第563页下—564页上。
⑤ 严耕望先生认为,南北朝中土佛学,除了地域上呈现南北分野外,亦呈现出山林和都市两种不同的修行风气,即居山林者更倾向于禅修,住都市者更擅长讲论。严耕望:《魏晋南北朝佛教地理稿》,第195—248页。

篇"收录习禅高僧21位,长期活跃在江南一带的有13人之多。不惟如此,《高僧传》其他篇目中收录的高僧,也大多重视禅修,传文中多有"禅观""禅智""禅律"一类的记载。

(一) 汉末三国时南方禅经的翻译与禅法的流布

佛教初传之际,江南已开修禅之风,禅经开始在江南诸地流布,汉魏之际游化江南的几位高僧都和禅学有关。①早在东汉末年,吴越地区就有了禅法流传和修习,并形成了汉传"安般念"的传承,代表人物为安世高—陈慧—康僧会。②安世高,"值灵帝之末,关洛扰乱,乃振锡江南",③后又至庐山、会稽一带传教,"其所敷宣,专务禅观"。④安世高翻译的经典禅经占了较大比重,其中以《大安般守意经》最具有代表性。安世高所传授的禅法,以数息为中心,贯通五门禅法(数息、不净、慈心、因缘、界分别观),次第有序,很受人欢迎。道安对安世高所传禅法倍加赞叹:"爰晋土者,世高其俊也。伟哉数学,渊源流清。抱德惠和,播声此域。"⑤陈慧和康僧会承袭安世高的学统:陈慧为《大安般守意经》作注,康僧会协助并作序,二人长期生活在吴越一带,推动了江南禅修风气的形成。

汉末桓、灵时,来自月氏国僧人支娄迦谶弘传大乘禅法,所翻译的《般舟三昧经》和《道行般若经》代表了当时大乘禅观的最高水平。支谦进一步发扬了支娄迦谶的传习法门,"追支谶之译,出《禅秘要经》四卷及《修行方便经》二卷,重明禅观,译《维摩诘所说不思议法门经》三卷,为禅教增一要素"。⑥

(二) 南北朝时期的禅法

从三国末年至公元4世纪后半叶,禅经的翻译和禅法的流传呈现衰落之势,其间汉地虽有少量禅经译出,但汉地僧团苦于没有对禅法有专修且师承明确的禅师,直到佛驮跋陀罗东来,带来罽宾禅法,才暂时解决了这一问

---

① 宋僧志磐认为,江东禅法的盛行源于佛驮跋陀罗的南下:"迦维卫国沙门佛驮跋陀罗至庐山入社,(慧)远法师请译禅数诸经。自是江东始耽禅悦。"(《佛祖统纪》卷三六,《大正藏》第49册,第343页上)
② 参见覃江:《汉传"安般念"传承考》,《西南民族大学学报》2005年第4期。
③ 慧皎:《高僧传》卷一,《大正藏》第50册,第323页中。
④ 僧祐:《出三藏记集》卷六,《大正藏》第55册,第44页下。
⑤ 僧祐:《出三藏记集》卷一〇,《大正藏》第55册,第70页上。
⑥ 忽滑谷快天:《中国禅学思想史》,第5页。

题。从 5 世纪初开始,中土佛教界愈来愈重视禅修,僧团中与禅有关的活动开始明显增加,《高僧传·习禅篇》所收录禅修特出者 21 人中,只有 5 人活跃在 5 世纪以前。

两晋南北朝时期,随着中外交流的扩大和本土佛教信徒对佛教修行实践理解的进一步加深,汉地对佛教开始了全方位的引进和吸纳,对禅法的需求到了非常迫切的地步。对于三国以后禅法的衰落现状,道安很是忧心,他在为《十二门经》作注疏后发出慨叹:"安宿不敏,生值佛后,又处异国,楷范多缺。……每惜兹邦禅业替废,敢作注于句末?"①

鸠摩罗什抵达长安之前,本地僧众常因为"禅法未传,厝心无地",②罗什抵达长安仅七日,便应僧叡请求译出了《禅法要解》。罗什和罽宾西来的佛驮跋陀罗以及北凉沮渠京声等相继翻译了多部禅经,如《禅法要解》《坐禅三昧经》《思惟略要法》《禅秘要法经》《达摩多罗禅经》《佛说观佛三昧海经》《五门禅经要用法》《治禅病秘要经》等。这八部禅经,除了前四部是罗什在关中译出的以外,其他四部都是在江南翻译的。

此一时期,汉地形成了禅经翻译和禅法传授的三大系统,即鸠摩罗什五门禅法系、佛驮跋陀罗禅系和昙摩蜜多禅系。③佛驮跋陀罗(觉贤)和昙摩蜜多所属的罽宾禅系,对六朝时期长江淮河以南的地区禅法流传产生了重大影响。

姚秦弘始十三年(411),佛驮跋陀罗因显露禅修神通在长安被摈,复受慧远邀请,和弟子慧观等人南下庐山,后又应邀至建康,住道场寺,最后又往荆襄一带弘法。在此期间,佛驮跋陀罗及其徒众先后翻译出禅经多部,广传禅法,建康道场寺亦被人称为"禅师窟"。

佛驮跋陀罗的再传弟子玄畅,俗姓赵,河西金城人(即今甘肃兰州)。少随玄高习禅。太武灭佛,玄畅南奔至建康,"洞晓经律,深入禅要,占记吉凶,靡不诚验。……宋文帝深加叹重,请为太子师。……又舒手出香,掌中流水,莫之测也"。④

---

① 僧祐:《出三藏记集》卷六,《大正藏》第 55 册,第 46 页上。
② 慧皎:《高僧传》卷六,《大正藏》第 50 册,第 364 页上。
③ 参见圣凯:《晋宋时代的禅经译出和禅法传播》,闽南佛学院编:《闽南佛学》(第六辑),第 11—23 页。
④ 慧皎:《高僧传》卷八,《大正藏》第 50 册,第 377 页上。

罽宾人昙摩蜜多特深禅法，先于长沙寺造立禅阁，后又在建康祇洹寺译出《禅经》《禅法要》等多部经典。昙摩蜜多常以禅道教授徒众，从学者不远千里，时人皆称之为"大禅师"。①

西域人畺良耶舍，"虽三藏兼明，而以禅门专业。每一游观，常以三昧正受传化诸国"。他到达建康后住在钟山道林精舍，宋文帝对他的禅行"深加叹异"，沙门宝志也崇其禅法。他后应请翻译了《药王药上观经》和《观无量寿经》。元嘉末年，畺良耶舍西游江陵、巴蜀诸地，"处处弘道，禅学成群"。②

北凉天王沮渠蒙逊的从弟沮渠京声，"幼禀五戒，锐意内典"，少年时游学至于阗国衢摩帝大寺，向佛陀斯那（即佛大先，佛驮跋陀罗之师）谘问道义。拓跋焘灭北凉，京声南奔至建康。③

姚秦后期，又有罽宾禅师昙摩耶舍南游江陵，在江陵辛寺大弘禅法。

佛驮跋陀罗师徒及其他罽宾禅师的东来与南下，为江左僧尼师事，改变了中国早期禅法的方向，并在江南地区取得了独尊的地位。④

二、《比丘尼传》对比丘尼禅修活动的记载

从西晋末年净检在洛阳建立第一个比丘尼僧团以来，尼众的规模和影响不断扩大，特别是在六朝时期，江南尼众在诵经、禅修、持戒等修持活动上都取得了很大的成就。如宝唱所言："像法东流，净捡为首，绵载数百，硕德系兴。善妙、净珪，穷苦行之节；法辩、僧果，尽禅观之妙。至若僧端、僧基之立志贞固，妙相、法全之弘震旷远，若此之流，往往间出。"⑤随着禅经的大量译出和北地禅僧的南下，南方僧尼众修禅也成为一时之风气。南地比丘尼的禅修实践，是同一时期南方尼众较之北方尼众修持实践的特出之处。⑥

尼众学禅，两晋时明确见诸史料的只有康明感尼一人。但汉地第一位

---

① 慧皎：《高僧传》卷三，《大正藏》第50册，第343页上。
② 慧皎：《高僧传》卷三，《大正藏》第50册，第343页下。
③ 僧祐：《出三藏记集》卷一四，《大正藏》第55册，第106页中—下。
④ 杜继文、魏道儒：《中国禅宗通史》，第40—46页。公元4—6世纪罽宾对中国佛教的影响是全方位的。除了禅法以外，律藏的输入和翻译，各种论典的翻译也是在这一时期罽宾高僧的主持参与下完成的。此外，汉地僧人西行求法到达最多的也是罽宾。
⑤ 宝唱：《比丘尼传·序》，《大正藏》第50册，第934页中。
⑥ 《比丘尼传》记载的尼众修禅，大多集中在江南和蜀地，江北等地的尼众修禅，则罕有言及，其他如墓志碑刻笔记等史料也鲜少对北方尼众禅修的记载。

比丘尼净检的剃度师智山便是一位著名的禅师。智山来自素有禅修传统的罽宾，"宽和有智思，雅习禅诵"。尼传虽未明载净检等人是否跟随智山学习禅法，文末却说，智山西归后，净检等人听佛图澄"述其（智山）德业，皆追恨焉"，①其中可能包含着未随其学禅的懊悔吧。

刘宋元嘉以后，尼僧团中修禅者开始密集出现，部分尼众禅学修养相当高。当时，建康及周边还出现了一批以修禅著名的尼众道场，如禅林寺、东青园寺、闲居寺、禅基寺、顶山寺等。根据《比丘尼传》等资料的记载，彼时江南比丘尼禅修情况如下表所示：

由下表可知，《比丘尼传》（含正传和附见）中明确提到其修持活动中以禅修知名者32人。从分布区域来看，建康26人，广陵1人，彭城1人，荆州2人，剡1人，蜀郡3人。②从下表可以看出，建康已成为南朝尼众禅修的中心，这和建康集中了大量禅师有密切关系。事实上，荆襄（荆州和襄阳）沿线一直是两晋至南朝前期佛教的义学和禅学中心，先有佛驮跋陀罗师徒在长安被摈之后移住江陵，继有罗什圆寂后僧团解散，或南至巴蜀，或东下荆襄进一步至建康，江陵成为东下僧人落脚的第一站。从某种意义上讲，建康比丘尼的禅法直接来自荆州教团。如罽宾人卑摩罗叉在罗什寂后便东下，第一站便是寿春石涧寺；昙摩蜜多在宋元嘉从蜀地顺长江东下三峡，止荆州长沙寺；僧审禅师出家之后即驻锡寿春石涧寺，后又师事昙摩蜜多。

从建康尼众禅修所属的寺院看，建福寺3人、东青园寺7人、法音寺3人、禅林寺3人、竹园寺2人、禅基寺2人、闲居寺2人、集善寺2人，其中人数最多的是东青园寺。从时间分布来看，活跃在东晋时期的只有1人，活跃在刘宋元嘉、大明中的有13人，其余19人活跃在齐梁之间。这一比丘尼修禅的活跃时段，与大量罽宾禅师的东来和北方禅师南下的时段相吻合。③

蜀地是南朝尼众禅修除建康外另一个较为集中的区域，这和魏晋以后蜀地多禅僧驻锡密切相关。从地理区位上看，蜀地位于长江上游，蜀郡北连

---

① 宝唱：《比丘尼传》卷一，《大正藏》第50册，第934页下。
② 其中僧盖尼（彭城—建康）和慧绪尼（荆州—建康）因驻锡寺院变动被重复统计。
③ 杜继文先生认为，自东晋十六国时期开始，中国佛教开始了"禅学独立化运动"，主要表现为禅学从佛教整体中开始分化，逐步形成了一个以禅统摄佛教全体的新体系，同时涌现了专以弘扬禅学为宗旨的僧侣即禅师或禅僧。从比丘尼的修学实践来看，刘宋以后比丘尼禅修人数大量增加，尼众习禅、弘禅成为风气。参见杜继文、魏道儒：《中国禅宗通史》，第38页。

表 2　南方比丘尼习禅一览表

法　号	活跃时代	师　承	所属寺院	禅修表现	诵　经	备　注
康明感尼	东晋		建康建福寺	专驾禅行，戒品无怨	《观世音经》	
道琼尼	刘宋元嘉中		建康建福寺	以元皇后遗物，更造禅房		造弥勒、普贤、无量寿金像
光静尼	元嘉中	沙门法成	广陵（今扬州）中寺	少而厉行，长习禅思，不食甘肥。从其学观者百许人		属念冤苦，心心相续
法胜尼	元嘉中		吴县（今苏州）南寺	进修禅味，该通定慧	临终令人转《法华》	往生净土
僧果尼	元嘉中		建康景福寺	戒行坚明，禅观清白。每至入定，辄移晷晚……时宴坐经日，维那故触，谓言已死，始欲异徒，便自开眼，语笑寻常		精通戒律
静称尼	元嘉中		山阳①竹林寺	游心禅默，永绝尘劳		戒业精苦
法相尼	元嘉中		吴（今苏州）太玄台寺	游心禅默，永绝尘劳		
业首尼	大明六年（462）卒		建康东青园寺	深解大乘，善构妙理，弥好禅诵，造次无怠	诵经四十五万言	风仪峻整，戒行清白。弟子等禅修有成
净哀尼	元嘉 大明中	业首尼	建康东青园寺	久习禅诵，任事清允		法相尼弟子
昙彻尼	大明中	业首尼	建康东青园寺	兼通戒律，简绝荣华，不窥朝市		精通戒律，行苦行

① 此为侨郡，治所在今江苏淮安。

第四章　两晋南北朝出家女众的修行实践　·149·

续表

法　号	活跃时代	师　承	所属寺院	禅修表现	诵　经	备　注
法辩尼	大明七年(463)卒	畺良耶舍	建康景福寺	每预众席，怕如睡寐。尝在斋堂，众散不起，维那惊触，如木石焉……须臾出定，言语寻常		师事僧果尼。僧果尼观持戒皆有成。往生安养国土
慧濬尼	大明八年?(464)卒	沮渠京声	建康竹园寺	深禅秘观，无不必入……禅味之乐，老而不衰	内外坟典，经眼必诵。同寺有化尼，聪颖卓秀，多诵经律	一己之力立竹园寺，沮渠京声受请译禅经
宝贤尼	升明元年(477)卒		建康普贤寺	操行精修，博通禅律		敕任普贤寺主，都邑尼正，甚有威风，明断如神
僧盖尼	永明中(430—493)卒	隐、审二禅师	彭城(今徐州)华林寺，后至建康禅基寺	移止禅基寺，欲广弘观道。别立禅房，宴默其中		少出家为僧志尼弟子
法延尼	宋齐之间		建康禅基寺	精进有行业，亦以禅定显闻		
法全尼	隆昌元年(494)卒	审、隐二禅师	建康东青园寺	端庄好静，雅勤定慧，遍游禅观。昼则披文远思，夕则历观妙境		东青园寺的建立，和原青园寺住众修行法门的分歧似有关系
昙简尼	建武元年(494)卒		建康法音寺	禅思静默，通达三昧	受持《法华经·药王菩萨本事品》	
净珪尼	建武元年(494)卒		建康法音寺	三业禅秘，无不善达	受持《法华经·药王菩萨本事品》	

续表

法 号	活跃时代	师 承	所属寺院	禅修表现	诵 经	备 注
昙勇尼	永元三年(501)卒		建康法音寺	常以禅律为务	受持《法华经·药王菩萨本事品》	昙简尼之妹
隐尼	刘宋末年		荆州三层寺	与慧绪尼共习般舟三昧		
慧绪尼	永元元年卒(431—499)	在荆州从玄畅禅师习禅	江陵(荆州)三层寺、建康集善寺	究极精妙,畅每称其宿习不浅。善解禅行,兼乘疏励节	善读诵咒	通戒律,禅法为皇室眷属所重
德盛尼	宋齐之间	慧绪尼	建康集善寺	德合志同,为法眷属,行道习观,亲承音旨也		
德乐尼	永元三年卒(421—501)		剡(今浙江嵊州)齐兴寺	谘请深禅,穷究妙竟	穷研经律,言谈典雅	
净秀尼	天监五年卒(418—506)	业首尼	初住青园寺,后徙禅林寺	同住十余人,皆以禅定为业。明帝敕以寺从其所集,宜名禅林	礼拜读诵,昼夜不休	习十诵,临终往生弥勒净土
僧念尼	天监三年(504)卒		初住建康何后寺,后徙禅林寺	齐永明中,移住禅林寺,禅范大隆,谘者众		
慧胜尼	天监四年(505)卒	净秀尼、慧绪尼	建康闲居寺	随集善寺慧绪尼学五门禅,后从草堂寺思隐、灵根寺法颖,备修观行	具戒以后讲《法华经》	禅法师承玄畅,慧绪、思隐禅师
净贤尼	天监四年卒(505)		建康东青园寺	有干局才能,而好修禅定	建斋设讲,相继不绝	

续表

法号	活跃时代	师承	所属寺院	禅修表现	诵经	备注
惠嵩尼	齐梁之间		建康东青园寺	坐禅诵经，勤营众务		
宝颙尼	齐梁之间		建康东青园寺	明于观行		
净行尼	天监八年(509)卒		建康竹园寺	晚节好禅观，菜食精苦	学《成实》《毗昙》《涅槃》《华严》	及请讲说，听众数百人
僧述尼	天监十四年(515)卒	从净秀尼出家，复从隐、审二禅师	初住建康禅林寺，后至闲居寺	诸受秘观，遍三昧门。住禅林寺，同志二十人，为禅学所宗。……世道纷喧，乐移静寂，风尘不扰	诵《法华经》	另立闲居寺，赈济四众，放生、乞施，造像。写经及律
惠晖尼	天监十三年(514)卒		建康乐安寺	讲说不休，禅诵无辍。标心正念，日夕忘寝	读《大涅槃经》，诵《法华经》，听《成实论》	长于义学。所获之财造经像，随宜远施
道贵尼	天监十五年(516)卒		建康顶山寺	观境入定，行坐不休，萧子良为造顶山寺，以聚禅众。……请为禅范	诵《胜鬘》《无量寿经》，不舍昏夜	
昙晖尼		法育尼，置良耶舍	成都长乐寺	得置良耶舍认可。从青学修观行，才得冥受，便得人定		解大乘佛性，无人可以同难，有神通，建三寺
花光尼		昙晖尼	成都长乐寺	深禅妙观，洞其幽微	遍览三藏，傍兼百氏	能属文
法育尼			成都某寺	传昙晖等四十余人禅法		善观道

凉州,东接荆襄,在佛教风气上受到两者的加被。凉州作为东西交通的战略要地,印度和西域禅师东来,必至凉州。十六国北朝时期此地禅风颇盛:宋初智猛禅师就在此授禅;和凉州禅师玄高俱以禅学"寂观"见称的酒泉慧览禅师,西游西域从罽宾达摩比丘谘受禅要,回国后在蜀地左军寺传授禅法,复又应宋文帝之请,东下建康,终以传授禅法而著称于世。①再如陇西人僧隐,先在凉州从玄高习禅,"学尽禅门,深解律要"。玄高被害后,僧隐游巴蜀,后东下江陵,传播禅法,"禅慧之风,被于荆楚",②影响极大。又有高昌僧法绪,入蜀常处石室中,且禅且诵。③还有僧副,时西昌侯萧渊藻出镇蜀郡,他也随往传法,"遂使庸蜀禅法,自此大行"。④这些来自西域和凉州的禅僧对蜀地禅法的流行起了很大的作用。⑤

三、南方尼众习禅的师承情况

修禅讲究师承,需要有明确师承、精通禅法师长的指导,否则容易出现偏差,正如僧叡所言:"人在山中学道,无师道终不成。"⑥鸠摩罗什所传禅法受到慧远和慧观等人的批评,主要原因即在于其师承不明。⑦因此,对于禅者来说,追寻其禅修师承具有重要意义。

从师承法脉来看,刘宋大明(457—464)以前江东虽有比丘尼修禅,但她们在禅修方面的师承大多都不甚清楚。这一状况在刘宋大明以后得到根本改变。齐梁之间修禅比丘尼人数大增,明确有师承渊源的有 11 人,她们分别是广陵中寺光静尼(师事沙门法成)、东青园寺昙寅尼(师事业首尼),建康景福寺法辩尼(师事畺良耶舍),竹园寺慧濬尼(师事沮渠京声),建康禅基寺僧盖尼(师事隐、审二禅师),东青园寺法全尼(师事隐、审二禅师),集善寺慧绪尼(师事玄畅禅师),德盛尼(师事慧绪尼),禅林寺净秀尼(师事业首尼),闲居寺慧胜尼(师事净秀尼),闲居寺僧述尼(从净秀尼出家,后师

---

① 参见慧皎:《高僧传》卷一一,《大正藏》第 50 册,第 399 页上。
② 慧皎:《高僧传》卷一一,《大正藏》第 50 册,第 401 页中。
③ 参见慧皎:《高僧传》卷一一,《大正藏》第 50 册,第 396 页下。
④ 道宣:《续高僧传》卷一六,《大正藏》第 50 册,第 550 页下。
⑤ 蜀地习禅与北凉的禅风直接相关,且由北地南下的禅师往往经蜀地而东下荆州、建康,蜀地成为禅学南下东移的中转站。参见方立天:《中国佛教哲学要义》,第 739 页。
⑥ 僧祐:《出三藏记集》卷九,《大正藏》第 55 册,第 65 页上。
⑦ 参见僧祐:《出三藏记集》卷九,《大正藏》第 55 册,第 65 页中—67 页上。

事隐、审二禅师)。除业首尼的师承不是很清楚外,沮渠京声从罽宾佛大先习禅,隐、审二位禅师和玄畅虽是中土沙门,但其禅法传承却间接来自罽宾。僧盖尼、法全尼和僧述尼三人都是直接师承隐、审二禅师。另一位法胜尼,尼传记载她从慧绪尼学五门禅,又从草堂寺思隐、灵根寺法颖两位高僧"备修观行"。图示如下:

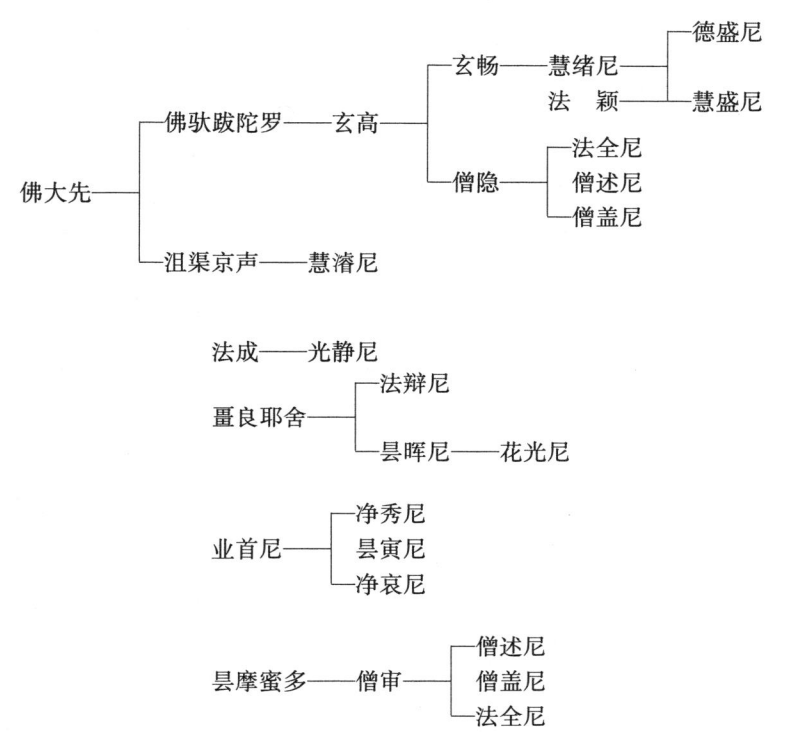

```
                                    ┌─玄畅──慧绪尼─┬─德盛尼
           ┌─佛驮跋陀罗──玄高──┤            └─慧盛尼
           │                        │       法颖
           │                        │      ┌─法全尼
  佛大先──┤                        └─僧隐─┼─僧述尼
           │                               └─僧盖尼
           │
           └─沮渠京声──慧濬尼


  法成──光静尼

                ┌─法辩尼
  畺良耶舍──────┤
                └─昙晖尼──花光尼


            ┌─净秀尼
  业首尼──┼─昙寅尼
            └─净哀尼


                         ┌─僧述尼
  昙摩蜜多──僧审──┼─僧盖尼
                         └─法全尼
```

光静尼师事的沙门法成是刘宋时的著名禅僧。法成本凉州沙门,后南游至建康:

> 释法成,凉州人,十六出家,学通经律……隐居岩穴,习禅为务。元嘉中……夏坐讲律事竟,辞反。因停广汉,复弘禅法。……成常诵《宝积经》,于是自力诵之,始得半卷,气劣不堪,乃令人读之,一遍才竟,合掌而卒。①

---

① 慧皎:《高僧传》卷一一,《大正藏》第 50 册,第 399 页上。

传文虽未对法成禅法的师承作介绍,但须注意他是凉州人。凉州系东西交通要道,法成生活的时代正是印度、西域和汉地往来最为频繁的时代;凉州本地僧人多游学罽宾,罽宾禅僧也多在凉州驻留。从这一点推断,法成的禅法受罽宾一系影响应该比较大。

僧盖尼、法全尼和僧述尼都曾共同师事隐、审二位禅师,这两个人的禅法师承是怎样的呢?根据《高僧传》等的记载看,隐、审二禅师应当是僧隐和僧审两位禅师。关于僧隐,《高僧传·僧隐传》记载:

> 释僧隐,姓李,秦州陇西人。……隐年八岁出家……及受具戒,执操弥坚。常游心律苑,妙通《十诵》,诵《法华》《维摩》。闻西凉州有玄高法师禅慧兼举,乃负笈从之。于是学尽禅门,深解律要。高公化后,复西游巴蜀,专任弘通。顷之东下,止江陵琵琶寺,谘业于慧彻。彻名重当时,道扇方外。隐研访少时,备穷经律,禅慧之风,被于荆楚。……后刺史巴陵王休若及建平王景素,皆税驾禅房,屈膝恭礼。[1]

僧隐既精通《十诵律》,同时又是一位禅定功夫很高的禅师。僧隐从玄高学习禅法,"学尽禅门,深解律要"。玄高的禅法来自佛驮跋陀罗,从法系上看,僧隐可以称为佛驮跋陀罗的再传弟子,也属于罽宾禅法的传承者。

僧审,《高僧传·僧审传》记载:

> 释僧审,姓王,太原祁人……审少出家,止寿春石涧寺,诵《法华》《首楞严》。常谓非禅不智,于是专志禅那。闻昙摩蜜多道王京邑,乃拂衣过江,止于灵曜寺。精勤谘受,曲尽深奥。……灵鹫寺慧高从之受禅业,乃请审还寺,别立禅房。……王敬则入房觅审。正见入禅,因弹指而出,曰圣道人。……有僧谦、超志、法达、慧胜并业禅,亦各有异迹。[2]

僧审很年轻的时候就意识到禅定的重要:"常谓非禅不智,于是专志禅那",他听说罽宾禅师昙摩蜜多来到了江南,立即前往受学,"精勤谘受,曲

---

[1] 慧皎:《高僧传》卷一一,《大正藏》第 50 册,第 401 页中。
[2] 慧皎:《高僧传》卷一一,《大正藏》第 50 册,第 399 页下—400 页上。

尽深奥",得到了各方认可,如此,僧审也是罽宾禅法的传承人。

根据《比丘尼传》的记载,僧盖尼、法全和僧述尼都博通经律,戒行清苦。僧盖尼,"寒暑不变衣裳,四时无新饮食,但资一菜中饭而已";法全尼,"食但蔬菜,衣止蔽形";①僧述尼,"节行清苦,法检不亏"。②三人同时都以"禅观"为业。此外,她们共同的禅法老师隐、审二位禅师所传禅法的特征也非常接近,这是因为,僧隐和僧审虽然具体求学老师不同,但其禅法都来源于罽宾。

慧绪尼在荆州从玄畅,"就受禅法,究极精妙,畅每称其宿习不浅"。③慧绪尼和乃师玄畅一样,善知祸福,这大概属于"神通禅"的类型。④慧绪后来又将禅法传授给了同寺的德盛尼。闲居寺慧胜尼也随慧绪尼学禅,后又从草堂寺思隐、灵根寺法颖等学习,"备修观行"。法颖(416—482),《高僧传》将之列为律师,然其于禅法有精研,曾入建康多宝寺学禅,"常习定禅房"。法颖是敦煌人,十三岁出家于凉州功夫寺,元嘉(424—453)末南下至建康。法颖青壮年时代是在凉州度过的,在此期间,他很可能曾跟随在凉州游化的罽宾禅师学习,从这一点上说,他和法成的经历比较相似。

沮渠京声曾在罽宾跟随佛陀斯那学习禅法。他和智严的经历一样,禅法来自罽宾。孝建二年(455),他受比丘尼慧濬的请求,翻译了《治禅病秘要经》。⑤

元嘉之初,畺良耶舍止建康道林寺,广传禅道。法辩尼向耶舍谘受禅观法门,"如法修行,通极精解",⑥一次入定便很久,引起众人惊叹。

值得一提的是,刘宋时期另一位出身罽宾王族的高僧求那跋摩,也以禅观知名。他"深达律品,妙入禅要",在广州、始兴等地传法,皆以禅定知名。史书虽未明确记载哪一位尼众曾跟随其修习禅法,但建康影福寺尼慧果、净音等多次向他请戒,从他圆寂后,"诸尼悲泣望断,不能自胜"⑦的记载来看,建康尼众很难不受到他的禅法的影响。

---

① 宝唱:《比丘尼传》卷三,《大正藏》第50册,第943页上、中。
② 宝唱:《比丘尼传》卷四,《大正藏》第50册,第947页中。
③ 宝唱:《比丘尼传》卷三,《大正藏》第50册,第944页上。
④ 慧皎认为,僧人修禅而显神通是隋唐以前禅僧的普遍特征,所谓"禅用为显,属在神通"(慧皎:《高僧传》卷一一《习禅·论曰》,《大正藏》第50册,第400页下)。
⑤ 参见僧祐:《出三藏记集》卷九,《大正藏》第55册,第66页上—中。
⑥ 宝唱:《比丘尼传》卷二,《大正藏》第50册,第940页中。
⑦ 慧皎:《高僧传》卷三,《大正藏》第50册,第341页上、中。

四、北方比丘尼的禅修情况

和南方比丘尼禅定修行的活跃相比较,同时期北方比丘尼禅修的相关记载可谓相当寂寥,搜罗诸家史料,目前仅可见三例。

(一)五台山秘魔岩法秘尼

唐代僧人慧祥曾至山西五台山探访,发现了曾在五台山西台附近禅修的法秘比丘尼的遗迹:

> 台之西,有秘魔岩者。昔高齐之代,有比丘尼法秘,惠心天悟,真志独拔,脱落嚣俗。自远居之,积五十年。初无转足,其禅惠之感,世靡得闻。年余八十,于此而卒。后人重之,因以名岩焉。余曾与二三道俗,故往寻之。观其所居,乃地府之奇观也。岩之东西,壁立数千丈,石文五色,艳似朝霞。有松树数行,植根岩腹。于是两边渐降,合于西面。中间一路,才可容身。自余天然状如城郭,而佛堂房宇,犹有数间。禅诵之迹,足使观者兴怀耳。①

(二)上谷郡惠香尼

> (太和)九年秋,有司奏,上谷郡比丘尼惠香,在北山松树下死,尸形不坏。尔来三年,士女观者有千百。②

此外,平城云冈附近有可供尼众禅修的石窟,《水经注·漯水》记载:"武州川水又东南流,水侧有石祇洹舍并诸窟室,比丘尼所居也。"③太和十八年(494)以前,平城一直是北魏都城所在,考古发现,云冈石窟附近有比丘尼石窟群,同时还有比丘尼造像题记出土。④

(三)少室山总持尼

达摩在少室山九年面壁,先后收了慧可、道育等数位弟子,比丘尼总持

---

① 慧祥:《古清凉传》卷一,《大正藏》第51册,第1095页中—下。
② 魏收:《魏书》卷一一四《释老志》,第3039页。
③ 郦道元著,陈桥驿校证:《水经注校证》卷一三,第316页。
④ 陆屹峰、员海瑞:《云冈石窟尼寺考》,《文物季刊》1989年第1期。

也在其列,禅宗史籍《历代法宝记》《宝林传》等都载有其名,誉之为"得(达摩禅法)肉者":

> (菩提达摩)大师云:"唐国有三人得我法。一人得我髓,一人得我骨,一人得我肉。得我髓者惠可,得我骨者道育,得我肉者尼总持也。"……时魏聘国使宋云于葱岭逢大师……西国弟子般若蜜多罗,唐国三人,道育、尼总持等,唯惠可承衣得法。①

宗密在《中华传心地禅门师资承袭图》中也承认了《历代法宝记》中关于尼总持的说法:尼总持"断烦恼,得菩提"——"得肉";道育"迷即烦恼,悟即菩提"——"得骨";慧可"本无烦恼,原是菩提"——"得髓"。②尼总持虽然早年在嵩山跟随达摩学习禅法并有所成,但不久即远遁江南,隐居湖州,直至终老。据南宋僧人宗晓考证,尼总持死后肉身不坏,墓塔直至南宋淳熙年间(1174—1189)时尚存于湖州法华山:

> 尼讳道迹,号总持,不知何许人,得法于菩提达磨。……(达摩)一日告众曰:"吾欲西返天竺,汝等盍各言其所得。"时道育曰:"如我所见,不执文字,不离文字,而为道用。"师曰:"汝得吾皮。"尼总持曰:"我今所解,如庆喜见阿閦佛国,一见更不再见。"师曰:"汝得吾肉。"道副曰:"四大本空,五阴非有,而我见处,无有一法。"师曰:"汝得吾骨。"慧可礼拜,依位而立。师曰:"汝得吾髓。"……迹既未阶于得髓,而履践之志未忘。即遁居湖州卞岭之顶峰,昼夜诵《法华经》,满十万部,几二十年不下山。后归寂,塔全身于结庐之所。至大同元年,塔内忽有青莲华一朵。道俗异之,因启,看见尼肉身不坏,其华从舌根生。又于中获《莲经》一部。州郡录实表奏,敕置法华寺。是寺至今大宋改额观音院,则以法华名山。尼之塔犹存,淳熙中住持僧净然重立祖堂,以奉香火。③

---

① 《历代法宝记》,《大正藏》第51册,第181页上。
② 宗密:《中华传心地禅门师资承袭图》,《卍新续藏》第63册,第32页上。
③ 宗晓:《法华经显应录》卷下,《卍新续藏》第78册,第43页下。

总体而言,史料对于同时期北方比丘尼禅修情况的记载相当匮乏,这和北方佛教禅修法门的兴盛程度极不相称,很大程度上和北方常年战乱有关。在此情况下,女众的修行环境得不到保障,而禅定往往需要安静的环境。同时,北方佛教相关史料缺少整理,隐于男众身后的女众修行,较不容易被史家所关注,以致我们只能从一些片言只语去猜测北方比丘尼禅修的情况。另一个值得注意的现象则是,目前所见三例北朝比丘尼禅修活动,全是处于远离城市的山林区域(五台山、恒山和嵩山),都市尼众禅修事例付诸阙如。而与此同时,洛阳尼寺众多,邺城也有相当数量的尼寺存在,洛阳和邺城又是当时佛经(禅经)翻译重地,却极少见到尼寺有用于禅修的专门空间的记载,这和南方城市多禅寺(房)有较大的差别。

五、念佛三昧与比丘尼的禅修实践

支娄迦谶—支谦一系是汉地最早传入大乘禅法的僧人。该系僧人传习的禅经(法)将大乘般若理论和念佛三昧禅法相结合,以《般舟三昧经》为代表。此经讲述念西方净土和专念佛身相好两种修持方法,是早期大乘禅法的主要法门。[1]后秦鸠摩罗什发展了念佛法门的禅定方法,所译《坐禅三昧经》卷上云:

> 若多淫欲人,不净法门治。若多瞋恚人,慈心法门治。若多愚痴人,思惟观因缘法门治。若多思觉人,念息法门治。若多等分人,念佛法门治。[2]

昙摩蜜多所传《五门禅经要用法》亦对持念佛号辅助禅定相当重视:"若心没者,教以念佛。"[3]

这说明,通过念佛得以息心进而实现禅定早已为本土僧人知晓,这一法门在东晋南北朝时期得到进一步发展。佛驮跋陀罗所传禅法,虽然是以说一切有部禅法为主,却包含了较多的大乘禅观思想,尤其是其所译《观佛三昧海经》,充分发挥观佛法门,从观佛相好到念七佛再到十方无量诸佛;[4]昙

---

[1] 徐文明:《中土前期禅学思想史》,第21—24页。
[2] 《大正藏》第15册,第271页下。
[3] 佛陀蜜多撰、昙摩蜜多译:《五门禅经要用法》,《大正藏》第15册,第325页下。
[4] 释道昱:《禅观法门对南北朝佛教的影响》,《正观》(南投)2002年第2期,第79页。

良耶舍所译《药王药上观经》和《观无量寿经》等两部经典，深入介绍观想念佛法门；沮渠京声应玄畅之请译出《念佛三昧经》六卷。

《比丘尼传》收录了多位修习大乘三昧法门的尼众。五层寺的慧绪尼在江陵与另一位比丘尼"隐尼"在一起，"共习般舟"。①僧述尼和法全尼都以三昧为修持重点。僧述尼，"节行清苦，法检不亏，游行经律，靡不遍览……从隐、审二师谘受秘观，遍三昧门……为禅学所宗"；②法全尼，"昼则披文远思，夕则历观妙境。大乘奥典皆能宣讲，三昧秘门并为师匠"。③

修持念佛三昧禅法得生兜率或西方净土，是当时江南比丘尼禅定修习的一个重要表现。东晋十六国时期，弥勒信仰在中国佛教界有较大影响。④往生兜率思想，在公元4、5世纪的罽宾非常盛行。⑤佛驮跋陀罗在青年时代就已坐禅入定至兜率天参礼弥勒，⑥其所译《观佛三昧海经》对念十方诸佛，得见弥勒，往生弥勒净土有详细的介绍。⑦到了道安——慧远时代，念佛禅法门进一步发展完善。道安通过修禅往生兜率净土，开启了念佛禅的滥觞。⑧

弥勒兜率净土信仰大行于世的同时，弥陀西方净土信仰也在兴起和发展。

庐山慧远提倡禅法的弘传，也首开僧俗共期西方、往生弥陀净土的风气。慧远与同志百余人在庐山结莲社，共期西方，并建立了禅林。慧远所提倡的禅法，既有来自罽宾的萨婆多部禅法，也有如《般舟三昧经》所倡导的大乘禅法。⑨慧远在《念佛三昧诗集序》中说："又诸三昧，其名甚众，功高易进，念佛为先。"⑩《般舟三昧经》主导的念佛三昧修行方法，目的在于依靠佛的本愿和威神力，使修行者在禅定的状态中见到佛现于前，并能得到佛的指点。⑪

---

① 宝唱：《比丘尼传》卷三，《大正藏》第50册，第944页上。
② 宝唱：《比丘尼传》卷四，《大正藏》第50册，第947页中。
③ 宝唱：《比丘尼传》卷三，《大正藏》第50册，第943页中。
④ 参见汤用彤：《汉魏两晋南北朝佛教史》，第154—155页。
⑤ 参见印顺：《说一切有部为主的论书与论师之研究》，第541—544页。
⑥ 参见慧皎：《高僧传》卷二，《大正藏》第50册，第334页下。
⑦ 参见释道昱：《禅观法门对南北朝佛教的影响》，《正观》（南投）2002年第2期，第78页。
⑧ 参见龚隽：《禅史钩沉》，第271页。
⑨ 慧远念佛禅法门所依据的净土类经典，包括《般舟三昧经》和《观无量寿经》。详参望月信亨：《中国净土教理史》，第28页。
⑩ 道宣：《广弘明集》卷三〇，《大正藏》第52册，第351页中。
⑪ 这里念佛是定中念佛，伴以观想，和后世持名念佛主要是口诵而无观想不同，如明末智旭在其所著《佛说阿弥陀经要解》中所言："执持名号……即念念佛，不劳观想，不必参究，当下圆明，无欠无余。"（《大正藏》第37册，第371页下）

畺良耶舍精通禅法,其翻译的《观无量寿经》记载了佛陀为韦提希夫人广说十六种观想念佛法门。杜继文先生认为,这部佛经对心佛的关系进行了阐释,成为后期禅宗"即心是佛"理论的重要依据,①所谓：

> 诸佛如来是法界身,遍入一切众生心想中,是故汝等心想佛时,是心即是三十二相、八十随形好。是心作佛,是心是佛,诸佛正遍知海从心想生。②

从东汉支娄迦谶翻译《般舟三昧经》、三国支谦翻译《阿弥陀经》到慧远结白莲社共期西方,再到畺良耶舍重译《观无量寿经》,可以看到通过念佛生定并往生净土对广大僧尼的吸引力。

(一) 往生兜率弥勒净土

根据《比丘尼传》的记载,宋元嘉年间(424—453),出现了三位念佛愿往生兜率净土的比丘尼。

比丘尼玄藻设观世音斋,虔诚礼忏,经七日夜,见金像三摩其身,病痛消除,"遂求出家……精勤匪懈,诵《法华经》。菜食长斋,三十七载。常翘心注想,愿生兜率。宋元嘉十六年(439),出都造经,不测所终"。③

比丘尼光静,习禅勇猛精进,跟随她学习的人"常百许人"。她本人"属念兜率,心心相续"。元嘉十九年(442)临命终时,"殊香异相,满虚空中"。④

比丘尼净秀七岁时"自然持斋",又受五戒,"精勤奉持,不曾违犯"。十九岁出家为建康青园寺业首尼弟子,"三业勤修,夙夜匪懈","外严法禁,内安禅默"。时有神人马先生预言："此尼当生兜率。"净秀临终时,自言我生兜率,言绝而卒。⑤

(二) 往生西方弥陀净土

通过念佛入定往生西方,在南方尼众中也颇有影响。

刘宋元嘉年间建康建福寺法盛尼,虽晚年才出家学佛,然学业精进,常

---

① 杜继文、魏道儒：《中国禅宗通史》,第41页。
② 畺良耶舍译：《观无量寿经》,《大正藏》第12册,第343页上。
③ 宝唱：《比丘尼传》卷二,《大正藏》第50册,第938页中。
④ 宝唱：《比丘尼传》卷二,《大正藏》第50册,第939页中。
⑤ 宝唱：《比丘尼传》卷四,《大正藏》第50册,第945页上—下。

愿生安养,并言:"吾立身行道,志在西方。"临终时于塔下礼佛,见如来垂虚而下,"光明显烛,一寺咸见",法盛于是向寺众解说光明之因,"言竟寻终"。①

宋齐之间,慧绪尼与江陵某隐尼,"相携行道,同居一夏,共习般舟,心形勤苦,昼夜不息"。②

吴县南寺法胜尼,"该通定慧,探索幽隐"。晚年于病中见"一佛坐莲华上",光明照其身,临命终时,令人为其"称佛","自亦称佛……容貌不改,奄忽而终"。③这里的"称佛"应该就是慧远所说的"念佛",她于病中见莲花坐佛,可能是愿生西方的瑞相感应。

六、禅诵与禅律

通过对两晋南北朝尼众禅修实践的考察可以发现,她们在实践禅法获得定境的同时又有诵习经典和严格持戒的特点,即诵经和严格持戒为禅定提供了助力。

"禅诵"作为修行实践方式不仅在僧尼中盛行,在中古白衣中也有较广泛的认知。《洛阳伽蓝记》"崇真寺"条记云:"沙门之体,必须摄心守道,志在禅诵。"④唐张说《唐陈州龙兴寺碑》云:"昼则目禅诵之事,夜则耳钟梵之音。"⑤王维将其辋川别业表为寺庙,置母灵柩于其西侧,复又在上奏表文《请施庄为寺表》中说:"伏乞施此庄为一小寺,兼望抽诸寺名行僧七人,精勤禅诵,斋戒住持。"又在《山中寄诸弟妹》诗中云:"山中多法侣,禅诵自为群。"⑥

南北朝僧俗常诵习的经典,包括《大涅槃经》《法华经》等,其中以《法华经》诵习人数最多。圣严法师认为,《法华经》开创了中国佛教基本修行方法,在中国佛教史上影响深远,依止《法华经》的禅定方法是当时禅定法门中最重要的一种。⑦慧思和智者大师开创的天台禅法亦直接源于法华三昧。⑧天台宗祖师慧文、慧思都以禅法著称于世。智𫖮长于义理之学,亦不离禅法,座

---

① 宝唱:《比丘尼传》卷二,《大正藏》第 50 册,第 937 页下。
② 宝唱:《比丘尼传》卷三,《大正藏》第 50 册,第 944 页上。
③ 宝唱:《比丘尼传》卷二,《大正藏》第 50 册,第 939 页上。
④ 杨衒之撰,杨勇校笺:《洛阳伽蓝记校笺》卷二,第 77 页。
⑤ 张说:《张燕公集》卷一八《唐陈州龙兴寺碑》,第 135 页。
⑥ 王维撰,陈铁民校注:《王维集校注》卷一一,第 1085 页;卷二,第 112 页。
⑦ 圣严:《中国佛教以〈法华经〉为基础的修行方法》,《中华佛学学报》1994 年总第 7 期。
⑧ 王晴薇:《慧思禅观中之"四禅"与〈妙法莲华经〉之关系》,南岳佛教协会主编:《慧思大师研究》,第 486—489 页。

下门人中,禅学突出者不在少数:"传业学士三十二人,习禅学士散流江汉,莫限其数。"①

"法华三昧"对南北朝比丘尼的禅观修习也有一定影响。禅修有成的尼众大多有受持《法华经》的经历。东晋时康明感尼,"专笃禅行,戒品无愆",同时诵《观世音经》;②僧念尼诵《法华经》日夜七遍,"禅范大隆,谘学者众";③梁惠晖尼"读《大涅槃经》,诵《法华经》……讲说不休,禅诵无辍"。④传承达摩禅法的比丘尼总持同时也受持《法华经》,僧抱玉幼年即出家于尼总持所住的法华寺,并受持《法华经》。⑤南齐建康法音寺昙简、昙勇和净珪等三位比丘尼依《法华经·药王菩萨本事品》烧身供养,此三人皆以禅定见长:昙简"禅思静默,通达三昧,德声遐布,功化自远";净珪尼"经律博通,三业禅秘,无不善达";昙勇尼"为性刚直,不随物以倾动,常以禅律为务,不以衣食经怀"。⑥

佛教强调戒定慧三学相资,因戒生定,因定发慧,进而由智慧的圆满达到彻底解脱。两晋南北朝的尼众禅修多有定境,同时很多人能够严格持戒,尽管当时僧团内部戒律贯彻并不十分完备,但对于大多数尼众来说,严格持戒,既是其保持僧格的必要条件,同时也是修行的重要条件。禅修有成的尼众往往同时具有蔬食苦行、严持戒律的特点。景福寺慧果尼,"常行苦节……笃好毗尼";僧果尼,"每至入定,辄移昏晓,绵神净境,形若枯木";青园寺业首尼,"风仪峻整,戒行清白";同寺昙晖尼,"兼通禅律,简绝荣华";竹园寺慧濬尼,"中则菜蔬一饭,鲜肥不食……深禅秘观,无不必入";普贤寺宝贤尼,"博通禅律";⑦禅基寺僧盖尼,"博听经律,深究旨归。专修禅定,惟日不足";法音寺昙勇尼,"以禅律为务";⑧禅林寺净秀尼,"外严法禁,内安禅默"。⑨

---

① 道宣:《续高僧传》卷一七,《大正藏》第 50 册,第 568 页上。
② 宝唱:《比丘尼传》卷一,《大正藏》第 50 册,第 935 页下。此《观世音经》即《普门品》,系《法华经》其中一品,因此将之列入法华修习者。
③ 宝唱:《比丘尼传》卷四,《大正藏》第 50 册,第 945 页下。
④ 宝唱:《比丘尼传》卷四,《大正藏》第 50 册,第 947 页下。
⑤ 参见宗晓:《法华经显应录》卷下,《大正藏》第 78 册,第 44 页上。
⑥ 宝唱:《比丘尼传》卷三,《大正藏》第 50 册,第 943 页下、944 页中。
⑦ 宝唱:《比丘尼传》卷二,《大正藏》第 50 册,第 937 页中、939 页下、940 页中、940 页下—941 页上。
⑧ 宝唱:《比丘尼传》卷三,《大正藏》第 50 册,第 943 页上、944 页中。
⑨ 宝唱:《比丘尼传》卷四,《大正藏》第 50 册,第 945 页中。

第三节 《法华经》与比丘尼的修行实践

一、《法华经》的翻译与法华信仰的流布

《法华经》全称《妙法莲华经》，现存三个译本：其一是西晋竺法护（约239—316）于西晋太康七年（286）翻译的《正法华经》十卷二十七品；其二为后秦鸠摩罗什（344—413）于后秦弘始八年（406）翻译《妙法华莲经》七卷二十八品；隋仁寿元年（601）阇那崛多（527—604）和达摩笈多（？—619）重勘梵本，补订什译，名为《添品妙法莲华经》，七卷二十七品。《开元释教录》卷一一、一四载，在此三种译本之外，还有三国时吴支彊良接译的《法华三昧经》六卷、西晋竺法护译的《萨芸芬陀利经》六卷和东晋支道林译的《方等法华经》五卷等三个译本。现行流通最广的，是在鸠摩罗什翻译《妙法华莲经》七卷二十七品基础上，增补南齐法献共达摩摩提译的《妙法莲华经·提婆达多品》、北周阇那崛多译的《普门品》偈颂和玄奘（602—664）所译《药王菩萨咒》等而成的七卷二十八品。

在道宣看来，现存竺法护、鸠摩罗什和阇那崛多三个译本彼此差异不大，以罗什译本最为流行，"三经重沓，文旨互陈，时所宗尚，皆弘秦本"。[①]此经自罗什的汉译本问世后，由于文义流畅，词义通顺，加之受学弟子众多，很快在汉地盛传开来。《法华经》不仅在中原地区得到广泛传播，在西域地区如高昌等地也有广泛流传，"（《法华经》）所宣扬的抄写佛经、供养法师、筑塔造寺、妆銮佛像、彩绘壁画等，很快在全国流行开来，高昌也不例外"。[②]正如道宣所言：

> 是知五千退席，为进增慢之俦；五百授记，俱崇密化之迹。所以放光现瑞，开发请之教源；出定扬德，畅佛慧之宏略。朽宅通入大之文轨，化城引昔缘之不坠，系珠明理性之常在，凿井显示悟之多方。词义宛

---

① 道宣：《妙法莲华经弘传序》，《大正藏》第9册，第1页中。
② 贾应逸：《鸠摩罗什译经和北凉时期的高昌佛教》，《敦煌研究》1999年第1期。

然,喻陈惟远。自非大哀旷济,拔滞溺之沈流;一极悲心,拯昏迷之失性。自汉至唐六百余载,总历群籍四千余轴,受持盛者无出此经。①

慧皎《高僧传》所列举的讲经和诵经者中,以讲、诵《法华经》的人数最多,敦煌写经里也是此经所占的比重最大。仅南北朝时期,注疏此经的就达七十余家,著名者有竺道生的《妙法莲华经疏》二卷、释慧观的《法华宗要序》、梁法云的《法华经义记》八卷等。智颢所著《法华玄义》二十卷、《法华文句》二十卷、《摩诃止观》二十卷等,在此基础上开创了以法华思想为核心的天台宗。《法华经》蕴含的"法华三昧观法",在《法华经》佛塔信仰及经卷受持功德的促进下,佛教界形成了以《法华经》为中心的各种信仰形态。②法华思想在南北朝时期的民间社会广泛传布,这一时期各种佛教造像中,与《法华经》有关的内容如多宝佛、观世音等占有相当大的比例,还出现了以《法华经》为核心的村邑社区佛教法义团体。③

以《法华经》为中心的修行方法很多,圣严法师将之概括为受持、读诵,其次是讲解、为他人说等。④从南北朝至明清,《法华经》修行法门广泛流行,后人搜集历代修行事迹,编撰成《弘赞法华传》《法华传记》《法华经灵验传》《法华显应录》《法华经持验记》等多部著作。《法华经》对女众信仰和解脱有特别的关注,历代都有为数甚多的女众追随者。两晋南北朝时期,比丘尼的法华信仰涵盖多个层面,包括诵读、讲说、禅修、拜塔、烧身、造像等。

二、《法华经》对女性解脱的肯定

《法华经》多有记述与描写女性的篇章,如《提婆达多品》《劝持品》《安乐行品》和《药王菩萨本事品》等。其中《提婆达多品》记载了龙女以女身、旁生道成就佛果的故事;在《劝持品》中,记载了佛陀为姨母摩诃波阇波提比丘尼、罗睺罗母耶输陀罗比丘尼等授记,预言她们将来作大法师,渐进菩萨道或佛道,"当得作佛"的故事。所有这些记述都成为女人成道作佛的证言。

---

① 道宣:《妙法莲华经弘传序》,《大正藏》第 9 册,第 1 页中—下。
② 圣凯:《论中国早期以〈法华经〉为中心的信仰形态》,《法音》2002 年第 7 期。
③ 颜尚文:《北朝佛教社区共同体的法华邑义组织与活动——以东魏〈李氏合邑造像碑〉为例》,《台大佛学研究中心学报》1996 年第 1 期。
④ 圣严:《中国佛教以〈法华经〉为基础的修行方法》,《中华佛学学报》(台北)1994 年总第 7 期。

（一）"会三归一"的一乘思想

《法华经》具有极强的包容性，它将声闻乘、缘觉乘、菩萨乘等三乘汇总为一佛乘，即所谓"会三归一"："如来但以一乘佛故，为众生说法，无有余乘，若二、若三。……十方佛土中，唯有一乘法，无二亦无三，除佛方便说。但以假名字，引导于众生，说佛智慧故，诸佛出于世。唯此一事实，余二则非真，终不以小乘，济度于众生。"《法华经》宣称，佛陀为众生宣讲的是一乘佛法，本无大、小乘及声闻、缘觉、菩萨三乘的区别，无论是过去、未来还是现在诸佛，为众生演说的佛法都是一乘，即"佛乘"："以无量无数方便、种种因缘、譬喻言辞而为众生演说诸法，是法皆为一佛乘故。"①只是由于众生根器的差别，需要诸佛采取方便灵活的说法便于众生理解接受，于是"于一佛乘分别说三"。从这个意义上看，《法华经》认为，一即是三，三归于一，所谓的"三乘"最终都归于佛乘，因此，所有的大乘佛法修行者，无论老少、男女、种类，最终都将成就佛果。

（二）龙女成佛

原始佛教和部派佛教经典中，有为数不少的女性成就阿罗汉果的事例，并有佛陀在过去世中以女身得燃灯佛授记未来成佛的本生故事，同时也存在大量对女性道器持否定态度的文字，如"女人五碍""女身垢秽，非是法器"等。《法华经》摒除了部派佛教关于女身修行障碍的说法，提出了"女身成佛"的革命性口号。《法华经·提婆达多品》通过文殊菩萨、智积菩萨、舍利弗和龙女的对话，讲述了八岁龙女通过听讲《法华经》，修习大乘，深入禅定，了达诸法，于刹那顷发菩提心，得不退转，当世成佛的故事，揭示了女性依止《法华经》修行成就佛果的大乘佛教精神：

> 文殊师利言："有娑竭罗龙王女，年始八岁，智慧利根；善知众生诸根行业，得陀罗尼，诸佛所说甚深秘藏悉能受持；深入禅定，了达诸法，于刹那顷发菩提心，得不退转，辩才无碍……"智积菩萨言："我见释迦如来，于无量劫难行苦行，积功累德求菩提道，未曾止息。……然后乃得成菩提道，不信此女于须臾顷便成正觉。"②

听毕文殊菩萨对于八岁龙女如何修行无碍的讲述，智积菩萨表示怀疑，

---

① 鸠摩罗什译：《妙法莲华经》卷一，《大正藏》第9册，第7页中—8页上。
② 鸠摩罗什译：《妙法法华经》卷四，《大正藏》第9册，第35页中。

以"智慧第一"的舍利弗更进一步提出了他的质疑：

> 时舍利弗语龙女言："汝谓不久得无上道，是事难信。所以者何？女身垢秽，非是法器，云何能得无上菩提？佛道悬旷，经无量劫勤苦积行，具修诸度，然后乃成。又女人身犹有五障：一者不得作梵天王，二者帝释，三者魔王，四者转轮圣王，五者佛身。云何女身速得成佛？"①

在智积菩萨的认知里，释迦牟尼经历过去世累世修行，累积了无量功德方得成佛，八岁龙女自称可以转瞬成佛只能是自我吹嘘。舍利弗对龙女的质疑较之智积菩萨更为直接犀利，他提出了原始佛教和部派佛教经典中对女性由来已久的看法：女身垢秽和女人五障。

面对智积菩萨和舍利弗的强烈质疑，龙女不是简单地逞口舌之利，而是直接用事实向大众展现了女身成就佛果的快速：

> 尔时龙女有一宝珠，价直三千大千世界，持以上佛。佛即受之。龙女谓智积菩萨、尊者舍利弗言："我献宝珠，世尊纳受，是事疾不？"答言："甚疾。"女言："以汝神力，观我成佛，复速于此。"当时众会，皆见龙女忽然之间变成男子，具菩萨行，即往南方无垢世界，坐宝莲华，成等正觉，三十二相、八十种好，普为十方一切众生演说妙法。

正在智积菩萨和舍利弗等人将信将疑之时，龙女忽然之间变成男子，具菩萨行，往南方无垢世界，坐宝莲华成等正觉，具三十二相、八十种好，普为十方一切众生演说妙法的情景为大众亲见，"智积菩萨及舍利弗、一切众会，默然信受"。②

龙女瞬间女转男身并成就佛果的事实，打破了人们印象中佛教对女性固有形象的认知。原始佛教和部派佛教时期多部典籍都有"女身垢秽，非是法器"，"女人身有五障"等女身难以修行、难以成佛的记载。按照部派佛教的观点，八岁龙女既是旁生（龙族属畜生道），又是女人之身，先天不足使

---

① 鸠摩罗什译：《妙法法华经》卷四，《大正藏》第9册，第35页下。
② 鸠摩罗什译：《妙法法华经》卷四，《大正藏》第9册，第35页下。

她在修行道路上已经有诸多障碍,但是龙女却在众多菩萨、声闻众面前展示了以旁生和女身而速得成就佛果的过程,根本原因在于这是依据《法华经》修行的结果,同时也是大乘佛法破除男女相的执念,追寻般若智慧的果报。对此,宋代戒环如是评论:

> 龙宫无数菩萨,皆是文殊菩萨化度。而独举八岁龙女成佛者,明佛性不间男女,不在老成,不择异类,但根智之利,所造之深,刹那回光,则菩提可至,亦乃破三乘远系,而进其濡滞也。①

太虚大师也在《法华讲演录》中对众生(特别是女身)修习《法华经》的功德果报进行了肯定:"悉由得闻是经之故,初不以恶趣女身为碍。"②

(三)广开授记成佛之门

授记,又译作受记、受决、记莂、记说等,或音译为和伽罗那、和罗那、弊伽蓝陀、毗耶佉梨那等,意思是预言、记说、解答等。③授记是佛典九分教、十二分教的一支,在佛教发展过程中,授记逐渐被用于特指佛陀对弟子未来世成佛证果和成佛名号的一种预言。④大小乘多部经典都曾谈到佛陀对弟子未来世的授记,《法华经》则是授记成佛思想在大乘佛教经典中的集大成者,它记录了许多佛陀为大修行者广开授记之门的故事。法华会上,佛陀不仅为舍利弗等已修成罗汉果的上、中、下三根声闻弟子授记,还为恶人提婆达多以及大爱道、耶输陀罗等五百比丘尼授记:《譬喻品》为上根声闻舍利弗授记;《授记品》为大迦叶等中根声闻弟子授记;在《五百弟子授记品》《授学无学人记品》中为富楼那等下根声闻弟子授记;在《劝持品》为以大爱道为首的六千有学无学比丘尼作了授记;《提婆达多品》中为犯了五逆重罪的恶人提婆达多授记;《法师品》则为现前闻法随喜、佛灭后闻法随喜和受持《法华经》的六种法师(受持、读、诵、解说、书写、供养此妙法等)三类众生普为授记。

中土佛教主流是大乘佛教,特别是随着以《法华经》为代表的一系列大乘经典在中土译传的深入,授记思想也广泛地影响到了各阶层的信众。吉

---

① 戒环:《法华经要解》卷四,《卍新续藏》第30册,第327页上。
② 太虚:《法华讲演录》,《太虚大师全书》(第11册),第347页。
③ 慈怡主编:《佛光大辞典》,第4587页中。
④ 杨郁如:《佛教授记思想研究现状与论著目录》,《敦煌学辑刊》2012年第1期。

藏大师认为,授记思想对于《法华经》及所有大乘佛典来说都意义非凡:"授记既是《法华》要义,亦是众经大宗。"①南传佛教经典《五十本生集》规定了授记成佛的八个必备的条件:1.得人身;2.为男性;3.出生时具足三种善识;4.值遇佛陀;5.出家;6.具足德行;7.发心;8.欲求。②《法华经》中,佛陀广开授记之门,授记成佛的对象,不仅有出家众,还有在家修行者;不仅有男性,还有女性;不仅有人类,还包括了旁生。所有这一切,无疑大大突破了原始佛教和部派佛教关于授记成佛必须要具备八个必要条件的障碍。《法华经》通过授记成佛这一形式,打破了原始佛教和部派佛教经典对于女性身体和修行能力的否定性论断。

概言之,《法华经》通过会三归一、开权显实为一切众生依经修行、成就佛果提供理论依据的同时,在经中佛陀还为众生广开授记之门,龙女以旁生和女身得转男身须臾成佛的示现为广大女性信仰佛教获得解脱指明了道路。有鉴于此,自3世纪末竺法护译出《正法华经》后,《法华经》就开始在女性信众中流传,鸠摩罗什翻译《妙法莲华经》更是将本经在中土女性中的修习提升到了一个新的高度。

必须说明的是,作为大乘佛教早期经典,《法华经》在积极肯定女众修习本经以获得解脱的同时,仍然存在相当部分对女身的否定的内容。从佛教发展史来说,对女性修行道器肯定的同时又对女身进行不同程度的否定,这是自阿含以来的佛教经典在对待女身态度上同时存在的两种倾向,其理论根源在于佛陀对于女性的根本态度,即在众生平等的基础上对女性根本道器的肯定和基于社会历史原因以及男女由于生理和心理上的差异带来的解脱路径上存在差异的论说。

三、《法华经》的修习功德

无论翻看《法华经》哪一个版本,都会发现,经文不厌其烦地强调受持、读诵、解说、书写、供养本经而产生的功德利益或灵验,如《提婆达多品》《分别功德品》《法师功德品》《药王菩萨本事品》《观世音菩萨普门品》《普贤菩萨劝发品》等。

---

① 吉藏:《法华义疏》卷八,《大正藏》第34册,第565页中。
② 郭忠生:《女身授记》,《正观》2000年总第14期。

《法师品》中说：

> 若善男子、善女人，于《法华经》乃至一句受持、读诵、解说、书写，种种供养经卷，华、香、璎珞、末香、涂香、烧香、缯盖、幢幡、衣服、伎乐，合掌恭敬，是人一切世间所应瞻奉，应以如来供养而供养之。……若人以一恶言，毁訾在家出家读诵《法华经》者，其罪甚重。①

《提婆达多品》：

> 若有善男子、善女人，闻《妙法华经·提婆达多品》，净心信敬不生疑惑者，不堕地狱、饿鬼、畜生，生十方佛前，所生之处常闻此经。②

经中强调了受持该品经文的功德可以不堕"三恶道"：地狱、恶鬼、畜生，对于信众来说，其意义不可谓不重大。同时，经文还强调了毁訾诵读《法华经》的果报，其罪甚重。

《法师功德品》：

> 若善男子、善女人，受持是经，若读、若诵、若解说、若书写，得千二百舌功德。若好、若丑，若美、不美，及诸苦涩物，在其舌根，皆变成上味，如天甘露，无不美者。③

本品经文强调了受持《法华经》对舌根的果报，一切苦涩难咽之物皆变为美味。依照《法华经》修持者，往往能得到舌根不坏的果报，如鸠摩罗什，焚身之后，舌不焦烂。

《普贤菩萨劝发品》又言修习《法华经》可以感得普贤菩萨现身说法：

> 若后世后五百岁浊恶世中，比丘、比丘尼、优婆塞、优婆夷，求索者、受持者、读诵者、书写者，欲修习是《法华经》，于三七日中应一心精进。

---

① 鸠摩罗什译：《妙法法华经》卷四，《大正藏》第9册，第30页下—31页上。
② 鸠摩罗什译：《妙法莲华经》卷四，《大正藏》第9册，第35页上。
③ 鸠摩罗什译：《妙法莲华经》卷六，《大正藏》第9册，第49页中。

满三七日已,我当乘六牙白象,与无量菩萨而自围绕,以一切众生所喜见身,现其人前,而为说法示教利喜。①

如以上经文所言,修行者闻说《法华经》一字一句乃至受持、读诵、解说、书写、供养,功德不可思议。在此功德利益的感召下,读诵、抄写、翻译、流通、供养、造像成为两晋南北朝近三百年女性佛教信仰者受持《法华经》的主要方式。相关佛教史籍如《法华灵验记》《法华传记》等都收录了相当比例的女性修持《法华经》获得灵验的事迹。

四、出家女众《法华经》修持概况

表3 两晋南北朝比丘尼受持《法华经》一览表

名字	活跃年代	所属寺院	讲诵经典	其他修行事迹	备注
智贤尼	东晋太和中卒	司州西寺	《正法华经》	菜斋苦节	
康明感尼	东晋建元中卒	建康建福寺	《观世音经》	专笃禅行,戒品无愆	
竺道馨尼	东晋太和中卒	洛阳城东寺	《法华》《维摩》《小品》	雅能清谈,蔬食苦节	
道仪尼	东晋末	建康何后寺	《法华经》《维摩》《小品》	端心律藏	
令宗尼	东晋末	司州	《普门品》		
慧玉尼	宋元嘉时人	江陵牛牧寺	《法华》《首楞严》	为苦行,斋七日	
道瑗尼	宋元嘉中	建康建福寺		造普贤像	大造形象,处处安置
道寿尼	宋元嘉中	江陵祇洹寺	《法华经》三千遍	勤苦超绝	
玄藻尼	宋元嘉中	吴太玄台寺	《法华经》	菜食长斋	
善妙尼	元嘉十七年	蜀郡某寺		烧身	
普照尼	元嘉十九年卒	南皮张国寺	《法华经》一日三卷	忏悔、苦行绝伦	定中见塔
法胜尼	宋元嘉中	吴县南寺	病中令人转读《法华》		

---

① 鸠摩罗什译:《妙法法华经》卷七,《大正藏》第9册,第61页中。

续表

名字	活跃年代	所属寺院	讲诵经典	其他修行事迹	备注
僧端尼	宋元嘉中	建康永安寺	请《观世音经》，二日能诵		
普敬尼、普要尼	宋元嘉中	建康永安寺	《法华经》	以苦行显名	
道综尼	大明七年	江陵三层寺		烧身	
慧耀尼	泰始末年	蜀郡永康寺		烧身	
昙简尼	齐建武元年	建康法音寺		苦行、禅观、烧身	同寺净珪尼同日烧身
昙勇尼	齐永元三年	建康法音寺		禅律 烧身	
僧念尼	梁天监三年卒	建康禅林寺	老而弥笃，诵《法华经》	禅思精密、蔬食	
冯尼	天监三年卒	高昌都郎中寺		烧六指供养……戒行精苦，菜蔬一食	
慧胜尼	天监四年卒，历宋齐梁三朝	建康闲居寺	讲《法华经》		
宝颙尼	齐梁之间	建康闲居寺	讲《法华经》	明于观行	
令惠	齐梁之间	建康南晋陵寺	《法华经》《维摩》《胜鬘》等	勤身蔬饭	
妙祎尼	天监十二年卒	建康西青园寺	讲《大涅槃经》《法华》《十地》三十余遍	精研律典，讲说《十诵》《毗尼》	
惠晖尼	天监十三年卒	建康乐安寺	读《大涅槃经》《法华经》	讲说不休，禅诵无辍	
僧法尼	天监四年卒	建康青园寺	九岁诵出《法华》一卷	前后口诵出经21种，35卷	
法宣尼	梁代	山阴招明寺	《法华经》，首尾通利		
太清尼	梁代	宜都紫竹庵	《普门品》		
华手尼	梁陈之间	高邮某庵	《妙法莲华经》		五指爪上生五华
总持尼	梁陈之间	湖州法华寺	《法华经》		达摩禅法传人

由上表可知,两晋南北朝建康地区出家女众受持法华经典的方式主要有读诵、宣讲、翻译、造像等。

(一) 诵读

诵读是出家女众修持《法华经》的重要方式。从时限上看,东晋时期五人:智贤尼、康明感尼、道馨尼、令宗尼、道仪尼;刘宋时六人:慧玉尼、道寿尼、玄藻尼、普照尼、法胜尼、僧端尼,较东晋时增加一位;萧梁比丘尼凡十四位,其中诵读《法华经》者七位:僧念尼、慧胜尼、净贤尼、令玉尼、妙祎尼、惠晖尼、法宣尼等,为历代诵读者之最。①

始诵《法华经》者为司州智贤尼。智贤尼虽七十高龄,仍每日夜诵读一遍。②智贤尼活跃的年代,应该是公元 4 世纪中期。从智贤到道仪,所活跃的年代大致在公元 4 世纪中到 5 世纪初,诵读《法华经》的版本应该是竺法护所译的十卷本《正法华经》。

(二) 抄写供养

《法华经》的抄写供养在南北朝至盛唐时相当盛行。7 世纪以前高昌地区出土文献中,《法华经》抄写供养数量位列第二,仅次于《大涅槃经》。北朝时期,敦煌写本中涌现出大量关于《法华经》的抄本和疏文。③比丘尼建晖曾于永平二年(509)和大统二年(536)进行两次较大规模的抄经供养,《法华经》都在其列(详见第五章第二节表 9)。

(三) 翻译

历史上《法华经》曾有多次翻译,现存三个译本,此外还有单本小经的翻译。永元元年(499),太学博士江泌女僧法尼在九岁时诵出了一系列佛经,其中就有《法华经》一卷:④

---

① 此处没有统计南齐比丘尼诵读《法华经》的数字,实际上很多梁代比丘尼在南齐时就已经开始了剃度学法的生涯,史料虽没有呈现,但不排除她们在南齐时就已经开始研读《法华经》的可能。与此同时,南齐时期有多位比丘尼烧身供佛,如昙简尼、净珪尼、昙勇尼等,这应该和《法华经·药王菩萨本事品》的影响分不开。
② 宝唱:《比丘尼传》卷一,《大正藏》第 50 册,第 935 页中。
③ 方广锠:《敦煌遗书中的〈妙法莲华经〉及有关文献》,《中华佛学学报》(台北)1997 年第 10 期。
④ 僧法尼所诵出经典被僧祐判为"疑经",该《法华经》(一卷)也在僧法去世后不久即亡佚。参见方广锠:《关于江泌女子僧法诵出经》,《藏外佛教文献》(第八辑),宗教文化出版社,2003 年。

太学博士江泌女,小而出家,名僧法,年八九岁。有时静坐闭目,诵出前经。扬州道俗,咸称神授。房验经论,斯理皎然,是宿习来,非关神授。且据外典,夫子有云,生而知者圣,学而知者次。此局谈今生,昧于过去尔。若不尔者,何以得辩内外贤圣浅深过现乎?①

僧法尼口诵出经的事惊动了南朝僧俗,僧祐听闻后也前去拜访,一探真伪。尽管关于这一卷佛经的真伪历代争议不断,从另外一个方面也可以看出法华类经典在南朝社会的普及程度。

(四)讲说

讲说也是此一时期尼众依止《法华经》修持的重要方式之一。第一位讲说《法华》的是东晋道馨尼:"及年二十,诵《法华》《维摩》等经。……贵在理通,不事辞辩,一州道学,所共师宗。比丘尼讲经,馨其始也。"②此外,《比丘尼传》记载:慧胜尼"具戒以后,讲《法华经》";东青园寺宝颙尼,"讲《法华经》,明于观行";西青园寺的妙祎尼,"讲《大涅槃经》《法华》《十地》,并三十余遍"。③以上诸尼事迹,足资证明当时"讲说"《法华经》的高尼业已涌现。

(五)建塔造像

佛塔崇拜在原始佛教时期就已盛行,早期律典如《四分律》《五分律》《摩诃僧祇律》《十诵律》《根有律》等律部经典中多有关于佛塔供养的仪轨,佛陀涅槃后各国国王争夺佛陀舍利建塔供养更是将这种对佛塔的崇拜与供养推向高潮。④到了大乘佛教时期,造塔、礼塔与供塔成为普遍的修行法门,被视作有助于解脱成就佛果的行为。⑤《法华经》在此基础上进一步阐扬了佛塔信仰的果报和力量。⑥《法华经·见宝塔品》通过多宝如来的发

---

① 费长房:《历代三宝纪》卷一一,《大正藏》第49册,第97页上。又,僧法尼口诵出经到底该归为"诵读"还是"翻译",存在不同的理解。从词义言,诵读指的是口头将已有的纸质或其他形式的文字表达出来,所依据的文本是诵读者之前就已存在的。从相关记载看,僧法尼诵出的这一部经,此前应该不曾出现过,诵读的语言是中文,故此,暂将之归为翻译一类。
② 宝唱:《比丘尼传》卷一,《大正藏》第50册,第936页上—中。又道诚《释氏要览》卷下"讲僧始"条记载:"尼讲,以东晋道馨讲《法华》《维摩》二经为始也。"(《大正藏》第54册,第295页中)
③ 宝唱:《比丘尼传》卷四,《大正藏》第50册,第946页下、947页中。
④ 湛如、丁薇:《印度早期佛教的佛塔信仰形态》,《世界宗教研究》2003年第4期。
⑤ 妙安:《〈法华经〉佛塔信仰初探》,《法源》(后改名《中国佛学院学报》)1998年第16期。
⑥ 参见鸠摩罗什译:《妙法莲华经》卷四,《大正藏》第9册,第31页中。

愿——"若我成佛,灭度之后,于十方国土有说《法华经》处,我之塔庙,为听是经故,踊现其前",①将佛塔从早期佛典如《长阿含经·游行经》《大般涅槃经》等所强调的安放如来舍利的功能,进一步延展成为如来(法)的象征。

《法华经·法师品》中详述了兴建、供养礼拜佛塔的功德:

> 药王!在在处处,若说、若读、若诵、若书,若经卷所住处,皆应起七宝塔,极令高广严饰,不须复安舍利。所以者何?此中已有如来全身。此塔应以一切华、香、璎珞、缯盖、幢幡、伎乐、歌颂,供养恭敬,尊重赞叹。若有人得见此塔,礼拜供养,当知是等皆近阿耨多罗三藐三菩提。②

东晋康明感尼落难时诵念《观世音经》,平安返家后造五层塔;北永安寺昙备尼的弟子昙罗"立四层塔"。南朝很多比丘尼寺院建有佛塔,绕塔更成为尼众修行的常见行为。刘宋时建福寺尼法盛,虽已至暮齿之年,犹精进不已,常于塔下礼佛。南皮张国寺普照尼常以念诵《法华》为业,曾梦中见西方佛国有塔。东青园寺业首尼弟子宝英"建塔五层",南齐时同寺宝婴尼"起立禅房,更构灵塔",梁竹园寺净渊尼在孩童时便"聚沙为塔,刻木作像",如此种种,不胜枚举。

南北朝尼众在《法华经》的影响下进行造像,选择的造像题材有普贤像、释迦多宝二佛并坐以及多宝如来二佛并坐像等。刘宋时,建康建福寺比丘尼慧琼曾造普贤像。北朝时期,黄河以北的广大地区相当多的造像受到《法华经》的影响,民间造像组织中有专门的法华邑义,③二佛(释迦、多宝)并坐和多宝如来都是北朝民众重要的造像题材。释迦与多宝二佛并坐讲法的形象直接来源于《法华经·见宝塔品》:④

> 尔时佛前有七宝塔,高五百由旬,纵广二百五十由旬,从地踊出住

---

① 鸠摩罗什译:《妙法莲华经》卷四,《大正藏》第 9 册,第 32 页下。
② 鸠摩罗什译:《妙法莲华经》卷四,《大正藏》第 9 册,第 31 页中—下。
③ 颜尚文:《北朝佛教社区共同体的法华邑义组织与活动:以东魏〈李氏合邑造像碑〉为例》,《台大佛学研究中心学报》1996 年第 1 期。
④ 参见张保珍:《二佛并坐像在中原地区的初流布》,《南京艺术学院学报》2014 年第 1 期。

在空中……佛告大乐说菩萨："此宝塔中有如来全身,乃往过去东方无量千万亿阿僧祇世界,国名宝净,彼中有佛,号曰多宝。其佛行菩萨道时,作大誓愿:若我成佛,灭度之后,于十方国土有说《法华经》处,我之塔庙,为听是经故,踊现其前,为作证明……"尔时多宝佛于宝塔中分半座与释迦牟尼佛……即时释迦牟尼佛入其塔中,坐其半座,结跏趺坐。尔时大众见二如来在七宝塔中师子座上结跏趺坐……①

附录一"北朝比丘尼造像列表"收录的175目北朝出家女众造像题记中,多宝如来造像5目,释迦多宝二佛并坐造像2目。年代最早的尼众造像题记"比丘尼惠定造像题记"中记录了太和十三年云冈石窟比丘尼惠定所造佛像的题材包括释迦、多宝、弥勒三区;河南偃师水泉石窟造像与法华三昧思想关系密切,第4窟比丘尼僧智造像的主尊为释迦和多宝二佛并坐像。②

（六）烧身

烧身是中古时期汉传佛教信仰者最重要的修行实践方式,具有广泛的信仰基础和社会影响。

五、烧 身 供 养

烧身,又作舍身,是中古时期佛教徒常见的宗教行为,焚烧的部位有全身、手指、头顶和手臂等。烧身供养,指燃指、燃臂乃至燃全身以供养诸佛菩萨的行为,修行者希望以此功德达到世间或出世间的种种目标。③佛教对烧身供养持肯定态度,《杂宝藏经》卷二《兔自烧身供养大仙缘》记载了佛陀过去世修行中曾一世身为兔王,为供养仙人修道,乃自烧身供仙人食的因缘。《法华经·药王菩萨本事品》中,药王菩萨为了表达对佛教真理的信仰和传播佛教真理的决心而燃臂、燃身。早期烧身的主体以出家僧尼为主,到了唐宋时期,则有为数不少的在家男女信众参与。④《梁高僧传》《比丘尼传》《续

---

① 鸠摩罗什译:《妙法莲华经》卷四,《大正藏》第9册,第32页中—33页下。
② 孙章峰:《水泉石窟与北魏法华信仰》,《华夏文明》2016年第24期。
③ 张文良:《中国佛教史上的烧身供养》,《中国社会科学报》2015年12月22日。
④ 韩愈在《论佛骨表》中指出了唐代在家信众烧身供佛的狂热行为:"百姓何人,于佛更惜身命？焚顶烧指,百十为群……"（韩愈:《韩愈文集汇校笺注》卷二九,第2905页）

高僧传》《宋高僧传》等僧尼传记都有对烧身僧尼的记载。除《比丘尼传》外,三部僧传都有专门记录这些僧人事迹的篇章,或云"亡身",或云"遗身",慧皎《高僧传》"亡身"篇收录正传十一人中,烧身供佛者达八人之多。

(一) 两晋南北朝烧身供养的尼众

《比丘尼传》收录了七位烧身供养的比丘尼,其中,刘宋时三人,南齐一人,萧梁三人。除冯尼是燃指供养外,其余六位都是全身投火,以表达对信仰的虔诚。

1. 蜀郡善妙尼

> 本姓欧阳,繁县人也。少出家,性用柔和,少瞋喜。不营好衣,不食美食。有妹,婿亡孀居,无所依托,携一稚子寄其房内。常闻妙自慨生不值佛,每一言此,流涕歔欷,悲不能已。同住四五年,未曾见其食。妹作食熟,呼妙共食,妙云适于某处食竟。或云,四大不好,未能食。如此积年,妹甚恨愧,白言:"无福婿亡,更无亲属,携儿依姊,多所秽乱。姊当见厌,故不与共食耳。"流泪而言,言已欲去。妙执其手喻之曰:"汝不解我意。我幸于外得他供养,何须自损家中食。汝但安住,我不久应远行,汝当守屋,慎莫余去。"妹闻此而止。自绩作布,买数斛油,瓦缸盛之,着庭中。语妹云:"拟作功德,慎勿取也。"至四月八日夜半,以布自缠而烧其身。火已亲顶,命其妹令呼维那打磬:"我今舍寿,可遍告诸尼,速来共别。"比诸尼惊至,命未绝,语诸尼云:"各勤精进,生死可畏,当求出离,慎勿流转。我舍此身供养已二十七反,止此一身当得初果。"[1]

2. 江陵三层寺道综尼

> 未详何许人也,住江陵三层寺。少不以出众居心,长不以同物为污。贤愚之际,从通而已。迹虽混成,所度潜广。以宋大明七年三日十五日夜,自练油火,关颡既然,耳目就毁,诵咏不辍。道俗咨嗟,魔正同骇。率土闻风,皆发菩提心。宋征士刘虬雅相宗敬,为制偈赞云。[2]

---

[1] 宝唱:《比丘尼传》卷二,《大正藏》第50册,第939页中—下。
[2] 宝唱:《比丘尼传》卷二,《大正藏》第50册,第940页下。

3. 蜀郡永康寺慧耀尼

本姓周，西平人也。少出家，常誓烧身供养三宝。泰始末，言于刺史刘亮，亮初许之。有赵处思妾王氏甓塔，耀请塔上烧身，王氏许诺。正月十五日夜，将诸弟子，赍持油布往至塔所。装束未讫，刘亮遣信语诸尼云："若耀尼果烧身者，永康一寺并与重罪。"耀不得已，于此便停。王氏大瞋云："尼要名利，诈现奇特，密货内人，作如此事。不尔，夜半城内那知？"耀曰："新妇勿横生烦恼，舍身关我，傍人岂知。"于是还寺，断谷，服香油。至昇明元年，于寺烧身。火来至面，诵经不辍。语诸尼云："收我遗骨，正得二升。"及至火灭，果如其言。未烧之前一月日许，有胡僧，年可二十，形容端正，竟胛生毛，长六七寸，极细软。人问之，译语答云："从来不覆，是故生毛耳。"谓耀曰："我住波罗奈国，至来数日，闻姊欲舍身，故送银罂相与。"耀即顶受。未及委悉，匆匆辞去。遣人追留，出门便失。以此罂盛其舍利，不满二合云。①

4. 法音寺昙简尼

本姓张，清河人也。为法净尼弟子，住寺。游学淮海，弘宣正法，先人后己，志在广济。以齐建元四年立法音精舍，禅思静默，通达三昧，德声遐布，功化自远。道俗敬仰，盛修供施。时有慧明法师，深爱寂静，本住道林寺，永明时，为文惠帝、竟陵文宣王之所修饰。僧多义学，累讲经论，去来喧动，明欲去之。简以寺为施，因移白山，更立草庵，以蔽风雨。应时行乞，取给所资，常聚樵木，云营功德。以建武元年二月十八日夜，登此积薪，引火自焚，舍生死身，供养三宝。近村见火，竞来赴救，及至，简已迁灭。道俗哀恸，声振山谷，即聚所余，为立坟刹也。②

5. 法音寺净珪尼

本姓周，晋陵人也。寓居建康县三世矣。珪幼而聪颖，一闻多悟，

---

① 宝唱：《比丘尼传》卷二，《大正藏》第50册，第941页中—下。
② 宝唱：《比丘尼传》卷三，《大正藏》第50册，第943页下。

性不狎俗,早愿出家。父母怜之,不违其志,为法净尼弟子,住法音寺。德行纯邃,经律博通。三业禅秘,无不善达。神量渊远,物莫能窥。遗身忘味,常自枯槁。其精进总持,为世法则。传授训诱,多能导利,当世归心。与昙简尼同憩法音寺,后移白山,栖托树下,功化转弘。以建武元年二月八日,与昙简同夜烧身。道俗哀赴,莫不哽咽,收其舍利,树封坟刹焉。①

6. 法音寺昙勇尼

昙简尼之姊也。为性刚直,不随物以倾动。常以禅律为务,不以衣食经怀。憩法音精舍,深悟无常,高崇我乐。以建武元年,随简同移白山。永元三年二月十五日夜,积薪自烧,以身供养。当时闻见,咸发道心,共聚遗烬,以立坟刹云。②

7. 高昌郎中寺冯尼

本姓冯,高昌人也。时人敬重,因以姓为号。年三十出家,住高昌都郎中寺。菜蔬一食,戒行精苦。烧六指供养,皆悉至掌。③

(二)《法华经》的流行与佛教界烧身风气

从南北朝至唐末,汉地佛教界一度盛行烧身供养佛法的修行实践方式。《法华经·药王菩萨本事品》中,一切众生喜见菩萨通过自己的经历,为众生示现了一条成佛路径:

> 是一切众生喜见菩萨,乐习苦行,于日月净明德佛法中,精进经行,一心求佛,满万二千岁已,得现一切色身三昧。得此三昧已,心大欢喜,即作念言:"我得现一切色身三昧,皆是得闻《法华经》力,我今当供养日月净明德佛及《法华经》。"即时入是三昧,于虚空中,雨曼陀罗华、摩

---

① 宝唱:《比丘尼传》卷三,《大正藏》第 50 册,第 943 页下。
② 宝唱:《比丘尼传》卷三,《大正藏》第 50 册,第 944 页中。
③ 宝唱:《比丘尼传》卷四,《大正藏》第 50 册,第 946 页下。

诃曼陀罗华、细末坚黑栴檀,满虚空中,如云而下。又雨海此岸栴檀之香,此香六铢,价直娑婆世界,以供养佛。作是供养已,从三昧起,而自念言:"我虽以神力供养于佛,不如以身供养。"即服诸香,栴檀、薰陆、兜楼婆、毕力迦、沈水、胶香,又饮瞻卜诸华香油,满千二百岁已,香油涂身,于日月净明德佛前,以天宝衣而自缠身,灌诸香油,以神通力愿而自然身,光明遍照八十亿恒河沙世界。其中诸佛同时赞言:"善哉,善哉!善男子,是真精进,是名真法供养如来。若以华、香、璎珞、烧香、末香、涂香、天缯、幡盖及海此岸栴檀之香,如是等种种诸物供养,所不能及。假使国城、妻子布施,亦所不及。善男子,是名第一之施,于诸施中最尊最上,以法供养诸如来故。"作是语已,而各默然。其身火燃千二百岁,过是已后,其身乃尽。①

随着《法华经》在中土的广泛传播,烧身供佛的行为也引来不少中古时期虔诚的僧人们的效仿。刘宋大明七年(463),建康竹林寺僧慧益在钟山之南烧身,《高僧传》对慧益烧身前期准备过程中的技术细节和社会各界的反映进行了详细记述。慧益烧身在南朝僧俗中引起空前轰动,皇帝亲临,诸王妃后填满山谷,烧身之地也被皇帝立为佛寺,称"药王寺","以拟本事(即一切众生喜见菩萨)也":

  释慧益,广陵人。少出家,随师止寿春。宋孝建中出都,憩竹林寺。精勤苦行,誓欲烧身。众人闻者,或毁或赞。至大明四年,始就却粒,唯饵麻麦。到六年,又绝麦等,但食苏油。有顷又断苏油,唯服香丸。虽四大绵微,而神情警正。孝武深加敬异,致问殷勤,遣太宰江夏王义恭诣寺谏益,益誓志无改。至大明七年四月八日,将就焚烧,乃于钟山之南,置镬办油。其日,朝乘牛车,而以人牵,自寺之山。以帝王是兆民所凭,又三宝所寄,乃自力入台。至云龙门,不能步下。令人启闻:"慧益道人今舍身,诣门奉辞,深以佛法仰累。"帝闻改容,即躬出云龙门。益既见帝,重以佛法凭嘱,于是辞去。帝亦续至。诸王妃后、道俗士庶,填满山谷,投衣弃宝,不可胜计。益乃入镬,据一小床,以衣具自缠,上加

---

① 鸠摩罗什译:《妙法莲华经》卷六,《大正藏》第9册,第53页上—中。

一长帽,以油灌之,将就着火。帝令太宰至镬所请喻曰:"道行多方,何必殒命? 幸愿三思,更就异途。"益雅志确然,曾无悔念,乃答曰:"微躯贱命,何足上留。天心圣慈罔已者,愿度二十人出家。"降敕即许,益乃手自执烛以然帽。帽然,乃弃烛合掌,诵《药王品》。火至眉,诵声犹分明,及眼乃昧。贵贱哀嗟,响振幽谷,莫不弹指称佛,惆怅泪下。火至明旦乃尽。帝于时闻空中笳管,异香芬苾。帝尽日方还宫,夜梦见益振锡而至,更嘱以佛法。明日,帝为设会度人,令斋主唱白,具序征祥,烧身之处谓药王寺,以拟本事也。①

慧益烧身供佛的行为已超出个人宗教信仰和僧团事务的范围,成为南朝社会的大型公共事件。慧益不仅实践其对于佛教的虔信,更为佛教的传播争取了社会的支持。

(三) 尼众烧身的流程与外界阻力

1. 尼众的烧身流程

从史料看,前述僧慧益的烧身过程不可谓不繁琐完备,这也为其他僧尼类似的行为提供了参考样版,相较而言,同时期尼众的烧身仪式则要简略很多。

善妙尼在烧身之前作了长时间的准备,其中最重要的是长时间断食谷物。传文谓其寡妹与之同住四五年,未曾见其食,这样做固然有节约食物供养寡妹母子之意,另一方面很可能是为了烧身作准备,应该是效仿僧慧益提前三年就开始断谷绝粒所致。同时,因为自身经济条件不佳,缺少檀越供养,烧身所需要的油和布还需自己准备,善妙乃"自绩作布,买数斛油,瓦缸盛之,着庭中"。时至,将自己织的布缠在身上,"以布自缠而烧其身"。

慧耀尼的做法和善妙类似。她在烧身前数年(泰始末年,471),就开始绝食,只服用香油,如此数年,至昇明元年(477)才得以成行:"火来至面,诵经不辍"。

道综尼,"自练油火,关颡既然,耳目就毁,诵咏不辍"。

昙简尼和妹妹昙勇尼、同寺净珪尼三人的烧身方式相同,都是站在木柴

---

① 慧皎:《高僧传》卷一二,《大正藏》第 50 册,第 405 页中—下。

堆上焚身。昙简尼提早准备了烧身所需的木柴,"常聚樵木,云营功德。以建武元年(494)二月十八日夜,登此积薪,引火自焚……"。

2. 官府及僧团的态度对尼众烧身行为的影响

慧益的烧身行为得到了齐武帝的嘉许,皇帝不仅亲临烧身现场,还答应了他度僧二十人的请求,并在烧身之处设立"药王寺",以表彰慧益效法药王菩萨烧身供佛的举动。除了慧益以外,同时代其他烧身供养的僧人在烧身之前也大多也会举行大规模的仪式,僧俗信众闻讯前来观礼祝福。《比丘尼传》所记载的尼众烧身行为则很少有像比丘那样大张旗鼓,她们的行为一般没有得到官方大张旗鼓的表彰,有的还受到了不小的阻力。究其原因,主要是统治者基于维护政治稳定的考虑,严格控制僧侣的极端宗教行为。[1]如刘宋末年蜀郡永康寺慧耀尼将自己准备烧身的计划向刺史刘亮报备,刘亮一开始同意,不久后便反悔,不同意慧耀烧身请求:

> (慧耀)常誓烧身供养三宝。泰始末,言于刺史刘亮,亮初许之。……正月十五日夜,将诸弟子,赍持油布往至塔所。装束未讫,刘亮遣信语诸尼云:"若耀尼果烧身者,永康一寺并与重罪。"耀不得已,于此便停。

不得已,慧耀尼只好在深夜悄悄行动,她也因此成为六朝时期唯一一位遭到官方阻止烧身的案例。汤用彤先生认为,南朝僧尼之所以热衷于烧身,主要基于以下三个因素的考虑:一者重佛法;二者愿如药王菩萨本事,烧身得生天国;三者显示禅定威力。[2]从上文罗列七位比丘尼的烧身经历来看,基本符合汤先生的论断。[3]

佛教反对杀生,佛弟子最基本的五戒之第一戒便是"不杀生",若犯之,

---

[1] 夏德美:《南朝僧尼与佛教中国化》,第101页。
[2] 汤用彤:《汉魏两晋南北朝佛教史》,第594页。
[3] 对此,李玉珍教授提出了不同看法,她认为,南朝比丘尼烧身行为更多地受到她们所依止的戒律《十诵律》的影响。见李玉珍:《唐代的比丘尼》,第132页。仔细考察尼众烧身背景,李氏这一论断和汤先生所持"效法药王菩萨烧身得生天国"并不冲突,因为《十诵律》提倡女人转身方可成佛,《法华经·药王菩萨本事品》的内容,正是针对佛教对女神的"否定"而宣讲,"若有女人闻是药王菩萨本事品,能受持者,尽是女身,后不复受"。不受女身,即具备了成佛的必要条件。

一则将失其比丘、比丘尼资格;二则将被教团放逐,不得与僧交往;三则死后必堕地狱,永不复生。据此,烧身属于犯戒的行为,僧团内部对此亦持保留态度。慧皎认为,生命是最可贵的,因为"夫有形之所贵者身也,情识之所珍者命也",舍身虽然是表达虔诚的行为,但应该根据情况判断其价值:"大权为物,适时而动。利现万端,非教所制。"普通僧人随意烧身的行为,往往造成"残毁形骸,坏福田相",是一种犯戒的行为,并非佛法根本目的。在他看来:

> 夫三毒四倒,乃生死之根栽;七觉八道,实涅槃之要路。岂必燔炙形骸然后离苦?若其位邻得忍,俯迹同凡,或时为物舍身,此非言论所及。至如凡夫之徒,鉴察无广,竟不知尽寿行道,何如弃舍身命?或欲邀誉一时,或欲流名万代,及临火就薪,悔怖交切。彰言既广,耻夺其操。于是俛俛从事,空婴万苦。①

(四) 从性别角度考察尼众的烧身行为

《法华经》强调信仰者对经典的供养读诵,如药王菩萨在过去世中,多次供养诸佛,最终成就佛果。对于修行者来说,药王菩萨的累世经历无疑就是一部现成的励志故事,对于男女老少都适用。《药王菩萨本事品》为众多由各种因缘不得不在此世承受"女身"之苦的女众指出一条解脱之路,佛陀告诉宿王华菩萨,女人若依照此品修行,将有无上果报,尽此一报女身,未来世不再受女身之苦:

> 宿王华,若有人闻是药王菩萨本事品者,亦得无量无边功德。若有女人闻是药王菩萨本事品,能受持者,尽是女身,后不复受。若如来灭后后五百岁中,若有女人闻是经典,如说修行,于此命终,即往安乐世界,阿弥陀佛、大菩萨众,围绕住处,生莲华中,宝座之上,不复为贪欲所恼,亦复不为瞋恚愚痴所恼,亦复不为憍慢嫉妒诸垢所恼,得菩萨神通、无生法忍。得是忍已,眼根清净,以是清净眼根,见七百万二千亿那由

---

① 慧皎:《高僧传》卷一二《亡身·论曰》,《大正藏》第50册,第405页下—406页中。

他恒河沙等诸佛如来。①

值得注意的是,大多数的大乘佛教经典在描写佛陀在为大众说法时,指涉的听众同时包含男女二众,即所谓"善男子善女人"并提,而在上文所引的佛陀对宿王华菩萨所说的这段话中,并未提到男子修持《法华经》的果报,而仅仅出现了女人读诵受持修习该品后的果报。从某种意义上讲,这一品经文更像是专为女性信众而设。药王菩萨烧身供养诸佛成就佛果的示范,"善女人"读诵受持该品经文后得到"更不复受女身"的激励。女人在尽此生为女身一报后,可不再受女身,得转男身。得转男身是部派佛教女性解脱学说中最重要的条件,《法华经·提婆达多品》中龙女献珠迅疾成佛之前经历了转为"男身"的过程,作为大乘佛教早期的代表性经典,这一说法为比丘尼烧身的行为提供了合法依据。

尽管官方和僧团领袖对此行为有不同态度,但由于经典的提倡,以及烧身行为带来的巨大的正向果报,烧身行为仍然在信徒中拥有巨大的感染力。对于女众来说,烧身供养让因累世罪业而在此世遭受的"秽恶女身"得以转变为男身,进而可以成就佛果,无异于"舍一得万报",烧身供养因此成为出家女众在《法华经》的影响下修行实践的重要方式。

第四节 观音信仰

观音信仰很早就进入汉地并为广大民众接受,两晋南北朝时期,民间社会观音信仰实践主要表现为观音经典的诵读与讲说、设观音斋、持念观世音名号和造观音像等。②

一、《观世音经》(《普门品》)的翻译与流通

两晋南北朝时期,战争不断,天灾人祸连绵,百姓流离失所,广大百姓急切盼望救济苦难的神明的出现。以"闻声救苦,称名救难"著称的观世音菩

---

① 鸠摩罗什译:《妙法莲华经》卷六,《大正藏》第 9 册,第 54 页中—下。
② 持念观世音名号的事例,主要见于南北朝观音应验记中。详见董志翘:《〈观世音应验记三种〉译注》,江苏古籍出版社,2002 年。

萨在这一时代背景下拥有了广泛的信仰基础。两晋南北朝时期,观音信仰通过净土往生系统、授记系统、华严系统、般若系统、救难系统、菩萨行系统、杂密系统等几大系统的经典翻译在汉地不断流传。①《法华经》的传译是观世音信仰向社会各阶层普及的重要因素。观世音,又作"光世音",最初译名来自竺法护。法护所译《正法华经·光世音菩萨普门品》,在《正法华经》译出后不久即以单本流行于世,时人谓之《光世音经》。此经的翻译于后世影响重大,被认为是观音救难信仰经典全面输入完成的标志。②后秦弘始八年(406)鸠摩罗什译出《妙法华莲经》,第二十五品译作《观世音菩萨普门品》。在大部《妙法莲华经》之外,这一单本《观世音菩萨普门品》也迅速得到流通。此外,密咒类的《请观世音菩萨消伏毒害陀罗尼咒经》(简称《请观音经》)和《十一面观世音神咒经》分别在东晋和北周也得到传译,加上北朝后期《高王观世音经》和《观世音三昧经》等本土疑伪经的出现,极大地推动了观世音信仰在民众中的普及。在法护和罗什之外,《普门品》还有三次同本异译:东晋沙门祇多蜜译《普门品经》一卷;刘宋安阳侯京声译《观世音经》一卷;北周时北天竺沙门阇那崛多,在益州龙泉寺,共谯王宇文俭译《普门重诵偈》一卷。《法华传记·支派别行》载:

  唯有什公《普门品》,于西海而别行。所以者何? 昙摩罗忏,此云法丰,中印人婆罗门种,亦称伊波勒菩萨。弘化为志,游化葱岭,来至河西。河西王沮渠蒙,归命正法,兼有疾患,以语菩萨。即云:"观世音此土有缘。"乃令诵念,病苦即除。因是别传一品,流通部外也。③

  南北朝时期,观音类经典在民间社会普及度极高,到北周末年,已是"小儿童子皆能诵之",④"观世音"的称谓也逐渐取代了"光世音"。⑤在不断的讲说和流通中,时人对于观世音的名号有了更多的理解,梁代僧人法云

---

① 李利安:《东晋南北朝时期印度观音信仰向中国的输入》,秋爽主编:《寒山寺佛学》(第五辑),第164页。
② 李利安:《观音信仰的渊源与传播》,第203页。
③ 僧详:《法华传记》卷一,《大正藏》第51册,第52页下。
④ 道宣:《续高僧传》卷二八,《大正藏》第50册,第686页下。
⑤ 僧祐《出三藏记集》卷一曰:"旧经《光世音》,新经《观世音》。"(《大正藏》第55册,第5页上)

用"身""口""意"三业来解释观世音名号:

> 观世音者可有四名:一名观世音,正言观世间音声而度脱之也;二名观世音身,即是观众生身业而度脱之;三言观世意,即是观众生意业而度脱之也;四者名观世业,此则通前三种。①

二、观世音的形象

在救度众生时,观世音菩萨随众生根器因缘显现种种身份:佛身、辟支佛身、声闻身、菩萨身、梵王身、帝释身、毗沙门身、长者身、居士身、宰官身、婆罗门身、妇女身、童男童女身、非人身等:

> 若有国土众生,应以佛身得度者,观世音菩萨即现佛身而为说法;应以辟支佛身得度者,即现辟支佛身而为说法;应以声闻身得度者,即现声闻身而为说法;应以梵王身得度者,即现梵王身而为说法;应以帝释身得度者,即现帝释身而为说法;应以自在天身得度者,即现自在天身而为说法;应以大自在天身得度者,即现大自在天身而为说法;应以天大将军身得度者,即现天大将军身而为说法;应以毗沙门身得度者,即现毗沙门身而为说法;应以小王身得度者,即现小王身而为说法;应以长者身得度者,即现长者身而为说法;应以居士身得度者,即现居士身而为说法;应以宰官身得度者,即现宰官身而为说法;应以婆罗门身得度者,即现婆罗门身而为说法;应以比丘、比丘尼、优婆塞、优婆夷身得度者,即现比丘、比丘尼、优婆塞、优婆夷身而为说法;应以长者、居士、宰官、婆罗门妇女身得度者,即现妇女身而为说法;应以童男童女身得度者,即现童男童女身而为说法;应以天、龙、夜叉、乾闼婆、阿修罗、迦楼罗、紧那罗、摩睺罗伽、人非人等身得度者,即皆现之而为说法;应以执金刚身得度者,即现执金刚身而为说法。②

---

① 法云:《法华经义记》卷八,《大正藏》第33册,第678页上。
② 鸠摩罗什译:《妙法莲华经》卷七,《大正藏》第9册,第57页上—中。

但在本土经验中,观音救度众生在此之前从未有过具体的外在形象。①5世纪初,比丘尼净严夜梦观世音所见到的形象则是:"清晖妙状,光映日月,幢幡华盖,皆以七宝庄严。"②从她的描述来看,所见皆是远景模糊之象,并不涉及菩萨本身面容和性别。至南北朝末年则开始出现观音显现女相之记载:

> (徐)之才医术最高,偏被命召。武成酒色过度,恍忽不恒。曾病发,自云,初见空中有五色物,稍近,变成一美妇人,去地数丈,亭亭而立。食顷,变为观世音。之才云:"此色欲多,太虚所致。"即处汤方,服一剂,便觉稍远;又服,还变成五色物;数剂汤,疾竟愈。③

有人认为观音示现女相的史料仅此一条,不足为据,但从同时代陈后主皇后沈婺华在隋灭后"于毗陵天静寺为尼,名观音"④的案例看来,女相观音在6世纪末期已渐入人心。

三、观音信仰的实践

(一)观音经典的读诵讲说

观音类经典的读诵讲说是两晋南北朝出家女众观音信仰重要表现之一。

史料所见最早诵读《观世音经》的出家女众是东晋高平人康明感尼。康明感某次在战乱中为贼所掳,被匪人威逼牧羊,悲苦不已,途中遇一比丘,授之以《观世音经》,"因得习诵,昼夜不休。愿得还家,立五层塔"。⑤康明感所读《观世音经》正是《妙法莲华经》之《观世音菩萨普门品》。

康明感尼的同乡高平金乡人令宗尼也因诵读《普门品》得以逃过贼人的绑架:

> 令宗,本姓满,高平金乡人也。幼有清信,乡党称之。家遇丧乱,为

---

① 郑筱筠:《观音救难故事与六朝志怪小说》,《社会科学》1998年第2期。
② 慧皎:《高僧传》卷五,《大正藏》第50册,第357页下。
③ 李延寿:《北史》卷九〇,第2972页。
④ 李延寿:《南史》卷一二,第347页。
⑤ 宝唱:《比丘尼传》卷一,《大正藏》第50册,第935页下。

虏所驱。归诚恳至,称佛法僧,诵《普门品》。拔除其眉,托云恶疾,求诉得放……仍即入道,诚心冥诣,学行精恳,开览经法,深义入神。①

僧端尼因为供养读诵《观世音经》得遂拒婚出家的愿望:

僧端,广陵人也。门世奉佛,姊妹笃信。誓愿出家,不当聘采。而姿色之美,有闻乡邑。富室凑之,母兄已许。临迎之三日,宵遁佛寺。寺主置于别室,给其所须,并请《观世音经》,二日能诵。雨泪稽颡,昼夜不休。过三日后,于礼拜中见佛像,语云:"汝婿命尽,汝但精勤,勿怀忧念。"明日,其婿为牛所触亡也,因得出家,坚持禁戒。②

南陈时宜都有尼太清诵《普门品》:

宜都老尼太清讲经于紫竹庵,庵临溪侧。一日溪水暴涨,太清大笑,掷蒲团于水中,趺坐其上,诵《普门品》,顺流由长阳江出大江而去,莫知所之。③

(二)设观音斋祈福

佛教初传,最早被中土接受的佛教信仰实践形式之一便是斋戒,如东汉楚王英"学为浮屠,斋戒祭祀"。④到了南北朝时期,各种会僧施食的斋会也渐渐成为营建功德福业的重要途径。随着观音信仰影响的扩大,也出现了"观音斋",刘宋时玄藻尼的出家就与观音斋有关:

藻年十余,身婴重疾,良药必进,日增无损。……于宅上设观世音斋,澡心洁意,倾诚戴仰,扶疾稽颡,专念相续。经七日,初夜忽见金像高尺许,三摩其身,从首至足,即觉沈疴豁然消愈。既灵验在躬,遂求出家。⑤

---

① 宝唱:《比丘尼传》卷一,《大正藏》第50册,第936页中—下。
② 宝唱:《比丘尼传》卷二,《大正藏》第50册,第939页上。
③ 释震华主编:《续比丘尼传》卷一,慧皎等撰:《高僧传合集》,第983页。
④ 范晔:《后汉书》卷四二,第1428页。
⑤ 宝唱:《比丘尼传》卷二,《大正藏》第50册,第938页中。

玄藻父亲为她所设观音斋仪轨无载,很可能比较简单,正如赞宁所言:"自佛法东传,事多草昧,故《高僧传》曰,设复斋忏,同于祠祀。魏晋之世,僧皆布草而食,起坐威仪,唱导开化,略无规矩。"①

(三) 持念观世音名号

通过持念观世音名号免于灾难、得遂心愿,在南北朝时期成为大众的普遍共识,对于僧尼来说,更为普遍。这在同时期比丘尼所经历的观音应验记中记载较多,兹列举数例:

> 刘澄随费淹为广州牧,行达宫停,遭风。澄母及两尼,声声不绝,唱观世音,忽见两人挟船,遂得安隐。澄妻在别船,及他船皆不济。②

> 河北老尼,薄有资财,为贼所掠。尼既无他计,仰天绝唤观世音。忽闻空中有"噫"声,响振远近。群盗惊怖,一时散走,诸物得无失。③

> 毛女,本秦郡人,有姚氏聘之,不许。氏大怒,欲杀之,便结十余伴劫娶去。县遣监司追讨,不知所在。女既被执,唯念观世音,心誓:若得脱者,即便入道。作此念已,忽然山头有小火光,追者疑异,即往围之,姚氏伴悉得走……女即出家精进。④

第五节 净土信仰

净土,又作刹或刹土,意思是没有染污的洁净庄严之地。大乘佛教认为,十方诸佛有无数净土,在无量无数的净土中,影响较大的有弥勒净土、阿閦佛净土、药师净土、阿弥陀净土等。两晋南北朝时期,出家女众的净土信仰以弥勒净土和弥陀净土信仰为主,特别是弥勒信仰,成为这一时期净土信仰的主流。

弥勒净土信仰始于晋代有关弥勒经典的传译,到了北朝时期,弥勒信仰在民间和上层社会中相当流行,弥勒造像在地域分布上也很广泛,数量也较

---

① 赞宁:《大宋僧史略》卷上,《大正藏》第54册,第238页下。
② 智𫖮:《观音义疏》卷上,《大正藏》第34册,第924页下。
③ 董志翘:《〈观世音应验记三种〉译注》,第146页。
④ 董志翘:《〈观世音应验记三种〉译注》,第158页。

多。弥勒信仰蔚为主流有三个因素：一是兜率天净土的诱惑，满足了信仰者往生天堂的愿望；二是弥勒还要下降人间普度众生，建立人间佛国；三是弥勒净土信仰不论上生或下生，都没有深奥的哲理，主要靠建塔、立寺、造像、念诵、礼拜等简单易行的方法传播，容易为平民百姓所接受。①

一、弥勒净土信仰

（一）弥勒经典的翻译与弥勒信仰的流传

弥勒信仰在汉地的兴起较早，早在佛教初传时期，即东汉初期，就开始了弥勒类经典的翻译。②弥勒类经典的传译首先是西晋的竺法护译出《弥勒下生经》（亦名《弥勒当来下生经》或《弥勒成佛经》）和《弥勒菩萨所问本愿经》各一卷。鸠摩罗什于后秦弘始四年（402）译出《弥勒成佛经》（一卷）和《弥勒下生成佛经》（一卷）。刘宋初年，沮渠京声译出《观弥勒上生兜率天经》。东晋南北朝还有很多以弥勒名号命名的伪经和摘抄本。③

二秦时期，弥勒信仰在广大僧俗信众中得到广泛传播，道安及弟子都是弥勒信仰的忠实追随者，道安最终往生弥勒净土，并向其"决疑"。道安的弟子也多承师志。释僧辅，"值西晋饥乱，辅与释道安等隐于濩泽，研精辩析，洞尽幽微。后憩荆州上明寺，单疏自节，礼忏翘勤，誓生兜率，仰瞻慈氏。……至于临终，妙香满室，梵响相系"。④释昙戒，"后笃疾，常诵弥勒佛名不辍口，弟子智生侍疾，问何不愿生安养，戒曰：'吾和和尚等八人，同愿生兜率，和上及道愿等皆已往生，吾未得去，是故有愿耳。'言毕，即有光照于身，容貌更悦，遂奄尔迁化"。⑤

天台一系僧人也多信仰弥勒。慧思"诵《法华》等经三十余卷，数年之间，千遍便满"，"又梦弥勒、弥陀说法开悟，故造二像，并同供养。又梦随从弥勒，与诸眷属同会龙华。心自惟曰：'我于释迦末法，受持《法华》，今值慈尊。'感伤悲泣，豁然开悟"。⑥智者大师晚年行至石城山，对弟子说："吾知

---

① 吴平：《中国古代净土信仰的特点》，《中国民族报》2013年4月16日。
② 杨惠南：《汉译佛经中的弥勒信仰：以〈弥勒上、下生经〉为主的研究》，《文史哲学报》（台北）1987年第35期。
③ 张淼：《佛教"疑伪经"与弥勒信仰——以佛教经录为中心的考察》，《宗教学研究》2006年第1期。
④ 慧皎：《高僧传》卷五，《大正藏》第50册，第355页中。
⑤ 慧皎：《高僧传》卷五，《大正藏》第50册，第356页下。
⑥ 道宣：《续高僧传》卷一七，《大正藏》第50册，第562页下。

命在此,故不须进前也。石城是天台西门,大佛(即新昌县弥勒佛)是当来灵像,处所既好,宜最后用心。衣钵道具,分满两分:一分奉弥勒,一分充羯磨。"①唐僧详《法华传记·智颛传》云:"后于石城寺弥勒像发愿而终。属灭后,灌顶梦师在兜率内院矣。"②

南北朝时期,弥勒净土受到了南北方帝王的共同推重,弥勒信仰在这一时期得以广为传播。北凉玄始十五年(426)秋七月二十三日,河西王世子抚军将军录尚书事沮渠兴国与诸优婆塞等五百余人礼请昙无谶翻译《优婆塞戒经》,译经后记中写道:"愿此功德,令国祚无穷,将来之世,值遇弥勒,初闻悟解,逮无生忍,十方有识,咸同斯誓。"③《出三藏记集》卷一二收录了宋明帝《龙华誓愿文》、齐萧子良《龙华会记》等。

弥勒菩萨也得到了江南民众的广泛信奉,宗懔《荆楚岁时记》载:

> 四月八日,诸寺各设斋,以五色香汤浴佛,共作龙华会,以为弥勒下生之征也。④

道世在《法苑珠林·敬佛篇·弥勒部》中对当时民间弥勒信仰和法会之盛如是评论:

> 自晋代之末,始传斯经,暨乎宋明肇兴兹会,起千尺之尊仪,摸万仞之道树,设供上林,鳞集大众,于是四部欣跃,虔诚弘化,每岁良辰,三会无缺。自齐代驭历,法缘增广,文宣德教,弥纶斯业。从此已来,大会罕集,行者希简。⑤

(二) 弥勒信仰的宗教实践

念佛法门,渊源深远,在早期弥勒信仰和弥陀信仰中都是最重要的修行法门。⑥往生净土法门主要以念佛和造像为主,初唐僧人道世认为,自两晋

---

① 灌顶:《智者大师别传》,《大正藏》第50册,第196页上。
② 僧详:《法华传记》卷二,《大正藏》第51册,第57页上。
③ 僧祐:《出三藏记集》卷九,《大正藏》第55册,第64页下—65页上。
④ 宗懔撰,杜公瞻注:《荆楚岁时记》,第39页。
⑤ 道世:《法苑珠林》卷一六,《大正藏》第53册,第402页上。
⑥ 张子开:《略析敦煌文献中所见的念佛法门》,《慈光禅学学报》(台中)2001年第2期。

以来,通过持念观音、地藏、弥勒、弥陀等佛菩萨名号得救者人数众多。①

南方地区比丘尼弥勒信仰主要表现在念佛求往生弥勒净土,北方比丘尼则多表现在造像发愿得生弥勒净土。

江陵牧牛寺慧玉尼是弥勒信徒,她在长安时于薛尚书寺见红白色光,烛耀左右,十余日才消失。后来有人在那里发现了高约一尺的金弥勒像。南渡后,住江陵牛牧寺,又在寺东树下屡见红光,不久后即在树下挖出了金色佛像。②

宋元嘉年间,出现了三位念佛愿往生兜率净土的比丘尼,分别是玄藻尼、光静尼和净秀尼等。

玄藻尼设观世音斋,虔诚礼忏,经七日夜,见金像三摩其身而病除,遂求出家。精勤诵《法华经》,长斋三十七年,愿生兜率。元嘉十六年(439)出都,不测所终。③

比丘尼光静,习禅勇猛精进,跟随她学习的人"常百许人"。她本人"属念兜率,心心相续"。元嘉十九年(442)临命终时,"殊香异相,满虚空中"。④

比丘尼净秀七岁时"自然持斋",又受五戒,"精勤奉持,不曾违犯"。十九岁出家为建康青园寺业首尼弟子,"三业勤修,夙夜匪懈","外严法禁,内安禅默"。时有神人马先生预言:"此尼当生兜率。"净秀临终时,自言我生兜率,言绝而卒。⑤

二、西方净土信仰

西方净土信仰主要表现为弥陀(无量寿)信仰。此一时期,通过禅观念佛入定往生西方,在南朝尼众中颇有影响。

刘宋时期建康建福寺法盛尼,虽然晚年才出家学佛,仍然试图学习佛理,常愿生安养,并言:"吾立身行道,志在西方。"终时于塔下礼佛,见如来垂虚而下,"光明显烛,一寺咸见"。法盛向寺众解说光明之因,"言竟寻终",年七十二。⑥

---

① 道世《法苑珠林》卷一七:"自晋、宋、梁、陈、秦、赵国……观音、地藏、弥勒、弥陀,称名念诵,获得救者,不可胜纪。"(《大正藏》第53册,第411页下)
② 道世:《法苑珠林》卷一六,《大正藏》第53册,第407页中。
③ 宝唱:《比丘尼传》卷二,《大正藏》第50册,第938页中。
④ 宝唱:《比丘尼传》卷二,《大正藏》第50册,第939页中。
⑤ 宝唱:《比丘尼传》卷四,《大正藏》第50册,第945页上一下。
⑥ 宝唱:《比丘尼传》卷二,《大正藏》第50册,第937页下。

刘宋时吴县南寺法胜尼,少出家,住吴县南寺,"该通定慧,探索幽隐"。晚年于病中见"一佛坐莲华上",光明照其身,临命终时,令人为其"称佛","自亦称佛,将欲平明,容貌不改,奄忽而终"。①这里的"称佛"应该就是慧远所说的"念佛"。她于病中见莲花坐佛,很可能是愿生西方的瑞相感应。

又有梁郡慧木尼,"夜中卧而诵习,梦到西方,见一浴池有芙蓉华,诸化生人列坐其中……木后与同等共礼无量寿佛……梦往安养国见佛为说《小品》"。②

宋齐之际,慧绪尼与江陵某隐尼,"相携行道,尝同居一夏,共习般舟,心形勤苦,昼夜不息"。③

南齐建康乐林寺比丘尼宝愿,也是一位西方净土信仰者。永明三年(485),文惠太子萧长懋陈姓夫人专门为她绣制"无量寿尊像一躯"。④

西方净土信仰在北朝出家女众中也很广泛,主要表现在造像和写经等方面,对此,下文将详述。

小　结

两晋南北朝时期出家女众的信仰实践内容多元,无论是经典诵读讲说、禅定修习还是写经造像,都是在佛教戒定慧三学相资的基础上展开的。

早期禅法在六朝时期经历了从道安时代的"禅法颓废"、慧远时代的"禅法无闻",⑤到大江南北,四众广行禅法,禅风普被的局面。这一方面是中外文化广泛交流的结果,另一方面,是本土佛教先进对印度禅法的吸纳和发展。在这个过程中,我们看到,以江南比丘尼为代表的中土比丘尼在修持上积极学习吸收、实践佛教界最新的理论和法门,展现了她们不落人后、精进不退的精神面貌。

---

① 宝唱:《比丘尼传》卷二,《大正藏》第50册,第939页上。
② 道世:《法苑珠林》卷一五,《大正藏》第53册,第400页上。
③ 宝唱:《比丘尼传》卷三,《大正藏》第50册,第944页上。
④ 道宣:《广弘明集》卷一六,《大正藏》第52册,第212页中。
⑤ 僧祐:《出三藏记集》卷一五,《大正藏》第55册,第110页上。

作为早期大乘佛教经典的《法华经》一经翻译就在中土大地上传布开来,其丰富的宗教内涵和拯救苦难的慈悲精神得到了中土广大信众的热烈回应,特别是《法华经》经义对女众解脱的提升,进一步激发了女众信仰弘扬《法华经》的热情。

普通出家女众对观音和弥勒、阿弥陀佛(无量寿佛)的理解尽管还比较粗浅,但通过造像行为,表达了她们对于净土最朴实的理解。

第五章　功德福田：出家女众的造像、写经与信仰

第一节　南北朝出家女众的造像活动

一、南北朝佛教造像记研究的学术史回顾

造像祈福是南北朝时期信仰者最重要的宗教信仰活动之一，受到社会各阶层的广泛欢迎，特别是北朝社会，造像祈福蔚然成风，俨然成为北朝佛教的重要特征，对此汤用彤先生说：

> 朝廷上下之奉佛，仍首在建功德，求福田饶益。故造像立寺，穷土木之力，为北朝佛法之特征。①

北朝造像风气之盛，除了帝王的推崇、民众效仿和对福田功德利益的追求之外，还在于各种佛教经典对造像的鼓励，以及佛教修行方法和仪式上的需要，所以归心佛教的村落居民便倾力造像。②

造像研究中，对于造像铭文即造像记的研究是重要内容之一。造像记，又作造像题记，指各种宗教石窟、神龛等像在制作时留下相关记录的文字。一般是造像基本完工后，刻工根据出资者的要求，将尊像名称、造像时间、出资者的名讳、身份、造像缘起、出资者的愿望、受福对象的名字等镌刻在尊像

---

① 汤用彤：《汉魏两晋南北朝佛教史》，第362页。
② 刘淑芬：《五至六世纪华北乡村的佛教信仰》，《"中研院"史语所集刊》(台北)1993年第63本3分，第503—507页。

的底座、背光、像身等位置。由于题记包含了大量与造像相关的信息，造像记也成为造像研究领域重要的组成部分。

相当长一段时间以来，造像记的出土地点大多在秦岭—淮河以北，且主要集中在公元 5 到 6 世纪，因此，学者习惯将这一时期造像记的研究称为北朝造像记研究。近几十年考古发现，在秦岭、淮河以南的南方地区，如成都、南京等地，也有少量的造像记出土。这些新造像记的出土，拓展了造像记研究的范围和内容。受日本学者的启发，中国学者也开始注意到造像记对于历史社会文化的意义，出版了越来越多的成果。侯旭东先生认为，造像记具有两方面不可取代的价值：其一，造像记是造像当事人主观心愿与认识的直接和真实的流露；其二则是它体现了造像当事人的"群众性"，造像者包括管理者、僧尼和一般庶民，除了个别官员和极少数僧人外，绝大多数造像者多是名不见经传的普通人物。①因此，造像题记成为探讨民众信仰、宗教和社会观念等最重要的材料。

对于南北朝造像记的研究，日本学者起步较早。汉语学术界知名度最高的学者当属佐藤智水，②其代表作《北朝造像铭考》，不仅收录了北朝时期 2300 多目造像题记，还通过量化统计等方法对之进行了研究；佐藤智水在《北魏女性集体造像》③一文中，通过对 6 目北魏女性参与的集体造像题记的分析，探讨了女性造像与家族、宗族和地方社会的关系。此外，日本青年学者仓本尚德所著《北朝佛教造像铭研究》是日本东洋史学界最新也是最全面的北朝造像记研究集大成者。作者通过对造像记铭文的考察，对造像邑义的历史与地域特征、佛道关系、佛教经典的流布与影响以及净土信仰等进行了深入细致的研究。卢建荣《从造像铭记论五至六世纪北朝乡民社会意识》④试图通过对北朝造像记中为皇家祈福的宗教团体居住地、造像者社会身份等的研究考察其对于皇帝认同的关系。

大陆地区较早进行造像记研究的是侯旭东先生。侯教授在《五、六世纪北方民众佛教信仰：以造像记为中心的考察》中，通过对十六国北朝时期

---

① 侯旭东：《佛陀相佑：造像记所见北朝民众信仰》，第 4—5 页。
② 佐藤智水：《北朝造像铭考》，刘俊文主编：《日本中青年学者论中国史·六朝隋唐卷》，上海古籍出版社，1995 年，第 56—115 页。
③ 佐藤智水：《北魏女性的集体造像》，《魏晋南北朝隋唐史资料》2019 年第 2 期。
④ 卢建荣：《从造像铭记论五至六世纪北朝乡民社会意识》，《台湾师范大学历史学报》（台北）1995 年总第 23 期。

(5到6世纪,公元400—580年间)秦岭、淮河以北的1500余目造像题记的搜集整理,揭示中下层民众佛教信仰的样貌和信仰心态。值得一提的是,侯著文末附录的"400—580年纪年造像目录"对于后来者进行造像记研究具有很重要的指导意义。颜娟英将南北朝至唐中期的造像题记的祈愿主题归纳为庄严塔像、崇因树果、现世利益、修行实践、佛法复兴和净土往生等六大类。①颜氏这一结论自然没有问题,但其得出这一结论所依据的仅仅是史语所首任所长傅斯年先生在任期间搜集采购而来的造像拓片,入选的样本仅36例,和同一历史时期数万造像题记拓片相比,这样的样本数量就显得比较薄弱了。

南北朝时期佛教造像供养人遍及社会各阶层。从性别分布看,女众造像题记在南北朝造像题记占有重要的分量。对于女众造像记的研究,也在近年来成为学者和硕博士生撰写论文重点关注的对象。郝春文教授通过对女众造像题记的解读,考察了北朝女人结社的情况。②唐嘉通过造像题材的统计考察了北朝女性观音弥勒信仰;③邵正坤则通过对北朝纪年造像题记的搜罗,对女性宗教信仰与家族关系、比丘尼造像方式的分类、比丘尼造像特点进行了详细考察。④石越婕则对北魏女性造像题记进行了搜集,共筛选出135目女性造像记,并根据女性参与造像的情况进行分类整理研究。⑤牛驰的研究与石越婕有一定的重合之处,独特之处在于她对女性佛教徒多样化的题名方式、从事的佛事活动以及信仰佛教的原因等进行了分析。北魏在家女众除了传统从父、从夫的称谓外,还拥有独立的佛教称谓,佛教信仰拓宽了女性活动领域,丰富了她们的精神空间,影响了她们的婚姻观念、生死观念和丧葬观念,推动了当时社会风俗的改变。⑥

---

① 颜娟英:《与佛有约:佛教造像题记中的祈愿与实践》,第94—95页。
② 宁可、郝春文:《北朝至隋唐五代间的女人结社》,《北京师范学院学报》1990年第5期;郝春文:《再论北朝至隋唐五代宋初的女人结社》,《敦煌研究》2006年第6期。
③ 唐嘉、宋筱清:《北朝碑刻所见女性弥勒、观音信仰探析》,《贵州社会科学》2012年第12期。
④ 邵正坤:《北朝纪年造像记汇编》;《造像记所见北朝妇女的佛教信仰》,《吉林师范大学学报》2016年第6期;《北朝比丘尼造像记试探》,《古籍整理研究学刊》2014年第4期。
⑤ 石越婕:《北魏女性佛教造像记整理及研究》,中山大学硕士论文,2016年。
⑥ 牛驰:《北魏女性在家佛教徒研究:以造像记为中心》,吉林大学硕士论文,2017年。

二、出家女众造像题记的量化考察

随着女众出家人数和影响力的上升,比丘尼也成为两晋南北朝民众造像的重要力量之一,比丘尼造像题记反映了出家女众的信仰成因与特点。本书通过对《石刻史料新编》(1—3辑),《鲁迅辑校石刻手稿》,《北京图书馆藏历代石刻史料汇编》,冯贺军《曲阳白石造像研究》,颜娟英《北魏石刻拓片百品》,毛远明《汉魏六朝碑刻校注》,邵正坤《北朝纪年佛教造像记汇编》,韩理洲《全北魏东魏西魏文补遗》,王素、李方《魏晋南北朝敦煌文献编年》和部分考古类文献期刊的梳理,共整理出北魏至隋以前175目有明确纪年的出家女众造像题记(见附录表一)。

(一) 总体情况

175目造像题记覆盖北朝五个政权(北魏、东魏、西魏、北齐、北周)。从数量上看,分别为北魏64目,东魏36目,西魏7目,北齐56目,北周12目,以东魏和北齐两朝数量最多,西魏和北周则相对较少。需要指出的是,北魏比丘尼造像绝对数量虽然最多,但从其覆盖的年限来看,北魏(398—534)造像密集程度远远不如东魏(534—550)和北齐(550—577)。北魏比丘尼造像主要集中在迁都洛阳以后,特别是孝明帝一朝(515—529)。

表4 北朝各时代出家女众造像数量分布(总175目)

时代	北魏	东魏	西魏	北齐	北周
造像数量	64	36	7	56	12

西魏和北周遗存数量较少的原因,应该和这两个政权统治的核心地区先后两次发生"禁佛"事件(北周武帝禁佛和唐武宗禁佛)导致大量造像损毁有关。[1]

从造像题记所载时间看,最早的比丘尼造像(或参与)是山西大同云冈石窟的太和十三年(4890919)比丘尼惠定造像,最晚者为北周静帝大象二年(580)的比丘惠晖造像(功德主含比丘尼1人)。云冈石窟西头的鲁班窑

---

[1] 北周武帝和唐武宗禁佛时长安是都城,禁佛令先从此地推行。北魏太武帝灭佛的导火索是太武帝怀疑长安寺院僧人和叛乱的卢水胡人盖吴集团勾结,私藏武器和酒具,于是下令诛杀长安沙门,焚毁佛像,进一步将此诏令推展至全国。

附近被视为平城尼寺所在,与东头的僧寺相对应:"武州川水又东南流,水侧有石祇洹舍并诸窟室,比丘尼所居也。"①第 17 窟出土有太和十三年比丘尼惠定造像记,第 22 窟前堆土中发现比丘尼昙媚造像题记,第 22 窟前断石上北魏纪年不明的尼道法造像记,②第 18 窟前门西壁出土茹茹可敦造像题记,③因此,"昙曜五窟"附近区域被视为是北魏平城女尼频繁活动的区域。④随着都城的迁徙,北魏造像中心从平城转移到了洛阳及周边地区,洛阳龙门石窟及周边小石窟也成为比丘尼造像题记出土最集中的地区。公元 534 年,孝武帝元修出走长安,高欢立元善见为帝,迁都邺城,北魏正式分裂为东魏和西魏。政权的分裂影响了中国北部地区政治经济社会上的交流和民众生活的安定,但对于佛教信徒开窟造像的功德福田事业来说,造像的地理空间、社会参与程度和造像风格较之以前都有较大的变化。⑤

从造像题记的出土地域看,河南数量最多,主要集中在洛阳龙门石窟及其周边小石窟。此外,继洛阳龙门石窟之后,山东青州和河北曲阳地区成为北魏分裂后比丘尼造像题记出土最集中的区域。

造像题记的书写注重造像人和受福对象的身份特征。供养人的姓名前,往往会根据需要缀以不同的称谓。曾担任官职者,题名前多会缀述其官职;僧尼根据其受戒情况,分别称为比丘、比丘尼、沙门、沙门统、沙弥、沙弥尼等;普通男女信众,则有佛弟子、清信士、清信女、优婆塞或优婆夷等称谓。邑义成员的称谓比较复杂,往往根据其在内部的分工加以区别,有邑老、邑母、邑主、邑子邑师、维那、像主等不同的职务头衔,其中邑老和邑母主要指的是邑义中年龄较长且身份高贵、在邑义中拥有一定话语权的男女信众。附录一收录的 175 目造像题记,从造像者的宗教身份来看,有比丘尼、沙弥尼、比丘、清信士(男)和清信女;从社会身份看,包括王室成员、贵族、官吏、平民和僧尼。从造像者的性别身份和宗教身份结合来看,既有比丘尼单人

---

① 郦道元著,陈桥驿校证:《水经注校证》卷一三《漯水》,第 316 页。
② 董瑞山等主编:《三晋石刻总目·大同市卷》,第 37 页。
③ 周伟洲:《关于云岗石窟的〈茹茹造像铭记〉——兼谈柔然的名号问题》,《西北大学学报》1983 年第 1 期。
④ 陆屹峰、员海瑞:《云冈石窟尼寺考》,《文物季刊》1989 年第 1 期。
⑤ 石松日奈子认为,龙门石窟造像功德主以贵族官吏和社会富裕阶层为主,此后平民阶层广泛地参与到造像中。随着地域的扩大,佛教造像因为与民间信仰、祖先崇拜相结合,使造像本身具有了土俗性的内容和风格。参见石松日奈子:《北魏佛教造像史研究》,第 170 页。

造像,比丘尼多人造像,也有比丘尼与普通清信女的多人合作造像,还有比丘尼和其他的男女僧俗合作的多人造像。功德主纯为比丘尼的有比丘尼单人造像,有二人合作造像,有三人及以上的多位比丘尼合作造像。

(二) 纯尼众造像的特点

175 目造像题记中,造像供养人全为尼众的题记共计 103 目,占总数的 58.86%。单人造像题记 82 目,占总数的 46.86%。单人造像的时代分布呈现较大差异,北魏最多,高达 35 目,北齐次之为 23 目,东魏为 11 目,北周只有 1 目。供养人在两人以上的尼众集合造像为 20 目:二人造像 14 目,三人造像 3 目,四人、六人、七人和十一人造像均为 1 目。值得一提的是,龙门石窟比丘尼造像大多数为单人造像或二人造像,其中单人造像 34 目,二人造像 8 目,六人造像 1 目。当然,这种数字大小不仅具有表面上的意义,也和同一时期造像数量成正比。

1. 纯尼众造像人数构成

表5 纯尼众造像人数构成

造像者人数	单人	二人	三人	四人	六人	七人	十一人
像记数量	82	14	3	1	1	1	1

2. 尼众单人造像数量时代分布

表6 尼众单人造像数量时代分布

北魏	东魏	西魏	北齐	北周
35	11	0	23	1

3. 纯尼众多人组合造像

纯尼众多人组合造像可分为二人、三人、四人、六人、七人和十一人组合六类。二人造像比例最高(14 目),三人次之(3 目),四、六和十一人组合均各只有 1 目。从她们的名讳看,很可能来自同一所尼寺。如 No.10 永平二年(5090425)《比丘尼法文法隆造像记》:

永平二年岁次己丑四月廿五日,比丘尼法文法隆等,觉非常世,深发诚愿,割竭私财,各为己身,敬造弥□像一躯。愿使过见者,普沾法雨之润,礼拜者,同无上之乐。龙华三唱,愿在流□。一切众生,普同斯福。

此题记属于典型的尼众二人合作造像。

二人造像记还有 No.11 永平三年（5100404）龙门石窟古阳洞北壁《比丘尼法行□用造像记》、No.20 神龟三年（5200320）龙门石窟慈香窟《比丘尼慈香惠政造像记》、No.24 正光三年（5220408）龙门石窟古阳洞北壁《比丘尼法晕昙炽造像记》、No.29 正光六年（5250215）《比丘尼法要法迁等造像记》、No.55 普泰元年（5310815）龙门石窟莲花洞南壁《比丘尼道慧法盛造多宝像记》、No.56 普泰元年（5310815）龙门石窟普泰洞《比丘尼道慧法盛造观音像记》、No.67 东魏天平三年（5360515）龙门石窟《比丘尼昙会阿容造像记》、No.82 兴和四年（5420605）洛阳龙门山《比丘尼道贵神达造像记》、No.89 武定二年（5441020）《比丘尼僧和僧藏造像记》、No.96 武定七年（5490208）山东省惠民县出土的《比丘尼昙朗昙□造像记》、No.99 武定七年（5491001）洛阳龙门山《比丘尼法嵩法迁造像记》、No.141 北齐天统元年（5650300）山西省孟县《比丘尼法藏法银等造像记》、No.148 武平元年（5700212）山西省昔阳县《比丘尼净治造像记》等。众多二人造像题记中，来自洛阳龙门石窟的有 9 目，山西省 2 目，山东省 1 目，地域不明者 2 目。

三人造像 3 目，No.91 武定四年（5460208）《光相寺比丘尼惠好等三人造像记》、No.94 武定五年（5471123）《比丘尼法妃等三人造像记》和 No.105 大统九年（5430503）《比丘尼僧显等造像记》。

四人造像 1 目，No.65 天平二年（5350500）《比丘尼某悦造像记》。

六人造像 1 目，No.31 正光六年（5250322）龙门石窟《比丘尼法渊等六人造像记》。

七人造像 1 目，No.160 武平六年（5750301）《比丘尼惠远等造像记》。

十一人造像记 1 目，No.100 武定七年（5490800）《比丘尼昙陵昙初等合寺十一人造释迦像记》。

4. 多人纯尼众造像

比丘尼与比丘及清信男女合作造像的集合形式有二人、三人乃至数十上百人之多。邑义成员全为女众（比丘尼和清信女）的造像题记有 13 目；邑义成员为僧尼和俗众的造像题记有 51 目。

和集体造像祈愿表达的是邑义众人的集体意志，个人心愿往往被忽略不同的是，纯尼众（特别是单人或者二人组合造像）因为人数少，都是出家女众身份，无论是造像题材的选择还是像记发愿文，都更直接地表达供养人个人的意志、信仰追求和愿望。因此,这一类纯尼众的造像题记就成为考察这一时期出家女众信仰最直接最重要的材料。

三、群体性造像中的比丘尼角色

(一) 供养人题名的排序

群体造像指的是出家女众与僧(比丘)、男女俗众(又作优婆塞、清信士,优婆夷、清信女)合作所造之像,既有临时性的一般组合,也有较具组织性的邑义造像。①这一组合形式包括:比丘尼与清信女合作造像(A),比丘尼与比丘合作造像(B),比丘尼与男性俗众的合作造像(C),比丘尼、比丘和男女俗众合作(D)以及比丘尼与男女俗众合作(E)等五种类型。群体造像题记显示,比丘尼在其中扮演的角色不同,或作为邑义的领导者,或作为邑义的执事人员,或作为普通参与者。尼众在邑义中扮演的角色和重要性从其被冠以的职务头衔和功德主排名略可窥得一二。

佛教信徒一般以僧(尼)为尊,俗从之;男为尊,女从之;以戒为尊,已受戒者在未受戒者之前。按照比丘尼八敬法的规定,比丘尼应当接受比丘教导,百岁比丘尼见新戒比丘亦当顶礼。在僧团秩序中,僧先尼后,比丘被称作"大僧",尼被称为"二僧",比丘排序在比丘尼之前。僧团内部一般按照性别和戒腊(受具足戒时间长短)排序,即僧(尼)在俗前,僧在尼前,戒腊高者在戒腊低者之前。如 No.6 景明三年(5021111)《刘未等造像记》,该造像团体成员有数十人,包括了六位比丘和三位比丘尼,此外不乏高级别的官员,如刺史、太守、殿中尚书、扬威将军等,但供养人人名排序仍然严格按照僧先尼后俗再次的顺序:六位比丘居首,三位比丘尼道玄、普贤、道法等三人的排名在比丘之后,男女俗众则在僧尼之后按职位、长幼进行排序。这种排序方式在同时代众多邑义中属于少数。

在北朝时期的造像活动中,僧尼排序并未刻板地依照戒律所规定的僧团性别伦理秩序进行,既有僧在尼前,亦有僧在尼后的排序。石越婕将邑义造像中的比丘尼题名位置概括为四种不同的形式:①在供养人题名之首:在邑义中发挥比较重要的作用,可能为邑师。②在比丘题名之后,但是在其他

---

① 有的造像供养人组合形式不具有严格的邑义特征,本书语境下的群体性造像不是严格意义上的邑义造像。

男女邑众的题名之前，其身份可能也和比丘一样是邑义中的邑师。③在男性题名之后：区分了男性和女性，将比丘尼和女性题名放在一起（在普通女性邑子题名前），说明其在邑义中的重要程度不高，可能只是普通邑众。还有可能是该邑义中男性和女性群体比较独立，这些比丘尼是女性群体的带领者，可能是女性邑子的邑师。④在比丘尼题名的统领下，和男邑子、女邑子题名混杂在一起。①笔者基本同意石越婕总结的这一分类方式。

根据附表所列数十目邑义造像题记供养人题名位置的分析可以看出，在比丘尼和比丘以及男女俗众组成的邑义中，比丘尼（比丘）所处的位置往往由其在邑义中的影响力决定，即担任邑主或邑师者在前，执事人员在普通邑众之前。

（二）尼众在邑义中的角色

邑义，又称邑、义邑、法义等，指的是一定区域的佛教徒因造像、举行斋会、建塔、修建寺院等宗教活动和因种树、掘井、修桥等社会福利事业而组成的团体。这种团体象征着出世的佛教与世俗社会的联结，具有一定的拟血缘性质，邑义成员"在一定程度上带有结义性质"。②邑义作为集体组织，内部存在着不同的分工和角色，既有负责各种事务的"干部"，也存在相当数量的普通成员。这一时期出家女众在其参与的邑义中扮演的角色和影响呈现多元化的样态，既有可能是邑义的总负责人如"邑主"，也有可能是邑义的知识提供者如"邑师"，或者是邑义中具有一定专业素养的管理人员如"维那""录事"，还有可能是普通的邑义成员如"邑子"等。对于大多数文化水平不高，对于佛理更是知之甚少的普通民众而言，造像邑义中的邑师既向邑子宣化佛教教义，同时还负责指导邑义的其他活动，一定程度上可以称之为邑义的"精神向导"。维那最初指的是主管寺中事务者，原始佛教时期维那的主要职责为负责僧团的唱念规矩等。佛教传到中土后，维那在寺院中的角色更加重要，《大宋僧史略》云："西域知事僧总曰羯磨陀那，译为知事，亦曰悦众。"③其与上座、典座同称三纲，是僧团事务的主要负责人之一。在寺院里，维那一般是僧职，由僧人担任，但在北朝时期的造像邑义里，担任维那的除了出家众，俗人也占有相当部分的比例。④一般而言，造像邑义中，

---

① 石越婕：《北魏女性佛教造像记整理及研究》，第42页。
② 郝春文：《东晋南北朝时期的佛教结社》，《历史研究》1992年第2期。
③ 赞宁：《大宋僧史略》卷二，《大正藏》第54册，第242页中。
④ 严耀中：《北朝碑铭里的俗人维那》，《文史》2021年第3期。

邑主为总负责人,维那是副手,而像主、㫇化主等是造像活动中认领施造某尊像的人;都邑主、维那、典录、典座等,则是和寺院相关的职务名衔,属于正规的佛社首领称谓。①

众多造像题记中,记录尼众在邑义内职务名称最多的是 No.170 陕西省临潼区栎阳镇北门外出土北周天和二年(5670627)《合诸邑子等二百五十人造像记》。这是一通邑义人数较多、体量较大的造像碑,虽然目前仅有像座保留下来,但像座正面、侧面和背面上的题记文字较为完整地记录了该造像供养人题名,为后人的研究提供了方便。该题记中提到的邑义成员职务名目繁多,几乎覆盖了这一时期造像邑义所有职务名称,如邑老、邑主、邑师、都邑主、邑正、典录、典座、邑谓、像主、都像主、化主、㫇化主、法律邑主、香火等。该邑义成员总计二百五十余人,其中比丘二人,分别担任邑师和维那,即"邑师比丘僧合"(排序在第 14 位)和"维那比丘智明"(排序在第 28 位)。其余出家尼众二十七人,其中比丘尼二十五人,沙弥尼二人,担任职务的有像主三人,都邑主二人,邑主一人——"(邑)主比丘尼智广",邑正一人,维那一人,法主一人,此外还有担任㫇化主的沙弥尼一人。如像座正面:"□(邑)主比丘尼智广、都邑主比丘尼瞿㫇、维那比丘尼智□、□(邑)正比丘尼□觉、□□比丘尼□□、都邑主比丘尼僧好、沙弥尼㫇□",座左侧:"唯那比丘尼㫇静、像主比丘尼左法明、像主比丘尼法训"。

图1 北周天和二年合诸邑二百五十人造像碑像座正面

---

① 刘淑芬:《香火因缘:北朝的佛教结社》,黄宽重主编:《中国史新论·基层社会分册》,第 264—265 页;郝春文:《东晋南北朝佛社首领考略》,《北京师范学院学报》1991 年第 3 期。

在该造像题记中,除了邑师以外,比丘尼担任的职务涵盖了邑正、都邑主、维那等关系到邑义正常运行的重要职务,此外还有像主、曼化主等与经济相关的头衔。这一切充分说明,在这个大型邑义中,比丘尼较之于比丘,对邑义的正常运转和大型活动的开展,有不可替代的重要性。

No.25 山西省临晋县正光三年(5220802)《三村长幼化主李相海等造像记》是另一目二百余人的邑义造像题记。从供养人题名来看,该邑义主要由李姓男性俗众和少量清信女(男性俗众的家眷如××妻、××女)以及三位比丘尼组成,其中比丘尼智□、比丘尼僧□作为邑师指导这一通大型造像碑的开凿,另一位比丘尼赵法空则是普通邑义成员。

以上是对大型邑义中比丘尼扮演角色的考察。对于中小型邑义来说,邑义人数相对较少,运作管理不需要太多专门的人员,出家僧尼在其中有的虽然扮演着相应的角色,但往往没有类似的头衔。

No.23 山东平度正光三年(5220126)《王珍之造像记》中,邑义成员一百余人。其中尼二十二人,僧二人。比丘尼的数量远远超过比丘,虽然两者都没有职务头衔,但比丘尼的排名位次非常靠前。二十二位比丘尼中,六位比丘尼名字位次处于第5位到第25位之间。第5位之前的四位邑义成员均为男性,为首者是本县县令王珍之,其后则是维那"光山民广□□利□,维那主苏柏□□□□苏庆伯□□□□"等三人。

No.50 山东省青州市临淄孝昌三年(5270813)《六十人等造像记》中,邑义成员包括比丘尼和男女俗众等共计百余人,明确为女性的七十八人,其中比丘尼十二人。供养人题名中,前六位次均为比丘尼,很明显这六人在邑义中处于重要的位置,极有可能是邑师。余下六人则位居倒数第48到54的位置,这七位比丘尼很可能只是邑义的普通成员。

No.110 河南辉县天保三年(5520820)《比丘尼僧严等造像记》云:

> 天保三年八月二十日,比丘尼僧严、清信女宋洛敬造像一躯。上为皇帝陛下,七世师僧父母,檀越施主,俱时成佛。都邑师僧□尼、光明主周娘……清信男荆贵、清信男驾庆伯、比丘尼惠□、比丘尼慈藏、比丘尼静妙……清信女张敬□、清信女周僧光、清信女张□□……

该题记中,可识读供养人题名为三十七位,其中有十三位比丘尼,发起人分别是比丘尼僧严和优婆夷宋洛,另有一位比丘尼为都邑师,其他十一位比丘尼和众多清信男女一样,都是功德福田事业的一般参与者。

比丘尼和在家众组成的群体性造像中,题记虽然明确指明比丘尼在邑义中的身份,但从她们在供养人题名中的排名位置来看,尼众角色往往比较重要,No.22 龙门石窟莲花洞北壁(N38)北魏正光二年(5211129)《清信女祖上等合造释迦像记》,两位比丘尼僧敬和僧静分别在供养人排名中位居第 2 和第 3 位:

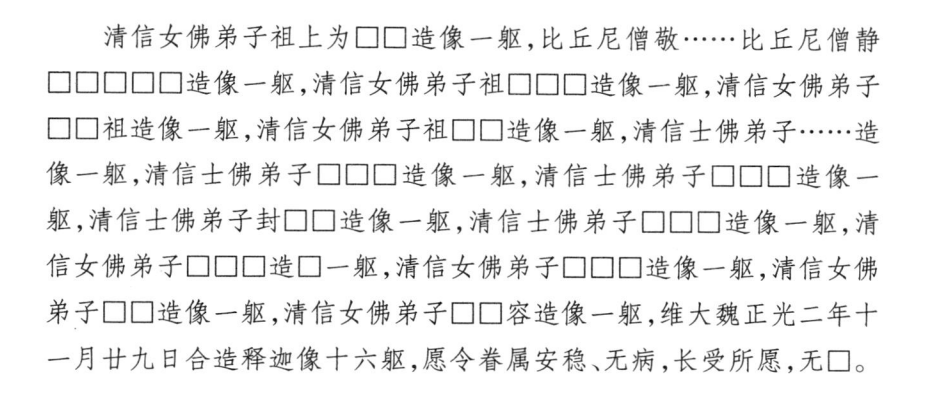

> 清信女佛弟子祖上为□□造像一躯,比丘尼僧敬……比丘尼僧静□□□□□造像一躯,清信女佛弟子祖□□□造像一躯,清信女佛弟子□□祖造像一躯,清信女佛弟子祖□□造像一躯,清信士佛弟子……造像一躯,清信士佛弟子□□□造像一躯,清信士佛弟子□□□造像一躯,清信士佛弟子封□□造像一躯,清信士佛弟子□□□造像一躯,清信女佛弟子□□□造□一躯,清信女佛弟子□□□造像一躯,清信女佛弟子□□造像一躯,清信女佛弟子□□容造像一躯,维大魏正光二年十一月廿九日合造释迦像十六躯,愿令眷属安稳、无病,长受所愿,无□。

这则造像题记的造像团体,由比丘尼和男女俗众(清信女、清信士)等十七人组成,其中女性十人。清信女佛弟子"祖上"的名字在供养人题名中居于首位,说明她在该组织的重要地位。供养人中,居于前六位的都是女众,充分显示了在这次造像活动中女性的主导地位。此外,清信女由祖姓和封姓两大姓氏组成,似可推断这一造像邑义是由祖姓和封姓两大家族组成。僧敬和僧静两位比丘尼在其中应是邑师,同时也可能长期接受两大家族供养。

No.90 武定三年(5450405)《刘凤姜四十九人等造像记》中,邑义四十九人中,清信女四十八人,唯一一位比丘尼静朗位置在第四。

No.92 河北唐县寺城涧村出土的武定四年(5460210)《三十三人造思惟像记》中,能识读邑义题名共计二十七人,来自多个姓氏。从社会身份看,大约都是附近村落的平民,唯一一位出家人比丘尼静板排在最末。

自愿组织或者受请参加邑义,对于当时出家僧尼来说是普遍行为。他们在个人或者其他小型集体造像活动中,像主也有可能表达对所在邑义成员的祝福，No.30 正光六年（5250310）比丘尼惠澄在龙门石窟第 872 窟造像题记中如是表达她对自己所在的邑义和其他相关人员的祈愿："仰为七世父母、所生父母、朋友香火邑义、一切众生，敬造石像一区。"No.74 东魏天平四年（5370908）比丘尼昙超、比丘尼惠晖和比丘昙演的合作造像中，昙超和惠晖在表达对师僧父母的祈愿同时，也表达了对香火邑义的祝福："上愿三宝常化，国祚永隆。一切边地，俱至道场。又为师僧父母、生缘眷属、妙果同归，香火邑义，一时成佛。"

（三）与家（庭）族成员合作造像

家（庭）族成员的群体性造像中，比丘尼的角色和地位也不尽相同。有的是造像发起人，家族其他成员只是参与而已；有的造像则俗家是造像发起的主要力量，尼众在其中更多的是作为俗家成员的一分子，并没有因为其出家身份而有特殊对待。

出土于河北省正定县秦家庄的 No.97 武定七年（5490217）永固寺尼智颜、靖胜造像记中，智颜和靖胜是亲姊妹，这铺造像供养人除了智颜姊妹二人外，还有她们的兄长。兄妹三人一起发愿："武定七年二月十七日，永固寺尼智颜靖胜姊妹兄弟三人等，上为国家、师僧父母、边地众生，造弥勒玉像一区。"从行文来看，此次造像，主要发起人应是智颜姊妹。

出土于陕西西安的 No.174 北周建德元年（5720415）比丘尼昙乐造像中，比丘尼昙乐是此次造像活动的发起人，直接受福者是昙乐的亡侄吕罗睺，她的俗家哥哥吕伯奴一家以及姊姊、儿子等，都是该造像活动的普通参与者。

大多数时候，在家族造像活动中，比丘尼只是作为家族普通一员参与，其身份和角色并不因为其出家身份有所不同。No.93 武定五年（5470126）《比丘僧道请造像记》中，供养人总计十一人，比丘一人，比丘尼二人，碑石正面为题记正文，只有比丘僧道一人的名字："武定五年正月二十六日，比丘僧道请造石佛两躯，为亡父母、居家眷属……"拓片显示，比丘尼惠诊和惠矛两人的名字，分列于造像碑石左右两侧，跟随在庞氏家族供养人名的末尾。从题记的内容和人名排列顺序来看，这应该是一目庞氏家族成员合造像题记，尼惠诊和惠矛应该是家族中两位出家女眷。

No.130 河北省巨鹿县皇建二年（5610515）《王良伯等造像记》是王氏家庭造像，题名共五人，系为首者王良伯为亡故的父母追福所造，比丘尼儒达和慧泰二人系姊妹。在这一通家庭造像中,除了王良伯以外,还有他的两个弟弟王良山和王臣山,儒达和慧泰虽然是出家人,显然在此次造像活动中更多地是作为家庭成员参与。

邑义造像中,僧尼在其中扮演角色不尽相同,有的是邑主,有的是邑师,有的则只是普通的邑义成员。僧人在邑义中的角色和意义非常重要,担任各种职务头衔,最多的是则是"邑师"一职。邑师对于乡村佛教信仰活动的开展相当重要,诚如刘淑芬所言:"僧人对乡村社会的布教除了讲说基本的佛理外,又时常带领村民组织以俗人为主要成员的宗教组织,成为此宗教组织的指导者,而被称为'邑师'。邑师及其他僧人除了领导村民举办共同修习的斋会、法会外,有时带领村民建造佛像。"①邑义作为中古时期乡村公共生活中最重要的组织形式,一定程度上解决了公共服务不足的问题。僧尼作为同时代的知识群体之一,在广大乡村地区的游方布教,指导信众造像写经的同时,也实践了自己的宗教信仰,培植了自己的功德福田。

邑义成员覆盖了乡村社会多个社会阶层,其中,乡村妇女往往是乡村邑义中相当活跃的群体。②对于长期缺席于公共生活的中土女性而言,女众通过造像的方式参与到社会公共生活中,从北朝中后期开始(公元538年),出现了纯为女众的社邑团体,③邑义成员既有出家众与在家众的组合,也有纯在家女众的组合。郝春文先生认为,女性结社的出现和比丘尼僧团存在有密切关系:"北朝至宋初女人结社空间分布则有原东魏和北齐控制的地区和敦煌吐鲁番……女人结社现象的出现与长时间流行,与比丘尼僧团的存在和佛教有关优婆夷经典的翻译和流传等因素有关。"④女众结社受到了学者的重视和高度评价,邓小南说:"凝聚这些妇女的原因,应该说并非单一,其中既有宗教信仰在起作用,又有志趣爱好、社会阶层相似的女性联谊因素在起作用。这类组织,为女性彼此的互助、情绪的宣泄、忧虑的排遣、眼

---

① 刘淑芬:《五至六世纪华北乡村的佛教信仰》,《"中研院"史语所集刊》(台北)1993年第63本3分,第514页。
② 刘淑芬:《五至六世纪华北乡村的佛教信仰》,《"中研院"史语所集刊》(台北)1993年第63本3分,第503—507页。
③ 宁可、郝春文:《北朝至隋唐五代间的女人结社》,《北京师范学院学报》1990年第5期;郝春文:《再论北朝至隋唐五代宋初的女人结社》,《敦煌研究》2006年第6期。
④ 郝春文:《再论北朝至隋唐五代宋初的女人结社》,《敦煌研究》2006年第6期。

界的开阔,开启了有吸引力的途径。"①

四、造像题材的选择与信仰活动

南北朝民众造像题材的多元化受到学者的关注,王昶、叶昌炽等从事碑刻史料搜集整理的先行者均对此有过论述。王昶认为:"造像立碑,始于北魏迄于唐之中叶。大抵所造者,释迦、弥陀、弥勒及观音、势至为多。"②叶昌炽指出:"所刻之像,以释迦、弥勒为最多,其次则定光、药师、无量寿佛、地藏菩萨、琉璃光、卢舍那、优填王、观世音。"③塚本善隆、佐藤智水、石松日奈子、仓本尚德、侯旭东等前辈时贤也对此进行了考察研究。

表7 北朝出家女众造像尊像题材一览表

尊像名	释迦	弥勒	观世音	无量寿佛	阿弥陀佛	卢舍那佛	多宝佛	释迦多宝二佛并坐	药师佛	七佛	定光佛	贤劫千佛	思惟像	窟	石浮图	像(含石像玉像)
数量	35	25	20	5	3	8	2	4	2	3	2	15	1	1	37

从造像题材上看,排名前三的分别是释迦、弥勒和观世音造像,其中释迦(35)数量遥遥领先,远远超过了排名第二的弥勒尊像(25)和排名第三的观世音尊像(20)的数量。这三种造像题材代表了南北朝时期最有影响力的三种信仰。这三类尊像题材中,北魏时期释迦像20例,弥勒13例,观音10例,数量比例和整个北朝时期三类造像题材比例分布没有太大的差异。

塚本善隆在《北朝佛教史研究》中统计,北魏时期的龙门石窟所造佛像206尊,其中有释迦像43尊,弥勒像35尊,观世音像19尊,无量寿像(或阿弥陀佛像)10尊。④佐藤智水在《北朝造像铭考》一文中列举了云冈、龙门、巩县诸石窟和所知传世金铜像的类别数字,其中,有关释迦、弥勒、阿弥陀(无量寿)及观世音四尊像有纪年的数字如下。北魏:释迦103尊,弥勒111

---

① 邓小南:《六至八世纪的吐鲁番妇女——特别是她们在家庭以外的活动》,季羡林等主编:《敦煌吐鲁番研究》(第四卷),第232页。
② 王昶:《金石萃编》卷三九《北朝造像诸碑总论》,第2页。
③ 叶昌炽:《语石》卷五,第127页。
④ 塚本善隆:《北朝佛教史研究》,第258—259页。

尊,阿弥陀(无量寿)15 尊,观世音 64 尊。东魏和北齐:释迦 46 尊,弥勒 36 尊,阿弥陀(无量寿)17 尊,观世音 94 尊。西魏和北周:释迦 29 尊,弥勒 3 尊,阿弥陀(无量寿)1 尊,观世音 13 尊。①石越婕统计了北魏 25 例比丘尼造像题材后发现,造像题材出现的频率从多到少依次为释迦、弥勒、观世音、定光、药师、多宝等,其中释迦像达 11 例,弥勒像为 7 例。②以上数字表明,北魏时期的佛教造像尊像出现的频率,无论是不分性别和社会身份的统计,还是专门以比丘尼为对象的统计,都呈现出释迦、弥勒尊像题材数量远远超过观世音和阿弥陀佛尊像题材的特点;在东西魏和北齐北周时期,观世音尊像的数量开始迅速上升。

(一)释迦造像与释迦信仰

释迦是南北朝时期出现频次最多的比丘尼造像题材,达到了 38 目之多。考古研究表明,释迦信仰一度是北朝佛学的重心。③对于出家女众而言,对释迦造像的偏好表明她们的信仰与社会大众信仰倾向基本一致。释迦造像风气贯穿了北朝出家女众整个造像历程,最早的释迦造像是 No.1 太和十三年(4890919)的比丘尼惠定造像,最晚者是 No.175 北周大象二年(5800701)比丘尼法会参与的《比丘惠晖造像记》。北朝社会对于释迦(佛陀)的称谓也不统一,既有释迦,也有释迦文,还有释迦牟尼、释迦灵佛、如来等称呼:"所谓佛者,本号释迦文者,译言能仁,谓德充道备,堪济万物也。"④

释迦造像题记呈现出比较明显的时间分布,北魏时期释迦造像比较集中,达到 20 目之多,其中东魏 4 目,西魏 1 目,北齐 3 目,北周 5 目。虽然北魏数量最多,但必须考虑到北魏王朝持续时间较长的特点。所以整体而言,释迦造像时间分布还是比较均匀的,没有出现某个时间段特别密集或者稀疏的情况,从另一个侧面也证明释迦信仰的持久性。从空间分布看,以河南洛阳龙门石窟为主。

---

① 佐藤智水:《北朝造像铭考》,刘俊文主编:《日本中青年学者论中国史·六朝隋唐卷》,第 73 页。
② 石越婕:《北魏女性佛教造像记整理及研究》,第 45 页。
③ 何利群:《北朝至隋唐时期佛教寺院的考古学研究——以塔、殿、院关系的演变为中心》,中国社会科学院考古研究所、河北省文物研究所、河北省临漳县文物旅游局编:《邺城考古发现与研究》,第 405—407 页。
④ 魏收:《魏书》卷一一四《释老志》,第 3027 页。

(二) 弥勒造像与弥勒信仰

弥勒信仰自传入以来,就在大江南北广为流传。南朝文人士大夫多喜用文学、绘画的方式盛赞宣扬弥勒信仰,北朝则更多是通过弥勒造像的形式表现出来。

南北朝时期,民间弥勒净土信仰的方式主要是礼佛造像累积功德,以期得生弥勒净土。统观整个两晋南北朝弥勒净土信仰在僧俗间的流传,南朝主要以念佛、虔诚礼拜、精进修持为主,信仰群体以僧人为主,还包括各种僧人参与的信仰团体;北朝主要以布施建功德为主,信仰群体覆盖了社会各个阶层。这一时期是中国佛教信仰史上第一个造像高峰期,也是弥勒造像最多、最集中的时期。清人王昶在《北朝造像诸碑总论》中有论:

> 按造像立碑,始于北魏,迄于唐之中叶。大抵所造者,释迦、弥陀、弥勒及观音、势至为多。或刻山崖,或刻碑石,或造石窟,或造佛堪(原注:或作龛,或作砖),或造浮图。……尝推其故,盖自典午之初,中原板荡,继分十六国,沿及南北朝魏、齐、周、隋以迄唐初,稍见平定。旋经天宝安史之乱,干戈扰攘。民生其间,荡析离居,迄无宁宇,几有尚寐无讹,不如无生之叹。而释氏以往生西方极乐净土,上升兜率天宫之说诱之,故愚夫愚妇相率造像,以冀佛佑,百余年来,浸成风俗。释氏谓弥陀为西方教主,观音、势至又能率念佛人归于净土。而释迦先说此经,弥勒则当来次补佛处。故造像率不外此。①

政治动荡,饥荒频现,疾疫重重,民众生命财产得不到保护,人们渴望和平和安宁。为了求得神佛的护佑,各个社会阶层都热衷于布施以获取功德,人们的布施行为达到疯狂的地步:"王侯贵臣,弃象马如脱屣,庶士豪家,舍资财若遗迹。"②人们在动乱的时代中对弥勒菩萨寄予了很高的信仰期望,如 No.10 龙门石窟老君洞永平二年(5090425)比丘尼法文、法隆造像记所言:"觉非常世,深发诚愿,割舍私财,各为己身,敬造弥勒像一区。"

---

① 王昶:《金石萃编》卷三九《北朝造像诸碑总论》,《石刻史料新编》第 1 辑第 1 册,第 670 页。
② 杨衒之撰,杨勇校笺:《洛阳伽蓝记校笺·序》,第 1 页。

龙门石窟北魏造像中有较多的弥勒下生信仰,其中古阳洞石窟弥勒造像最为集中。①

No.12 龙门石窟古阳洞北壁永平三年(5100904)《比丘尼法庆造弥勒像记》:

> 永平三年九月四日,比丘尼法庆为七世父母,所生因缘,敬造弥勒像一区。愿使来世托生西方妙乐国土,下生人间,公王长者,远离烦恼。又愿己身与弥勒俱,生莲华树下,三会说法,一切众生,永离三途。

No.13 古阳洞北壁永平三年(5101129)《比丘尼惠智造释迦像记》:

> 永平三年十一月廿九日,比丘尼惠智为七世父母、所生父母,造释加(迦)像一区。愿使托生西方妙乐国土,下生人间为公王长者,永离三途。又愿身平安遇,与弥勒俱,生莲华树下,三会说法,一切众生,普同斯愿。

古阳洞作为龙门石窟开凿最早的石窟,开凿时间始于北魏孝文帝迁都洛阳的当年(493),其造像风格和造像题材的选择深受云冈石窟二期的影响。云冈石窟有3目题记铭文明确为"弥勒"的造像,②其中就有1目的供养人是比丘尼。该造像位于第17窟明窗东壁小龛,也是目前所知纪年时间最早的比丘尼造像(附录表一序号为 No.1),开凿于太和十三年(4890919),题记云:

---

① 古阳洞石窟开凿的弥勒像龛,不同学者统计数字略有不同,张雪芬根据图像内容统计该窟有纪年交脚弥勒像龛20个(张雪芬:《试论北朝时期中原北方弥勒造像的演变》,郑州大学硕士论文,2005年,第16—18页);李晔根据造像题记文字统计该窟有弥勒造像29龛(李晔:《中原地区4—6世纪菩萨造像研究:以弥勒和观音为中心》,南京艺术学院博士论文,2022年,第158—160页)。
② 另2目弥勒造像题记是第11窟明窗东侧的太和十九年龛《妻周氏为亡夫造释迦文佛弥勒二躯记》和第35窟拱门东侧上层延昌四年龛《常主匠造弥勒七佛菩萨记》。参见王恒主编:《云冈石窟辞典》,第38、77页。

比丘尼惠定，身遇重患，发愿造释迦、多宝、弥勒像三区。愿患消除，愿现世安稳，戒行福利，道心日增，誓不退转。以此造像功德，逮及七世父母，累劫诸师，无边众生，咸同斯庆。

魏字洞则是龙门石窟另一处弥勒造像最集中的洞窟，窟内有明确纪年比丘尼造像窟龛 7 龛，其中主尊为弥勒的有 4 龛（参见"表 8　魏字洞纪年比丘尼造像题记一览表"）。No.27 龙门石窟魏字洞北壁正光四年（5230909），比丘尼法照"仰为□母、师僧、十方众生，敬造弥勒像"。

山东青州一带也是弥勒造像较为集中的区域之一。No.129 山东省长清县五峰山西石窝村出土北齐乾明元年（5600625）比丘尼慧承、静游联合当地清信女造弥勒像："率领诸邑，同建洪业，敬造弥勒像一区。上为皇帝陛下、群臣、宰守、诸师、父母、含生之类，愿使电转冥昏，三空现灵，法界共修，等成正觉。"

（三）其他尊像造像中的弥勒信仰

弥勒信仰的祈愿也出现在其他尊像的造像中。

1. 释迦尊像中的兼具弥勒净土下生和上生信仰

No.34 孝昌元年（5250808）比丘尼僧达为亡息文殊造释迦像的发愿题记明确表达了弥勒上生信仰："愿亡者升天，面奉弥勒，咨受法言，悟无生忍。"

No.1 云冈石窟第十七窟明窗东壁太和十三年（4890919）比丘尼惠定造释迦像题记则是弥勒下生信仰："愿身平安，□遇弥勒，俱生莲花树下，三会说法。"

No.59 龙门石窟火烧洞东壁普泰二年（5320316）《比丘尼如达造像记》表达的是亡者上升兜率天宫的起源："愿亡者托生□□弥勒佛所……"

No.168 山西省运城市保定二年（5620124）《比丘尼法藏造像碑》所造为释迦像，同时祈愿："托生兜率。若遇八难，速得解脱。有生之类，同沾福泽。"

2. 观音尊像中的弥勒信仰

弥勒信仰也体现在观音造像中，如 No.17 延昌四年（5150620）比丘尼□双造观世音像时发愿："但越三□，群生弥勒三会，俱成正觉。"

还有一种情况，即所造尊像虽然是弥勒，但发愿文表达的却是往生西方净土的祈愿。No.61山东省青州市龙兴寺遗址出土太昌元年（5320908）比丘尼惠照为亡父母和亡妹造弥勒像时发愿："敬造弥勒一躯。上为皇帝陛下、师僧父母，亡者直升西方无量寿佛。现存眷属，常与善俱。自愿己身，生生世世，常作净行沙门。一切众生，咸同斯庆。"

3. 不明造像题材中的弥勒信仰

No.84东魏武定元年（5430621）比丘尼□普和昙恒参与的邑义六十余人造像虽没有明确说明具体的造像题材，但在发愿文中明确表达了众邑子上生兜率天的愿望："相兜率之境可蹬，龙华之会必至。"

（四）观音造像

现存最早的观世音菩萨造像是甘肃炳灵寺石窟第169窟西秦建弘元年（420）一佛二菩萨三尊像中的左侧菩萨像。①该三尊像背后有"无量寿佛""观世音菩萨"和"得大势至菩萨"的墨书榜题。整个北朝时期，观音信仰的信众基础一直比较稳定，自公元470年观世音造像开始盛行以来至北朝末，观世音信众数量大约占总信众数量的10%。②

175目出家女众造像记中，观世音造像题材达20目之多，出现的频率仅次于释迦和弥勒。这20目观音造像中，除了No.115山东省东光县出土北齐天保五年（5540408）《齐赵独方等造像记》属于比丘尼参与的邑义集体造像，No.130河北省巨鹿县出土北齐皇建二年（5610515）《王良伯等造像记》系比丘尼儒达、慧泰等二人参与的造像属于家庭造像外，其余18目题记供养人全是比丘尼。这些供养人全为比丘尼的造像中，单人造像13目，二人造像2目，三人造像3目。这一特点，与侯旭东先生所说的"观世音造像占绝对多数的是个人，或若干亲属或合家造作"③的结论相合。

尼众造观音像发愿请求大致可以概括为超度亡者往生净土（天）、乞求观世音菩萨救难、保佑生者平安等，造像的受福对象则包括国主（皇帝陛下）、无边众生、师僧父母、亡父母、现存兄弟姊妹、十方众生、己身等。

南北朝时期战争频繁，死伤众多，家中亲人对前线亲人多有牵挂，只能求助于善于救济苦难的观世音菩萨。此种情感，出家女众亦不例外，兹举例如下：

---

① 谢志斌：《中土早期观音造像研究》，第80页。
② 侯旭东：《佛陀相佑：造像记所见北朝民众信仰》，第115页。
③ 侯旭东：《佛陀相佑：造像记所见北朝民众信仰》，第116页。

No.32 古阳洞北壁北魏孝昌元年(5250717),比丘尼僧□造观音像一龛发愿"离苦":

比丘尼僧□割已衣□余,仰为皇帝陛下、师僧父母、四辈像主,敬□□□一堪。观□音。已□□□延□□□□四□□积晕□□地狱舍□离苦福存愿如是。

No.60 北魏普泰二年(5320408)比丘尼法光因为弟弟刘桃扶随军北征,为祈求弟弟平安归来,特在洛阳龙门山造观世音像:"为弟刘桃扶北征,愿平安还,造□世音像一区。"

No.78 河北曲阳修德寺遗址出土的东魏兴和二年(5400415)高仲景寺比丘尼静□为祈祷自己在战乱中得以平安还家:"洛(落)难还家",造观音像一区,同时将这一功德回向给"皇帝陛下、无边众生、七世先亡"。

No.140 河北曲阳修德寺遗址出土的北齐河清三年(5640513)比丘尼法悦"上为国王,下为师僧父母、边地众生、姊妹兄弟"所造观音像,她的愿望是"不见灾难"。

No.149 北齐武平元年(5701115)比丘尼静深造观音像,"为帝□□□□道种姓识,复为师僧父母,普及法界众生",希望大家"咸同斯愿"。但从她在"患中发愿造像"的背景来看,"斯愿"应该是祈祷自己身体痊愈,众生平安。

观世音信仰在出家女众社会的普及不仅仅体现在造像题材中观世音像数量较多上,即使在非观音的其他造像题材如释迦、弥勒尊像的造像中,也常见到造像者对于观音的祈愿诉求。如No.3 出土于山东省泰安市大汶口兴华村的北魏太和十八年(4941108)法林寺尼妙音造像主尊为释迦,题记里祈求降福的对象却是观世音菩萨:"堕于非虐者,夜遇观音大圣,速念解脱,所愿如此。"与之相对应的是,造观世音像的同时,也诉诸对弥勒菩萨的诉求,如No.17 北魏延昌四年(5150620)比丘尼某双造像记云:"为国主、父母师徒造观音像一区,但越三□,群生弥勒三会,俱成正觉。"

(五)卢舍那佛造像

175 目造像题记中,卢舍那造像为 8 目(第 116、117、138、143、150、158、160、170),其中单人造像为 4 目,其余 4 目为比丘尼参与的邑义造像。

"卢舍那",原意"光照",唐译作"毗卢遮那"。卢舍那佛信仰是公元6世纪流行于僧尼中的新兴崇拜。据颜娟英教授统计,北朝石刻造像题记中明确表明所雕造佛像为卢舍那的有48铺,比丘尼卢舍那造像(含参与)为7目(比本书的统计少1目)。[①]卢舍那造像最早出现在东魏天平二年(535),其后在北齐时期达到了高峰。某种意义上可以认为,卢舍那信仰已成为北齐佛教的重要特征之一。从地域分布来看,主要在北齐治下的山东、河北、河南一带,尤其以山东黄河三角洲一带最为密集。潘亮文根据各种典籍和金石资料整理出6世纪中后期56例卢舍那造像,其中山东为29例,占总量的51.78%。[②]附录表一所列8目卢舍那造像中,北齐所造为7目,只有1目为北周所造。从时间分布来看,属于从天保五年至武平六年(554—575)的二十二年中,这与侯旭东教授的研究结论"僧尼中卢舍那造像开始于535年,到570至579年十年间是一个高峰"[③]较为一致。

卢舍那佛作为华严教主,其造像的出现和《华严经》关系密切。《华严经》全称《大方广佛华严经》,历经三译,流传后世的有东晋佛驮跋陀罗所译六十卷本、武周时实叉难陀所译八十卷本和唐贞元中般若所译四十卷本,南北朝时期民众中盛行的是佛驮跋陀罗翻译的六十卷《华严经》。从现存文献来看,直接记载出家女众诵习华严类经典的事例并不多,如《比丘尼传》中所见比丘尼讲诵《华严经》(含《华严经》的别本《十地经》)只有2例,分别是建康竹园寺净行尼(509年卒)和建康西青园寺的妙祎尼(516年卒),二人活跃的年代都在5世纪末6世纪初。在此之后,建康尼僧教团中华严学的研习风气进一步扩大,天监十五年(516)僧旻在简静寺(尼寺)讲《十地经》。[④]六十卷《华严》初译于建康,其在北方的流传应该略晚于南方,敦煌地区的比丘尼写经《华严经》也仅见6世纪末一例(详见"表9 5—6世纪敦煌高昌出家女众写经一览表")。列表中卢舍那造像为后世提供了了解这一时期出家女众对华严思想的理解和实践的窗口。

---

① 颜娟英:《北朝华严经造像的省思》,《镜花水月:中国古代美术考古与佛教艺术的探讨》,第361—364页。本书的统计比颜教授多1目,原因是颜教授未将出土于陕西临潼的北周天和二年邑义所造卢舍那统计在内。
② 潘亮文:《卢舍那佛像研究——以7世纪以前的中原地区发展为中心》,《敦煌研究》2017年第3期。
③ 侯旭东:《佛陀相佑:造像记所见北朝民众信仰》,第117页。
④ 道宣:《续高僧传》卷五,《大正藏》第50册,第462页下。

(六) 多宝如来造像

自公元 3 世纪末以来,随着竺法护译经的传播,《法华经》逐渐成为此后数百年中中土影响最大的大乘佛经之一,其所倡导的会三归一、开权显实等思想宗旨渐为汉地佛教徒熟知。《法华经》写刻佛经与造像功德的推崇,也推动了后世佛教徒以该经的内容进行各种形式的美术创作的热情。

释迦多宝二佛并坐源于《法华经·见宝塔品》的记载。释迦与多宝如来二佛并坐造像成为北朝比丘尼造像的重要题材,这一造像题材为印度佛教所无,系中国本土信徒的创造性发展。[1]最早的二佛并坐造像出现在西秦时期甘肃省永靖县炳灵寺169号石窟:"释迦、多宝佛由5世纪初炳灵寺正窟初见,到5世纪中期以后,云冈、龙门、麦积山、炳灵寺、敦煌等北朝石窟中数目骤然增多。释迦、多宝佛成为最常见的造像。特别是云冈石窟,所占比例更大,往往和弥勒菩萨或三世佛同时出现于正壁主尊地位。"[2]这一造像形式最典型者为太和十三年(4890919)云冈石窟第十七窟明窗东壁的比丘尼惠定造像。比丘尼惠定造像是最早的释迦多宝与交脚弥勒组合造像,弥勒在上,释迦多宝二佛并坐龛下。殷宪先生认为,这种弥勒在上、释迦多宝在下的组合,是弥勒净土信仰兴盛以及太和时期"二圣"执政格局的体现,释迦和多宝分别象征着孝文帝和冯太后,在上的弥勒象征着当时的太子,未来的皇帝拓跋恂。[3]孝文帝拓跋宏五岁(471)即位,直至太和十四年(490)冯太后去世,二十年中,冯太后一直是权力的实际掌控者,孝文帝"事无巨细,一秉于太后"近二十年。总体而言,虽然从公元470到公元569年间多宝像陆续都有雕凿,但释迦多宝二佛并坐像崇拜主要是在这一时间段。[4]比丘尼惠定造像时在冯太后去世的前一年,平城还处于太后冯氏权力的笼罩下,应该说,她选择这一释迦多宝二佛并坐造像组合是和当时的政治气氛相一致的。

弥勒与释迦、多宝三佛组合形式的经典依据来自《法华经·普贤菩萨劝发品》:"若有人受持、读诵,解其义趣,是人命终,为千佛授手,令不恐怖,不堕恶趣,即往兜率天上弥勒菩萨所。弥勒菩萨,有三十二相大菩萨众所共

---

[1] 金申:《中国历代纪年佛像图典》,第442页。
[2] 张宝玺:《〈法华经〉的翻译与释迦多宝佛造像》,《佛学研究》1994年,第142页。
[3] 殷宪:《云冈石窟造像题记及其书法》,《艺术评论》2008年第4期。
[4] 侯旭东:《佛陀相佑:造像记所见北朝民众信仰》,第123页。

图 2　云冈石窟第 17 窟明窗东侧惠定造像全貌，
上为交脚弥勒，下为二佛并坐，最下为题记

围绕，有百千万亿天女眷属，而于中生，有如是等功德利益。"①此造像形式不仅出现在北魏太和年间，在此后的数十年中一直不衰，到了 6 世纪上半期，这一造像组合形式的数量达到了最高点。这一现状或许和宣武帝死后灵太后胡氏以女主身份临朝背景相关："及肃宗践阼，尊后为皇太妃，后尊为皇太后。临朝听政，犹称殿下，下令行事。后改令称诏，群臣上书曰陛下，自称曰朕。"②在胡氏掌权期间，特别强调其作为摄政皇太后存在的象征意义，多宝如来和释迦牟尼并坐说法，则象征着胡氏和孝明帝元诩对北魏政权的共同掌控。

（七）思惟造像

思惟像是北朝后期重要的造像尊像题材之一。辨认思惟造像最关键的特征是"思惟手"，即以手支颐，侧头配合作思考状的姿态，密教经典谓其为"稍侧头，屈手向里，以头指指颊"。③大多数思惟像为半跏趺坐。左腿自然下垂，右脚踝置于左膝上，右肘部支撑在右腿上，用右手掌或手指支撑着下颌，左手扶住右脚踝，具有这种姿势的造像一般称为思惟像。④思惟像的主要目的是表现菩萨禅修思惟、觉悟证道的行为。思惟像尊格包括太子（乔达摩·悉达多）、⑤弥勒、观音、莲花手菩萨、净居天子、摩耶夫人、仙人等。⑥

---

① 鸠摩罗什译：《妙法莲华经》卷七，《大正藏》第 9 册，第 61 页下。
② 魏收：《魏书》卷一三，第 337—338 页。
③ 一行：《大毗卢遮那成佛经疏》卷一六，《卍新续藏》第 39 册，第 744 页上。
④ 达微佳：《曲阳造像中的思惟像》，《紫禁城》2015 年第 7 期。
⑤ 对于思惟造像中的太子像，金申先生将之列为北齐所造释迦的范围，并认为这和当时河北等地流行的净土思想有关。详参金申：《中国历代纪年佛像图典》，第 492、503 页。
⑥ 巫胜禹：《佛教思惟像研究》，上海师范大学博士论文，2014 年，第 71 页。

思惟像发端于贵霜王朝时期,在犍陀罗和秣菟罗造像中都有发现。思惟像在三国时传入汉地,武威地区出土的延和三年(434)北凉佛塔上出现了思惟菩萨的形象,后来又在敦煌石窟、云冈石窟、龙门石窟、麦积山石窟等地中屡有出现。①

思惟像也是北朝出家女众重要的造像题材,附录表一所列比丘尼造像记中,"思惟像"为 15 目,仅次于观世音造像。思惟造像一度兴盛于南北朝至隋唐时期,目前所见最早的思惟造像为太平真君三年(442)的石造思惟像,②曲阳修德寺出土白石造像中,思惟像占比较大。③附表收录的 15 目思惟像造像题记,从时限上看,皆为东魏、北齐所造,最早者为 No.77 东魏元象二年(5390101)河北曲阳修德寺遗址出土的比丘尼惠照造像,最晚者为 No.157 河北省正定县出土北齐武平四年(5730824)比丘尼清潜造像。从地域范围来看,基本不出东魏和北齐统治区域,以河北、山东地区为主。④

有一点可以确定的是,当时思惟像数量应该远比这一数字为多。因造像记铭文有相当数量没有明确记载尊像题材,或者径以像(石像)等名之,或者因为文字漫漶无法识读等多种原因,无法判断其所属尊格,故无法统计其准确数字。如 No.1 云冈石窟第 17 窟明窗东壁太和十三年(489)比丘尼惠定造像题记,本造像为盝形龛(上)和圆拱龛(下)共同组成,盝形龛内为主尊交脚弥勒菩萨像,两侧有侍立菩萨,体量较小。其中,左侧菩萨残毁,脚两侧各一蹲狮,左右梢间各一思惟菩萨像,坐于筌蹄座上,思惟手在内侧,呈对称分布。圆拱龛内为释迦多宝二佛并坐像。⑤因为思惟像不是主尊,而是作为配饰出现,所以铭文中没有提到思惟菩萨像。此外,No.152 北齐武平三年(5720008)河南浚县佛时寺造像显示,该造像是一通长方体四面造像碑,题记中未出现尊像的尊格,但在碑阴上龛内雕一立像,中龛内雕一思惟菩萨,下龛内雕二佛并坐像。⑥No.135 北齐河清元年(5620820),河北藁城贾同村出土的《比丘尼员度门徒等造双弥勒像》,正面为双半跏弥勒坐像,

---

① 巫胜禹:《佛教思惟像研究》,上海师范大学博士论文,2014 年,第 206—211 页。
② 金申:《中国历代纪年佛像图典》,第 436 页。
③ 冯贺军:《曲阳白石造像研究》第四章《思惟造像》,第 81—96 页。
④ 1978 年 3 月河北省藁城县(今石家庄藁城区)贾同村东出土 8 件佛教造像,思惟像达 5 件之多。详参程纪忠:《河北藁城县发现一批北齐石造像》,《考古》1980 年第 3 期。
⑤ 巫胜禹:《佛教思惟像研究》,上海师范大学博士论文,2014 年,第 167 页。
⑥ 巫胜禹:《佛教思惟像研究》,上海师范大学博士论文,2014 年,第 194 页。

背面雕凿的则是双思惟像,左右对称,下垂足在内侧,思惟手在外侧,食指扶着额头。

图 3　河清元年(562)比丘尼员度造白玉双弥勒佛坐像(左),背面为双思惟坐像(右)

(八) 无量寿(阿弥陀)造像

无量寿(阿弥陀)造像在五六世纪出家女众造像题材中属于占比较为靠后的类别,无量寿造像 5 目(No.99、No.102、No.103、No.119、No.166),阿弥陀造像则只有 3 目(No.153、No.162、No.175),远远低于释迦、弥勒、观世音等尊像题材的占比。

和释迦、弥勒、观世音等尊像造像贯穿整个五六世纪相比,无量寿(阿弥陀)造像出现的时间相对比较靠后。最早的比丘尼无量寿造像出现在东魏武定七年(5491001)No.99 洛阳龙门山《比丘尼法嵩法迁造像记》,最早的阿弥陀造像是出土于河北省唐县曹水村的 No.153 北齐武平三年(5720023)《晕禅师等 50 人造像记》。No.99 武定七年(5491001)魏光寺比丘尼法嵩、法迁为亡故的师父造无量寿像一区,希望"国主父母、过现眷属、三界有形,等成正觉",造像的直接目的是为亡故的师父追荐冥福。与之相似的是 No.119 北齐天保七年(5560824)比丘尼如静为亡师始靓追荐冥福所造无量寿像,在这一造像中,尼如静发愿:"愿令亡者(亡师比丘尼始靓)托生西方妙乐佛国,与佛居,面睹诸佛,见存者受福无量,共成佛道。"

通过对造像记的考察可以发现,很多发愿具有祈愿亡者或生者死后生天或往生净土的内容。值得注意的是,祈愿往生西方净土时所造的尊像除了阿弥陀佛和无量寿佛以外,释迦和弥勒乃至观音、卢舍那等造像题材中也有祈愿往生西方净土的内容。

无论是尊像题材还是发愿文中的描述,当时尼众对于无量寿佛(净土)的接受和理解程度远远高于阿弥陀佛,她们都将西方净土径称为"无量寿佛国"(如 No.12 比丘尼法庆造弥勒像、No.61 比丘尼惠照造弥勒像),而不是后世所谓的"弥陀净土"。侯旭东教授认为,在公元 529 年以前,民众盛行的是祈愿生天的信仰,在此之后,净土信仰开始逐渐增多,但他们接受的仅仅是死后去往西方净土的说法,而对于无量寿或者阿弥陀的理解非常浅显。①

从西魏开始,社会上广为流行的法华信仰开始和无量寿佛信仰像结合。②敦煌莫高窟第 285 号窟北壁西魏大统五年(539)两目比丘尼参与的两铺滑氏家族造像题记(No.102《西魏滑□安等愿文及题名》、No.103《西魏滑黑奴等愿文及题名》)都是如此。

五、造像所见西方净土信仰和其他信仰的结合

(一) 西方净土信仰和弥勒信仰净土信仰的杂糅

从造像题材和题记内容来看,南北朝时期,在江南、蜀地、河北等地,存在弥陀、弥勒信仰同时并弘的特点。南齐永明元年(483)比丘玄嵩造像,永明八年(490)法海造弥勒成佛像,北魏太和二十二年(498)僧普贵造像,太和二十三年(499)比丘僧欣造像都是如此。南齐竟陵王等造摄山无量寿佛,手书《无量寿经》,修龙华会,敬礼兜率弥勒。还有的造像是弥陀、弥勒像同在一处,或发愿文造弥勒愿生西方净土,造弥陀佛愿生兜率、"龙华三会"。虽然无量寿(阿弥陀佛)造像在所有造像题材中占比并不高,但西方净土在多种尊像题材都可以见到。尽管民众对于西方净土的具体含义并没有特别确切的理解,但无论如何,在各种净土中,西方净土已经是民众最熟悉的词汇。与北方地区造弥勒尊像时发愿文明确提到希望往生西方净土相对应的是,四川地区的南朝造像中出现了多例弥勒佛和无量寿佛尊像的组合。③正如宿

---

① 侯旭东:《佛陀相佑:造像记所见北朝民众信仰》,第 167—171 页。
② 张元林、张志海:《敦煌北朝时期法华信仰中的无量寿佛信仰:以莫高窟 285 窟无量寿佛说法图为例》,《敦煌研究》2007 年第 1 期。
③ 李宇洁:《四川南朝的弥勒造像与弥勒信仰》,《宗教学研究》2013 年第 2 期。

白先生所指出的：

> 自晋迄陈，南方信奉无量寿与弥勒并无门户之分，故四川茂县所出齐永明元年（483）西凉曹比丘释玄嵩造像碑，一面镌无量寿坐像，另面雕弥勒佛立像……两像合刻一碑，当可证明南朝信徒认为兼奉无量寿、弥勒两像，不仅无矛盾，且更可广致饶益：死后到西方与今生会龙华可一并获得。①

阿弥陀佛的西方净土信仰对于南北朝信众来说有特殊的意义。通过对题记的解读可以发现，未能生逢佛世是很多人的遗憾，其所处的时代，释迦已灭，弥勒未生，如何依止成为众人关注的话题。释迦佛已入灭，弥勒尚未下生，阿弥陀佛是现今正在说法的现在佛，信众凭借阿弥陀佛的愿力，可在命终之后直接往生西方净土面见阿弥陀佛。对于信众来说，弥陀西方净土更具有现实可能性。

（二）其他尊像造像中的西方净土信仰

附录一175目造像题记中，与往生西方净土有关的为24目，所造的尊像既有无量寿佛（阿弥陀佛），同时也有释迦、弥勒、观世音、卢舍那、思惟像和不知具体题材的"像""石像"等。

1. 释迦尊像中的西方净土祈愿

No.13 龙门石窟古阳洞北壁永平三年（5101129）比丘尼惠智造释迦像一躯并发愿："愿使托生西方妙乐国土。"

No.28 龙门石窟火烧洞东壁正光五年（5240326）比丘尼道□为七世父母、所生父母、亡兄弟造释迦像发愿："□□□□托生西方，□□□□□□净之处……"

No.73 龙门石窟普泰洞南壁东魏天平四年（5370412）比丘尼道显为亡父母造释迦像一躯："愿托生西方妙乐国土。"

2. 弥勒尊像中的西方净土祈愿

No.12 龙门石窟古阳洞北壁永平三年（5100904）比丘尼法庆造弥勒像时发愿："愿使来生托生西方妙乐国土。"

---

① 宿白：《南朝龛像遗迹初探》，《考古学报》1989年第4期。

No.58 山东省昌国县（即今山东省临朐县）新兴寺普泰二年（5320301）比丘尼昙颜为亡妹尼昙利造弥勒像："愿直生西方无量佛国,普共其富,所愿从心。"

No.61 比丘尼惠照造弥勒像发愿："亡者直生西方无量寿国。"

从以上造像题记文字来看,北朝弥陀信仰和弥勒信仰混杂较为普遍,民众对于阿弥陀佛所在的西方净土和弥勒佛所在的兜率净土没有明确的区分,阿弥陀佛与弥勒佛的组合,正反映了时人将弥勒信仰和其他信仰混同的情况。①

3. 观音尊像中的西方净土祈愿

对观音的祈愿除了救难以外,令亡者生天（托生净土）也是其中重要的一项。

No.55 龙门石窟莲花洞南壁北魏普泰元年（5310815）比丘尼道慧、法盛造像记："仰为七世父母师僧眷属,敬造观世音像一区,使不堕三途,速□□□。"

No.159 河北曲阳修德寺遗址出土的北齐武平五年（5730310）张市寺尼惠善为亡父造白玉观音像发愿："愿使亡者生天,见在母子,生生世世值闻佛法。"

观音造像题记里往生净土的内容虽然多是"托生安乐处""一时成佛"之类笼统的提法,仍可见到观音净土信仰的影响。

4. 思惟尊像中的西方净土祈愿

No.92 比丘尼静板参与的"三十三人造思惟像记"发愿："皇帝陛下及无边法界众生,诸人在世父母,托生西方,常生清国。"

5. 不明造像题材中的西方净土信仰

其他不明造像题材如"石像""像"等的发愿文中也常有愿令亡者往生西方净土的信仰。

No.69 山东青州出土的天平三年（5360603）张河间寺比丘尼智明造尊像发愿："愿令亡者托生净土。"

No.82 洛阳龙门山东魏兴和四年（5420605）太安寺尼道贵、神达造石像一区发愿："愿□西方□量寿。"

---

① 刘长东：《晋唐弥陀净土信仰研究》,第 192 页。

No.93 东魏武定五年(5470126)比丘尼惠矛参与家庭造像时发愿:"亡者托生西方,不经八难,现存获福。"

No.131 皇建二年(5610609)比丘尼泉谕为亡兄"造像一区",并发愿:"愿托生西方妙乐国土。"

南北朝时期净土造像多以阿弥陀佛(无量寿)为主,较少提及观世音和大势至两位胁侍菩萨的情况,同时也缺少对净土世界细节的描绘。这一点,和后世题记愿文或功德故事对西方净土世界黄金铺地、七宝莲池、八功德水等富丽堂皇的描绘有很大区别。侯旭东先生认为,西方三圣的观念直至6世纪60年代以后才逐渐定型。①在此之前,观世音和阿弥陀佛都是作为独立个体存在,观世音还没有作为阿弥陀佛的胁侍存在。《高僧传》所收录5世纪初叶僧人慧虔往生的事迹可作为例证:

> 山阴北寺有净严尼,宿德有戒行,夜梦见观世音从西郭门入,清晖妙状,光映日月,幢幡华盖,皆以七宝庄严。见便作礼,问曰:"不审大士今何所之?"答云:"往嘉祥寺迎虔公。"因尔无常。当时疾虽绵笃而神色平平,有如恒日。侍者咸闻异香,久之乃歇。②

六、多元的受福对象

南北朝女众造像题记中受福对象呈多元化面相,从与造像者关系远近程度来看,大致可以分为个人、世俗家庭成员(父母、子女、兄弟姊妹)、出世的人际网络(师长、同学、弟子、香火邑义)、国家和众生等五类。

(一) 个人(己身)

造像记中明确表明为自己(己身)祈福的大多数是因为疾病。因为身患疾病,期望通过造像功德使身体痊愈,是北朝比丘尼造像的重要原因。175 目造像题记中,明确表明为自身疾患造像的有列表 No.1 太和十三年(4890919)《比丘尼惠定造像记》:"身遇重患";No.16 延昌二年(5130802)的《比丘尼法兴造像记》:"因患发愿";No.41 孝昌二年(5260523)《乾灵寺比丘尼智空造像记》:"为自身小患";No.44 孝昌二年(5261007)《比丘尼僧

---

① 侯旭东:《佛陀相佑:造像记所见北朝民众信仰》,第 116 页。
② 慧皎:《高僧传》卷五,《大正藏》第 50 册,第 357 页下。

超造像记》:"比丘尼僧超忽得□患□□□□□□";No.87 武定二年（5440705）《比丘尼惠尊造像记》:"因患"造弥勒像;No.98 武定七年（5480306）阳市寺尼惠遵"因患发愿"造弥勒像一区;No.149 武平元年（5701115）《比丘尼静深造像记》:"患中发愿,造观世音像一区"。上述 7 目造像均为比丘尼单人造像,促使她们进行造像活动的动因皆为自身所患疾病,希望通过造像功德使身体痊愈。还有的则是比丘尼身前遗言要求弟子在其亡故后为其造像追福。

在乱世中为自己祈求平安是出家女众造像的动机之一。如 No.10 永平二年（5090425）比丘尼法文、法隆等,"觉非常世,深发诚愿,割舍私财,各为己身,造弥勒像一区"。

（二）世俗家族成员

从造像题记中受福对象与造像者的关系看,为世俗家庭成员祈福占有很高的比例,受福对象生者与逝者同列,包括造像者的所生父母（又作本生父母）、七世父母、兄弟、姊妹、子女以及其他家族成员。

1. 本生父母与七世父母

比丘尼造像记中,受福对象出现最频繁的是本生父母及七世父母。No.1 太和十三年（4890919）比丘尼惠定造像记要将造像功德回向给"七世父母、累劫诸师、无边众生";No.2 太和十七年（4930000）妙音寺比丘尼□练"为亡父母"造释迦像一区;No.4 太和十八年（494）比丘尼慧辨造像,为"七世父母、所生父母、□□诸师、一切众生";No.13 永平三年（5101129）比丘尼惠智"为七世父母、所生父母造释迦像一躯";No.12 永平三年（5100904）比丘尼法庆"为七世父母、所生因缘敬造弥勒像一区"。

根据学者的统计,南北朝造像题记的受福对象中,"七世父母"位居第四,出现频率比较高。[①]本生父母即此世有生养之恩的父母,七世父母指的是过去世轮回六道时每一道的父母,七世父母并非本土宗教文化理念,更多地体现了佛教轮回观念对于中古时期中土社会的影响。有学者认为,"七世父母"的引入和普及,是佛教文化对本土基于血缘关系的孝道文化的补充。[②]

[①] 佐藤智水:《北朝佛教史论考》,第 96—102 页。
[②] 赵青山:《从敦煌写经题记所记"七世父母"观看佛教文化对中土文化的影响》,《兰州大学学报》2009 年第 6 期。

2. 俗世子女

子女是出家女众造像受福对象中重要的组成部分，列表中收录了 4 目比丘尼为子女追福的造像题记，都位于龙门石窟，分别是 No.22 莲花洞正光二年（5211129）清信女祖上等合造释迦像记："比丘尼僧静愿母子□□□，比丘尼僧静愿母子平安造像一区"；No.26 古阳洞北壁正光四年（5230126）比丘尼法阴造像记："为女安乐郡君于氏，□奢难陀，造释迦像一区，愿女体妊安康，众恼永息，亡灵加助……"；魏字洞 No.34 孝昌元年（5250808）比丘尼僧达造释迦像记："比丘尼僧达为亡息文殊造释迦像，愿亡者生天，面奉弥勒，咨受法言，悟无生忍……"魏字洞 No.38 孝昌二年（5260423），"紫内司尼为亡女尼法晖敬造弥勒像一区，愿此善资，离苦得乐"。

母子亲情出自天性，比丘尼虽然脱离了世俗家庭，但仍旧牵挂着子女。在这些造像题记中，既有为不幸早亡的子女追福者，也有祈愿女儿怀孕平安生产者，更有为母子平安健康造像祈福者。为子女造像祈福绝对数量虽然不高（只有 4 目），其中有 3 目属于单人造像，子女是唯一的受福对象。No.22 虽然是比丘尼参与的群体性造像，但在造像题记中特别强调比丘尼僧静对俗世子女的祈愿："愿母子平安造像一区。"由此可见，虽然身为出家众，比丘尼在日常行为规范上与在家众有较大的区别，但其对于子女的牵挂并不比在家女众更少。

从受福对象中有多例为子女祈福的情形来看，北朝时期有相当一部分尼众并不全然是童子出家，有婚姻经历者当不在少数，但 175 目造像记中，没有一目尼众造像题记将俗世的丈夫纳入祈福范围的案例。这一特点，和同时期清信女造像题记中"亡夫"一词频频出现有相当大的区别，[1]这或许与佛教对于出家女众戒律的强调有一定关联。

3. 兄弟姊妹

俗家兄弟姊妹也是出家僧尼造像的主要受福对象。

No.40 龙门石窟魏字洞孝昌二年（5260508）的《紫内司尼造像记》："紫内司尼为亡弟……"；No.58 山东青州出土普泰二年（5320301）《比丘尼昙颜造像记》："昌国县新兴寺尼昙颜，为亡妹昙利敬造弥勒金像一躯"；No.60 普

---

[1] 北魏时期在家女众的造像活动中，亡夫是其首要的受福对象。参见牛驰：《北魏女性在家佛教徒研究：以造像记为中心》，吉林大学硕士论文，2017 年，第 28 页。

泰二年(5320408)《比丘尼法光造像记》,比丘尼法光为弟及父母各造像一区并发愿:"比丘尼法光为弟刘桃扶北征,愿平安还,造观世音像一区,友(又)忘(亡)父母造释迦像一区。"No.61 山东青州龙兴寺遗址出土太昌元年(5320908)《比丘尼惠照造像记》中,"亡父母及亡妹何妃"。

女性虽然出家为尼,但并未真正割断与本生家庭的联系。综观表列造像题记,尼众造像的直接原因和发愿文中所列受福对象大多涉及世俗亲属,由此可见,其时女子虽然从身体和社会身份上脱离了俗家限制,但在心理上却仍受到天性和儒家伦理的影响,与家人的关系仍然非常亲近。对她们来说,为俗家父母、兄弟姐妹的安危向神明祈愿,为逝者造像追荐冥福,实在是平常而又平常。

(三)出世的师友

女性走出世俗家庭剃度为尼,成为僧伽的一分子,僧团的法缘关系取代俗世家庭血亲、姻亲关系,僧团成为她们最重要的人际交往圈。这一变化在造像兴福的活动中就表现为,比丘尼基于为出家后的师父以及弟子等祈福的目的而造像的行为很常见,并且经常与为父母的祈愿一起出现,"师僧父母"成为造像题记中常用的固定词汇。175 目造像题记中,受福对象直接或间接包括师徒等在内的达 54 目。其中既有师父为亡故的弟子追福,也有徒众为师父祈福。师父为弟子造像仅见一目,即 No.3 太和十八年(4941108)山东省泰安市大汶口兴华村法林寺尼妙音造像,此乃师父为弟子荐福所造。当时更多的则是弟子为师父追荐冥福而造像。

No.96 武定七年(5490208)山东省惠民县比丘尼昙朗昙□造多宝像发愿的受福对象中"亡师"在父母兄弟姊妹之前:

又愿亡师、父母、兄弟姊妹,见存居家眷属,普同其愿,值佛闻法。

No.119 天保七年(5560824)比丘尼如静为亡师始靓造像:

大齐天保七年岁次丙子闰月癸巳朔二十四日丙申,比丘尼如静为亡师比丘尼始靓愿造无量寿佛圣象一区。愿令亡者托生西方妙乐佛国,与佛局(居),面睹诸佛,见存者受福无量,共成佛道。

No.151 武平二年（5710915）比丘尼道□因其师比丘尼道外所造释迦铜像被盗，弟子追念亡师，于是率邑义众人再造一释迦铜像：

自神源秘寂，圣道沉沦，若不修□慈颜，竟何以冥感将来？然正信士佛弟子比丘尼道外造释迦铜像一躯，但恶缘□幸为□所盗。今弟子道□追念亡师之□□，欲继绍真颜，但□缘不及，乃率邑义□等，粤以大齐武平二年九月丙午朔十五日庚申，各竭舍□□，敬造释迦□□□□□□□。

No.160 武平六年（5750301），以比丘尼惠远为代表的七位比丘尼造像的直接受福对象为"亡师"，然后才是皇帝、师僧父母等：

比丘尼惠远为亡师敬造卢舍那像一区。上为皇帝陛下、法界众生、师僧父母，俱升净土。比丘尼像主法□，比丘尼像主何尽，比丘尼何静，比丘尼法思，比丘尼法件，比丘尼香女。

题记中，"师僧""师徒""诸师"等更多地是作为一个享受造像功德的宽泛整体，和其他类型的受福对象一起在愿文中出现。

上例 No.3 师父为弟子造像的案例《法林寺尼妙音造像记》中，妙音尼在又将"师僧父母"等纳入受福对象的范围："愿眷属、师僧父母及一切众生，在所生处，因庄严净，面奉圣容，仰咨道教，一闻法言，位登无生。"No.5 比丘尼法度造像的受福对象直接就是"师僧父母"。No.17 延昌四年（5150620）《比丘尼□双造像记》："为国主、父母师徒、但（檀）越、三□群生，弥勒三会，俱成正觉。"

No.27 正光四年（5230909）《比丘尼法照造弥勒尊像记》中，法照造像的受福对象将父母师僧和十方众生并举。

No.11 永平三年（5100404），比丘尼法行、□用造定光石像发愿："愿七世父母、因缘眷属、见在师徒，亦同共福。"

No.29 正光六年（5250215）比丘尼法要、法迁造像的受福对象包括"国王帝主、七世父母、亡见师僧"。

僧尼出家后，师父和同在一寺生活的师兄弟及其徒弟就是其在寺院学习和生活中最亲近的人。尊师重道的思想不因出家的身份而改变,师长去世后,僧尼在日常生活中虽然不像俗人那样需要严格地庐墓守制,仍然要以适当的方式表达哀思:"其父母三师[①],远闻凶问,听哭三日。若在见前,限以七日。"[②]No.147 天统五年(5690408)河南新乡比丘尼智果为"三师"造弥勒像:"天统五年四月八日,比丘尼智果为三师造弥勒像一区,今得成就。愿一切众生立时成佛。"此题记中,"三师"与父母并列。出家僧尼将师徒关系视同世俗亲子之情,在伦理关系上,出世和入世合二为一。虽然列表显示单独为师徒祈愿造像并没有占太大的比例,在为众人祈福的同时将师父和徒众纳入则是普遍现象。

(四) 国家象征符号:皇帝、国家、州郡长官

为皇帝(皇后)、州郡长官(臣僚百官)、公王长者等祈愿,是所有造像题记中出现最多的一类。这种将与造像者没有直接血缘、法缘和地缘关系者作为造像受福对象的行为,反映了造像者对于"国家"概念的模糊理解和佛教的慈悲观念的影响。[③]

附表所列 175 目出家女众造像题记中,与为国祈愿相关的词汇涉及较多,大致可以分为三个层次。一是国家最高统治者及其家眷,如"皇帝陛下""皇帝""国家""皇太后""皇家""国家皇帝""天王国主""国王帝主""国王""帝主""国主檀越""国主"。二是国家统治机构中的官员,如"侯王""公王""群僚百官""群官司牧""州郡令长""群臣宰守"等。三是祈愿国家命运长久的词汇,如"国祚永隆""国祚遐延""国祚大康""国家延隆万世""皇基永固""皇祚永隆"等。其中直接与皇室相关的词汇占到将近七成。明确指明受福对象为某一位皇帝的尼众造像记只有 1 目,即 No.9 景明四年《比丘法生造像碑》所言:"为孝文皇帝并北海王母子造。"皇帝与国家同时出现,或者直接以皇帝指代国家的现象,一定程度上说明,在北朝出家女众思想意识里,"皇室"与国家有等同之意。对和皇室上层贵族保持密切联系或者受其供养的比丘尼来说,皇室、皇家、公王长者对她们来说并不是

---

① 指为僧尼授具足戒的三位戒和尚,即得戒和尚、羯磨师和教授师。
② 魏收:《魏书》卷一一四《释老志》,第 3041 页。
③ 对于民众造像发愿中普遍提及皇家等与供养人没有太多直接关系的抽象符号,清代学者叶奕苞颇不以为然,他认为其乃民间俚俗之语:"上为皇帝中宫云云,当时造像碑率因是语,犹今丛林主僧上堂说法,开口即云上祝皇帝万岁,其词俚俗鄙,其意浮伪,古今习俗然也。"(叶奕苞:《金石录补》卷八,《石刻史料新编》第 1 辑第 12 册,第 9028 页)

一个抽象的符号,而是具体的个体。特别有意思的是,当发愿文中父母师长和象征国家的名词同时出现时,父母师长(僧)的排序通常自动地位居国家之后。

前人的研究表明,终北朝近二百年的历史,民众的国家观念和国家认同处于逐步加强的状态,其中僧尼和普通官吏对于皇帝与国家的命运的关注度更高。①列表所见的175目出家女众造像题记中,将国家(皇帝等)作为受福对象的题记为74目,占全部造像题记的42.28%。其中北魏13目(总53目)占同一阶段比丘尼造像题记的24.52%;东魏17目(总36目)占同一阶段比丘尼造像题记的47.2%;西魏1目(总7目)占同一阶段比丘尼造像题记的14.28;北齐37目(总56目),占同一阶段比丘尼造像题记的67.07%;北周6目(12目)占同一阶段比丘尼造像题记的50%。从总的变化趋势来看,僧尼中的这种家国认同度确实呈逐步加强的态势。特别是到了北朝末期的北齐、北周时期,更是达到了顶峰。北齐皇室一直尊崇佛教,其核心统治区邺城佛教隆盛,一度甚至超过了北魏时期的洛阳。在皇室尊崇佛教带来佛教快速发展的同时,皇权对佛教的渗透也大大超过了前代,②这或许也是北齐出家女众造像题记中国家意识最强的原因。这一从低到高的变化趋势与前贤的研究结论具有一致性,体现了皇权透过佛教向民众渗透的程度。前贤在研究民众与国家意识的关系时候更多关注的是群体性造像者的活动,作者梳理发现,群体性造像固然更关注皇帝或国家的福祉,但在比丘尼单人造像中,受福对象包含"皇帝"等词汇的达29目,占比丘尼为国祈福造像记的41.24%。从这个意义上看,为国祈愿不仅仅是进行群体性造像活动时的行为,更是一种社会普遍意识。

(五)众生

"众生"是造像题记受福对象中最常见的词汇。侯旭东教授通过对北朝一千五百余目造像题记的考察认为,五六世纪信徒中"众生观念"颇为流行。不同社会身份造像者中,受福对象包括"众生"的造像以僧尼为主,约达半数以上;官吏次之,平民最后。即使是平民,也有25%以上关心众生的命运。③

---

① 侯旭东:《造像记所见民众的国家观念与国家认同》,《北朝村民的生活世界:朝廷、州县与乡里》,第295页。
② 张冠凯:《关于北齐佛教政治性的探讨》,《五台山研究》2017年第4期。
③ 侯旭东:《佛陀相佑:造像记所见北朝民众信仰》,第224页。

众生,梵语 Sattva,音社伽、萨埵、仆呼缮那等,又译作有情、含识、含灵、群生、群类等。佛教经典中,众生有狭义和广义的区别。狭义的"众生"指具有无明烦恼,在生死道中流转的三界有情众生。《杂阿含经》卷六云:"佛告罗陀,于色染着缠绵,名曰众生;于受、想、行、识染着缠绵,名曰众生。"① 广义的"众生"则指众缘和合而生的万物,所谓"和合施设,名为众生"。② 中古佛教经典中的众生,不仅包括有情界众生,还包含无情界众生,如山川草木、日月星辰等。北朝出家女众造像题记中,指涉"众生"的具体称谓多种多样,有"群生""无边众生""一切众生""法界有形""三有四生""蠕动众生""十方含识""十方众生""蠢动众生""边地众生""蠢动之类""含灵之类""有情之类"等。这一"众生"的指涉范围已超出了"人道",广泛指向六道中一切有情识的生命。

(六) 受福对象多样的原因

佛教徒造像祈福,所获得的功德,除了自己享有以外,还有将之回向给亡故亲属(现在过去父母、兄弟姊妹、子女)、香火邑义、师徒同学乃至六道轮回中的一切众生的习惯。回向,梵语 pariṇāma,又作转向、施向,意指以自己所修之善根功德,回转给众生,并使自己趋入菩提涅槃;或以自己所修之善根,为亡者追悼,以期亡者安稳。功德回向是大乘佛教一个重要特点,王邦维先生将这一现象定名为"功德转让"。③

造像题记中出现的受福对象也是造像者功德转让的对象,常见的转让对象包括血缘亲属(所生父母、七世父母、子女、兄弟姊妹)、师友、与国家相关的符号(皇帝、州郡官长)、一切众生等。中国传统社会注重家族血缘亲属之间的相互提携,造像所引起的分享福报、回转功德的习惯和这一观念不谋而合。受福对象的范围呈现出由圆心(自己)向周围扩展的状态,即从自身出发,将功德扩大到父母亲子,进一步扩展到有血缘关系的兄弟姊妹和有法缘关系的师徒子侄,再进一步扩展到地缘和法缘关系相结合的邑义香火以及没有任何关系乃至并非同类的其他物种"众生"。这种将功德回向转

---

① 求那跋陀罗译:《杂阿含经》卷六,《大正藏》第 2 册,第 40 页上。
② 求那跋陀罗译:《大法鼓经》卷上,《大正藏》第 9 册,第 293 页上。
③ 功德转让,是指一个人(或佛、菩萨),由于行善或做了其他好事,可以获得功德,这种功德不仅自己可以享用,一定条件下也可以转让给其他人。参见义净撰,王邦维校注:《南海寄归内法传校注》,第 139 页。

让给与个体生命全无关系的"他者",当是佛教生命轮回观念和"无缘大慈,同体大悲"思想对本土观念的改造。

七、龙门石窟的比丘尼造像

(一)龙门石窟造像中比丘尼的参与情况

宿白先生将龙门石窟北朝时期的开凿分为四个阶段。①第一阶段为孝文、宣武时期。期间龙门开凿了古阳洞、宾阳洞和莲花洞等大型洞窟,其中古阳洞开凿最早,题记最为集中,供养人也多为皇室成员和高级贵族。第二阶段为胡太后时期,即孝明帝神龟、正光年间。以胡太后为首的北朝达官显贵竞相建寺造像。熙平二年(517)四月,胡太后还亲临龙门石窟即伊阙石窟寺礼佛。②这一时期开凿的石窟有慈香窟、魏字洞、地花洞、普泰洞、弥勒洞、北一洞、北二洞、六狮洞、来思九洞等。这一时期开凿的石窟以中小型洞窟居多,题记篇幅亦相对较小。第三阶段为孝明帝被鸩杀以后的北魏末期,即北魏孝昌三年(527)之后,武泰元年(528)至永熙三年(534)之间。武泰元年四月,尔朱荣兵变,"因纵兵乱害,王公卿士皆敛手就戮,死者千三百余人,皇弟、皇兄并亦见害,灵太后、少主其日暴崩"。③此后,北魏政权日益衰微,此阶段有明确纪年的小龛有十六处,时代最晚的一龛为药方洞口北壁永熙三年五月所凿像龛。第四阶段为东西魏及其后的北齐、北周并立时期。这一时期,战乱不断,百姓流离失所,洛阳城遭到了极大的破坏,皇宫、贵族宅邸和寺院宫观少有幸免。龙门的石窟开凿也进入了低谷期,只有少量小型龛窟和造像。

附录一所列175目比丘尼造像题记中,来自龙门石窟的有43目,占整个北朝比丘尼造像题记总量的24.57%。④这些造像分布于古阳洞、莲花洞、普泰洞、老君洞、魏字洞以及龙门山其他不具名的小洞窟,其中以魏字洞和古阳洞最为集中。造像时间则从最早的太和十七年(4930000)延续到东魏

---

① 宿白:《洛阳地区北朝石窟的初步考察》,龙门文物保管所、北京大学考古系编:《中国石窟·龙门石窟(一)》,第226—229页。
② 魏收:《魏书》卷九,第225页。
③ 魏收:《魏书》卷七四,第1648页。
④ 徐婷根据《北京图书馆馆藏龙门石窟题记拓本全编》和《龙门石窟造像题记精萃》二书统计得195条北魏时期创作的造像题记,其中女性参与创作的题记65条,占题记总数的33%,比丘尼造像题记为24条,占整体女性造像题记的36.9%。参见徐婷:《从龙门石窟造像题记探析北魏女性佛教信仰特征》,《宗教学研究》2020年第3期。

孝静帝武定七年(5481001)。最早者为龙门石窟古阳洞窟顶的太和十七年(4930000)妙音寺比丘尼□练造像题记,最晚者则是武定七年十月一日(5481001)魏光寺比丘尼法嵩、法迁二人为亡师造像。其中孝文帝在位的太和(477—499)中仅有1目;宣武帝于太和二十三年(499)四月即位,次年改元景明,至延昌四年(515)正月去世,历景明、正始、永平、延昌(500—515)等四个年号,共有7目;孝明帝从延昌四年(515)正月起即帝位,直到武泰元年(528)四月去世,不足十四年,比丘尼造像题记达24目。从武泰元年四月至永熙三年十月(528—534)七年半的时间里,北魏政局动荡,皇帝更迭频繁,更出现了几位皇帝同时存在的现象,这一阶段龙门石窟比丘尼造像活动大大减少,现存题记仅有5目。随着北魏分裂,洛阳作为旧都,从此陷入长期战火中,直至杨坚称帝,北朝结束,这一时期(545—581)龙门石窟的开凿也陷入停滞,现存比丘尼造像题记仅有7目。从时间分布来看,孝明帝在位期间,龙门石窟比丘尼造像热度最高,不仅窟龛数量多,而且出现了比丘尼独立造像的大型窟龛,即开凿于正光元年(520032□)的慈香窟(又作慈香窑)。龙门石窟现存比丘尼造像题记的数量分布和宿白先生对于北朝龙门石窟的开凿分期基本相合。

(二)慈香窟

慈香洞位置在龙门西山宾阳三洞和奉先寺之间,老龙洞的北侧,老龙窝泉上方。窟平面呈马蹄形、穹隆顶。窟高174厘米,宽167厘米,深231厘米,三壁设坛。西壁主佛禅定印,头光中心莲瓣,外刻七尊坐佛,舟形火焰纹身光。在窟内倒凹字形基坛上雕着三世佛像与胁侍弟子、菩萨像。主佛两侧上方有维摩、文殊对坐说法浮雕。

> 大魏神龟三年三月二十□日,比丘尼慈香慧政造窟一区,记乙。夫零觉弘虚,非体真邃,其迹道建崇,日表常范,无乃标美幽宗,是以仰渴法律,应像昔微,福形且遥,生托烦躬,愿腾无碍之境,建及□恩,含润法界,□众□泽,□石成真,刊功八万,延及三从,敢同斯福。

根据题记的记载,慈香窟开凿于北魏孝明帝神龟三年(520),至正光二年(521)才最后完工。慈香造像题记书法精湛,被古人选入代表魏碑书法最高水平的"龙门二十品"。龙门二十品中,除了慈香造像题记外,其余十九品均出自龙门石窟开凿最早、规模最大、政治影响力最大的古阳洞,一定意义上反映了比丘尼慈香、慧政二人为了开窟造像在寻找工匠一事上花费的心力。北魏时期造像所费不赀,特别是慈香窟这样体量的单体石窟,造价高达 740 钱之多,是当时一对普通农民夫妇年收入的三倍。①

慈香窟造像题记体现了浓厚的女性解脱意识。对女身的厌离是部派佛教的重要特征,通过功德修行得以转生为男,成为解决女身不得解脱这一障碍的重要路径,这种思想意识在佛教进入中土后也极大地影响了中土女性。慈香、慧政虽然在洛阳比丘尼僧伽中拥有较高的经济和社会地位,但并不能改变她们对于自己女身卑弱的自我认定,在题记中,她们表达了身为女身的无奈和遗憾:"生托烦躬",希望通过自己的力量雕造这样一个规模不算小的石窟,实现转生"无碍之境"的愿望,并且希望将这一功德延及所有的女性身上:"爰及三从"②。

与慈香、慧政具有相同祈愿的还有清信女造像题记太和十三年(489)罗阿行和孝昌三年(527)宋景妃造像。罗阿行在造像中发愿:"仰惟能仁,慈怜穷子,俯□□□□□□□□请师造观世音像,阿行舍此女形,生忍悟无。"③宋景妃则希望通过造释迦像培植功德:"佛弟子宋景妃,自惟先因果薄,福缘浅薄,生于阎浮,受女人形,赖亡母慈育恩深,得长轻躯,是以仰寻勤养之劳,无以投报。今且自割钗带之金,仰为亡考妣造释迦像一区,藉此微功,愿令亡考妣托生西方妙乐国土,值闻佛法,一切有形,皆同斯。"④

(三) 魏字洞与北魏后期的女主政治

1. 魏字洞北魏造像情况

魏字洞位于龙门西山中部,南侧是唐字洞,因窟内有多处北魏正光、孝昌(520—527)年间的造像窟龛得名魏字洞,又因为窟内集中了大量孝昌(525—527)年间的造像被称为孝昌窟。魏字洞属于北魏洞窟中的中型窟,马蹄形平面,穹隆形顶,高 425 厘米,宽 413 厘米、深 435 厘米。西壁为该窟主佛像所在,南北主龛均为盝顶龛,高宽深规模形制接近,主佛像为一佛二

---

① 倪雅梅:《龙门石窟供养人:中古中国佛教造像中的信仰、政治与资助》,第 112—113 页。
② "三从"即儒家礼教对女子行为的基本要求:在家从父,出嫁从夫,夫死从子。题记以此指代所有女性。
③ 金申:《中国历代纪年佛像图典》,第 450 页。
④ 刘景龙、李玉昆主编:《龙门石窟碑刻题记汇录》(上卷),第 260 页。

菩萨二弟子二力士造像。除西壁和南北二壁三组主佛像之外,魏字洞东西南北四壁有窟龛累计 65 个,明确造像纪年的题记 24 目,包括北魏正光、孝昌、唐代乾封、龙朔和开元等年号,最早为正光□年,最晚者为唐开元十四年(726)题记。正光年间 5 目,孝昌年间 15 目,①其中女性造像题记 13 目,比丘尼造像题记 8 目(南壁 S7 造像供养人虽然不是比丘尼而是"清信女欲会",但受福对象却是她亡故的女儿比丘尼法明)。统计可见,龙门石窟现有孝昌纪年龛窟 25 龛,其中孝昌二年造像为 18 龛,而出自魏字洞的龛窟占了 15 龛之多。北魏比丘尼造像大多集中于正光和孝昌年间,特别是以孝昌二年最为密集,从孝昌二年二月八日到五月二十九日,仅百余日,造像龛却达 15 个之多。

表 8　魏字洞纪年比丘尼造像题记一览表②

序号	供养人	位置	造像时间	造像题材	受福对象
1	比丘尼法照	北壁 N7	正光四年九月九日	弥勒	父母、师僧、十方众生
2	比丘尼法际	北壁 N8	孝昌二年二月廿三日	释迦	师僧、父母、同学、因缘眷属、十方众生
3	乾灵寺比丘尼智空	南壁 S12	孝昌二年五月廿三日		为自身小患
4	比丘尼法起	东壁 E6	孝昌二年四月廿三日	观音	
5	紫内司尼	东壁 E2	孝昌二年四月卅日	弥勒	亡女法晖
6	紫内司尼	东壁 E7	孝昌二年五月八日	弥勒	为亡弟
7	清信女欲会	南壁 S7	孝昌二年五月十五日	观世音	为亡女比丘尼法明,一切含识
8	比丘尼僧□	东壁 E4	孝昌二年□月廿八日	弥勒	

2. 胡灵太后与魏字洞

灵太后胡氏入宫上位得益于她那位早年进入平城为帝后讲经的姑姑比丘尼僧芝:"后姑为尼,略识佛经大义,入宫讲说。"正是由于她的引荐,胡氏得以从安定来到洛阳成为皇帝妃嫔,诞下宣武帝后期唯一的皇子元诩。宣

---

① 刘景龙、杨超杰:《龙门石窟总录》(第七卷·文字著录),第 50—63 页。
② 本表的制作,部分参阅了顾彦芳:《龙门石窟魏字洞的几点思考》,《中原文物》2002 年第 5 期。

武帝崩后,胡氏在宗室高阳王元雍、清河王元怿、权臣于禁以及姑姑僧芝尼的帮助下废掉皇后高英,自为皇太后,临朝摄政。宣武帝崩后十多年里,从熙平元年到武泰元年(516—528)只有十三年,实际掌握行政大权是在正光六年(孝昌元年,525)以后。其统治前期,即熙平到神龟(516—520)的五年间,胡氏掌握的权力实际有限,前期胡氏面临着清除高氏一族残余势力的斗争,需要摆脱北魏宗室诸王和辅佐太子元诩登基的东宫机要之臣,如崔光、于忠等人的掣肘。去除了高氏一党后,领军将军于忠进一步拉拢重臣崔光、宗室疏属元昭等形成自己的党羽,把持了朝政:"忠既居门下,又总禁卫,遂秉朝政,权倾一时。"①为清除于忠的势力,胡太后重用妹夫元叉。元叉得势以后,不满清河王元怿利用首辅的权力对其处处加以限制:"太傅、清河王怿,以亲贤辅政,参决机事,以叉恃宠骄盈,志欲无限,怿裁之以法。叉轻其为人,每欲斥黜之。"②正光元年(神龟三年,520)七月,元叉联合宦官刘腾发动政变,杀清河王元怿,幽禁胡氏,"秋七月丙子,侍中元叉、中侍中刘腾奉帝幸前殿,矫皇太后诏……幽皇太后于北宫,杀太傅、领太尉、清河王怿,总勒禁旅,决事殿中。"③自此,胡氏被幽禁,元叉以孝明帝为傀儡,总揽大权,直至正光五年秋,胡氏逐步联络宗室和宦官,剥夺了元叉禁军大权和行政大权,先是将其削籍为民,最终将其毒杀:"孝昌二年三月廿日,诏遣宿卫禁兵二千人夜围公第……仰药而薨。"④从正光元年(520)秋七月到孝昌元年(525)夏四月,正式得以返政,重新登上北魏政治舞台中央,这一次她是彻彻底底地掌握了大权。

灵太后胡氏掌政期间,是北魏朝野最热衷于佛教的时期,也是包括龙门石窟在内的洛阳周边石窟造像最集中的时期:"正光已后,天下多虞,王役尤甚,于是所在编民,相与入道……略而计之,僧尼大众二百万矣,其寺三万有余。"⑤安定胡氏从边陲地方精英一跃为中央政治舞台最为显赫的家族,其崛起和佛教密切相关。胡氏家族进入中央政治舞台后,更是不遗余力地营建功德。《洛阳伽蓝记》收录的洛阳贵族所立佛寺中,有3所与胡太后家

---

① 魏收:《魏书》卷三一,第743页。
② 魏收:《魏书》卷一六,第404页。
③ 魏收:《魏书》卷九,第230页。
④ 赵超:《汉魏南北朝墓志汇编》,第182页。
⑤ 魏收:《魏书》卷一一四《释老志》,第3048页。

族密切相关,即僧芝尼所立胡统寺、秦太上公寺和秦太上君寺。此外,国家大寺永宁寺和瑶光寺的大规模建设也是在灵太后时期。开窟造像则有胡太后舅氏所立之皇甫公窟以及胡太后所开凿的火烧洞①等。魏字洞的开凿完工时间,题记没有明确记载,宿白先生通过对其窟龛格局和造像风格分析,将其确定为和慈香窟基本同时,"开凿于神龟三年(520年)的中小型窟——慈香洞,是一种新型的接近方形的三壁设坛式的洞窟。大约与慈香洞同时的魏字洞(中型窟)和普泰洞(中小型窟),是一种新型的接近方形的三壁三龛式洞窟"。②从魏字洞内主佛像之外的其他小窟龛的造像题记来看,如果确如宿白先生所言,魏字洞正壁及南北壁大龛于正光元年(520)七月以前的话,正光元年七月以后魏字洞没有开凿新的窟龛,一直延续到正光四年(523)魏字洞才又开始造像。这一年的九月九日、九月十五日和囗月十六日,短时间内连续开凿了3个窟龛,正光五年仅有1个窟龛,孝昌元年这一年则没有造像。孝昌二年二月到五月的三个月,是魏字洞造像最密集的时间段,期间有明确纪年的题记就有15目之多,此外还有多个造像风格、题材内容相近而没有明确纪年窟龛。

  多位学者认为魏字洞的开凿和灵太后胡氏家族有关。阎文儒认为,魏字洞从正光四年到孝昌二年优婆夷、比丘尼造像题记多达11条(总题记15条),因此其造窟者很可能是北魏后期洛阳城内某一尼寺比丘尼。③顾彦芳则直接认定该窟的供养人是胡太后的姑姑僧芝比丘尼。④目前没有直接证据表明僧芝尼一定是魏字洞的主要供养人,因僧芝尼墓志表明,她早在熙平二年(517)就已去世,而魏字洞的开凿则被公认为与慈香窟同一时期,即神龟、正光年间。但无论窟主是谁,该窟和胡太后都存在着密切联系。

---

① 火烧洞开凿于孝明帝即位初年即熙平二年(517)。这一年四月"乙卯,皇太后幸伊阙石窟寺,即日还宫",宿白先生认为此石窟寺即火烧洞。详见宿白:《洛阳地区北朝石窟的初步考察》,龙门文物保管所、北京大学考古学系主编:《中国石窟·龙门石窟(一)》,第226—229页。又,倪雅梅以该窟造价极为昂贵,窟体外立面的东王公西王母造像的目的是胡氏为纪念她的父母,以及洞窟西壁供养人胡智是灵太后胡氏的堂侄女等证据,断定火烧洞是胡氏开凿。参见倪雅梅:《龙门石窟供养人:中古中国佛教造像中的信仰、政治与资助》,第124—130页。
② 宿白:《洛阳地区北朝石窟的初步考察》,龙门文物保管所、北京大学考古系编:《中国石窟·龙门石窟(一)》,第226—229页。
③ 阎文儒、常青:《龙门石窟研究》,第80页。
④ 顾彦芳:《龙门石窟魏字洞的几点思考》,《中原文物》2002年第5期。

孝昌二年四五月间，某紫内司尼在短短十五天内先后于魏字洞东壁为亡女和亡弟开凿两个窟龛。"司"是孝文帝拟定的后宫高级女官官职之一，分为内司和作司，职级分别视同一品和二品："高祖改定内官，左右昭仪位视大司马……后置女职，以典内事。内司视尚书令、仆。作司、大监、女侍中三官视二品。"①洛阳周边出土了较多北魏宫廷女官墓志，有"司"或"内司"字样的女官墓志有3通。②这位紫内司尼虽目前尚无其他史料可证明其身份，但她能在短时间内在魏字洞造像两龛，可以看出经济实力不俗。这位紫内司尼，有极大可能和慈庆尼一样，系北魏中后期宫廷女官出身，长期居住在后宫道场的一位比丘尼，很可能也曾长期处于胡氏姑姑僧芝尼的领导下，故而和胡太后关系密切。

正光四年（523）三月刘腾病死，元叉失去制约胡太后的左膀右臂，对其管控开始放松，胡氏开始加大与儿子孝明帝和前朝大臣的接触："刘腾死后，防卫微缓，叉颇亦自宽，时宿于外，每日出游，留连他邑。灵太后微察知之。"③经过一系列部署，正光六年（525）解除元叉权力后，灵太后于四月复临朝摄政，改元孝昌。胡氏回到权力中心，再次开始了崇佛事业，受到鼓励的比丘尼和贵族士女，也纷纷在与胡氏关系紧密的洞窟造像。

魏字洞造像有明显的时断时续、某一时段突然爆发的特点，时兴时灭的时间节点和胡氏权力兴衰呈现正相关的关系。胡氏在正光元年七月被幽禁后该洞窟造像戛然中止，正光四年胡氏受到的管控放松，这一年魏字洞开凿了3个龛窟。到了正光六年（525，即孝昌元年）胡氏正式返政，魏字洞进入了开窟造像的高峰期，大批支持胡氏的僧尼在洞内开窟造像。

（四）龙门石窟比丘尼参与的群体性造像

和他处石窟不同的是，龙门石窟比丘尼造像以个人或者纯尼众合作像为主，尼众和比丘以及男女俗众的合作造像仅有3目，即古阳洞南壁中层东起第二龛（S66）景明四年十二月一日（5031201）《比丘法生造像记》、莲花洞北壁（N8）孝昌元年（5250813）《中明寺比丘尼道扬等造贤劫千佛像记》

---

① 魏收：《魏书》卷一三，第321页。
② 赵超《汉魏南北朝墓志汇编》收录的10通北魏后宫宫人的墓志，含有"司"这一官职名号的有3通，即皇内司吴光（《皇内司光墓志》，第85页）、宫作司张安姬（《魏宫品一墓志》，第121页）、宫内司杨氏（《高唐县君杨氏墓志》，第127页）等。
③ 魏收：《魏书》卷一六，第405页。

和莲花洞北壁(N38)正光二年十一月二十一日(5211121)《清信女祖上合邑造像记》。其中《比丘法生造像记》和《中明寺比丘尼道扬造贤劫千佛像记》中的僧尼,日常接受王公贵族供养,为后者提供宗教服务,造像祈福也在其中。综合考察这两目造像题记的时代背景和人物身份,可以看到,这些造像行为有着明显的政治色彩,和当时北魏宫廷政治有密切联系。《比丘法生造像记》和《中明寺比丘尼造贤劫千佛像记》造像时间虽有二十余年的差距,但都和北海王元详一家以及胡灵太后有或多或少的关系。

1. 古阳洞比丘法生造像记

古阳洞南壁中层东起第二龛(1443·S66)之《景明四年十二月一日比丘法生造像》,系北海王元详母子所供养的僧人法生和比丘尼明惠、法贞等人为孝文帝及元详母子祈福所造。该像龛为尖拱龛,高258厘米,宽176厘米,深48厘米。龛内为一佛二菩萨。主像为着右袒肩袈裟的释迦牟尼佛,通高110厘米,肩宽50厘米。舟形身光外饰火焰纹。结跏趺坐,双手施禅定印,头残。龛下层中间的题记高34厘米,宽37厘米。二菩萨分立主像两侧,桃形头光,手持净瓶或花蕾,佩项圈,披巾身前交叉穿壁。①

从该造像的体量和复杂程度来看,甚至超过了同窟太和二十二年(498)的北海王元详造像。②造像龛的两侧是供养人礼佛图。左侧有男性供养人十二人。前三人为引导比丘。第一人光头,榜题漫漶,无法完全释读(疑似"比丘刘××"③)。第二人也是光头,榜题为"比丘僧道"。第三位榜题为"比丘僧隆"。第四位供养人身材高大,头戴高冠,身着袍服,昂首挺胸,前后有四位侍从为其打华盖、举羽葆、提衣襟,榜题作"弟子北海王元伏荣"(造像题记中作"元荣",即元详)④。第五位榜题"清信士元善意",第六位

---

① 刘景龙、杨超杰:《龙门石窟总录》(第九卷·文字著录),第92页。
② 北海王元详造像龛位于古阳洞北壁(1443·N51)第一层,圆楣龛,高140厘米,宽103厘米,深13厘米,为一佛二菩萨,主像为交脚弥勒,高78厘米,肩宽20厘米。两侧胁侍菩萨皆双手合十侍立。楣内刻十五天人持花绳。参见刘景龙、杨超杰:《龙门石窟总录》(第九卷·文字著录),第27页。
③ 榜题中的"比丘僧刘",很可能就是本造像的发起人比丘法生。法生俗家姓刘,麦积山126北魏石窟中法生再次造像,题记中提到了法生的俗姓和籍贯:"又沙弥法生,俗姓刘,洛阳人也……于麦积崖,造龛一所……"(顾彦芳:《龙门所见〈洛阳伽蓝记〉中人物造像述论》,《敦煌学辑刊》2001年第2期)。
④ 北海王元伏荣,不见于史籍,应该就是元详。温玉成先生认为,伏荣为元详另一个表字。详温玉成:《古阳洞研究》,龙门石窟研究所主编:《龙门石窟研究论文选》,第200—201页。又,明元帝拓跋嗣玄孙,城门校尉元腾之子也叫元荣(?—542),孝昌元年被任命为瓜州刺史,此后长期镇守敦煌郡,晋封东阳王。这位元荣显然和此造像无关。

榜题"清信士元宝意",其余六位供养人体型和榜题皆漫漶不清。右侧女性供养人共有十四人。前三位系引导比丘尼。第一位榜题为"比丘尼明惠",第二人是"比丘尼法贞",另一人则是供养人题名中的"比丘尼□□"。①题记愿文如下:

夫抗音投洞,美恶必酬。振服依河,长短交目。斯乃德音道俗,水镜古今。法生微逢孝文皇帝专心于三宝,又遇北海王母子崇信于二京。妙演之际,屡叨末筵。一降净心,忝充五戒。思树芥子,庶几须弥。今为孝文并北海母子,造像表情,以申接遇。法生构始,王家助终。凤霄缔敬,归功帝王。万品众生,一切同福。魏景明四年十二月一日,比丘法生为孝文皇帝并北海王母子造。清信士元宝意、清信士元善意、弟子北海王元荣、比丘僧隆、比丘僧道、比丘尼明惠、比丘尼法贞、□□□□。②

该造像的受福对象是孝文帝元宏、北海王元详、元详之母高氏以及其他两位元氏宗室元善意和元宝意。北海王元详(476—504),字季豫,献文帝拓跋弘第七子,孝文帝异母弟,母高椒房(即北海王太妃高氏),是孝文帝迁都汉化改革中最强有力的支持者,深得孝文帝信任。太和九年(485)受封北海王,加侍中,太和二十三年(499)孝文帝驾崩前夕,受命为六位辅政大臣之一。宣武帝时,累迁太傅、司徒、侍中、录尚书事,权倾一时。元善意,即道武帝子河南王拓跋曜之孙,本名元和,字善意,太和中出俗剃度为沙门,孝文帝崩后还俗,官拜谏议大夫,累迁多职,正光四年(523)薨。③元详有子三人,即元颢、元项、元保(早夭),并载于《魏书》本传。元宝意即元详次子元项。④

---

① 刘景龙、杨超杰:《龙门石窟总录》(第九卷·文字著录),第27页。又,虽然没有直接证据表明这一位名讳字迹漫漶的比丘尼是否就是法生造像题记中的"□□□□",可以确定的是,长年接受北海王元详母子供养的出家人中既有男众也有女众,受供养的僧尼和他(她)们的檀越保持着密切联系,这可能反映了当时上层贵族供养僧尼的一般情况。
② 刘景龙、杨超杰:《龙门石窟总录》(第九卷·文字著录),第92页。
③ 魏收:《魏书》卷一六,第398页。
④ 魏收:《魏书》卷二一上(第565页)记云:"颢弟项,字宝意。起家为通直郎,转中书郎,历武卫将军、光禄少卿、黄门郎。出除平北将军、相州刺史。为大宗正卿。封平乐县开国公,食邑八百户。"

题记中提到有名姓的僧尼六人，分别是比丘法生、比丘僧隆、比丘僧道和比丘尼明惠、法贞等，①事实上，比丘尼明惠和法贞二人的名字并非第一次和北海王母子发生联系，在古阳洞北壁（1443·N51）太和二十二年（498）九月二十三日开凿完成的北海王元详造像龛下层雕刻的男女礼佛图中，供养人榜题中就出现了二人的名字，且排列顺序和比丘法生造像完全一样。从题记中"法生构始"的内容来看，比丘法生无疑是这一造像行为的发起人。在题记中，法生还交代了造像缘起："徽逢孝文皇帝专心于三宝，又遇北海王母子崇信于二京（即平城和洛阳）。妙演之际，屡叨末筵。一降净心，忝充五戒。"从以上信息看，法生和北海王母子结交多年，早在北魏未迁都时就已结缘，此后愈发亲近，登上了元详母子举办的讲经法筵。多年的供养使得法生对元详一家心存感激，在元详母子的授意下，发起了这一次造像行动。从太和二十二年到景明四年，比丘尼法贞和明惠的名字两次出现在与北海王元详母子相关的造像活动中，并在其家族佛教活动中扮演重要角色（引导比丘尼）。某种意义上，二人和法生一样，很可能是元详母子多年供养的"家僧"或者"门师"②。这一次造像行动，表面上看是僧尼发起，巨额资金的主要来源应该是北海王母子，即题记中法生所言的"王家助终"。

2. 莲花洞中明寺比丘尼造贤劫千佛像记

龙门石窟另一目比丘尼和俗家信众合作造像为莲花洞北壁（712·N8）《中明寺比丘尼造贤劫千佛像记》，愿文如下：

> 中明寺比丘尼道扬、道积、道保，依方峙行道，愿造贤劫千佛。但（檀）越司空公皇甫度及陈夫兄夫贵鉴夫人、柳夫人、诸贵人等，北海王妃樊，仰为皇帝陛下、皇太后、旷劫诸师、七世父母、所生父母、见在眷属、十方法界，天道象生，生生世世侍贤劫千佛，发善恶心，弥勒三会，愿登初首，一时成佛。大魏孝昌元年八月十三日讫。③

---

① 该题记文末供养人题名"比丘尼法贞"之后其余字迹漫漶，难以识读，但可以确定为五个字，很有可能是"比丘尼□□"。
② "家僧"一词缘于梁武帝。道宣《续高僧传》卷一《僧伽婆罗传》记载：僧伽婆罗，南朝齐时来建康，住正观寺。梁时深受武帝礼遇，引为家僧。（《大正藏》第50册，第426页上）南北朝时期，以皇帝为首的社会上层贵族普遍有供养僧尼的风气，长期接受供养的僧尼为功德主提供诸如宣讲佛法、主持仪式、写经造像等各种宗教服务作为回报，又作门师、门僧等。关于家僧的研究，可参见左金众：《佛教家僧渊源考述》，《河北工业大学学报》2017年第4期。
③ 刘景龙、杨超杰：《龙门石窟总录》（第五卷·文字著录），第17页。

和法生造像一样,表面看起来,这一龛造像是中明寺比丘尼道扬等三人所造,背后的大檀越却是灵太后胡氏的舅舅皇甫度夫妇及众多上层贵族。皇甫度(?—528),安定临泾人,字文亮,性顽蔽而贪蠹。胡氏当上太后以后,皇甫度也跟着发达起来,初封安定县公,累迁尚书左仆射,领左卫将军。正光中因胡太后被幽禁一度失势。孝昌元年(525),胡氏返政,皇甫度再度腾达,先后被晋封为司空、领军将军,加侍中。皇甫度虽则蠢笨贪蠹,一方面又热衷于佛教功德福田。孝昌元年八月十三日,他所供养的中明寺比丘尼道扬等人以他为大檀越在莲花洞北壁为太后胡氏和孝明帝造千佛像。此时,距离胡氏返政改元仅仅过去了四个月。某种程度上,将这一龛造像理解成祝贺胡太后重新掌权的"献礼工程"似乎毫不为过。出资的大檀越们得到了丰厚的回报,胡氏虽然深知她这个舅舅无能贪婪,仍然给他加官进爵。造像供养人中,还有一位北海王妃樊氏值得注意。这位王妃,就是上一代北海王元详的儿媳,长子元颢(494—529)的妻子。元详在正始元年(504)五月被宣武帝"以罪废为庶人",王爵被褫夺,幽禁至六月十三日被秘密杀害。五年后的永平二年(509)九月,元颢才得以袭爵。不久后,元颢又因为御史中尉的弹劾被削除王爵。北海王妃的投资得到了回报,孝昌三年(527),元颢恢复了此前因为遭拜平西将军、西道大行台等职位。

第二节 5到6世纪敦煌高昌出家女众的写经供养

写(抄)经供养是佛教信仰者修行实践的重要方式,敦煌吐鲁番地区曾出土了大量中古时期的写经文本。多年来,马德(2001)、赵青山(2009、2013、2014)、聂葛明(2007)、魏郭辉(2009)等学者对敦煌写经题记的史料价值、社会意义等诸多方面进行了研究考察。[1]众多写经者中,女众是其中最重要的群体之一。关于敦煌地区女众写经情况,邓小南(1999)、陈丽萍

---

[1] 马德:《敦煌写经题记的社会意义》,《法源》(后改名《中国佛学》)2001年;赵青山:《敦煌写经题记的史料价值》,《图书与情报》2013年第1期;《从敦煌写经题记所记"七世父母"观看佛教文化对中土文化的影响》,《兰州大学学报》2009年第6期;《佛教与敦煌信众死亡观的嬗变——以隋唐宋初敦煌写经题记为中心》,《新疆师范大学学报》2014年第3期;聂葛明:《敦煌西魏写经及题记管窥》,《敦煌学辑刊》2007年第4期。

(2002)和魏郭辉(2009)有所涉及。①高昌也出土了相当数量的佛教写经，但对于这一地区写经题记的研究还比较薄弱。5到6世纪敦煌高昌写经散见于各类金石资料汇编和文献汇编，其中以池田温《中国古代写本识语集录》（以下简称《识语》），王素、李方《魏晋南北朝敦煌文献编年》，王素《吐鲁番出土高昌文献编年》，国家文物局古文献研究室等编《吐鲁番出土文书》，荣新江等《新获吐鲁番出土文献》，敦煌研究院编《敦煌遗书总目索引新编》等最为集中。

一、5到6世纪敦煌高昌的社会历史演变与佛教发展

（一）5到6世纪敦煌高昌的历史演变

敦煌，又称"炖煌"，位于河西走廊最西端，是西出玉门关和阳关的重要门户。春秋战国到秦汉时期，敦煌先后为乌孙、月氏和匈奴人占据。西汉武帝元鼎六年（前111）设置敦煌郡，是为河西四郡之一。随着东汉经略西域的进一步深入，敦煌的经济和战略地位更加凸显，主管西域事务的护西域副校尉的常驻使敦煌成为统辖西域的军政中心。东晋隆安四年（400），敦煌太守李暠在敦煌建立"西凉国（400—421）"，自称凉公，以敦煌郡城为都城。北魏太延五年（439），魏灭沮渠北凉。太平真君三年（442），西凉王李暠的孙子李宝占领敦煌，后为北魏招安。北魏开始实际控制敦煌，在此置敦煌镇，扩大管辖范围，后置瓜州，中央委派刺史。北魏、西魏和北周时期，先后有元荣、邓彦和于义担任瓜州刺史一职。杨隋立国，仍以瓜州下辖敦煌郡。

历史上的高昌和今天新疆吐鲁番地区所辖范围基本重合。从十六国到隋唐之际，该地先后经历了高昌郡（327—443）、高昌大凉政权（443—460）、高昌国（460—640）三个历史阶段。高昌位于敦煌西北，原系车师前部地，西汉初元元年（前48），汉元帝派士卒携家属往车师前部屯田，且耕且守，官长曰戊己校尉，治于高昌，主管屯田和军事。前凉建兴十五年（327）张骏废戊己校尉，改设高昌郡及高昌、田地等县，隶属凉州敦煌郡。北魏太延五年

---

① 邓小南：《六至八世纪的吐鲁番妇女——特别是她们在家庭以外的活动》，季羡林等主编：《敦煌吐鲁番研究》（第四卷），第215—238页；陈丽萍：《敦煌女性写经题记及其反映的妇女问题》，兰州大学敦煌学研究所、南华大学、美国密歇根大学编：《敦煌佛教艺术文化国际学术研讨会论文集》，第83—99页；魏郭辉：《敦煌佛教写本佛经题记研究：以唐宋写经为中心》，兰州大学博士论文，2009年。

(439),拓跋焘军队攻占姑臧(即今甘肃省武威市),北凉灭亡,沮渠氏残部在沮渠无讳带领下西奔至高昌,建立起流亡政权,改元"承平"。承平十八年(460),柔然攻灭沮渠氏,立阚伯周为高昌王,是为高昌建国之始。其后张孟明、马儒相继建立各自的政权。北魏景明二年(501)马儒被杀,右长史麹嘉被拥立为王,改元承平,至此开始麹氏在高昌国的统治。唐贞观十四年(640),侯君集率领唐军攻破高昌城,高昌王麹智盛递交降表,麹氏王族被徙往长安、洛阳等地安置,以其地置西州,治高昌(今新疆吐鲁番市东南,今作哈拉和卓古城),属安西都护府管辖。

(二) 5 到 6 世纪敦煌高昌的地理位置

尽管敦煌、高昌在空间上距离遥远(两地治所相距近一千公里),但在地理位置、气候、人文氛围上,则有很多相似之处。

敦煌、高昌地区虽然僻处西域,但无论是人口结构还是文化传统,都与中原汉地相当接近。公元 6 世纪时,高昌居民包括从河西及中原迁来的汉族和从西域等地移居高昌的其他民族如粟特人等,其中,汉族人口约占当地人口总数的 70%—75%。①

从地理位置上看,敦煌和高昌都位于亚洲大陆腹地,地处东亚和西域的交通要冲,具有重要的军事和区位价值。《后汉书·西域传》云:

> 自敦煌西出玉门、阳关,涉鄯善,北通伊吾千余里,自伊吾北通车师前部高昌壁千二百里,自高昌壁北通后部金满城五百里。此其西域之门户也,故戊己校尉更互屯焉。伊吾地宜五谷、桑麻、蒲萄。其北又有柳中,皆膏腴之地。故汉常与匈奴争车师、伊吾,以制西域焉。②

两汉至隋唐时期,内地通往西域主要有南、北两条路线。一是南道,出敦煌,经过白龙堆、鄯善,沿昆仑山北麓和塔克拉玛干沙漠南缘,经且末、于阗到达莎车,翻越葱岭通往大月氏和安息。二是北道,出敦煌,沿西北行到达高昌,继续西行,沿天山山脉南麓,经过焉耆、龟兹到达疏勒,由此越过葱岭,进抵大宛和康居。可以说,控制了敦煌和高昌,就控制了西域东部和河

---

① 参见杜斗城:《高昌王国的民族和人口结构》,胡之德主编:《兰州大学丝绸之路研究论文集》,第 129 页。
② 范晔:《后汉书》卷八八,第 2914 页。

西走廊,进一步控制了中原内地和西域乃至中亚的联系。

(三) 5 到 6 世纪敦煌高昌的佛教发展

作为东西交通的要冲,敦煌和高昌佛教同时受到西域佛教和中原内地汉传佛教的影响,在佛教传承上,两者都有深受中原佛教西传影响的特点,大乘佛教居于主导地位。①

两汉之际,佛教传入敦煌。魏晋时期,开始有僧侣在敦煌活动的记载。魏晋南北朝时期,敦煌成为佛经翻译僧人修习活动的重要基地,来自印度和西域的高僧与敦煌本地僧人一起,造就了敦煌佛教的辉煌。早在西晋时期,敦煌就有了规模较大的寺院和僧团,并涌现了以竺法护为首的佛教义学僧团。北凉时,沮渠氏大崇佛教,造像和译经在河西地区风行一时:"敦煌地接西域,道俗交得其旧式,村坞相属,多有塔寺。"②

佛教何时传入高昌地区现已不可考,较多的学者认为公元前 1 世纪时佛教已经开始在高昌传播。沮渠无讳在高昌统治期间,延续崇佛政策。麴氏高昌时期,佛教迅速发展,"像庙星罗,僧揽云布",吐鲁番出土文书中涉及的大小佛寺近 180 座。③特别是 6 世纪中期以来,佛教发展更加迅猛,"高昌王带头崇信佛法,大力写经以修功德。这也与高昌臣属于北魏有关,北魏自胡太后专权以后,以佛教为国教,于是,高昌国内也佛教大盛,家寺普遍出现"。④

与此同时,高昌平民的日常生活也深受佛教影响。已出土高昌随葬衣物疏常常自称"持佛五戒,常行十善"的佛弟子,僧人经常受请协助亡者家人处理后事。⑤

高昌占人口多数的汉人一般信奉大乘佛教,大乘佛教经典在高昌广为流行。前秦建元十八年(382),车师国师鸠摩罗跋提前往长安朝拜苻坚时进献胡语"《大品》(大品般若)一部"。⑥沮渠京声西行高昌时曾获得大乘经

---

① 高昌虽地处西域,但在佛教传承上与西域其他地区如车师、龟兹等地不同,其受凉州佛教影响更大。参见陈世良:《从车师佛教到高昌佛教》,《西域佛教研究》,第 113—124 页。
② 魏收:《魏书》卷一一四《释老志》,第 3032 页。
③ 殷晴:《3—8 世纪新疆寺院经济的兴衰》,《西域研究》1997 年第 2 期。关于麴氏高昌时期的佛寺具体数量,众说不一,町田隆吉认为有 165 所,杜斗城认为有 145 所,严耀中认为有 150 所左右。总体而言大多认为在 150 所以上,僧尼则有数千之多,这一数字相对高昌人口总数("户八千、口三万七千七百")来说,确实是比较惊人的。
④ 陈国灿:《从吐鲁番出土文献看高昌王国》,《兰州大学学报》2003 年第 4 期。
⑤ 《吐鲁番出土文书》(第二册),第 60—65 页。
⑥ 僧祐:《出三藏记集》卷八,《大正藏》第 55 册,第 52 页中。

典《观弥勒菩萨上生兜率天经》和《观世音观经》各一卷。①大乘佛教之外，小乘佛教在高昌也有传播，来自中亚地区的昭武九姓胡人和客商，大多信仰小乘佛教。

敦煌和高昌都是佛教自西往东传播进入中原内地的重要节点，东来西去的僧人一方面受到西域僧人和西域文化的濡染，同时又受到来自中原内地乃至西南和东南的文化的影响。②

二、比丘尼写经的经济基础和社会背景

（一）5 到 6 世纪敦煌高昌比丘尼的经济基础

和造像一样，写经也需要适当的经济实力作为支撑，特别是有的经卷卷帙浩繁，耗费纸张和人力较多。南北朝至隋唐时期，受雇为人抄写文书（佣书者）的劳动力价格不菲。据楼劲考证，受雇抄经的经生个人书法水平不同则价格不等，一般为百字 3—7 文钱左右，若每日抄写工作量为 500 千字，则月入可达 4500—10000 钱，远高于社会一般壮劳力市价。③法国国家图书馆藏 P.2912 号文书记载，佛弟子康秀华为抄写一部《大般若经》，向寺院供养了"银盘子三枚，共卅五两；麦壹百硕、粟五十硕、粉肆斤"；寺僧张金炫和尚将四斤胡粉以每两四石至五石粟麦的价格出卖，得到粟麦三百石。④这些供养的实物由寺院变卖后用于"充写经直"（即作为抵付给写经生的报酬）。此外，写经供养人还要为经生提供抄经所需的纸墨笔等材料。对于大多数人来说，数额如此大的花费绝非易事，确实需要"割减所资"或"减割衣钵之资"才能负担。

中古时期，敦煌、高昌一带寺院经济发达，虽然当时当地比丘尼的整体财富拥有量远逊于比丘，但出土数据表明，中古时期敦煌、吐鲁番地区贵族官僚家庭出身的比丘尼往往在出家后仍然拥有较强的经济能力。⑤敦煌、高昌地区出家女众的财富主要来源于俗家财产分配和供养、富有檀越的布施以及自己参与生产等三个方面。

敦煌、高昌佛教受到地方精英的大力扶持，5 到 6 世纪时期，高昌和敦

---

① 参见僧祐：《出三藏记集》卷二，《大正藏》第 55 册，第 13 页上。
② 参见宋晓梅：《高昌国：公元五至七世纪丝绸之路上的一个移民小社会》，第 213—255 页。
③ 参见楼劲：《魏晋至隋唐间若干知识技术职业者收入估测》，楼劲、陈伟编：《秦汉魏晋南北朝史国际学术研讨会论文集》，第 212—213 页。
④ 郑炳林：《晚唐五代敦煌康氏家族与归义军瓜州刺史康秀华考》，《敦煌研究》2018 年第 3 期。
⑤ 殷晴：《3—8 世纪新疆寺院经济的兴衰》，《西域研究》1997 年第 2 期。

煌涌现了许多著名的尼寺,如高昌都郎中寺、樊寺、张武寺、敦煌永晖寺等,都受到当地豪族的护持。地方大家族一方面作为佛教外护存在,另一方面也有可能将某些家族成员送到寺院出家,成为僧伽的一分子。无论是经济往来还是其他方面,西域僧尼都与俗家保持着密切的联系。①西域地区有相当多的大族女眷出家,最有代表性的当属鸠摩罗什之母龟兹王女耆婆,她年轻时曾和当地贵族妇女以及贵族出身的比丘尼一起供养本地高僧,自己后来更进一步剃发为尼。龟兹王女阿竭耶末帝也出家为尼,"(阿竭耶末帝)博览群经,特深禅要,云已证二果,闻法喜踊";②后凉吕光子吕绍(隐王)妻张氏出身于奉佛已久的敦煌大族,吕绍死后,张氏出家为尼。③史料记载,公元4世纪时龟兹地区的尼寺往往修饰华丽,规模宏大,住众多则近二百人,少则三五十人,且多是王侯贵族家庭的女眷。④

出身高贵的比丘尼受到自己俗家各种财物支持,拥有可以自由支配的个人财产,包括土地、果园(葡萄园)、牲畜以及宅舍等。据《高昌延寿四年(627)参军氾显佑遗言文书》,文书主人氾显佑临终时立下遗嘱,将其出家的女儿"师女"也作为遗产的继承人,使她和家族其他成员一起参与析产。⑤在承担赋役方面,高昌僧尼在拥有产业的同时,其承担的"道役",无论在数量或程度上,都比普通平民要轻得多。⑥

该地区比丘尼财富的另一个重要来源则是信众的广泛供养。吐鲁番阿斯塔那墓与哈拉和卓墓出土文献中有相当多记载了僧尼接受施主财物供养的文书数据。如阿斯塔那50号墓出土的高昌重光三年(622)虎牙氾某墓出土《传供食账》供养题记第二行记载:"十八前五日,次虎牙氾传,细面三斛,糜米六斗,粟米一斗半,供襄邑夫人前尼道师……"⑦这位襄邑夫人就是隋大业八年(612)隋炀帝以宗室女联姻麹伯雅的华容公主宇文氏。⑧在麹氏

---

① 姚崇新:《在宗教与世俗之间:从新出土吐鲁番文书看高昌国僧尼的社会角色》,《西域研究》2008年第1期。
② 慧皎:《高僧传》卷二,《大正藏》第50册,第331页上。
③ 参见房玄龄等:《晋书》卷九六,第1685页。
④ 参见僧祐:《出三藏记集》卷一一,《大正藏》第55册,第79页下—80页上。
⑤ 参见《吐鲁番出土文书》(第五册),第70—71页。
⑥ 阿斯塔那99号墓出土《高昌侍郎焦朗传尼显法等计田承役文书》中记载:"氾寺主法兴左官渠俗役常田二亩,听入道役,永为业。"[《吐鲁番出土文书》(第四册),第64页]
⑦ 《吐鲁番出土文书》(第三册),第203—204页。
⑧ 参见宋晓梅:《高昌国:公元五至七世纪丝绸之路上的一个移民小社会》,第350页。据宋晓梅考证,宇文氏先嫁麹伯雅,麹伯雅死后,从旧俗改适麹文泰。

政权的庇护下,襄邑夫人无比尊贵,生活优渥,活跃在其身侧的"尼道师"也得到了高昌贵族的礼敬,有机会获得价值不菲的施赠。

中古时期敦煌和高昌地区寺院经济较为发达,特别是高昌,从出土文书可以看出,当地僧尼几乎全方位介入到世俗经济活动中,部分尼寺和僧寺一样拥有田产和其他固定资产,寺产包括田产、奴仆和碾硙等。不少寺院还得到王室和过往商旅丰厚的赏赐和供养。高昌和敦煌地区的比丘尼还亲自参与到社会经济活动中。如丝织业等,在当地有尼众广泛参与,所生产的织物用于抵交租税,《高昌某岁诸寺田亩官绢帐》载:"都郎中寺①绢一、绵一。"②又,《高昌年次未详田地城僧尼入绵历》中则写道:"十月十六日,宣恭师入绵卅九斤半,十一月三日,宣恭师入次绵一斤。十一月廿二日,尼法华入次绵五十二斤半。次绵一斤半,次绵十二两。"③从比丘尼法华和宣恭二人向寺院缴纳的丝绵数量来看,其所在寺院丝织业规模不小。

(二) 战乱、疾疫与比丘尼写经

中古时期,敦煌、高昌一带长期处于外来政权的威胁和压迫下,特别是高昌,作为孤悬碛外的割据政权,长期为柔然、高车、突厥等游牧势力控制、威胁和压迫。在外来势力的干预下,高昌政权多次更迭,政变时有发生。百余年内,高昌政权先后四次易姓。④由于医疗技术落后和公共卫生体系的阙如,古人常常面临各种传染病为威胁。6世纪的最后二十年,敦煌、高昌一带发生了严重的瘟疫和战乱,断断续续,前后迁延数十年。这一事件,史籍无载,但在两地写经题记中可以看到若干零星信息。

开皇二年(582),由于气候失调,冬无雨雪,突厥旱灾蝗灾同时发生,随之而来的是瘟疫,人畜死亡过半。次年,隋文帝趁突厥灾疫严重之机,对其发动军事打击。⑤战争进一步加剧了疫情,高昌和敦煌也受到了波及。

---

① 都郎中寺为尼寺,齐梁之间(约五六世纪)有冯姓比丘尼居住其中。详见宝唱:《比丘尼传》卷四,《大正藏》第50册,第946页中—下。
② 《吐鲁番出土文书》(第五册),第181页。
③ 池田温:《中国古代籍帐研究》,第389页。
④ 王欣:《高昌内徙与西域政局》,《中国边疆史地研究》2011年第3期;荣新江:《阚氏高昌国与柔然、西域的关系》,《历史研究》2007年第2期。
⑤ 开皇三年(583),隋文帝杨坚下诏:"(突厥)去岁四时,竟无雨雪,川枯蝗暴,卉木烧尽,饥疫死亡,人畜相半。……斯盖上天所忿,驱就齐斧,幽明合契,今也其时。故选将治兵,赢粮聚甲,义士奋发,壮夫肆愤,愿取名王之首,思挝单于之背,云归雾集,不可数也。"(魏徵等:《隋书》卷八四,第1867页)

这年五月廿八日,曾任会稽县(治所在今甘肃玉门西北赤金堡附近)令、武侯帅都督的敦煌宋氏家族成员宋绍(又作宋绍演)在为亡父母超荐的写经中如是发愿:"愿亡者神游净土,永离三途八难,恒闻佛法。又愿家眷大小,福庆从心,诸善日臻,诸恶云消。王路开通,贼寇退散。疫气不忏,风雨顺时。"① 宋绍写经题记中的"王路开通,贼寇退散。疫气不忏,风雨顺时",直接反映了隋王朝对突厥的军事行动和突厥军队带来的严重瘟疫对敦煌民众的影响。

几年后,高昌一带再次发生严重疫情。高昌延昌廿九年(589),突厥侵扰高昌,破四城,双方死伤惨重,大量伤病和尸体因未能及时处理引起了瘟疫的流行。此次瘟疫史籍无载,从相关写经题记可以看出,严重的疾疫威胁到了麹氏高昌政权的统治。在此期间,麹氏高昌第七代国王麹乾固,在人生的最后十年里,抄写供养了多达一百五十部《仁王般若经》,以祈愿灾疫消除,政权安稳。他在延昌三十一年(591)十二月廿五日《仁王般若经》卷上题记中写道:

> 今国处边荒,势迫间摄,疫病既流,有增无损。若不归依三宝,投诚般若者,则何以煞恶征于将来,保元吉于兹日哉。是以,谨寻斯趣,敬写《仁王经》一百五十部。冀受持者发无上之因,讽诵者证涅槃之果。庶以斯庆,愿时和岁丰。国疆民逸,寇横潜声,灾疫辍竭,身及内外疢患除,还年却老。福算延暇,胤嗣安吉。②

此次瘟疫一再蔓延:"疫病致流,有增无损",不得已,两年后(593)麹乾固再次写经祈愿。身居高位的统治者面对疫情尚且如此哀恸无奈,只能求助于神灵的庇佑,瘟疫对于平民,尤其是出家女众的影响更是不言而喻。这一时代背景在比丘尼写经中有明显的印记。表列23目写经题记中,以念佛忏悔为主要特征的《大通方广经》(全称《大通方广忏悔灭罪经》)出现了3次(第4、5、22目)。③

---

① 《〈大集经〉卷第十八武侯帅都督宋绍题记》,池田温:《中国古代写本识语集录》,第140页。
② 《〈仁王般若波罗蜜经〉卷上高昌王麹乾固题记》,池田温:《中国古代写本识语集录》,第143页。
③ 梁陈二代统治者热衷于忏仪,陈文帝以该经为基础创制《大通方广忏文》的目的就是为了阻止疾疫的蔓延。道宣律师在《续高僧传》卷二九《兴福篇·论》中谈到了《大通方广忏文》的创制背景:"梁初《方广》,源在荆襄。本以疠疾所投,祈诚悔过。哀兹往业,悲恸酸凉。能使像手摩头,所苦欻然平复。同疾相重,遂广其尘,乃依约诸经抄撮成部,击声以和,动发恒流,谈述罪缘,足使汗垂泪泻。"(《大正藏》第50册,第699页下)

第五章　功德福田：出家女众的造像、写经与信仰

表9　5—6世纪敦煌高昌出家女众写经一览表

序号	供养人	题名	时间	题记愿文	受福对象	所写经卷	卷号
1	比丘尼法敬	佛说欢（观）普贤经比丘尼法敬供养题记	南齐永明元年正月（4830100）	永明元年正月谨写用纸十四枚比丘尼释法敬供养		佛说观普贤经	藏日本书道博物馆编号173，《识语》第92页附图21
2	比丘尼元晖	十六国北魏比丘尼元晖供养经	公元500年前			十诵比丘尼波罗提木义成本	《识语》第97页附图9
3	比丘尼道晴	尼道晴供养大般涅槃经卷九题记	北魏景明二年六月十二日（5010612）	景明二年太岁辛巳六月水亥朔十二日甲戌比丘尼道晴所造供养		大般涅槃经卷九	藏上海图书馆043，《识语》第99页
4	比丘尼建晖①	比丘（尼）建晖写入楞伽经卷二题记	北魏永平二年八月四日（5090804）	……是以比丘（尼）建晖，既集因殖，禀形女秽，婴罹病疾，抱难当今。仰惟此苦无由可拔迹，故减割衣资，为七世师长父母，敬写……因此微善，使得虽女身后成男子，法界众生，一时成佛	七世师长，父母，已身	人楞伽一部，法华一部，胜鬘一部，无量寿一部，仁王一部，方广一部，药师一部	藏北京图书馆编号BD15076，《识语》第100—101页

① 王素、李方《魏晋南北朝敦煌文献编年》（第163页）录文中愿文利落款为"比丘建晖"，但题记中又有"既集因殖，禀形女秽……虽女身后成男子"之语，故推知其应为比丘尼，很可能是经生在书写时"尼"字漏写所致。又，池田温《中国古代写本识语集录》（第100—101页）亦将供养人录作"比丘建晖"，同时该目题记判为"疑"。

续表

序号	供养人	题名	时间	题记愿文	受福对象	所写经卷	卷号
5	比丘尼建晖①	西魏尼建晖写大般涅槃经卷十六题记	西魏大统二年四月八日（5360408）	夫至妙冲玄，则言辞莫表，惠深理固，则凝然常寂。淡泊夷净，随缘改化。凡夫想识，岂能穷达；推寻群典，崇善为先……因此微福，使得虽女身后成男子，法界众生，一时成佛	七世师长，父母、己身	涅槃一部，法华二部，胜鬘一部，无量寿一部，方广一部，仁王一部，药师一部	原卷藏日本书道博物馆，《识语》第119页
6	比丘尼贤玉	比丘尼贤玉写大比丘尼羯磨经一卷题记	西魏大统九年七月六日（5430706）	……愿此功德，普及一切十方世界。六道众生，心开意解，发大乘意。……大圣玄心，俾崇三宝意。又得成就，果成佛道。三恶众生，应时解脱	十方六道众生	大比丘尼羯磨经一卷	原卷S.0736,《识语》第123页
7	比丘尼道容	尼道容写大般涅槃经卷十二题记	西魏大统十六年四月廿九日（5500429）	……佛弟子比丘尼道容，住行不修，身处女秽，自不尊崇妙旨，向以应其食之资，敬写……又彻身现身住念之无他苦疾。七世父母，先死亡后，现在家眷，胜常，所求如意……	己身，七世父母，先死亡后，现在家眷	大般涅槃经卷十二	原卷S.4366,《敦煌宝藏》第35册第515页

① 此题记因供养人（建晖）、愿文内容、所写经目与永平二年建晖有较多相似，故有断定前者为赝品，考订两篇题记愿文书写年月，具体内容，表达方式，经目排序，数字等，两者其实差距较大，为赝品的可能性不大，很可能两者为同一人先后所写，故本书将两者同时收录。

第五章 功德福田：出家女众的造像、写经与信仰

续表

序号	供养人	题名	时间	题记愿文	受福对象	所写经卷	卷号
8	比丘尼道建辉	佛说决罪福经下卷尼道建辉题记	西魏废帝二年三月四日（5530304）	自惟福浅，无所施造。窃闻经云：修崇福田莫若立塔写经。今敬写三宝……又愿师长父母，先死后亡，所生知识，尽蒙度招。远离三途八难，值闻佛法，发菩提心，遇善知识。又愿含华众，普同斯愿	师长，父母，先死后亡，所生知识	佛说决罪福经上下二卷	原卷藏日本书道博物馆，《识语》第126页
9	比丘尼乾英	比丘尼戒经法渊及尼乾英题记①	西魏恭帝二年九月六日（5550906）	夫玄门重阁，非四目之所窥，旨理冲壑，岂素竹之所铨。……当斯之运，孰不耀者哉。弥……以斯微善，愿……所愿如是	七世父母，所生父母，现在家眷，已身	比丘尼戒经一卷	原卷藏上海博物馆，《识语》第127页
10	比丘尼英秀	摩诃僧祇比丘尼戒本英秀题记	西魏恭帝三年三月十三日（5560313）	三年三月十三日写讫 大比丘尼戒英秀所供养		摩诃衍僧祇比丘尼戒本卷九	松元文三郎旧藏《识语》第128页

① 此经为瓜州城东建文寺比丘法渊刺释梵寺比丘乾英共同供养。

续表

序号	供养人	题名	时间	题记原文	受福对象	所写经卷	卷号
11	比丘尼天英	入楞伽经卷九比丘尼天英题记	武成二年十月卅日（5601030）	岁次戊黄十月卅日，比丘尼天英敬写……为七世师宗父母，法界众生，三途八难，速令解脱，一时成佛	七世师宗父母，法界众生，三途八难	大集经一部，楞伽经一部	甘肃省博物馆藏，《识语》第129页
12	比丘尼道英	大般涅槃经卷卅一比丘尼道英题记	北周保定元年（5610000）	谨惟常乐幽玄，我争难识，故割衣资，敬写……愿佛性沾神，永蠲苦城。师宗父母，眷属同学，悉如此契，齐求无为	师宗父母，眷属，同学	大涅槃经卷三十一	原卷三井人郎右卫门藏，《识语》第130页
13	比丘尼慧普		北周天和四年（5690608）	永平寺尼智普受持供养比丘庆仙抄讫（该比丘庆仙曾于天和四年在莫高窟428东壁南侧有供养题名）		大比丘尼羯磨	S.2935，《敦煌宝藏》第24册559页
14	比丘尼僧愿	大般涅槃经比丘尼僧愿题记	延昌十七年二月八日（5770208）	……读诵者获涅槃之乐，礼观者济三涂之苦。复以斯福，愿现身康疆（强），远离苦缚。七祖之魂，考妣往识，超升慈宫，诞生养界……	七祖之魂，考妣往识	大涅槃经一部	大谷文书3616号，《识语》第137页

① 北魏宣武帝元恪在位期间亦有延昌年号(512—515)，此为高昌国麴乾固年号(561—601)。又，王素将之判定为公元581年前写经。参见王素、李方：《魏晋南北朝敦煌文献编年》，第272页。

续表

序号	供养人	题 名	时 间	题记愿文	受福对象	所写经卷	卷 号
15	比丘尼明晖		开皇十六年（5960508）	佛说佛名经卷第五，比丘尼明晖供养		佛说佛名经	S.635，《敦煌宝藏》第5册第231页
16	比丘尼昙咏	大方广佛华严经卷二尼昙咏题记①	年代未详，约6世纪	比丘尼昙咏所供养		大方广佛华严经卷二	藏上海市图书馆032，《识语》第156页
17	比丘尼梵守	放光般若波罗蜜经卷十七比丘尼梵守题记	年代未详，约6世纪	比丘尼梵守所供养		放光般若波罗蜜经卷十七	S.3552，《敦煌宝藏》第29册第430页
18	比丘尼□□	妙法莲华经卷九比丘尼□□题记	年代未详，约6世纪	比丘尼□□通□		妙法莲华经卷九	S.0258，《敦煌宝藏》第2册第498页
19	比丘尼庆晖	大般涅槃经卷五比丘尼庆晖题记	年代未详，约6世纪			大般涅槃经卷五	《敦煌宝藏》第98册第120页
20	比丘尼慧智	大般涅槃经卷十二比丘尼慧智题记	年代未详，约6世纪		比丘尼慧智所供养经	大般涅槃经卷十二	S.6563，《敦煌宝藏》第48册第495页

① 池田温《中国古代写本识语集录》（第156页）第357条收录《大方广佛华严经卷十就比丘昙咏题记》，二人同名，但前者为尼，后者为僧。

续表

序号	供养人	题名	时间	题记愿文	受福对象	所写经卷	卷号
21	比丘尼道明胜	大般涅槃经卷廿尼道明胜题记	年代未详，约6世纪	自惟任殖不纯，生遭末代，沉罗生死，难染道化，受秽女身，昏迷长祸，莫由能返。窃闻圣教，乃欲当生栖方外，莫若现今仰三宝，故以减削衣资，写此大般涅槃经一部，读诵受持，供养恭敬，尊重赞叹。以此之福，上及旷世师宗，七世父母，复为含灵抱识，有形之类，众生同获此……	旷世师宗，七世父母，复为含灵抱识，有形之类，众生	大般涅槃经卷第廿	S.1329，《敦煌宝藏》第10册第151页
22	比丘尼道明胜	十方千五百佛名尼道明胜题记①	年代未详（王素定年为公元581年前）	自云宿植根少，沉溺又不都真圣过闻。造善庆胜（升）天堂，造恶退落三途。……是以谨割衣资之分，造写……因口微福，愿七世父母，师长，父母所生因缘，往生西方净佛国土	七世父母，师长，父母所生因缘	无量寿一部，十善一部，药王药上一部，千佛名一卷，涅槃一部，大方等陀罗尼一部,大方大通方一部	藏日本大谷大学图书馆余乙31，所抄经后题"十方千五百佛名一卷"，《识语》第164页
23	比丘尼慧际	大比丘尼羯磨尼慧际题记	年代未详，约6世纪		比丘尼慧际所供养	大比丘尼羯磨	藏日本书道博物馆，《识语》第165页

（说明：1.资料来源：池田温《中国古代写本识语记录》，王素、李方《魏晋南北朝敦煌文献编年》，《吐鲁番出土高昌出土明确纪年的题记》，黄永武《敦煌宝藏》。2.写经题记的定名主要依据池田温《中国古代写本识语记录》《中国古代写本识语记录》，并参考其他资料。3.表中8例无明确纪年的题记，主要依据来自池田温《中国古代写本识语记录》对年代的判断。）

① 王素先生将其年代判定为公元581年前，但题记文字中所列经名并无《十方千五百佛名经》之名，只有《千佛名》，或恐即是此经。详见王素、李方：《魏晋南北朝敦煌文献编年》，第285—286页。又王素将此题记名为《北朝尼道明胜写十方千五百佛名经题记》，池田温《中国古代写本识语记录》所抄经后的题记，主要依据来自池田温《中国古代写本识语记录》。

三、比丘尼写经的品类

敦煌藏经洞出土有明确纪年的佛教写经,前后跨越六个世纪,年代最早者为西凉建初二年(406)《十诵比丘戒本比丘德祐题记》,最晚者是北宋咸平五年写(1002)《敦煌王曹宗寿编造帙子入报恩寺记》,①共有1009件。5到6世纪共78件,约占藏经洞全部写经题记的7.7%。高昌写经最早为20世纪初出土于吐峪沟的西晋元康六年(296)竺法护所译的《诸佛要集经》,②截止到高昌延寿十七年(640)麴氏高昌灭亡,所写汉文佛教经典共计66种349号。③

从写经品类来看,比丘尼写经品类众多,包括经藏和律藏。附表列23例写经题记,所抄写供养的佛典除了戒律之外,大多属于大乘经典,包括《大般涅槃经》《法华经》《无量寿经》《胜鬘经》《放光般若经》《仁王般若经》《大通方广经》《药师经》《大集经》《华严经》《十善经》《药王药上经》《佛名经》等。高昌地区密教类陀罗尼则有《大方等陀罗尼》等,律藏则主要是各种比丘尼律藏文献(包括戒本、羯磨和戒经)。

从经目出现频次来看,频次最高的是《大般涅槃经》,共8次;居其后的是《无量寿经》《法华经》《大通方广经》等各3次;《药师经》《入楞伽经》《胜鬘经》和《仁王经》的出现频率均为2次,《大集经》《华严经》《十善经》《药王药上经》《千佛名叠》(疑即《十方千五百佛名经》)《佛名经》④《大方等陀罗尼》《佛说决罪福经》《佛说欢普贤经》等各1次。

23目比丘尼写经题记中,《大般涅槃经》出现频次最高,一定意义上反

---

① 参见池田温:《中国古代写本识语集录》,第80、544页。
② 参见池田温:《中国古代写本识语集录》,第74页。
③ 姚崇新:《试论高昌国的佛教与佛教教团》,季羡林等主编:《敦煌吐鲁番研究》(第四卷),第50页。
④ 佛名类佛经是《大正藏·经集部》重要的佛经种类。《佛名经》将大乘经典中的诸佛名字集中在一起,信众进行一诵一礼拜。它没有繁杂的理论思想,行持方式比较简单,可以随时礼拜忏悔,深受僧俗信众欢迎。礼忏《佛名经》的习惯,自南北朝以来开始流行,至今不衰。《佛名经》有多个译本。《出三藏记集》卷二《新集撰出经论录》收录有西晋竺法护译《贤劫经》七卷、东晋竺昙无兰译《贤劫千佛名经》一卷等,《十方千佛名》一卷、《百佛名》一卷,梁时已亡佚;同书卷四《新集续撰失译杂经录》记载有《八部佛名经》二卷、《三千佛名经》、《五十三佛名经》、《南方佛名经》各一卷等,现皆收录于《大正藏》第14册。此外,敦煌藏经洞曾出土过一批题名为《十方千五百佛名经》或类似名称的佛名类典籍写卷。详参曹凌:《敦煌写本〈十方千五百佛名经〉杂考》,《敦煌研究》2014年第4期。

映了该经在敦煌、高昌一带比丘尼教团中的流行程度。同一时期的众多敦煌写经中,《大般涅槃经》也是卷号最多的一部佛经,有近 860 个卷号。出土数据显示,5 到 7 世纪中叶,高昌写经文本中《大般涅槃经》的数量达到 64 次,位列所有写经种类的第二位(排名第一的是《妙法莲华经》,81 次),①特别是 6 世纪中叶以后,《大般涅槃经》写经数量(47 次)甚至比《妙法莲华经》还多了 1 次。从史料记载来看,诵持《大般涅槃经》也是当地尼众的重要修行方式,如活跃在 6 世纪的高昌尼众领袖郎中寺冯尼"诵《大般涅槃经》,三日一遍"。②

戒律类经本是南北朝比丘尼写经供养中最重要的品类之一。23 目写经题记中出现了 7 例与之相关的题记,比例高达 30.43%。其内容涵盖了五部大律中三部大律:《僧祇律》《十诵律》和《四分律》。其中《大比丘尼羯磨经》和《大比丘尼羯磨》属于四分律部,《摩诃衍僧祇比丘尼戒本》卷九属于僧祇律部,《十诵比丘尼波罗提木叉戒本》和《比丘尼戒经》则属于十诵律部。从这种抄写供养戒本分属不同部派戒律的情况,似乎可以推测当时敦煌、高昌地区比丘尼各个教团依止戒律的多样性,此时还没有出现后世戒律定于一尊(《四分律》)的情况。到了唐代中期以后,随着中原内地佛教独尊《四分》局面的日益形成,这一历史现象也反映到当时戒经供养中。吐鲁番柏孜克里克石窟出土的汉文佛教典籍中,尼律藏的写经经目变成了以四分律藏为主,《四分比丘尼戒本》占到各部戒本总数的三成有余,四分律的写本也是五部大律中写本数量最高的,达 6 件之多;③2002 年出土的吐鲁番交河故城文献中,律藏部文献有 2 件,其中就有一部《四分比丘尼戒本》。④

传世敦煌写本中多有疑伪经,表列比丘尼所写经卷中,《佛说决罪福经》《大通方广经》和《十方千五百佛名经》都属此类。⑤这些经卷虽被判为疑伪经,但在民众信仰实践中扮演了重要角色。这是因为,这些经卷往往篇幅短小,文字粗浅易读,经文内容注重功德和灵验,⑥多有帝释天王等巡视

---

① 姚崇新:《试论高昌国的佛教与佛教教团》,季羡林等主编:《敦煌吐鲁番研究》(第四卷),第 50 页。又,作者文中统计为 349 号,疑误。
② 宝唱:《比丘尼传》卷四,《大正藏》第 50 册,第 946 页中。
③ 吐鲁番研究院主编:《吐鲁番柏孜克里克石窟出土汉文佛教典籍》(上),第 225—245 页。
④ 荣新江等主编:《新获吐鲁番出土文献》,第 239 页。
⑤ 王孟:《敦煌佛教疑伪经综录》,上海师范大学博士论文,2016 年。
⑥ 徐汉杰:《佛教疑伪经与中古民间社会》,兰州大学博士论文,2022 年,第 18—24 页。

人间善恶、灭罪延寿等内容的描述,和民众中广泛流传的延寿益算信仰相一致,久而久之,在民间形成了广泛的影响力。

第 8 目西魏废帝二年(553)比丘尼道建辉所写《佛说决罪福经》(上下卷),梁僧祐、隋法经、彦琮和唐代静泰等人皆将其判定为本土僧尼所造的疑伪经。①该经在敦煌遗书和吐鲁番文书中保存有 11 目,其中保存在 872 号(书道 144 号背)的经卷:《佛说决罪福经卷下》即附表所列比丘尼道建辉所写经卷。道建辉所写的这部经后来传入日本,并被收入《大正藏》第 85 册,经号 2868。

《大通方广经》,又名《大通方广忏悔灭罪庄严成佛经》《方广灭罪成佛经》,多年来一直被视为伪经。据季羡林先生考证,该经系"中国人假托佛说所撰经典。作者不详,三卷。……此经系《佛名经》之亚流。谓持诵佛名、忏悔发愿可灭罪得福云云。自《法经录》以下,历代经录均判伪经。陈文帝有据此经而作的《大通方广忏文》,据此,当产生于南北朝时期"。②

《大通方广经》被隋《法经录》和唐《开元释教录》等多部经录判为疑伪经,历代大藏经也未收录,后亡佚,房山石经、日本写经、敦煌遗书和吐鲁番文书则有残卷保存。③该经在公元 6 世纪中期已经在南北方佛教信众中广为流通,并广泛用于佛教仪式中,陈文帝陈蒨创制的《大通方广忏文》(收录于《广弘明集》卷二八)即源于该经。④同时期有佛教信徒依据该经文内容进行的佛教造像,代表性的有山西《陈海龙造像碑》等。⑤另外,写于西魏大统十一年(545)S.4494《愿文陀罗尼集平等寺道养题记》中的《祈请文》就是根据《大通方广经》而来。从以上题记来看,《大通方广经》在西魏大统十一年年前就已经在河西一带广为流通了。

---

① 参见僧祐:《出三藏记集》卷五,《大正藏》第 55 册,第 39 页上;法经:《众经目录》卷四,《大正藏》第 55 册,第 138 页上;彦琮:《众经目录》卷四,《大正藏》第 55 册,第 173 页上;静泰《众经目录》卷四,《大正藏》第 55 册,第 211 页下。
② 季羡林主编:《敦煌学大辞典》,第 733—734 页。
③ 曹凌:《中国佛教疑伪经综录》,第 119—129 页。
④ 道宣:《广弘明集》卷二八《启福篇·序》,《大正藏》第 52 册,第 333 页下。
⑤ 王静芬、张善庆:《佛名与忏仪——以张荣迁碑和陈海龙碑为中心》,《敦煌研究》2010 年第 2 期;仓本尚德:《南北朝时代における〈大通方广经〉の成立と受容——同经石刻佛名の新发见》,《中国哲学研究》第 23 号,东京大学中国哲学研究会,2008 年。

四、受福对象与祈愿内容

附表所列 23 目题记中,有 10 目没有写明受福对象和供养人的发愿内容,仅仅注明"××敬写""××供养"云云。尽管题记没有提到相关的受福对象和发愿内容,但从所供养的经典都竭力渲染抄经供养的功德看来,功德主"减割衣资"用于写经供养的行为本身就已经功德无量了。比丘尼写经题记中有同时写多部经来修福的情形,如第 11 目比丘尼天英写经就包括了《大集经》和《楞伽经》等二种;第 4 和第 5 目比丘尼建晖两次写经的经目均达 7 种之多;第 22 目比丘尼道明胜写经包括了《大方等陀罗尼》在内的 7 种。

(一) 受福对象

通过对其他 13 例题记的解读发现,比丘尼写经受福对象包括自身、七世父母、先死亡后(同后文的先往后死,意指供养人先后亡故的诸眷属)、现在家眷、同学、十方六道众生等。如第 4 和第 5 目比丘尼建晖写经受福对象包括七世师长、父母和己身;第 6 目尼贤玉写经受福对象为"六道众生";第 7 目尼道容写经受福对象为"己身""七世父母""先死亡后""现在家眷"等;第 8 目尼道建辉写经受福对象为"师长""父母""先死后亡";第 9 目号尼乾英写经受福对象为"七世父母""所生父母""现在家眷"和"己身";第 11 目尼天英写经受福对象为"七世师宗父母""法界众生";第 12 目尼道英写经受福对象为"师宗父母""眷属""同学";第 14 目尼僧愿写经受福对象为"七祖之魂""考妣";第 21 目尼道明胜写经受福对象包括"旷世师宗""七世父母""有形之类""众生"等。与造像题记的受福对象相比,写经题记涉及的对象范围要小得多。造像记受福对象除以上外,还包括象征着国家权威的皇帝陛下、国家社稷、州郡官长等和供养人没有直接关系的人物或组织。

(二) 祈愿内容

1. 转女成男

转女身为男身是南北朝比丘尼写经题记中最重要的祈愿内容之一。比丘尼建晖两次写经(第 4 和第 5 目)的时间虽然相隔二十七年之久,但题记里都有"使得虽女身后成男子"的祈愿,同时认为自己患病的原因是"禀形女秽,婴罹疾病,抱难当今"。第 7 目比丘尼道容将此生女身身份归结为前世不行善业的结果:"往行不修,身处女秽"。第 21 目比丘尼道明胜与比丘尼道容有相似的态度:"自惟往殒不纯,生遭末代,沉罗生死,难染道化,受秽女身,昏迷长祸。"

对女身的厌离和对男身的向往,是困扰中古时期佛教女众的难题。中古时期的汉译佛典有许多部对女性性别持否定态度和如何实现转女成男的内容,①第4和5目比丘尼建晖的愿望又呼应了药师第八大愿:"愿我来世得菩提时,若有女人,为妇人百恶之所逼恼故,厌离女身,愿舍女形;闻我名已,转女人身成丈夫相,乃至究竟无上菩提。"②

厌离女身不仅是出家女众的心愿,在清信女(在家女众)中也有很大的影响。北周大定元年(581)敦煌清信女张阿真在其所供养抄写的《大集经》卷十题记中为自己和两个早夭的女儿表达了生为女身的遗憾:"自惟往业作因,身居女秽,有女阿华、训华等,并奄女刑(形),□年损折,遂为减割衣资,敬写大集经一部……"③

2. 超度亡者

通过写经造像、立塔建幢等功德实践为亡者追福,是中古时期佛教女众信仰实践的重要形式。④23目题记中,书写供养《大般涅槃经》者大多具有通过供养诵读该经,使自己以及亲人眷属得以远离地狱之苦的祈愿。有10目题记祈愿对象中含有"七世父母""师长""先亡后死"等亡者群体,祈愿文则希望通过写经功德使亡者免除来世落入恶道之苦,往生西方或弥勒净土。第9目题记比丘尼乾英祈愿:"七世父母、所生父母、现在家眷,及以己身,弥勒三会,悟在首初,所愿如是。"第14目题记比丘尼僧愿将这一祈愿表达得非常明确:"写《涅槃》一部。兼读诵者获涅槃之乐,礼观者济三涂之苦。复以斯福,愿现身康疆(强),远离苦缚。七祖之魂,考妣往识,超升慈宫,诞生养界。"第21目和22目都是比丘尼道明胜的写经,题记中,她表达了对累世父母师长往生净土的祈愿:"愿七世父母、师长、父母所生因缘,往生西方净佛国土。若误洛(落)三途,使镬汤止流,刀山以为宫殿,现在之身,尘罗之蔽,云飞雨散。胜善之果,日晕重集。有(又)一切众生,一时成佛。"

并非只有出家女众有如此祈愿,在家女众乃至男性信众也多有通过书

---

① 唐嘉:《东晋宋齐梁陈比丘尼研究》,第347—350页。
② 达摩笈多译:《药师如来本愿经》,《大正藏》第14册,第401页下。
③ 《〈大集经〉卷十清信女张阿真题记》,池田温:《中国古代写本识语集录》,第138—139页。
④ 邵正坤:《追福与荐亡:造像记所见北朝追荐之风》,《大同大学学报》2016年第2期;李志生:《"立塔写经"与"内外之际":唐代妇女的佛教功德活动》,常建华主编:《中国社会历史评论》(第十七卷下),第25—49页。

写供养《大般涅槃经》表达对亡者死后去处的强烈关怀。所不同的是,出家女众祈愿关怀的范围相对于在家女众更为广大,祈愿对象不仅限于己身,更扩大至一切众生,而在家女众所祈愿的受福对象往往更关注亲缘和血缘的关系。如优婆夷郭法姬在为亡夫所写的《大般涅槃经》题记中写道:"为亡夫杨群豪敬写《大般涅槃经》一部,冀使三乘三观,四趣同归。诸缘此福,敬使此姬身,延算现辰,福润将加,道心日进,普及含生,齐成正觉。"①清信女令狐阿咒为亡夫所写的《大般涅槃经》题记则表达了希望亡夫因此功德往生净土的愿望:"神游净乡,历侍众圣。"②

五、《大般涅槃经》流行的理论基础和现实意义

(一)《大般涅槃经》流行的理论基础

《大般涅槃经》进一步发展了大乘佛教女性解脱观念,为5到6世纪敦煌、高昌地区女性解脱提供了新的精神资源。

从原始佛教到大乘佛教,佛教经典对于女性能否解脱、如何实现解脱的论述经历了巨大的演变。尽管不同的部派对于女性性别和修道的严厉程度略有差异,但大多认为"女人五障",不得成佛,且女众加入僧团导致佛教走向衰亡,在整个原始佛教和部派佛教时期,对于女众歧视的现状并没有得到根本改变。③到了大乘佛教初期,以《龙施女经》《道行般若经》等为代表的大乘经典提出转女身为男身进而得以往生净土佛国,大乘佛教般若空系进一步确立了"无男无女"的平等女人观。④

《大般涅槃经》通过对"佛性"和"女身"的阐释,将女性解脱议题推向一个新的高度。《大般涅槃经》主张:"一切众生定当得成阿耨多罗三藐三菩提……一切众生,乃至五逆、犯四重禁,及一阐提,悉有佛性。"⑤所谓"一切众生"自然包括女众。"一阐提",意为"断善根"或"信不具",即不具信心,断了成佛善根者。既然犯了五逆重罪的人和一阐提都具有佛性,身为人道的女众自然比前两者更具备成佛的可能。在佛性论的基础上,《大般涅

---

① 王素、李方:《魏晋南北朝敦煌文献编年》,第268页。
② 池田温:《中国古代写本识语集录》,第161页。
③ 古正美:《佛教与女性歧视》,《当代》(台北)1987年总第11期。
④ 林欣仪:《舍秽归真:中古汉地佛法灭观与妇女信仰》,第189—199页。
⑤ 昙无谶译:《大般涅槃经》卷二八,《大正藏》第12册,第534页下。

槃经》还进一步提出了所谓"女身"都是诸佛菩萨为了度化众生而"方便示现"的理念。如此一来,"女身"就不再是早期佛教所言的是由自身所造"恶业"所致,而是佛菩萨以慈悲心示现的结果。①佛陀还通过示现贫妇掘金的故事,向大众展示了"善方便者即是如来,贫女人者即是一切无量众生,真金藏者即佛性也"②的道理。

《大般涅槃经》通过对"佛性"的解释,消解了男女性别在"相"上的差异:

所谓佛性,若人不知是佛性者,则无男相。所以者何? 不能自知有佛性故。若有不能知佛性者,我说是等名为女人。若能自知有佛性者,我说是人为丈夫相。若有女人能知自身定有佛性,当知是等即为男子。③

因为《大般涅槃经》通过对"佛性"的定义和解释,消解了原始佛教和部派佛教经典对于女性解脱有限性的规定,由此,身为女相固然是业报的果,但此"恶业"并非一成不变,女身成佛也就有了现实可能性。

持诵《涅槃经》的灵验事例,在北朝末年的女众中也有一定影响。《续高僧传》记载,北齐中,赵州头陀沙门僧安聚徒讲《涅槃》,有一只雌雉也来听讲,三卷未毕,听经的雌雉就从畜生道转生为人道,长大后更出家为尼,以《涅槃》讲诵为业:

释僧安,不知何人,戒业精苦,坐禅讲解,时号多能。齐文宣时,在王屋山,聚徒二十许人讲《涅槃》。始发题,有雌雉来座侧伏听。僧若食时,出外饮啄,日晚上讲,依时赴集。三卷未了,遂绝不至。众咸怪之。安曰:"雉今生人道,不须怪也。"……径至一家,遥唤雌雉。一女走出,如旧相识,礼拜欢喜。女父母异之,引入设食。……安大笑,为述本缘。女闻涕泣,苦求出家,二亲欣然许之。为讲《涅槃》,闻便领解,一无遗漏。至后三卷,茫然不解。于时始年十四。便就讲说,远近咸听,叹其宿习,因斯躬劝,从学者众矣。④

---

① 参见昙无谶译:《大般涅槃经》卷一《寿命品》、卷四《如来性品》。
② 昙无谶译:《大般涅槃经》卷七,《大正藏》第12册,第407页中。
③ 昙无谶译:《大般涅槃经》卷九,《大正藏》第12册,第422页中。
④ 道宣:《续高僧传》卷二五,《大正藏》第50册,第657页上。

(二)《大般涅槃经》流行的现实意义

5到6世纪时期的敦煌、高昌女性面临着严酷的生存环境。高昌出土的5到6世纪41方砖志表明,高昌时期的社会文化环境中,女众绝大多数是作为男性的附属存在。①这些砖志中,没有一方系专为女性所作。这一特点,和中原地区有较大的不同。②大多数砖志书写简略,仅限于交代墓主的最基本信息,如某某人之妻,何时去世,享年多少等。即使是在生活条件较好的高昌国,中上层社会女性的人均寿命为59.33岁,也比男性人均寿命(66.33岁)少了7岁。③

从文化传统来说,敦煌、高昌地区虽然并不属于儒家文化的核心区,但儒学在这一区域仍具有强大的社会影响力,礼仪制度亦多与中原汉地相同:"(高昌)风俗政令,与华夏略同。兵器有弓、刀、箭、楯、甲、矟。文字亦同华夏,兼用胡书。……其刑法、风俗、昏姻、丧葬与华夏小异而大同。"④高昌国王麹嘉曾向北魏孝明帝请求赐予五经、诸史,并请国子助教刘燮为博士。敦煌和高昌的世家大族大多来自中原和河西一带,如敦煌曹氏家族、张氏家族、索氏、令狐氏等。这些初入敦煌的中原汉姓家族以儒学为业,举孝廉,进仕宦,奠定了其敦煌大族的地位。⑤儒家代表人物根据天人合一的理论构建了"阳尊阴卑""男贵女贱"的价值模式,将女性定位于家庭关系和纲常化的礼法规范下,将顺从辅佐男性为己任的女子视作符合社会价值标准的女性。⑥

尽管魏晋以来礼教已大为松弛,但动荡不安的北方地区,女性的性别身份仍然使她们处于"卑贱"的社会现实中。面对强权的迫害,女众往往完全没有抵抗力。后赵石虎对治下的妇女随意处置:"大发民女二十已下、十三

---

① 米婷婷:《高昌墓砖对女性的记述》,《吐鲁番学研究》2014年第1期;邓小南:《六至八世纪的吐鲁番妇女——特别是她们在家庭以外的活动》,季羡林等主编:《敦煌吐鲁番研究》(第四卷),第230—232页。
② 赵超《汉魏南北朝墓志汇编》收录的北朝时期487方墓志中,女性独立墓志达106方之多,这些墓志对女性志主生平事迹和美德的描写相当详尽,而吐鲁番出土的砖志,直到唐时期才出现类似的倾向。
③ 裴成国:《试论6—8世纪吐鲁番地区人口平均年龄》,《新疆师范大学学报》2005年第3期。
④ 李延寿:《北史》卷九七,第3215页。
⑤ 杜斗城、孔令梅:《简论十六国北朝的敦煌大族与佛教》,《敦煌研究辑刊》2010年第4期。
⑥ 彭华、杜邦云:《儒家女性角色伦理的三个理论视角》,《哲学动态》2013年第10期。

已上三万余人,为三等之第,以分配之。郡县有希旨,务于美淑,夺人妇者九千余人。民妻有美色,豪势因而胁之,率多自杀。"①前述吕绍之妻张氏在丈夫死后投身寺院为尼得以暂时保全,但在面对吕隆的步步强逼时,她不得不口持佛号跳楼以明其志。

在此社会文化环境下,以《大般涅槃经》为代表的大乘佛教女性解脱观念无异于一阵新风,使处于自卑无助的出家女众冀望于通过写经供养得以改变性别,转身为男,获取来世的幸福曙光。

小　　结

和比丘在注疏讲经等佛教义学领域的探讨中大放异彩不同的是,南北朝时期出家女众在积极追求义学的同时,在造像写经等信仰实践活动中表现更为突出。和墓志塔铭、僧尼传记等文献相比,造像和写经题记具有鲜明的直接性和民众性。②造像和写经的行为一般是当事人自己亲力亲为的宗教实践,题记文字反映的是当事人主观心愿和思想意识的直接流露,③同时行为人来自覆盖了男女老少的社会各阶层,具有广泛的社会参与性,为后人了解社会大众普遍的思想和信仰提供了最直接最真实的根据。造像和写经供养作为中古时期佛教功德福田实践形式之一,参与者几乎覆盖了所有的社会阶层。题记反映的内容既是对社会大众信仰实践的示范,同时也是个人人生经历和社会大环境的投射。

北朝造像供养人遍及各地,不仅出现了云冈石窟、龙门石窟、巩义石窟等以上层贵族为主导,与政治权力结合紧密的石窟聚落,同时在陕西、河北、山东、河南、甘肃等地州县城邑聚落也广泛地分布着各种造像碑、造像塔和造像石。龙门石窟既是比丘尼参与造像最集中的区域,又是比丘尼与皇室政治关系的集中表现。尊像题材以释迦、弥勒、观音为主,代表着这一时期

---

① 魏收:《魏书》卷九五,第 2052—2053 页。
② 侯旭东:《佛陀相佑:造像记所见北朝民众信仰》,第 9 页。直接性指的是题记文字直接源于当事人所思所想;民众性则指的是造像写经的当事人来自社会各阶层,特别是来自中下层普通民众。
③ 卢建荣:《从造像铭记论五至六世纪北朝乡民社会意识》,《台湾师范大学历史学报》1995年第 23 期。

民众信仰的主要面向。比丘尼造像题记中的受福对象,既有与她们血脉相连的父母兄弟姊妹和子女,还有代表着国家的皇帝和州郡官长,更有素无来往乃至于跨物种的"众生",这一切既有出自生命本能的关注,也有来自社会的教化,更有来自佛教平等慈悲理念的影响。

5 到 6 世纪的敦煌、高昌地区经历了剧烈的社会变动,佛教在剧烈的社会变动中迅速发展。敦煌、高昌地区的佛教受到了中亚文化和中原内地文化的影响,特别是中原的汉传佛教和儒家文化的影响,使其成为这一地区主体居民最主要的精神资源。这一时期敦煌、高昌比丘尼在宗教信仰之外,广泛参与世俗经济和社会活动。和其他寺院一样,比丘尼寺院不仅仅是宗教单位,还是经济单位,发挥了宗教与世俗的双重作用。

5 到 6 世纪时,敦煌、高昌一带比丘尼写经供养数量在该区域整个中古写经中占比不算太高。通过对比丘尼写经品类和题记中的祈愿的分析,可以发现,比丘尼写经深刻地反映了当时宗教、社会和自然环境的历史现状和尼众由于自身性别体现出的特别关怀。持续不断的战乱、频繁的政权更迭、瘟疫的持续,给这一时期高昌、敦煌广大民众带来了深重的苦难,对疾病和战乱的恐惧、亲人的离散和丧命,使民众急需精神上的安慰和解脱,而佛教正好满足了这种需要。众多写经品类中,《大般涅槃经》受到了比丘尼的特别关注。同一时期,中原内地知识阶层热衷于对《大般涅槃经》义学问题的探讨,大量注疏宣讲,形成了绵延至初唐时期的涅槃学研究热潮。① 对于敦煌、高昌地区大多数识字不多的比丘尼来说,按照经文的精神进行宗教实践,如抄写、读诵、造像获取功德福田,显得更为直接和有效。通过对《大般涅槃经》的抄写供养,既表达了她们为亡者超荐祈福的愿望又抒发了她们此世身为女身的遗憾以及转生为男身的期待。

造像和写经作为出家女众最重要的功德福田事业,佛经对于信众通过此两项行为所具有的功德福报详细规定,给身处战乱、疾疫、性别之苦的女性带来希望。敦煌民众"危中告佛,厄乃求僧,敬舍资财,乞斯加护",② 造像写经虽然耗去了女性的财富,但为她们提供了精神世界的支撑。

---

① 圣凯:《〈大般涅槃经〉在两晋时代的传承与流行》,《南京晓庄学院学报》2011 年第 2 期;郭迎春:《〈涅槃经〉的汉译及涅槃信仰研究》,四川大学博士论文,2005 年,第 125—161 页。
② 黄征、吴伟主编:《敦煌愿文集》,第 707 页。

第六章 佛教女众出家制度与本土文化观念的互动和影响

第一节 女性奉佛与南北朝经学世家门风的演变

随着佛教在汉地传播的逐渐深入,原本不信仰佛教的世家大族开始接纳佛教。北朝经学世家在秉承前辈经学传统的同时也开始信仰佛教,其女众多归信佛教,或为优婆夷,或剃度为尼,如平原明氏[1]、赵郡李氏、泰山羊氏[2]等。赵郡李氏家族女性奉佛者,有东祖房李宪之女李季嫔(优婆夷)[3]、李希宗女李祖娥(出家为尼)[4]、李祖牧之女李难胜(出家为尼,法名等行)[5]、南祖房李元忠女法行尼[6]等。泰山羊氏家族女性奉佛者除了羊银光优婆夷、道馨尼、僧念尼以外,家族甚至专设尼寺以安置寡居女众。李氏和羊氏家族作为中古时期著名的门阀士族,其家族女性奉佛事迹体现了这一历史时期世家大族家风和门风的转变。

一、作为清流豪族的泰山羊氏

泰山羊氏是中古时期兖徐一带著名门阀士族。羊氏自东汉安帝时

---

[1] 明氏为东晋至南北朝以来的经学世家,其家族中出家者有僧昙憘、尼僧基等人。明氏传承经学事,参见焦桂美:《南北朝经学史》,山东大学博士论文,2006年,第29页。
[2] 泰山羊氏家族同时又是著名的天师道世家,其家族道教信仰,可参见本章第四节。
[3] 《魏故使持节、侍中、司空公、安乐王妃李季嫔墓志》,赵君平主编:《秦晋豫新出墓志搜佚》(一),第191页。
[4] 李延寿:《北史》卷一四,第521—522页。
[5] 《高殷妻李难胜墓志》,罗新、叶炜:《新出魏晋南北朝墓志疏证(修订本)》,第187—188页。
[6] 李延寿:《北史》卷三三,第1204页。

(107)算起,至唐宪宗时(820)止,其家族绵延持续达七百年之久,为泰山郡第一望族。①羊氏一族源出春秋时期晋国"羊舌氏",秦末战乱中迁居泰山,《通志略》记载:"羊舌氏之后……秦乱,徙居泰山。"②因羊祜拥立司马氏有功,晋武帝"诏以泰山之南武阳、牟、南城、梁父、平阳五县为南城郡,封祜为南城侯,置相,与郡公同"。③虽然羊祜辞封,但羊氏由此自称泰山南城人。从汉至唐数百年中,羊氏家族跻身"七世二千石,九世清德闻"的清流豪族之列。《二十四史纪传人名索引》中收录的羊氏族人达三十九人之多。两晋至南北朝,显耀于朝堂的羊氏族人主要有羊琇、羊发、羊玄之、羊伊、羊篇、羊聃、羊曼、羊贲、羊鉴等活跃于两晋;羊玄保、羊璇之、羊崇、羊徽、羊欣、羊希、羊戎、羊侃、羊鹍、羊鸦仁、羊亮等见重于南朝;羊灵祐、羊灵引、羊规之、羊莹、羊深、羊敦、羊烈、羊修、羊肃等皆光耀于北土。

泰山羊氏虽比不上琅琊王氏、弘农杨氏那般群星闪耀,长期活跃于中枢,直接影响中朝政局,但自东汉以来,羊氏以经学传家,累世深耕于兖州,根深叶茂,在中古思想史、政治史和社会文化史中亦占有重要的历史地位。

羊氏郡望泰山郡,永嘉南渡时部分房支随着司马氏政权迁到了江南,有的则留居泰山南城。魏晋禅代之际,因羊氏与司马氏联姻以及羊祜在晋武帝一朝的影响,羊氏家族得以进入权力中枢,部分羊氏家族成员离开泰山,定居于洛阳。永嘉南渡后,部分羊氏家族成员如羊祉一支后人羊忱、羊发一支后人羊曼、羊聃等随司马氏南下,羊氏家族开始在江东开枝散叶。

刘宋元嘉中,留居泰山郡的羊规之降魏,自此开始了羊氏家族在北朝的仕宦生涯,并显耀于北朝。《通典·食货·乡党》引宋孝王《关东风俗传》云:"文宣之代,政令严猛,羊、毕诸豪,颇被徙逐。……诸如此辈,一宗近将万室,烟火连接,比屋而居。"④此处所谓羊氏豪族,指的就是泰山羊氏。自两晋时起,羊氏一族一直掌握着泰山周边及兖州军政大权,北魏到北齐,羊氏族人所任兖州地方军政职务有别驾、行台、太守、州主簿、大中正和长史等。

---

① 参见周郢:《新发现泰山羊氏家族墓志考略》,《岱宗学刊》1997年第3期。
② 郑樵:《通志二十略·氏族略第三·以邑为氏·晋邑》"羊氏",第84页。
③ 房玄龄等:《晋书》卷三四,第1019页。
④ 杜佑:《通典》卷三,第62页。

二、羊氏女眷与佛教信仰

佛教自两汉之际传入中土,到东汉末年,迅速在社会上层流传开来。到三国两晋时期,随着中西交流进一步扩大,大乘佛教经典翻译极大地促进了汉地女性佛教信仰的发展。

佛教信仰之于泰山羊氏家族女性的影响更为深刻,羊氏家族女性与佛教相关联的史料主要有四条。

其一为洛阳城东寺道馨尼:

> 竺道馨,本姓羊,太山人也。志性专谨,与物无忤。沙弥时常为众使,口恒诵经。及年二十,诵《法华》《维摩》等经。具戒后,研求理味,蔬食苦节,弥老弥至。住洛阳东寺。雅能清谈,尤善《小品》,贵在理通,不事辞辩,一州道学,所共师宗。比丘尼讲经,馨其始也。晋泰和中,有女人杨令辩,笃信黄老,专行服气。先时人物亦多敬事,及馨道王,其术寝亡。令辩假结同姓,数相去来,内怀姤嫉,伺行毒害。后窃以毒药内馨食中,诸治不愈。弟子问往谁家得病,答曰:"我其知主,皆籍业缘,汝无问也。设道有益,我尚不说,况无益耶。"不言而终。①

对于道馨尼的俗家和郡望,传文没有作更多的说明,只说她俗姓羊氏,太(泰)山人。《比丘尼传》亦未记载道馨尼的生卒年,从本书作者宝唱撰文时通常将传主卒年作为先后排序的惯例来看,道馨尼卒亡的年代大约在东晋太元到隆安年间(376—401);②文中的道教信徒杨令辩与道馨尼结交时间应在太和年间(366—371);又据《大宋僧史略》《佛祖统纪》《释氏要览》等记载,道馨尼讲经是在东晋废帝太和三年(368)。③从以上三条证据大致可以推测,道馨尼大体上活跃于4世纪后半叶即太和末年。

羊氏家族素以经学传家,清谈则是当时门阀士族的风气。羊氏家族重

---

① 宝唱:《比丘尼传》卷一,《大正藏》第 50 册,第 936 页上一中。
② 宝唱所撰《比丘尼传》中,尼众的出场顺序一般是以其卒年先后为准,道馨尼与延兴寺僧基尼和新林寺道容尼均在第一卷中,道馨尼位列延兴寺僧基尼和新林寺道容尼之间,僧基尼卒于东晋安帝隆安元年(397),道容尼则在晋太元(376—396)中不知所终。
③ 参见王孺童:《比丘尼传校注》卷一《洛阳东寺道馨尼·附录》,第 27 页。

视女教,道馨尼二十岁时就能背诵《法华》《维摩》等经。道馨尼擅长讲说,"雅能清谈,尤善《小品》",开中土尼众讲经之风气。其所讲说的《小品》,即《小品般若经》,属于佛教经典般若系,与魏晋时期的清谈风气一致。

洛阳是汉地比丘尼肇兴之地。建兴元年(313),种令仪出家,在洛阳宫城西门建立了汉地第一所尼寺——竹林寺,其后不久,北方相继出现了以安令首和智贤尼为首的两大比丘尼教团。洛阳具有深厚的女众信仰基础,作为比丘尼最早兴起之地,道馨的出家,和两晋之际洛阳女性佛教信仰风气浓厚有一定的关系。

其二为建康禅林寺僧念尼:

> 僧念,本姓羊,泰山南城人也。父弥州从事吏,念即招提寺昙叡法师之姑也。珪璋早秀,才鉴明达,立德幼年。十岁出家为法护尼弟子,从师住太后寺。贞节苦心,禅思精密。博涉多通,文义兼美。蔬食礼忏,老而弥笃。诵《法华经》日夜七遍。宋文、孝武二帝常加资给。齐永明中移住禅林寺,禅范大隆,诸学者众,司徒竟陵王四事供养。年九十,梁天监三年卒,葬秣陵县中兴里内。①

据传文记载,僧念尼卒于梁天监三年(504),享年九十岁,则她生于东晋安帝义熙十一年(415),于元嘉元年(424)出家,剃度师是一位名叫法护的比丘尼。僧念尼最初跟随乃师住在建康太后寺。太后寺,据《南朝寺考》记载,系晋穆帝皇后褚蒜子所立:"太后寺,不知其所起,疑晋褚、何二后创之。"②僧念尼主要以诵经为业,兼及禅修,晚年禅修愈见精进,永明中(483—493)移住禅林寺。禅林寺是建康最著名的尼众寺院之一,尼众以禅修知名,禅林寺中与僧念尼同时代的比丘尼有净秀尼。

僧念尼的父亲羊弥,曾任州从事吏的官职,官职不高,不见于史传,其侄子昙叡出家于建康招提寺。姑侄二人均少年出家,可以看出佛教信仰之于流寓江南的羊氏族人而言,其影响相当深远。

自建兴元年(313)种令仪出家建立汉地首个尼众僧团以来,越来越多

---

① 宝唱:《比丘尼传》卷四,《大正藏》第50册,第945页下。
② 刘世珩:《南朝寺考》,《大藏经补编》第14册,第644页。

第六章　佛教女众出家制度与本土文化观念的互动和影响 ·269·

的女性不满足于仅仅作为居家信仰者的身份,而进一步剃度出家,尼众人数因此不断增加,在南北朝时期,甚至出现了僧众尼亦众的局面。[1]宝唱撰写《比丘尼传》,为活跃在西晋末年至萧梁时期二百余年间数十位德行学养俱佳的比丘尼作传,正传仅收录了五十六人,和当时同一时代一寺就有数百尼众的普遍情形比起来,选取标准不可谓不严格。在这五十六人中,来自泰山羊氏家族的比丘尼就有两人,可见羊氏家族女性奉佛之虔诚,佛学修养之深厚。

其三羊银光造像碑:

羊银光造像碑于1983年11月出土于山东省新泰县徂徕山光华寺遗址,现存新泰市博物馆。该造像碑为"一佛二菩萨三尊像"之形制。正面像高60厘米,高浮雕,主佛内着僧祇支,穿褒衣博带袈裟,施无畏与愿印,跣足立于莲座之上。两侧分立二菩萨,各持莲蕾、净瓶。造像碑碑阴有铭文,书曰:"〔维太〕和三年四月壬寅朔八日己酉,清信女佛弟子羊银光造像一躯,所愿从心。"[2]

北朝佛教注重功德福田,造像写经是北朝民众表达宗教祈愿的重要手段,这一通题名为"羊银光"的羊氏家族女性造像题记表明,至迟到北魏太和年间,佛教信仰已经成为留居泰山羊氏家族共同的信仰。[3]

其四为《北齐书·羊烈传》中关于羊氏女眷奉佛活动的记载:

> 烈家传素业,闺门修饰,为世所称,一门女不再醮。魏太和中,于兖州造一尼寺,女寡居无子者并出家为尼,咸存戒行。[4]

本条史料虽然源自北齐时代的人物,但其所言却是北魏太和年间的史实,某种意义上,已成为上一条史料的注脚。通过本条史料可以看出,羊氏家族女性对于佛教信仰,已不再仅限于和普通信众一样的功德福田事业,而是亲身实践。家族的男性成员对于寡居女性出家为尼持肯定态度,甚至将

---

[1]　白文固、赵春娥:《中国古代僧尼名籍制度》,第7页。
[2]　刘慧:《泰山宗教研究》,第188页。
[3]　1984年5月泰安大汶口兴华村出土了一件铜鎏金佛光,系太和十八年(494)太山郡奉高县法林寺比丘尼妙音所造,由于信息有限,尚不能确定法林寺以及比丘尼妙音是否和羊氏家族有关联。详参吉爱琴:《泰安大汶口出土北朝铜鎏金莲花座等文物》,《考古》1989年第6期。
[4]　李百药:《北齐书》卷四三,第576页。

之作为值得宣扬的家族门风看待。

从以上与泰山羊氏家族女性有关的史料可以看出,无论是南北朝时期侨居江南的羊氏家族成员,还是留居泰山的羊氏家族,佛教信仰都已经成为家族共同的信仰,其家族重视女教的传统也为该家族女性的宗教信仰奠定了基础。

三、羊氏家族的门风与宗教信仰

泰山郡地处齐文化与鲁文化的交接地带,是齐鲁文化中心,两汉时期就是经学重镇,又是道教文化的起源地之一,[1]同时还是佛教最早传入的地区之一。历史上,儒教、道教和佛教都曾对泰山羊氏家族产生过重要影响。

(一)羊氏家族的儒学传统

泰山羊氏是中古时期著名的经学世家。羊氏"以经术传家,享盛名于魏晋,衰于南朝"。[2]羊氏家族的经学渊源最早可以追溯到秦代的羊子,《汉书·艺文志》收录有《羊子》一书。秦末羊氏一族移居到儒学重地泰山,家族经学修养进一步得到提升。西汉初年,泰山地区出现了两位著名的经学家,即专治《礼》的高堂生和精研《公羊春秋》的胡毋生。胡毋生字子都,和董仲舒一起被视为西汉公羊学派的代表人物,《汉书·儒林传》将二者并称:"汉兴……言《春秋》,于齐则胡毋生,于赵则董仲舒。"[3]胡毋生在汉景帝时被立为博士,晚年回到故乡向家乡子弟传授所学。东汉末期羊氏家族的羊弼师从胡毋生公羊之学,后入仕为博士,任城人何休师从羊弼,二人合著有《公羊墨守》《左氏膏肓》《谷梁废疾》三书。羊弼之后,羊氏家族中羊侵、羊陟、羊续等人亦均以"学行"被征辟入仕,历任清要。羊陟和羊续"清直有学行",生活俭朴,敢于直言,成为东汉末年的清流领袖。党锢之祸时,羊陟为"八顾"之一,有声乡里;羊续为窦武府吏,曾参与谋诛宦官。

羊氏与同时代的其他几个经学世家互为姻娅,如鲁国孔氏(孔融)、陈留蔡氏(蔡邕)、河内山氏等。羊氏族人在幼年开始,便接受极其严格的经学教育,羊祜在《诫子书》回忆其早年的受学经历:"吾少受先君之教,能言之年,便召以典文;年九岁,便诲以《诗》《书》……"[4]

---

[1] 赵芃:《先秦时期山东地区的巫文化与山东道教的产生》,《世界宗教研究》2012年第2期。
[2] 毛汉光:《中国中古社会史论》,第62页。
[3] 班固:《汉书》卷八八,第3593页。
[4] 欧阳询:《艺文类聚》卷二三,第423页。

（二）泰山羊氏男性成员与佛教信仰

部分羊氏家族男性成员也和佛教关系密切，见诸史料的有羊祜、羊烈和建康招提寺僧昙叡。早在魏晋时，就有羊祜五岁忆前生的典故。《晋书·羊祜传》载：

> 祜年五岁，时令乳母取所弄金环。乳母曰："汝先无此物。"祜即诣邻人李氏东垣桑树中探得之。主人惊曰："此吾亡儿失物也，云何持去！"乳母具言之，李氏悲惋。时人异之。①

建康招提寺僧昙叡乃禅林寺僧念尼之侄，大约活跃在齐梁时代，祖父羊弥，很可能是永嘉南渡时追随司马氏南下的羊氏族人后代。

北齐时期，羊烈更有为佛经作注之举。《羊烈墓志》记载："（烈）入老室以练神，安庄领以全朴。睿如冲壑，豫若涉川，遂注道佛二经七十余卷，仍似公纪作释玄之论，昭晋无已；辅嗣制指例之篇，胼向不息。"②早在羊烈之前，羊祜就曾注《老子》二卷。羊氏家族虽然和佛道教关系紧密，但笺注佛经，羊氏家族当始自羊烈。羊氏家族作为经学世家，在经学之外笺注佛道经典，应该和北朝时期北方经学世家大多亲近佛教的风气有关。③

除了僧昙叡外，羊祜和羊烈虽有亲近佛教之举，但并没有个人对佛教修行实践的具体内容。羊祜和羊烈更多的是效力于皇权和宗族的政治家，符合羊氏家族经学传家的传统，特别是羊烈，"能言名理，以玄学知名"，④其在笺注道经的同时也笺注佛经，由此可以看出此时佛教信仰和佛教义理对于传统经学世家的影响。

四、羊氏家族的女教

两晋南北朝时期世家大族多重视家庭女性成员的教育，在文学、艺术、教育等领域都有较多的杰出女性，如左思的妹妹左芬、韦逞之母宣文君宋氏、谢安侄女谢道韫等。自两汉以降，泰山羊氏即开始研究经学，并以之作

---

① 房玄龄等：《晋书》卷三四，第1023—1024页。
② 罗新、叶炜：《新出魏晋南北朝墓志疏证（修订本）》，第374页。
③ 参见焦桂美：《论南北朝时期佛教与经学的相互渗透》，《北方论丛》2007年第3期。
④ 李百药：《北齐书》卷四三，第575页。

为家学代代相传:"素业传家"。和当时大多数经学世家一样,羊氏家族女性成员大多拥有较高的文化、政治素养。

羊氏家学不仅传之男性子嗣,女性成员也从中受益。史料显示,无论是嫁入羊家的媳妇还是家族中的女儿,大多具有良好的文化修养和识见。羊祜姐姐司马师夫人羊徽瑜(景献皇后)"聪敏有才行";①惠帝皇后羊献容虽然在八王之乱时几经废立,后又被刘曜立为后,"内有特宠,外参朝政";②除了羊氏本身异常美貌以外,和她出身经学世家,从小受到良好的教育,能够从容面对政治起伏也不无关系。

羊氏家族另一位女眷,羊耽之妻辛宪英也是魏晋时期羊氏家族颇具政治远见的一代女杰,其事迹被收入《晋书·列女传》,史籍盛赞她"聪朗有才鉴"。③辛氏极具政治洞察力,父辛毗、弟辛敞常就朝政征询她的意见。辛宪英育有羊琇和羊姬一子一女。羊姬虽是女儿,但得到了以"才智"著称的母亲辛氏的严格教育,遍览经籍,后嫁与兖州刺史夏侯威之子夏侯庄。出嫁后的羊姬对子女的教育也相当严格,子夏侯湛"幼有盛才,文章宏富,善构新词,而美容观"。他在《昆弟诰》中对羊姬教育子女的功德进行了高度赞叹:

我母氏羊姬,宣慈恺悌,明粹笃诚,以抚训群子。厥乃我龀齿,则受厥教于书学,不遑惟宁。敦《诗》《书》礼乐,孳孳弗倦。我有识惟与汝服厥诲,惟仁义惟孝友是尚,忧深思远,祗以防于微。翳义形于色,厚爱平恕,以济其宽裕。用缉和我七子,训谐我五妹。惟我兄弟姊妹束修慎行,用不辱于冠带,实母氏是凭。予其为政蕞尔,惟母氏仁之不行是戒,予其望色思宽。狱之不情,教之不泰是训,予其纳戒思详。呜呼!惟母氏信著于不言,行感于神明。若夫恭事于蔡姬,敦穆于九族,乃高于古之人。④

道馨尼和僧念尼均出身于注重女教的羊氏家族,具备较好的文化修养。两人虽幼年出家,但自幼得到家学濡染,家族成员本身也有佛教信仰,出家后得到了完整的佛学教育,为她们最终成为僧伽精英打下了坚实基础。同

---

① 房玄龄等:《晋书》卷三一,第 949 页。
② 房玄龄等:《晋书》卷一〇三,第 2692 页。
③ 房玄龄等:《晋书》卷九六,第 2508 页。
④ 房玄龄等:《晋书》卷五五,第 1491、1497 页。

时佛教戒律主张戒色节欲,经学传家的泰山羊氏注重礼法,比丘尼剃发清修的形象符合羊氏家族对于女性守贞的定位,支持家族女性奉佛乃至出家修行也成为家族共识。

台湾学者李玉珍在对唐代比丘尼墓志的研究中发现,当时"佛教似乎颇能嵌入以儒业维持其家风的士族生活中"。[1]事实上,在佛教早期传播过程中,为了更好地弘教,减少阻力,佛教精英在尽最大可能保证佛教基本教义的前提下,逐步调适佛教伦理具体规范,而儒家思想也在寻找佛教的相通之处。佛教精英和拥有儒家经典阐释权的经学世家发现了彼此诸多契合之处,这样,在女性宗教信仰选择上,佛教的出家以及修行制度与经学世家的利益达成一致。

五、女性奉佛对于羊氏家族的意义

羊氏家族作为魏晋南北朝时期著名的士族,家族门风和同时代的其他门阀士族演变具有一致性。正如陈寅恪先生指出的:"所谓士族者,其初并不专用其先代之高官厚禄为唯一表征,而实以家学及礼法等标异与其他诸姓。"又云:"夫士族之特点既在门风优美,不同于凡庶,而优美之门风,实基于学术之因袭。故士族家传之学业,乃与当时之政治社会有重要之影响。"又云:"盖自汉代学校制度废弛,博士传授之风气止息以后,学术中心移于家族,而家族复限于地域,故魏、晋、南北朝之学术、宗教皆与家族、地域两点不可分离。"[2]

从东汉末年到北齐,儒家思想和学术是羊氏家族获取仕宦门径和社会地位的基础和保证,道教信仰与佛教信仰则既和家族成员个人兴趣有关,同时也和社会风气密切联系。从地域上看,侨居江南的羊氏家族成员和道教关系更为密切,这和当时两晋南朝天师道在上层社会的流行有关。佛教信仰则成为南北羊氏族人共同的信仰选择,既是个体选择也与家族门风和形象有关,从北齐羊、毕两大豪族争夺大中正职位可窥得一斑。

毕氏和羊氏作为青齐一带门阀士族,势力相当,"羊毕"并称。[3]特别是毕氏,祖上虽一度以"掠盗为业",但自献文帝时归降北魏以后,社会地位提

---

[1] 李玉珍:《唐代的比丘尼》,第96页。
[2] 陈寅恪:《隋唐制度渊源略论稿 唐代政治史述论稿》,第259、260、20页。
[3] 杜佑:《通典》卷三,第62页。

升极快,一度"盛称门阀"。①大中正一职在北朝地方社会具有重要的影响,往往由本州名门望族担任。①北齐天统中(565—569),羊、毕两家的代表人物羊烈和毕义云争夺兖州大中正职位,竞争异常激烈,羊、毕二人互相自夸门第,羊烈以家族门风"男清女贞"自矜,讥刺对方闺帷轻薄:

> (羊)烈天统中与尚书毕义云争兖州大中正。义云盛称门阀,云我累世本州刺史,卿世为我家故吏。烈答云:"卿自毕轨被诛以还,寂无人物,近日刺史,皆是疆场之上彼此而得,何足为言。岂若我汉之河南尹,晋之太傅,名德学行,百代传美。且男清女贞,足以相冠,自外多可称也。"②

这里"女贞"所指的就是羊氏家族女性寡居不再醮,最终以尼僧身份终老而言。很显然,在世风浇薄的北齐,羊烈此番对于自家门风的自矜和对毕氏门风的鄙夷与时人"诸毕当朝,不乏荣贵,但帏薄不修,为时所鄙"③的印象相合,得到了社会主流的认可,取得了舆论的主导权。"男清女贞"的羊氏最终胜过"闺门秽杂"的毕氏,羊烈如愿当上了兖州大中正。

从三国到南北朝,泰山羊氏从地方性豪族,变成具有深厚政治、军事、文化影响力的世家大族,历经数百年不衰,羊氏家族的宗教信仰也历经了儒玄合一、儒道并行和儒道释共存的嬗变。相对于男性成员,家族女性的信仰选择更自由,更能反映时代的特色。羊氏家族个案显示,世家大族女性信仰的演变,既是"主外"的男性社会所给予的自由与福利,同时也对男性社会价值进行了"回馈"。

第二节　两晋南北朝出家女众与俗家的关系

无论是尼僧伽草创时期的两晋,还是进一步发展的南北朝时期,无论是注重义学讲说的南方,还是注重功德实践的北方,大多数出家女众和俗家都

---

① 张旭华:《九品中正制研究》,第 390—393 页。
② 李百药:《北齐书》卷四三,第 576 页。
③ 魏收:《魏书》卷六一,第 1365 页。

保持着密切的联系,这种联系表现在以下几个方面:女性信仰选择与家族成员特别是父母兄弟等血缘关系较近的家族成员有密切联系;部分出身上层社会的女性出家受到家族政治角逐失利的影响;女性的宗教身份可能会对世俗家族有所影响,如带动家族社会政治、经济地位的提升等;女性虽然剃度为尼进入空门,仍然关心俗家成员,常予以提携帮助;世俗家庭也在经济等物质层面为出家女眷提供支持等。

一、尽 孝 出 家

孝道是佛教进入中土后无法绕开的问题,如何处理辞亲出家与恪尽孝道之间的紧张萦绕了中国佛教数百年的时间。有学者指出:"削发为僧、谢世高隐、离家背亲与立身行道、忠君孝亲、齐家治国的伦理法则很难相互融通。因此,中土佛教在孝亲观上与中土伦理发生对话的过程,也是一个出世型宗教逐渐人间化的过程,是宗教伦理与世俗伦理逐渐亲和的过程,进而言之,也是印度佛教中国化的过程。"[1]陈寅恪先生认为:"释迦之教义,无父无君,与吾国传统之学说,存在之制度,无一不相冲突。输入之后,若久不变易,则绝难保持。是以佛教学说,能于吾国思想史上,发生重大久远之影响者,皆经国人吸收改造之过程。"[2]

推动南北朝时期佛教女众出家修道的原因中,父母的因素不在少数。如宝贤尼:

> 十六丁母忧,三年不食谷,以葛芋自资,不衣缯纩,不坐床席,十九出家。[3]

盐官齐明寺僧猛尼:

> 年十二,父亡,号哭吐血,绝而复苏。三年告终,示不灭性,辞母出家。[4]

---

[1] 张立文、向世陵:《空境——佛学与中国文化》,第165页。
[2] 陈寅恪:《冯友兰〈中国哲学史〉下册审查报告》,《金明馆丛稿二编》,第283页。
[3] 宝唱:《比丘尼传》卷二,《大正藏》第50册,第941页上。
[4] 宝唱:《比丘尼传》卷三,《大正藏》第50册,第942页中。

道寿尼的出家则是因为乃父亡故,哀悔过甚以致遘疾,"黄瘠骨立",于是发愿疾愈出家:

> 元嘉中遭父忧,因毁遘疾,自无痛痒,唯黄瘠骨立。经历年岁,诸治不瘳。因尔发愿,愿疾愈得出家。立誓之后,渐得平复,如愿出俗,住衹洹寺。①

以上三个女众出家案例都是传主基于对亡父(母)的追念而出家修道,也有人因为父母信仰而出家。忠孝是儒家伦理的两大支柱,资父事君是个人必尽的义务。佛教传播到中土,因剃发独身的行为和儒家文化所倡导的"身体发肤,受之父母,不敢毁伤"和"不孝有三,无后为大"理念大相径庭而频频受到攻击。为了调和这一矛盾,历代高僧都刻意强调僧尼孝养父母的行为,僧尼传记的书写也往往将"事父母至孝"作为最突出的美德加以褒扬,即使这些僧人是来自异域也不例外。②《比丘尼传》收录的尼众,除了初期少数尼众出家经历了和家人激烈的斗争以外,绝大多数都得到了俗家的理解和支持,将梵修与尽孝结合起来,真正实现了刘勰《灭惑论》所言"弘孝于梵业,是以谐亲出家"③的完美结合。这一尽孝出家的行为发展到隋唐时期,更是出现了中上层家族女儿为家族中长辈追荐冥福而出家的普遍性行为。

二、亲子互相为对方出家修道营造条件

南北朝时期,有子女为父母尽孝选择出家,也有的父母为子女出家能安心修道创造各种条件。

南齐吴地太玄台寺玄藻尼少年时身患重疾,药石无效,父亲安苟为了使她顺利康复,听从僧人法济的劝告,为之皈依三宝,忏悔求愿。此事也成为玄藻出家的直接因缘:

---

① 宝唱:《比丘尼传》卷二,《大正藏》第 50 册,第 938 页上。
② 如东汉末年来华的安世高,本安息国太子,慧皎称赞他:"幼以孝行见称。"康僧会祖上是康居人,世居天竺,父母亡故后,"孝服毕出家"。(慧皎:《高僧传》卷一,《大正藏》第 50 册,第 323 页上、325 页上)
③ 道宣:《弘明集》卷八,《大正藏》第 52 册,第 50 页上。

时太玄台寺释法济,语安苟曰:"恐此疾由业,非药所消。贫道按佛经云:若履危苦,能归依三宝,忏悔求愿者,皆获甄济。君能与女并捐弃邪俗,洗涤尘秽,专心一向,当得痊愈。"安苟然之。即于宅上设观世音斋,澡心洁意,倾诚戴仰。扶疾稽颡,专念相续。经七日初夜,忽见金像高尺许,三摩其身,从首至足,即觉沈疴豁然消愈。既灵验在躬,遂求出家,住太玄台寺。①

如果没有父亲路安苟为玄藻在家中设斋忏悔,玄藻身体不可能痊愈,更不可能出家。

南齐僧敬尼尚在母胎就被父母舍入空门:

僧敬在孕,家人设会,请瓦官寺僧超、西寺昙芝尼,使二人指腹呼胎中儿为弟子。母代儿唤二人为师,约不问男女,必令出家。将产之日,母梦神人语之曰:"可建八关。"即命经始,僧像未集,敬便生焉。闻空中语曰:"可与建安寺白尼作弟子。"母即从之。及年五六岁,闻人经呗,辄能诵忆,读经数百卷,妙解日深。②

除了追念亡父母和因为父母的佛教信仰而出家的女众之外,刘宋末年僧道慧的母亲为了成就儿子的修道事业,避免儿子为自己的养老担忧,乃舍宅出家为尼:

(道)慧以母年老,欲存资奉,乃移憩庄严寺。母怜其志,复出家为道,舍宅为福,建远精舍。③

三、出家修道,光耀门第

戒律规定,人子出家需得到父母同意:"父母于子多所饶益,养育乳哺,冀其长大,世人所观。而诸比丘,父母不听辄便度之。自今已去,父母不听,

---

① 宝唱:《比丘尼传》卷二,《大正藏》第50册,第938页中。
② 宝唱:《比丘尼传》卷三,《大正藏》第50册,第942页上—中。
③ 慧皎:《高僧传》卷八,《大正藏》第50册,第375页下。

不得度令出家,若度,当如法治。"①佛教的出家修道制度虽然和本土文化中人子孝亲事君存在一定的分歧,但当出家行为有助于家族地位的提升时,也会得到家族的认可,甚至受到褒扬。

两晋南北朝时期,随着佛教在上层社会流行,皇室贵族大多对僧尼表示礼敬,给予优厚的待遇。在此氛围下,有的女众出家直接带动了家族成员在仕途上的擢升。如安令首在室时不乐求娉,以佛法自娱,父徐冲以理应外属、兼济父母为由加以反对,佛图澄遂以"荣拔六亲,令君富贵"劝慰其父,徐冲最终同意了安令首的请求。果不其然,安令首出家后受到石虎礼敬,其父也从低级别的外兵郎擢升为黄门侍郎、清河太守。②

另一位因比丘尼身份使得家族地位急剧提升的是北魏中期的僧芝比丘尼。僧芝尼(442—516),出自安定临泾(治所在今甘肃省镇原县)胡氏家族。僧芝尼祖父胡略,父胡渊,虽也曾在姚秦和赫连夏政权中担任过官职,但品级并不高,归顺北魏后更加湮没无闻。③胡氏家族素有奉佛传统,僧芝尼在幼年即出家,后受召请入平城,因善于讲说进一步得到文明太后的礼遇。在僧芝尼的活动下,侄女胡氏得以进入宣武帝后宫。《魏书·宣武灵皇后胡氏传》记载:"后姑为尼,颇能讲道,世宗初,入讲禁中。积数岁,讽左右称后姿行,世宗闻之,乃召入掖庭承华世妇。……姑既为尼,幼相依托,略得佛经大义。"④胡氏因乃姑的推荐和教导,以充华嫔的身份得幸于宣武帝并生下孝明帝元诩,最终成为北魏后期执掌中枢的一代女主灵太后。胡氏一门,除胡灵太后外,尚有胡灵太后从兄冀州刺史胡盛之女胡明相曾嫁与孝明帝被立为皇后。北齐时胡氏家族门第不衰,武成帝高湛皇后、后主高纬皇后均出自安定胡氏家族。⑤地处僻远的安定胡氏从名不见经传的地方精英一跃成为北朝后期影响重大的高门大族,和僧芝尼进入北魏朝廷和北魏皇

---

① 佛陀耶舍等译:《四分律》卷三四,《大正藏》第22册,第810页上。
② 按,据魏晋时期职官制度,外兵郎隶属尚书省,系尚书省外兵曹长官通称,亦称外兵郎中。三国时魏置五兵尚书,分曹办事,曹设郎,其中之一为外兵郎,掌外兵军事。黄门侍郎则属于隶属少府的重要官职,《晋书·职官志》云:"黄门侍郎,秦官也。汉已后并因之,与侍中俱管门下众事,无员。及晋,置员四人。"(房玄龄等:《晋书》卷二四,第733页)
③ 关于安定胡氏家族早期谱系,可参见杨富学、杜斗城:《洛阳出土几通唐代胡氏墓志》,《文献》2003年第3期;王珊:《比丘尼僧芝墓志考释》,郭润涛、彭小瑜编:《北大史学》(13),第87—107页。
④ 魏收:《魏书》卷一三,第337—338页。
⑤ 武成皇后和后主皇后事迹,可参见李百药:《北齐书》卷九,第126—127页。

室建立密切联系,并在北魏宣武帝亡故后宫廷权力斗争中的运作密不可分。正是有了僧芝尼的引荐,胡国珍之女胡氏才得以入宫,成功诞下宣武帝唯一长成的皇子元诩。胡氏凭借皇帝生母这一身份得以临朝称制,乃全力擢升胡氏家族成员的官职和门第。

四、出家女众与俗家事务

(一)出家女众对家族事务的关心

舍弃俗家加入僧伽的女众并没有全然忘情于世俗,而是仍然关心俗家事务,在南北朝时期最突出的表现就是对世俗家族中失去庇护成员的照顾。

刘宋时蜀郡善妙尼寡妹携幼子衣食无着,投靠出家的善妙尼,尽管善妙尼经济状况并不宽裕,仍勉力维持寡妹母子的生活:

> 妙善……少出家,性用柔和,少瞋喜。不营好衣,不食美食。有妹婿亡孀居,无所依托,携一稚子寄其房内。……同住四五年,未曾见其食。妹作食熟,呼妙共食,妙云适于某处食竟。或云,四大不好,未能食。如此积年,妹甚恨愧,白言:"无福婿亡,更无亲属,携儿依姊,多所秽乱。姊当见厌,故不与共食耳。"流泪而言,言已欲去。妙执其手喻之曰:"汝不解我意。我幸于外得他供养,何须自损家中食。"①

刘宋时慧木尼少年出家,因老母无人奉养,乃接至寺中,亲自照顾,并"嚼脯饴母"。②

北齐尚书令赵郡李元忠之女法行出家后仍频繁往来俗家,她用自己个人的田产平息了家族内部的田地争端,维护了家族的和睦:

> 搔(李搔,李元忠长子)妹曰法行,幼好道,截指自誓不嫁,遂为尼。所居去邺三百里,往来恒步,在路或不得食,饮水而已。……异母弟宗侃与族人孝衡争地相毁,尼曰:"我有地,二家欲得者,任来取之,何为轻致忿讼?"③

---

① 宝唱:《比丘尼传》卷二,《大正藏》第50册,第939页中。
② 宝唱:《比丘尼传》卷二,《大正藏》第50册,第938页下。
③ 李延寿:《北史》卷三三,第1205页。

法行尼一番回应让宗侃和孝衡二人心生惭愧,乃互相谦让,双方放弃了对田地的争夺。

同样是在北齐,高隆之寡姐出家为尼后,不仅没有和本家疏远,反而比在俗时关系更加紧密。高隆之也像敬重母亲一样敬重寡姊,得到社会广泛称誉。同样地,出家寡姊也很关心本家子侄的成长:"(高)隆之虽不涉学,而钦尚文雅,缙绅名流,必存礼接。寡姊为尼,事之如母,训督诸子,必先文义。世甚以此称之。"①

(二) 世俗家庭为出家女眷提供不同程度的物质支持

除了极少数人得到达官贵人和皇族的赏识,获得丰厚的财物和建寺等供养,尼众需要来自家族的各种物质和非物质的支持。各种经济支持中,首先就是尼众居住地尼寺的建设。

南齐建元四年(482),僧猛尼的母亲因病舍宅立为齐明寺,供僧猛和僧猛从弟女僧瑗尼所住。②

北齐泰山羊氏家族也为族中无子寡居的女性修建尼寺:

(羊)烈家传素业,闺门修饰,为世所称,一门女不再醮。魏太和中,于兖州造一尼寺,女寡居无子者并出家为尼,咸存戒行。③

北齐天保五年(554),相州(治所在今河南安阳)中山太守令邹树仁为女比丘尼道深立寺并造祇洹精舍。④

(三) 互相为对方营建功德

南北朝时期,造像写经是信徒履践信仰最重要的方式之一。通过对这一时期造像写经题记的考察,可以发现,出家僧尼和俗家眷属互相营建功德成为普遍现象,其中既有出家僧尼为在俗家眷属(父母、兄弟姊妹、子侄)等造像写经营建功德,也有俗家眷属为出家亲眷造像写经,还有比丘尼与俗家亲眷合作造像共同营建功德的实例。

出家僧尼为俗家亲眷造像较为普遍,附录一收录的175目出家女众造

---

① 李百药:《北齐书》卷一八,第238页。
② 参见宝唱:《比丘尼传》卷三,《大正藏》第50册,第942页中。
③ 李百药:《北齐书》卷四三,第576页。
④ 参见《邹树仁为女造寺并祇桓精舍记》,《石刻史料新编》第1辑第11册,第8083页。

像记中,受福对象为俗家亲眷的所在多有。此外还有大量尼众与俗家亲眷合作造像,如 No.79 东魏兴和二年(5400715)《比丘尼宝藏造像记》:"豫姊比丘尼宝藏为……愿……同归佛国。……豫供养佛时、比丘尼宝藏供养佛时。"供养人为二人,其一为比丘尼宝藏,另一供养人则是宝藏尼的弟弟"豫"。

No.58 普泰二年(5320301)《比丘尼昙颜造像记》"昌国县新兴寺尼昙颜为亡妹昙利敬造弥勒金像一躯;比丘尼法光为弟及父母各造像一区",No.60 普泰二年(5320408)《比丘尼法光造像记》"比丘尼法光为弟刘桃扶北征,愿平安还,造观世音像一区,友(又)为忘(亡)父母造释迦像一区",No.61 太昌元年(5320908)《比丘尼惠照造像记》比丘尼惠照"为亡父母及亡妹何妃……"等,皆属此类。

No.97 武定七年(549),永固寺尼智颜、净胜姐妹与俗家兄弟一起造像。No.174 建德元年(572)四月十五日比丘尼昙乐为亡侄罗睺敬造像记,供养人除了主像人昙乐和另外 3 位尼僧外,还有昙乐的父母、儿子、兄长一家和姊姊等共 8 人。No.161 和 No.162 两目造像题记中,比丘尼圆光、圆照和比丘尼静聪、员满都是姊妹关系,而这两目造像题记的受福对象都是家人和自己。

俗家进行的造像活动中,家族中已出家的儿女也常常被纳入供养人题名里。No.93 武定五年(5470126)比丘僧道造像记中,供养人共 11 人,除了比丘僧道外,多为庞姓家族成员,唯一一位比丘尼惠矛很可能是庞姓家族出家女眷。

俗家眷属为出家亲眷造像者亦不在少数。出土于成都西安路的中大通五年(533)正月十五日上官法光为其出家的妹妹造释迦像,题记云:"上官法光为亡妹令玉尼敬造释迦文石像一区,愿令玉尼永在生处,值生西方无量寿国,舍身受形,常见诸佛,同真出家,及现在眷属、六亲中表、一切苍生,并同此愿。"①

此外,5 到 6 世纪敦煌、吐鲁番地区比丘尼写经活动中,父母也是她们写经功德的受福对象,"七世父母""所生父母""考妣"等字样在写经题记中随处可见(详参第五章第二节)。

五、同行解脱之道

南北朝时期,往往有同一家族多位成员一起出家,居住在同一寺院的情

---

① 毛远明编著:《汉魏六朝碑刻校注》第 3 册,第 194 页。

况,张梅雅将这种具有血缘关系的家族成员一起出家的情形称之为"同行解脱之道"。①

《比丘尼传》收录的 65 篇传记中有多位比丘尼即属于姊妹、姑侄等一同出家修道,居住在同一寺院的案例,如东莞法缘与法彩姊妹、盐官齐明寺僧猛尼和从弟女僧瑗尼、建康法音寺昙简与昙勇姊妹、剡齐兴寺德乐尼姊妹以及建康竹园寺净渊与净行尼姊妹等。

南北朝时期,为数不少的世家大族将佛教信仰作为家族信仰,他们不仅热衷于出资建寺立像,供养僧众,更对于家族内女性履践佛教信仰持肯定态度,如泰山羊氏、赵郡李氏等,数百年中,这些家族的女眷出家修道者代不乏人。李祖娥和李难胜出家后都住在邺城妙胜尼寺,元华光和元媛柔姑侄出家后住长安等觉尼寺。此外,北朝皇室后妃出家为尼后大多住在一所寺院里,如洛阳瑶光寺,系宣武帝元恪所建,奢华无比,本系"椒房嫔御,学道之所,掖庭美人,并在其中。亦有名族处女,性爱道场,落发辞亲,来仪此寺。屏珍丽之饰,服修道之衣,投心八正,归诚一乘"。②瑶光寺的性质,颇类似于泰山羊氏家族为出家女眷所建寺院,一定意义上属于北魏皇室的家寺。在瑶光寺出家的女众,从家族伦理身份来说,往往同时具有妯娌、婆媳、姊妹等身份。这种姐妹、母女、姑侄一同出家修道的情形在造像题记中也有较多体现,如 No.38 的供养人紫内司尼和受福者法晖尼就是母女关系。这种血缘、亲缘较近的女性出家同居一寺,有利于俗家为她们提供物质供养和保护,如泰山羊氏在兖州所立的尼寺、李祖娥姑侄所住的邺城妙胜尼寺、元华光姑侄所住的雍州等觉尼寺,都是受俗家供养的例子。

较之男性出家众,女性出家众和俗家关系保持得更为紧密,很多女众出家后选择居住的寺院大多不会远离俗家。一方面是她们在经济等物质条件上对俗家依赖度更高,很多寺院事实上是俗家为家族女眷而建,这就决定了出家女众和世俗家庭之间若即若离的关系;另一方面是女性单独外出的不便,需要族中男性眷属的陪同,如慧远的姑姑道仪尼要从江夏到建康都需要侄子慧持护送:"持有姑为尼名道仪,住在江夏。仪闻京师盛于佛法,欲下观化,持乃送姑至都。"③尽管出家身份给了她们比世俗女子更多的出行自

---

① 张梅雅:《同行解脱之道:南北朝至唐朝比丘尼与家族之关系》,《文献》2012 年第 3 期。
② 杨衒之撰,杨勇校笺:《洛阳伽蓝记校笺》卷一《城内·瑶光寺》,第 47 页。
③ 慧皎:《高僧传》卷六,《大正藏》第 50 册,第 361 页中。

由,但从出行的客观条件而言,无论是从道路设施还是旅途人身安全的角度考虑,女众都不具备远距离出行的条件。史料所见,和比丘四方云游弘化相比,出家女众出行较少,主要是客观条件限制的结果,而不是基于"父母在,不远游"的考量,也不是她们对弘化不积极。

六、"在家出家":北朝上层出家女众的生活样态

"在家出家"一词由郭绍林教授首先提出。他在《唐代士大夫与佛教》一书中,将中唐时期士大夫既不愿放弃世俗功名富贵又向往佛教的解脱、僧侣修行的飘逸与空灵,所想出的折中修行的办法,①即通过皈依三宝成为在家修行的优婆塞,再进一步可能受居士五戒或菩萨戒,在日常生活中的特定时间按照佛教戒律安排衣食住行等日常生活,如八关斋等。如此,士大夫们既完成了社会责任和家庭责任,实现了个人的社会和自我价值,又能实现来世的解脱。对于中古时期信仰佛教的女众来说,她们也和士大夫一样,既有完成家庭责任的自觉,也有自我解脱的需求。在家庭责任和个人解脱之间,她们选择了将二者结合起来,完成家庭责任,特别是在丈夫亡故的情况下,剃度为尼,在青灯黄卷中度过余生。所不同的是,士大夫只是在少数时间按照佛教徒礼仪安排自己的日常行事,"在家出家"的女众作为接受严格的戒律仪轨的宗教师,则需要在日常生活中严格按照戒律的要求履行自己的宗教义务。

北朝部分贵族女性虽然进行了剃度仪式,但并没有严格按照戒律规定住在尼寺,而是和家人住在一起,死后也由家人为其安葬。这一情况大多出现在门第较高的女性身上,且出家时年龄较大,在俗儿女都拥有较高的社会地位,如邢峦之妻元纯陀,王肃前妻谢氏和道信尼等。

比丘尼智首(元纯陀),出身于北魏景穆帝拓跋晃一系,父任城康王拓跋云,兄为孝文帝一朝最受倚重的宗室诸王拓跋澄。元纯陀初适河南穆氏,夫亡后再醮车骑大将军邢峦。虽是再嫁,元纯陀与邢峦却是夫妻情好,情意深重。值得一提的是,邢峦也是一位虔诚的信徒,"敬重大乘,造像立寺",②洛阳普济寺即其所立。延昌三年(514)邢峦去世,纯陀出家为尼,法名智首,纯陀僧籍隶于宣武帝母弟广平王元怀舍宅所立的洛阳大觉寺③中,不久

---

① 参见郭绍林:《唐代士大夫与佛教(增补本)》,第34—51页。
② 法琳:《辩正论》卷四,《大正藏》第52册,第515页中—下。
③ 杨衒之撰,杨勇校笺:《洛阳伽蓝记校笺》卷四《城西·大觉寺》,第199页。

后便跟随外孙西河王元魏庆一起生活,并死在元魏庆荥阳任上:

> 西河王魏庆,穆氏之出,即夫人外孙。宗室才英,声芳藉甚,作守近畿,帝城蒙润。夫人往彼,遘疾弥留,以冬十月己酉朔十三日辛酉,薨于荥阳郡解别馆。子孙号慕,缁素兴嗟。临终醒寤,分明遗命,令别葬他所,以遂修道之心。儿女式遵,不敢违旨。粤以十一月戊寅朔七日甲申,卜窆于洛阳城西北一十五里芒山西南,别名马鞍小山之朝阳。①

北魏时,王肃前妻谢氏假扮尼僧北上寻夫不果,遂礼胡太后姑母僧芝为师,正式出家为尼,王肃为其在延贤里修建正觉寺以为安置。②谢氏虽然以僧装示现,仍然和儿女生活在延贤里王肃为他们修建的宅邸中,她的两个女儿都嫁入了北魏皇室,地位一度颇为显赫。

北齐道信尼(司马纂妻,俗名垣南姿)的经历与元纯陀相似。垣南姿是司马纂继室,二人共同生活了八年,生育了四个儿子。司马纂弟弟司马子如在北齐权倾一时。司马子如事嫂甚为恭谨,对四位侄儿也视如己出。垣氏也在夫亡后尽力操持全家:"嫂叔之礼,敬事无阙。裁制衣裘,调品中馈,皆委太夫人,然后安焉。"垣氏很早就皈依佛教,儿女长成之后一直想出家,由于儿子们的反对,久未能如愿:"太夫人精诚信向,出自天骨。虽处富贵,不以介怀。所见荣华,宁将在意。久以一生,归付三宝。"在她的强烈要求下,天保十年(559),垣南姿以七十三岁高龄身披法服。出家仪轨是在家中进行的,"中堂院内,素置道场,妙尽庄严,躬常顶礼,仍以此辰,敬披法服"。道信尼虽然年事已高,仍积极参与佛事:"年力转高,志行逾峻。及于法事兴设,晦望说戒,常亲升高座,为众敷陈。"③不久,道信尼的小儿子司马幼之授阳平太守,道信尼随之赴任,大宁元年(561)闰十二月去世,后归葬司马氏家族在邺城的墓地。④

---

① 《魏故车骑大将军平舒文定邢公(峦)继夫人大觉寺比丘元尼(纯陀)墓志铭》,赵超:《汉魏南北朝墓志汇编》,第261页。
② 杨衒之撰,杨勇校笺:《洛阳伽蓝记校笺》卷三《城南·正觉寺》,第135页。
③ 《齐故比丘尼垣南姿墓志》,石永士等主编:《河北金石辑录》,第233页。
④ 沈丽华:《邺城地区东魏北齐群布局研究》,《考古》2016年第2期。《齐故比丘尼垣南姿墓志》记云:大宁二年(562),"窆于邺紫陌西北七里"。同一区域还出土了垣南姿的公公司马兴龙和小叔子司马子如墓。

北魏裴植之母夏侯氏舍身入寺为尼,子女为之送去布帛等财物,最后也成为一位居家比丘尼:

> (裴植)母年逾七十,以身为婢,自施三宝,布衣麻菲,手执箕帚,于沙门寺扫洒。植弟瑜、粲、衍并亦奴仆之服,泣涕而从,有感道俗。诸子各以布帛数百赎免其母。于是出家为比丘尼,入嵩高,积岁乃还家。[①]

出身较高的南北朝比丘尼大多住在家族为之营建的功德寺中,如瑶光寺也可理解为北朝皇室为安置皇室女性成员所建皇家功德寺。生活在北朝的元纯陀(智首尼)、谢氏和垣南姿(道信尼)一方面以出家身份示人,僧籍置于某个尼寺,除了特定时间居住在寺院,大多数时间生活在世俗家眷的家里,这样的状态可以称之为"在家出家",即拥有出家身份但没有按照戒律规定在寺院与僧团其他成员一起生活。她们晚年的归葬采取了折中的方式,即归葬俗家墓地,同时不和丈夫合葬,以示出家断绝男女情爱。这种宗教上"出家",在日常生活中"在家"甚至死后归葬家族墓地的形式,在唐代成为普遍现象,很多士大夫家庭妇女在完成了相夫教子、生儿育女、主中馈、和睦六亲的世俗责任后,到晚年终于可以满足自己的精神追求,剃度为尼,以比丘尼的身份和生活方式度过晚年生活。

第三节 "剃发":出家身份之于女众的象征意义

一、作为惩戒手段的"剃发毁形"

(一)中古民间文化视野里的"发"

北朝时期多位后妃因政治斗争失败剃发出家,如废皇后小冯、宣武帝皇后高英、灵太后胡氏、孝明帝皇后胡氏、北齐后主皇后胡氏、西魏文帝乙弗氏、恭帝皇后若干氏、京兆王元愉妾李氏等人。她们的政治斗争对手为何没有对她们采用其他的惩戒手段,如打入冷宫、强迫做苦役或者贬为庶民,而

[①] 魏收:《魏书》卷七一,第1571页。

是让她们剃发为尼呢？要回答这个问题，需要从古人对于头发的态度以及头发与古代刑罚的关系去寻找答案。

在古人眼里，头发不是单纯的身体器官，还被赋予了丰富的社会政治内涵。在古人的身体观念里，须发爪甲都有其独特的意义，特别是头发，被人视为祖先所赐的血脉象征，所谓"身体发肤，受之父母"。头发和其他身体器官一样，属于祖先血脉的禁忌，不允许受到破坏。头发具有可再生的力量，也因此被视为个人生命的一部分，正如江绍原所言：古人觉得"本主与其发爪被认为有同感的关系"，就像人身上的其他器官、血液、精液等一样，头发、指甲也被认为是本人的代表物。而且，古人还觉得头发可以生长，出于一种"万物有灵论"的理念，认为它是生命的象征，也是人的灵魂的归宿地。所以，发须爪常常被用为本人的代替品。①因此，头发常常在巫蛊之术中作为诅咒之物被使用。中古时期人们普遍认为头发和疾病之间有密切关系，"发"既可治病，也可致病。头发还可以作为药物，应用在某些疾病中，这在各种医方文献中多有所见。②

北朝时期，头发被人剪掉被视为恐怖的事情。北魏熙平二年（517），洛阳发生过一起狐妖半夜剃人头发造成全城恐慌的事件：

> 有挽歌孙岩，娶妻三年，不脱衣而卧，岩因怪之；伺其睡，阴解其衣，有毛长三尺，似野狐尾。岩惧而出之。妻临去，将刀截岩发而走；邻人逐之，变成一狐，追之不得。其后京邑被截发者一百三十余人。初变妇人，衣服靓妆，行于道路，人见而之，皆被截发。当时有妇人着彩衣者，人皆指为狐魅。熙平二年四月有此，至秋乃止。③

（二）域外文明对"发"的态度

域外其他文明对头发也常常抱持神秘敬畏的态度。大多数文明都认为头发具有极其强大的精神属性，灵魂常常会寄宿在头发里。根据美国人类学家库尔特·斯坦恩（Kurt Stenn）对希腊、日本和西非等国家和地区的研

---

① 江绍原：《发须爪——关于它们的风俗》，第39—101页。
② 参见林富士：《头发、疾病与医疗：以中国汉唐之间的医学文献为主的初步探讨》，林富士主编：《中国中古时期的宗教与医疗》，第540—543页。
③ 杨衒之撰，杨勇校笺：《洛阳伽蓝记校笺》卷四《城西·法云寺》，第177—178页。

究,认为不同的文明都赋予了头发以各种灵异的力量。希腊神话中的摩涅莫辛涅女神就把她那些非凡的记忆贮藏在长长的头发里;基督教传说里,参孙的力量不是来自肌肉,而是来自头发,当他的爱人把他的头发剪掉后,他便失去了神力,直到头发重新长出来;在日本文化里,相扑手的力量也寄宿在他的头发里,因此当他们在退役仪式上剪掉长头发时,就表明其职业生涯正式结束。许多人认为,人类的灵魂与头发有莫大关联,因此伤害一个人的头发——尽管它已经脱离身体——就能伤害这个人的本体。西非的约鲁巴人小心翼翼地看护他们剪下来的头发,唯恐居心叵测的人染指寄宿于头发中的灵魂并以此操控他们。头发还被用来祈愿。日本女子在神殿中献上自己的头发,以祈求爱人平安归来;现代的印度女性也会把头发捐给寺庙,以抵偿罪孽。①英国人类学者爱玛·塔罗(Emma Tarlo)发现,19世纪韩国家庭将家庭成员日常脱落的头发收集在一起,除夕夜的时候聚成堆在家门口焚烧。这样做的目的是利用头发燃烧的气味,驱赶扮成巨猫模样徘徊在周围的恶灵。而在印度泰米尔纳德邦,至今仍然保留着利用头发编成的绳子驱赶恶灵的习俗。②生活在北美原住民部落——加拿大不列颠哥伦比亚海达族人部落的居民仍然将头发视作生命和灵魂的象征。③

(三)髡刑与"剃发"

从刑法史的角度看,剃发是中国古代最重要的刑罚之一,被称为髡。髡刑与墨、劓、刖、宫等肉刑统称"五刑",属损害人身体完整性的刑罚,在剃发之外,还要接受一定的劳役处罚,《周礼·秋官司寇·掌戮》记云:"墨者使守门,劓者使守关,宫者使守内,刖者使守囿,髡者使守积。"④和其他几种刑罚比起来,尽管髡刑仅仅是将头发剃去,所引起的肉体疼痛远远低于其他四种,之所以将之列为五刑之一,是因为这一刑罚对人的伤害更多的是精神上的。⑤正是由于"髡发"的这一特点,后世被人利用来作为认罪伏法的惩罚。

---

① 参见库尔特·斯坦恩:《头发:一部趣味人类史》,第115页。
② 参见爱玛·塔罗:《千丝万缕:头发的隐秘生活》,第312页。
③ 参见《那些被白人抢走的原住民孩子》,https://mp.weixin.qq.com/s?__biz=MzA4NTIzNDIOMA==&mid=2651731235&idx=1&sn=f5cb7e487ffc9838950a1b676d37ba91&chksm=8421920cb3561b1a2eb7d1bd6a8ab14322dadd7209d80ff5792d85b858c90f52f853be4efd04&scene=21#wechat_redirect_20180326。
④ 阮元校刻:《十三经注疏》,第1908页。
⑤ 参见石超:《规训与惩罚的展示场——身体政治视阈下的髪》,《理论月刊》2014年第10期。

秦末楚汉之争中,楚将季布因为屡屡打败刘邦令刘邦非常恼火,项羽兵败后,刘邦到处搜捕季布,季布为了活命接受濮阳周氏的建议,剃掉头发,穿上奴婢的衣服,佯卖作他人为奴,"乃髡钳季布,衣褐衣,置广柳车中,并与其家僮数十人,之鲁朱家所卖之"。①在特定的历史背景下,髡刑(剃除须发)还被视作死刑的替代,三国时曹操"割发代首"收揽军心就属此例:

> (操)常出军,行经麦中,令"士卒无败麦,犯者死"。骑士皆下马,付麦以相持,于是太祖马腾入麦中,敕主簿议罪;主簿对以《春秋》之义,罚不加于尊。太祖曰:"制法而自犯之,何以帅下?然孤为军帅,不可自杀,请自刑。"因援剑割发以置地。②

曹操以断发替代死刑,便是典型的将剃发作为刑罚手段的事例。北魏正光初年,髡刑还被用于对女性罪犯的处理。驸马都尉刘辉和两平民女子通奸,和所娶正妻兰陵长公主发生争执,导致公主流产不治身亡,最后由门下省判决处死。二女先受髡刑,复被没为官奴隶:"正光初,辉又私淫张陈二氏女。……主遂伤胎……灵太后召清河王怿决其事,二家女髡笞付宫,兄弟皆坐鞭刑。"③

儒家基本经典《孝经》云:"身体发肤,受之父母,不敢毁伤,孝之始也;立身行道,扬名于后世,以显父母,孝之终也。"④"立身扬名"不是人人皆能为之的,但好好保全父母赐予的身体,实现最基本的孝道,对于个体来说没有难度。《牟子理惑论》中有人以沙门剃发"违圣人之语,不合孝子之道"⑤来问难牟子,虽然牟子的回答很巧妙地化解了对方的立论基础,但仍可以看出佛教在初传时期与本土价值观之间巨大的鸿沟。佛教传入汉地,所奉行的剃发受戒的制度与本土传统身体观念相冲突,所以佛教剃发行为被称为"毁形"。在佛教剃度仪式上,即将出家的净人在师父为自己剃发前会念诵一首发愿偈:"毁形守志节,割爱无所亲。出家弘圣道,愿度一切人。"⑥这里

---

① 司马迁:《史记》卷一〇〇,第2729页。
② 陈寿:《三国志》卷一《魏书·武帝纪》裴松之注,第55页。
③ 魏收:《魏书》卷五九,第1312页。
④ 阮元校刻:《十三经注疏》,第5526页。
⑤ 僧祐:《弘明集》卷一,《大正藏》第52册,第2页下。
⑥ 法立、法炬译:《诸德福田经》,《大正藏》第16册,第777页上。

"毁形"指的就是剃发。

儒家文化背景下,毁形被社会大众视为奇耻大辱,所谓"众人以毁形为耻,君子以毁义为辱"。①前秦时深受苻坚信任的道安也曾被仆射权翼蔑称为"毁形贱士"。秦王苻坚外出,邀请高僧道安与之同乘御辇,仆射权翼大怒,认为道安不过一"毁形贱士",与天子同辇则是"参秽神舆":

> (坚)游于东苑,命沙门道安同辇。权翼谏曰:"臣闻天子法驾,侍中陪乘,清道而行,进止有度。三代末主,或亏大伦,适一时之情,书恶来世。故班姬辞辇,垂美无穷。道安毁形贱士,不宜参秽神舆。"②

道安以国师之尊尚且受此屈辱,可见社会大众对于僧众剃发行为的隔膜和不解。

古代女子较少介入公共生活,刑罚所针对的对象以男子为主,但这种剃发作为重要的刑罚手段不仅伤害肉体更是对人精神的重创的观点应该是社会共识。从前文两晋南北朝时期特别是北朝女众出家背景来看,这一特征更为明显。

北魏自文明太后冯氏始,皇室和后宫多有崇佛之举,特别是迁都洛阳后,后宫存在一个较大规模的比丘尼僧团。后宫女性剃发为尼现象开始增多,其中不乏被上位者将剃发作为惩戒手段的案例,最典型的当属宣武帝顺皇后于氏和宣武帝另一位皇后高英。

宣武帝元恪将皇后于氏的妹妹嫁与京兆王元愉为妃,但元愉不喜王妃,另纳歌妓杨氏为妾,倍加宠爱。元愉此举激怒了于皇后,她将杨氏骗进宫中圈禁起来,并剃发为尼。如此惩戒,一方面达到了发泄怒火的目的,同时杨氏在宫中为尼,最大的便利就是时时处在于皇后姊妹看管之下,即使是元愉也无可奈何。

高英为宣武帝舅父高偃之女,宣武帝废掉于氏后继立高英为后。高氏依仗父兄权势压制六宫,孝明帝即位后,生母胡氏即联络将军于忠(于皇后

---

① 刘向撰,向宗鲁校证:《说苑校证》卷一六《谈丛》,第404页。
② 房玄龄等:《晋书》卷一一四,第2913页。《高僧传·道安传》对此记载较为简略:"臣(权翼自称)闻天子法驾,侍中陪乘。道安毁形,宁可参厕?"(《大正藏》第50册,第353页上)

兄)、崔光等人削去高肇的兵权,高英迅速失势。胡氏干脆一不做二不休,直接令其依止自己的姑姑僧芝剃发为尼,入居瑶光寺,剥夺她进宫的权利,"非大节庆"不得入宫。胡氏此举,不仅从精神上羞辱了高氏一族,还将高氏置于其姑僧芝尼的严格管控之下,①高氏不久便"暴崩"。

北朝其他几位皇室嫔妃的出家背景与此类似,如西魏文帝皇后乙弗氏在蠕蠕公主的逼迫出家,并最终自尽身亡。②

二、作为庇护手段的尼众身份

比丘尼的身份除了宗教性质以外,还具有一定的社会救助意义。"从最基本的生存角度讲,佛教信仰对女性而言有双重意义:其一,通过参与佛事活动,可以关注家庭、祈求佛的护佑,这是一种心理暗示,也是一种维持家庭安宁的努力;其二,对于家遭不幸,无所依靠的女性而言,佛教寺院又是一个安全的庇护场所。"③在某种意义上,北朝政治斗争中,剃发为尼成为斗争胜利者对于失败者的惩戒手段,但对于大多数妇女而言,比丘尼身份和尼寺则为她们这些女流弱质之身提供了暂时的庇护。女性披剃落发,身居尼寺,诵经礼佛,也意味着与世俗生活的隔绝和对贞洁的守护。

(一)避婚出家

女子为躲避不如意的婚配出家的案例在《比丘尼传》中就有数例。

1. 东晋弘农北岳寺尼妙相

妙相尼出身于家世背景优越的家庭,俗家虽算不得豪族,但也算当地名门。十五岁就嫁给了太子舍人皇甫达,但由于婚后丈夫的行为不合礼仪,她便提出离婚并出家为尼。

特别要注意的是,妙相尼的本家应是以儒学传学的世家,身为女身,却能"早习经训"。她之所以要和丈夫离婚,在于其夫皇甫达违背礼制,"居丧失礼",于是向本家父母请求离婚并出家为尼。在妙相和她的父母看来,违背礼制对于家庭伦理秩序的破坏远远大过女子剃发独身出家。

---

① 《魏故比丘尼统法师僧芝墓志铭》记载:"孝文冯皇后、宣武高太后逮诸夫嫔廿许人,及故车骑将军、尚书令司空公王肃之夫人谢氏……皆为法师弟子。"拓片图版见赵君平、赵文成编:《河洛墓刻拾零》,第20页。
② 元宝炬与乙弗氏感情真挚,元宝炬初令乙弗氏出家,原系稳住蠕蠕的缓兵之计,所以乙弗氏名为出家,实则仍居住在宫中,但禁不住蠕蠕的步步紧逼,最终乙弗氏只能自尽。
③ 尚永琪:《3—6世纪佛教传播背景下的北方社会群体研究》,第127页。

2. 刘宋建康永安寺僧端尼

僧端出身于世代奉佛的家庭,她从小就立志出家,不思嫁娶,因其姿容秀美,乡里皆知,前来求亲的人络绎不绝。僧端的母亲和哥哥为她许了一户人家,僧端不从,便向临近佛寺的比丘尼求助:

> 临迎之三日,宵遁佛寺。寺主置于别室,给其所须。并请《观世音经》,二日能诵。雨泪稽颡,昼夜不休。过三日后,于礼拜中见佛像,语云:"汝婿命尽,汝但精勤,勿怀忧念。"明日,其婿为牛所触亡也,因得出家。①

活跃于宋齐梁时代的成都昙晖尼和僧端尼经历颇相似。昙晖也是自幼奉佛,十一岁时被天竺著名禅师畺良耶舍认为具有禅修天分并给予指导。昙晖少年许嫁于姑家表哥,临出嫁前,得到师父法育尼的帮助,发誓如果不能出家就自焚。成都刺史甄法崇被昙晖坚定的意志感动,便劝说其姑取消婚约:

> (昙晖)幼乐修道,父母不许。元嘉九年,有外国禅师畺良耶舍,入蜀大弘禅观。晖年十一,启母求请禅师欲谘禅法,母从之。耶舍一见,叹此人有分,令其修习,嘱法育尼使相左右。母已许嫁于晖之姑子,出门有日,不展余计。育尼密迎还寺,晖深立誓愿:"若我道心不遂,遂致逼迫者,当以火自焚耳。"刺史甄法崇闻之,遣使迎晖,集诸纲佐及有望之民,请诸僧尼穷相难尽。法崇问曰:"汝审能出家不?"答曰:"微愿久发,特乞救济。"法崇曰:"善。"遣使语姑,姑即奉教,从法育尼出家,年始十三矣。②

正史中也屡有女子避婚出家的记载,南齐荀伯玉姊对父母许配的婚姻不满意,于是离家出走,最终出家为尼:

---

① 宝唱:《比丘尼传》卷二,《大正藏》第 50 册,第 939 页上。
② 宝唱:《比丘尼传》卷四,《大正藏》第 50 册,第 945 页下—946 页上。

（荀）伯玉微时，有善相墓者谓其父曰："君墓当出暴贵者，但不得久耳；又出失行女子。"伯玉闻之曰："朝闻道，夕死可矣。"顷之，伯玉姊当嫁，明日应行，今夕逃随人去，家寻求不能得。后遂出家为尼。①

梁世张率之父张环有数十侍妓，张环死后不愿改嫁，遂出家为尼：

侍妓数十人，善讴者有色貌，邑子仪曹郎顾玩之求聘焉，讴者不愿，遂出家为尼。②

高欢幼子任城王高湝妻卢氏在政权覆灭时剃度为尼，则是将剃发出家作为不愿改嫁的保护性手段："妃卢氏赐斛斯徵，蓬首垢面，长斋不言笑。徵放之，乃为尼。"③

（二）避难出家

两晋南北朝时期，各种疾疫灾荒战乱频繁，尼寺为不幸的女子提供了暂时的避难之所。

梁末谢贞孝道天成，父亡后奉寡母王氏甚谨，梁末战乱中王氏幸出家为尼，安置在尼寺，得以保全。太清二年（548），侯景叛乱，谢氏家族亲属散亡。太清三年，谢贞在江陵落入西魏宇文氏之手，族兄谢嚞逃难到番禺，谢贞的母亲王氏在宣明寺出家。太平二年（557），陈霸先建立陈王朝，谢嚞返回故乡始宁（今浙江上虞），从寺院接回贞母，侍奉终老："及魏克江陵，入长安。嚞逃难番禺，贞母出家于宣明寺。及陈武帝受禅，嚞还乡里，供养贞母，将二十年。"④

1. 张彪妻杨氏

张彪妻杨氏先适河东裴仁林，后因战乱夫亡改嫁张彪。张彪因救王僧辩而为陈霸先追兵所杀，遗下杨氏为陈兵所俘。陈霸先麾下猛将章昭达见杨氏貌美，欲娶为妻，杨氏假意应允，在章昭达安葬张彪后"割发毁面"，誓死不从：

---

① 李延寿：《南史》卷四七，第1170页。
② 姚思廉：《梁书》卷三三，中华书局，第478页。
③ 李百药：《北齐书》卷一〇，第138页。
④ 李延寿：《南史》卷七四，第1846页。

（章）昭达进军，迎彪妻便拜，称陈文帝教迎为家主。杨便改啼为笑，欣然意悦，请昭达殡彪丧。坟冢既毕，黄苍又俯伏冢间，号叫不肯离。杨还经彪宅，谓昭达曰："妇人本在容貌，辛苦日久，请暂过宅庄饰。"昭达许之。杨入屋，便以刀割发毁面，哀哭恸绝，誓不更行。陈文帝闻之，叹息不已，遂许为尼。①

2. 杜龛妻王氏

杜龛的妻子王氏本是王僧辩的姐姐，梁末王僧辩兵败，杜龛占据吴兴抵抗陈霸先的军队，频败陈文帝军。杜龛后兵败被杀，王氏乃"截发出家"：

> 龛好饮酒，终日恒醉，勇而无略，部将杜泰私通于文帝，说龛降文帝，龛然之。其妻王氏曰："霸先仇隙如此，何可求和。"因出私财赏募，复大败文帝军。后杜泰降文帝，龛尚醉不觉，文帝遣人负出项王寺前斩之。王氏因截发出家，杜氏一门覆矣。②

再来看北朝女性的出家经历。北朝多有后妃出家为尼的案例，这些出家的后妃很多不是基于自身信仰，更多是因为政治斗争失利被动或主动地选择了比丘尼的身份（北朝后妃出家之背景前文第三章第二节已有详述）。

历经献文、孝文、宣武、孝明四朝的宫人王钟儿可谓是避难出家的典型，她在幽皇后毒杀宣武帝生母高昭容时，为避免伤及己身，乃"固求出家"，成为宫廷内尼。王钟儿此举不仅保全了自身，还进一步保护了皇子元恪和他数十年后的儿子元诩。

北齐皇帝行事多有荒诞之举，但他们因为信奉佛教，对于具有出家身份的女众，尚能保存一丝敬畏。文宣帝皇后李祖娥备受高澄凌辱，最终由于比丘尼身份得以逃脱进一步迫害。废帝高殷妻李难胜也以尼身终老于佛寺。

北朝山东羊氏立寺安置家族内失婚妇女的举措也有类似考虑。《北齐书·羊烈传》记载："烈家传素业，闺门修饰，为世所称，一门女不再醮。魏太和中，于兖州造一尼寺，女寡居无子者并出家为尼，咸有戒行。"③羊氏素

---

① 李延寿：《南史》卷六四，第1567页。
② 李延寿：《南史》卷六四，第1559页。
③ 李百药：《北齐书》卷四三，第576页。

以经学传家,讲究礼法,羊氏这一举措意在为家族内寡居女性提供一个无需改嫁或过继子嗣而得以终老天年的选择。在这里,比丘尼身份和尼寺为不幸的妇女提供了庇护。①

与羊氏家族女子境遇较类似的还有王肃在南朝的妻子陈郡谢氏。谢氏乃谢庄之女,王肃永明末避祸只身北奔,得到孝文帝重用,并娶孝文帝妹妹陈留公主。谢氏乃扮作比丘尼后携儿女北奔寻找王肃,王肃不敢得罪公主,谢氏无奈假戏真做,礼当朝地位最高的比丘尼僧芝为师,正式剃度出家为尼,王肃为之建正觉寺以安置。谢氏此举不仅得以安享晚年,还给一子二儿女谋得了不错的出路。②谢氏为了渡江扮作比丘尼,是因为当时僧尼比一般大众有更多出行自由和便利;③找到王肃后,复合无望,正式做了比丘尼,则是为了给自己和儿女更强大的靠山(详见前文第三章第二节)。

三、放弃世俗身份,退出公共舞台

比丘尼意味着"与世隔绝","落发"是退出社会公共舞台和世俗生活的代名词。在权力斗争的两方中,对于胜者而言,除了对对方进行适当的羞辱惩处以外,利益关联方同时也通过这一方式表达自己远离权力斗争的意图,从而避免对方进一步迫害。如宫人王钟儿(慈庆尼)剃度为尼表达了自己远离宫闱斗争的意图而得以保全。④对于这一点,灵太后胡氏运作得非常熟练。孝明帝初继位,尚在冲龄,生母灵太后胡氏临朝听政,重用妹夫元叉和清河王元怿。元叉作为太后妹夫,恃亲而骄,嫉恨清河王元怿。正光元年(520)秋七月,元叉勾结宦官刘腾发动宫廷政变,逼杀元怿,囚禁灵太后,自己独揽大权。被幽禁期间,胡太后通过各种途径和外界取得联系,利用母子亲情,打动孝明帝,并适时利用元叉集团的内部矛盾,取得朝臣和宗室诸王

---

① 从现有资料看,宣武帝嫔妤李彪女出家似乎和政治斗争关系不大,比丘尼独身不婚、重视戒律的特点和重视礼法的儒学贵族家庭,在价值追求上具有一定的相通之处。
② 谢氏所生一子王绍继承了王肃的爵位;一女名王普贤,入宫为宣武帝"贵华夫人"(级别仅次于皇后);另一女适广阳王元渊。参见王珊:《北魏僧芝墓志考释》,郭润涛、彭小瑜编:《北大史学》(13),第99页。
③ 无独有偶,谢氏的丈夫王肃此前北奔投魏时也是扮作僧人模样,唐人许嵩《建康实录》卷一六"北魏"条记云:"肃初为道人(和尚)奔房。"谢氏夫妻先后逃难都扮作僧尼,侧面反映了当时的社会环境似乎对僧尼出行抱有更多的宽容。
④ 关于王钟儿出家原因的探讨可参见前文第三章第二节。

的同情,密谋诛杀元叉。①正光六年,胡氏利用北朝社会"落发"剃度为尼的象征意义,宣称因为元叉"隔绝我母子……放我出家,当永绝人间",并作势"自下发",从而打破被软禁的状态,重新获得最高权力:

> 正光五年秋,灵太后对肃宗谓群臣曰:"隔绝我母子,不听我往来儿间,复何用我为? 放我出家,我当永绝人间,修道于嵩高闲居寺。先帝圣鉴,鉴于未然,本营此寺者正为我今日。"欲自下发。肃宗与群臣大惧,叩头泣涕,殷勤苦请。灵太后声色甚厉,意殊不回。肃宗乃宿于嘉福殿,积数日,遂与太后密谋图叉。肃宗内虽图之,外形弥密,灵太后瞋恚之言,欲得往来显阳之意,皆以告叉。又对叉流涕,叙太后欲出家,忧怖之心。如此密言,日有数四。叉殊不为疑,乃劝肃宗从太后意。于是太后数御显阳,二宫无复禁碍。②

胡太后正是通过这种"落发"为尼,退出公共生活,以退为进的手段,得到大臣的同情,突破了元叉的软禁,进而联合宗室高阳王元雍等,解除了元叉的权力,最终重新回到权力中心。

河阴之变中,尔朱荣兵临城下,灵太后及其他六宫妃嫔的举动也颇令人玩味。灵太后令六宫入道,太后本人则"手自落发"。以胡氏此前对权力的热衷而言,此举并非甘心剃发为尼,而是以退为进,以时人所熟悉的"剃发"的形式表明自己离开世俗生活,放弃对世俗权力的野心。

北朝时期其他后妃出家为比丘尼,虽然不是像胡灵太后那样将"剃发"作为政治斗争的策略,但剃发出家面对青灯黄卷,象征着对世俗权力、富贵和荣耀的放弃,特别是北周亡国后几位皇后的出家,是通过行动向新政权表示前朝未亡人告别世俗身份,进入空门,前朝政权从此不再具有任何象征性的实物存在于新王朝。

对于普通家庭而言,"剃发为尼"也象征着守贞不嫁的决心和行为。如泰山羊氏家族女眷寡居无子者皆出家为尼,被视为家族门风"贞洁清白"的表现。失婚或战乱中流离失所的女子,往往也以"出家为尼"表达其不乐改

---

① 关于正光年间诸王、朝臣对元叉集团的反抗,张金龙教授在《北魏政治史研究》第十四章《元叉专政始末》(第319—325页)中论之甚详。
② 魏收:《魏书》卷一六,第405—406页。

嫁的意愿。

域外传来的佛教信仰改变了汉地的信仰形态,出家身份给了女性在婚嫁之外的更多选择,同时还为由于各种原因困苦无依的女性提供了庇护,不乐婚嫁(改嫁)和身处战乱疾疫等中的女子因为尼寺的存在而得以安身,保全性命于乱世。

剃发圆顶作为佛教出家身份的外在象征,和本土文化对于头发的认知与定位有巨大冲突。对于北朝以后妃身份出家的女性来说,剃发为尼是她们的政治对手对她们的一种羞辱方式。后妃出家和政治斗争关系密切,这一修道方式超越了单纯的宗教意涵,某种程度上它既是胜利者对失败者的惩戒,也为生活不幸的妇女提供了暂时的庇护。对于某些具有政治背景的人群来说,"剃发"也意味着从世俗生活走向神圣生活,剃发者从此退出公共生活舞台。

第四节 两晋南北朝的比丘尼与道教

两晋南北朝时期的三百余年里,佛道教之间既相互斗争又相互融摄,大多数时间呈现出平和融洽的关系。佛教初传至汉地,在语言称谓、仪轨和布教方式上很多地方借用了道教的方式。随着佛教传播影响的扩大,佛教和道教在教义规定、信众争夺、科仪制度等方面开始有了冲突和竞争。

一、天师道世家女眷奉佛为尼

从东晋开始,崇奉道教的士大夫对待佛教的态度开始分化。一部分对佛教保持一贯的对立态度,一部分转而皈依佛教,还有的则在保持祖传道教信仰的同时对佛教采取兼收并蓄的态度:"两晋、南北朝之士大夫,其家世夙奉天师道者……对于佛教则可分三派:一为保持家传之道法,而排斥佛教,其最显著之例为范缜,其神灭之论震动一时。……二为弃舍其家世相传之天师道,而皈依佛法,如梁武帝是其最显著之例……三为持调停道佛二家之态度,即不尽弃家世遗传之天师道,但亦兼采外来之释迦教义,如南齐之孔稚珪,是其例也。"①琅琊王氏世奉天师道,但至东晋元帝时,身为宰相的

---

① 陈寅恪:《陶渊明之思想与清谈之关系》,《金明馆丛稿初编》,第 217—218 页。

王导却踊跃地与当时游方至晋的外国僧人交游,王羲之也前去支遁处询问其所讲《庄子》之逍遥义,王凝之孙子则从交往僧人发展到至庐山从慧远出家修行的程度。①

两晋南北朝时期,道教主要教派有方仙道、黄老道、太平道、天师道等,有不少女众原本出身于世代信奉道教的家族,如盐官县僧猛尼出身于黄老道世家:

> 僧猛,本姓岑,南阳人也。迁居盐官县,至猛五世矣。曾祖率,晋正员郎余抗令。世事黄老,加信敬邪神。猛幼而慨然有拔俗之志。年十二父亡,号哭吐血,绝而复苏。三年告终,示不灭性,辞母出家。②

此外,东晋时的道馨尼和刘宋时的僧念尼也出身于具有天师道信仰背景的泰山羊氏家族:

> 竺道馨,本姓羊,太山人也。志性专谨,与物无忤。沙弥时常为众使,口恒诵经。及年二十,诵《法华》《维摩》等经。具戒后,研求理味,蔬食苦节,弥老弥至。住洛阳东寺。雅能清谈,尤善《小品》,贵在理通,不事辞辩,一州道学,所共师宗。比丘尼讲经,馨其始也。③

活跃在齐梁时期的禅林寺僧念尼:

> 僧念,本姓羊,泰山南城人也。父弥州从事吏,念即招提寺昙叡法师之姑也。珪璋早秀,才鉴明达。立德幼年,十岁出家为法护尼弟子,从师住太后寺。贞节苦心,禅思精密。博涉多通,文义兼美。④

---

① 南朝时也有道士采用佛教修行方式的记录,茅山派代表人物陶弘景:"冲和子与陶隐居,常以敬重佛法为业,但逢众僧,莫不礼拜;岩穴之内,悉安佛像。自率门徒受学之士,朝夕忏悔,恒读佛经。"(法琳:《辩正论》卷六,《大正藏》第52册,第534页下)如果说上述对陶弘景接受佛教修行方式的描述出自以护法护教著称的法琳,可信度需要打折扣,正史对陶弘景深受佛教戒律的影响亦有记载:"(景)曾梦佛授其菩提记云,名胜力菩萨。乃诣鄮县阿育王塔自誓,受五大戒。"(李延寿:《南史》卷七六,第1899页)
② 宝唱:《比丘尼传》卷三,《大正藏》第50册,第942页中。
③ 宝唱:《比丘尼传》卷一,《大正藏》第50册,第936页上—中。
④ 宝唱:《比丘尼传》卷四,《大正藏》第50册,第945页下。

羊氏家族多位成员与道家(教)关系密切,如西晋羊祜、东晋时的羊权、羊欣和北齐羊烈等。泰山羊氏初以儒家经学传人自居,西晋末年天师道兴起后,部分家族成员成为天师道信徒。

羊祜(221—278)精研老子,曾著《老子传》一书,唐人杜光庭在《道德真经广圣义序》中提到,注解《老子》诸家中即有"晋仆射太山羊祜",并认为羊祜的注解"皆明虚极无为,理家理国之道"。①

两晋南北朝时期,五斗米道转化为天师道,泰山羊氏部分家族成员开始转而成为天师道信徒。根据陈寅恪先生的研究,滨海地域和天师道有密切关系。他在《天师道与滨海地域之关系》一文中提出了地域与宗教信仰的关系,同时对两晋南北朝时期几个主要天师道世家进行了分析。当时著名的天师道世家有琅琊王氏、会稽孔氏、陈郡谢氏、吴兴沈氏等。②羊氏郡望所在泰山郡,虽然并非严格意义上的滨海地域,但相距不远,同时羊氏家族和天师道世家存在长久的姻娅关系。羊瑾的外祖父孙旗与赵王伦的核心谋士孙秀同族;琅琊王氏和羊氏之间也存在姻亲关系,王献之即羊欣舅舅。南渡后的羊氏族人更加醉心于服食养生,羊氏也成为当时著名的天师道世家。③

南渡建康的羊氏族人羊权和羊欣祖孙二人皆好道术,"潜修道要,耽玄味真",多部道经都记载了羊权遇仙女萼绿华下凡的故事,《云笈七签》记载:

> 萼绿华者,仙女也。年二十许,上下青衣,颜色绝整。以晋穆帝昇平三年己未十一月十日夜降于羊权家,自云是南山人,不知何山也。自此一月辄六过其家。……赠权诗一篇,并火浣布手巾一条,金玉条脱各一枚。条脱似指环而大,异常精好。……授权尸解药,亦隐影化形而去。④

---

① 杜光庭:《道德真经广圣义》,第3页。
② 随着佛教信仰在社会中的广泛传播,原本信仰天师道的世家大族也逐渐出现了分化。陈郡谢氏在孙恩之乱中受到沉重打击,后人多改信佛教,到南齐时,谢庄之女(王肃之妻)因家难在洛阳出家为尼,谢贞母也出家为尼以避战乱;吴兴沈氏不同房支在南朝则出现了专奉道教、佛道兼奉和虔诚奉佛者的区别。
③ 任继愈主编:《中国道教史》,第114页。
④ 张君房:《云笈七签》卷九七,第2109页。

羊权的孙子羊欣则擅长用天师道符水治病。《宋书·羊欣传》记载："羊欣字敬元,泰山南城人也。曾祖忱,晋徐州刺史。祖权,黄门郎。父不疑,桂阳太守。欣少靖默,无竞于人,美言笑,善容止。泛览经籍。"和祖父羊权一样,羊欣好道术尤其对天师道符水治病感兴趣,其擅长医术,撰有《药方》十卷,"常手自书章,有病不服药,饮符水而已"。①

东晋时期天师道世家对书法多有造诣,流寓江南的羊氏家族有多位成员长于书法,如羊欣系王献之外甥,人有"卖王(献之)得羊(欣),不失所望"之语。此外,晋朝羊玄之、羊同之、南朝羊穆之、北朝羊规之皆以"之"命名,与琅琊王氏中"王羲之""王献之"取名一样,都是当时崇道世家的一个标志。②

二、佛道竞争下的佛教出家女众

(一)比丘尼受到道教徒的迫害打击

史料记载,最早受到道教徒迫害的是前秦时期司州西寺的智贤尼。智贤尼所在的司州太守杜霸信奉黄老,厌恶僧尼,找理由试图沙汰僧尼。智贤尼因为清高自守、品行端正没有被沙汰,杜霸包藏色心,试图逼迫智贤尼破戒:

> 太守杜霸笃信黄老,憎悔释种,符下诸寺,克日简汰。制格高峻,非凡所行。年少怖惧,皆望风奔骇,唯贤独无惧容,兴居自若。集城外射堂皆是耆德,简试之日,尼众盛壮,唯贤而已。霸先试贤以格,格皆有余。贤仪观清雅,辞吐辩丽。霸密挟邪心,逼贤独住。贤识其意,誓不毁戒法,不苟存身命,抗言拒之。霸怒,以刀研贤二十余疮,闷绝躄地,霸去乃苏。倍加精进,菜斋苦节。③

另一位活跃在东晋太和年间的道馨尼则为天师道徒毒杀:

> 晋泰和中,有女人杨令辩,笃信黄老,专行服气。先时人物亦多敬

---

① 沈约:《宋书》卷六二,第1661—1662页。
② 任继愈主编:《中国道教史》,第114页。
③ 宝唱:《比丘尼传》卷一,《大正藏》第50册,第935页上—中。

事,及馨道王,其术寝亡。令辩假结同姓,数相去来,内怀娲嫉,伺行毒害。后窃以毒药内馨食中,诸治不愈。弟子问往谁家得病,答曰:"我其知主,皆籍业缘,汝无问也。设道有益,我尚不说,况无益耶?"不言而终。①

由上可知,道馨尼的横死源于天师道徒不甘心失去信徒的拥护,道徒杨令辩从"人多敬事"到"其术寝亡",于是"内怀娲嫉,伺行毒害"。道馨尼以德报怨,尽管她清楚自己的死因,但不愿意弟子因此陷入与杨令辩的仇恨中,因此默而无言,无言而终。

掌握政治权力的道教信徒在打击佛教时往往借用手中的权力,试图实现政治和个人信仰好恶的双丰收。刘宋末年曾发生过两起出身天师道世家的吴兴沈氏兄弟迫害僧尼的事件。吴兴沈氏素为天师道世家,②奉黄老而嫉能仁,刘宋昇明二年(478)③,丹阳尹沈文季组建义符僧局以核定僧尼籍帐,试图借此机会沙汰僧尼。此事因建康名僧道盛抗辩成功,最终没有实施:

> (道盛)后憩天保寺,齐高帝敕代昙度为僧主。丹阳尹沈文季素奉黄老,排嫉能仁。乃建义符僧局,责僧属籍,欲沙简僧尼,由盛纲领有功,事得宁寝。后文季故于天保设会,令陆静修与盛议论。盛既理由所长,又词气俊发,嘲谑往还,言无暂扰。静意不获申,恶焉而退。④

稍早于沈文季组建义符僧局的昇明元年(477),沈文季的堂兄荆州刺

---

① 宝唱:《比丘尼传》卷一,《大正藏》第50册,第936页中。
② 陈寅恪:《天师道与滨海地域之关系》,《金明馆丛稿初编》,第37—38页。
③ 沈文季组建义符僧局的时间各家说法不一,汤用彤先生将此事定在齐武帝时(《汉魏两晋南北朝佛教史》,第319页)。白文固谓其在刘宋昇明末(《中国古代僧尼名籍制度》,第18页)。陈志远认为此事发生在刘宋昇明二年至三年间(《六朝佛史研究论集》,第319页)。李猛则认为,昇明二年沈氏被任命为丹阳尹,次年即被改任侍中,领秘书监,故此事应在昇明二年到三年间(《齐梁皇室的佛教信仰与撰述》,第8页)。
④ 慧皎:《高僧传》卷八,《大正藏》第50册,第376页上。《高僧传·道盛传》将沈文季沙简僧尼未遂的原因归结为道盛抗辩的功劳。李猛认为,其中除了道盛的努力以外,还有萧道成出于拉拢佛教界势力的考虑,不欲其做得过火,及时制止了沈文季,将其调离丹阳。(李猛:《齐梁皇室的佛教信仰与撰述》,第9页)

史沈攸之①也在江陵沙简僧尼："宋齐革运，荆州刺史沈攸之，初不信法，沙汰僧尼。长沙一寺千有余僧，应还俗者将数百人。"②沈攸之在江陵发起对僧尼的迫害，其动机除了基于个人信仰的原因对佛教的敌视以外，还有通过此事筹集军费和人员的考虑。萧道成于元徽五年（477）七月七日这天借助宫中亲信弑杀宋后废帝刘昱，另立明帝第三子九岁的刘准为帝，改元昇明，是为宋顺帝。沈攸之得到这个消息，以匡扶宋室为号召，十一月发兵沿江东下向萧道成发起进攻。沈攸之的军事叛乱持续时间虽然不长，但对江陵僧尼造成了极大影响，除长沙寺被迫还俗的数百人外，身在江陵三层寺的比丘尼慧绪亦不堪其害，在萧嶷的庇护下，东下建康避难，直至昇明二年正月沈攸之兵败自缢后方才返回江陵（慧绪尼事参前文第三章第一节之二）。

（二）道容尼与清水道师王濮阳

清水道是道教天师道的一派，传说是张天师家奴所创，以"符水"为人治病是其主要特征。清水道在东晋宫廷拥有一定影响力，因会稽王司马昱（求嗣时尚未称帝）年近四十子嗣荒疏，无奈求助于清水道师王濮阳。因王濮阳的助力，司马昱宠幸婢女李氏，先后诞下司马曜和司马道子两个儿子。此事在《太平御览》有载：

> 濮阳者，不知何许人。事道专心，祈请皆验。……晋简文废世子无嗣，时使人祈请于阳。于是中夜有黄气起自西南，遥堕室。尔时李皇后怀孝武。③

王濮阳帮助简文帝求嗣成功一事为清水道在皇室高层的传播提供了便利，司马昱敬信王濮阳，甚至在自己的王府为之建立道舍。道容尼多次劝简文帝疏远王濮阳，皇帝不为所动。经过道容尼将王濮阳道舍幻化出沙门状的人影和清除太极殿乌巢两件事后，简文帝终于改信佛教：

---

① 沈文季与沈攸之虽为堂兄弟，早年亦曾亲厚，但在刘宋末年已各为其主，势同水火，特别是沈攸之在前废帝末年杀死沈文季之父沈庆之，沈文季投靠萧道成，沈攸之则效力于刘宋后废帝。
② 道宣：《集神州三宝感通录》卷中，《大正藏》第52册，第415页下。
③ 李昉等：《太平御览》卷六六六《道部八·道士》，第2974页。

及简文帝,先事清水道师。道师,京都所谓王濮阳也。第内为立道舍,容亟开导,未之从也。后宫人每入道屋,辄见神人为沙门形,满于室内。帝疑容所为也,而莫能决。践祚之后,乌巢太极殿。帝使曲安远筮之,云:"西南有女人师,能灭此怪。"帝遣使往乌江迎道容,以事访之。容曰:"唯有清斋七日,受持八戒,自当消弭。"帝即从之,整肃一心,七日未满,群乌竞集,运巢而去。帝深信重,即为立寺,资给所须,因林为名,名曰新林。即以师礼事之,遂奉正法。

宝唱因此对道容尼深加赞叹:"后晋显尚佛道,容之力也。"①

三、道教服食与佛教女众修行

南北朝时期,服食养生在女性群体中亦颇有影响。②

服食,又称服饵,与辟谷、调息、导引和房中等被葛洪《抱朴子》视作修仙几大途径。在民众的饮食观念里,"药食同源"的观念非常古老。《周礼·天官冢宰·疡医》记载:"凡药,以酸养骨,以辛养筋,以咸养脉,以苦养气,以甘养肉,以滑养窍。"③南北朝时期成书的《神农本草经》将药物分为上、中、下三品,认为上药"养命",中药"养性",下药"治病",人服食"上药"有"不老延年"的功效。在葛洪看来,服食仙方是得道成仙最重要的途径,他在《神仙传》中将服食的仙方分为服丹类、服石类、服饵类等三大类。从两汉至魏晋南北朝时期,服食五石散以延年益寿已经成为主流观念,服食一时风靡社会,出现了一大批记录服食方的书籍。④《比丘尼传》收录了两例刘宋年间出家女众采用道教修行方式的案例。

其一为刘宋元嘉年间广陵(治所在今江苏扬州)光静尼:

光静,本姓胡,名道婢,吴兴东迁人也。幼出家,随师住广陵中寺。静少而励行,长而习禅思。不食甘肥,将受大戒,绝谷饵松。具足之后,

---

① 宝唱:《比丘尼传》卷一,《大正藏》第50册,第936页中。
② 章原:《性别与服食:汉唐间的女性身影》,《医疗社会史研究》2016年第2期,第142—155页。
③ 阮元校刻:《十三经注疏》,第1438页。
④ 蒋力生:《历代道教服食方著录书目汇辑(一)》,《江西中医学院学报》2004年第4期。

积十五年,虽心识鲜明,而体力羸惫,祈诚懒到,每辄感劳,动经晦朔。沙门释法成谓曰:"服食非佛盛事。"静闻之,还食粳粮,倍加勇猛,精学不倦。从学观行者,常百许人。①

其二为刘宋山阳东乡竹林寺静称尼:

> 静称,本姓刘,名胜,谯郡人也。戒业精苦,诵经四十五万言。寺傍山林,无诸嚣杂。游心禅默,永绝尘劳。曾有人失牛,推寻不已。夜至山中,望寺林火光炽盛,及至都无。常有一虎,随称去来,称若坐禅,蹲踞左右。寺内诸尼,若犯罪失,不时忏悔,虎即大怒,悔罪便悦。称后暂出山,道遇一北地女人,造次问访,欣然若旧。女姓仇,名文姜,本博平人也。性好佛法,闻南国富道开,托避得至此土,因遂出家。既同苦节,二人不资粮米,饵麻术而已。②

光静尼采用服食的修行方式或许来自她的俗家家族信仰。光静尼俗家名"道婢",按照时人的取名习惯,其俗家很可能是道教信徒。光静服食持续多年,导致身体虚弱。出家后,拒绝食用世人眼中营养价值高的食物,其后更是断绝食用五谷,直接以松子等为食。静称尼之接纳辟谷服气之术,应该和她游化途中邂逅的北地女子仇文姜有关。

两晋南北朝时期,僧尼采用服食辟谷之术以助修行并非个例,《比丘尼传》之外,比丘服食在《高僧传》中亦多有记载。

石赵时期僧人单道开:

> 单道开,姓孟,炖(敦)煌人。少怀栖隐,诵经四十余万言。绝谷饵柏实,柏实难得,复服松脂,后服细石子。一吞数枚,数日一服,或时多少啖姜椒,如此七年。后不避寒暑,冬温夏凉,昼夜不卧。与同学十人,共契服食。十年之外,或死或退,唯开全志。

---

① 宝唱:《比丘尼传》卷二,《大正藏》第50册,第939页中。
② 宝唱:《比丘尼传》卷二,《大正藏》第50册,第940页上。

单道开绝粒不食的行为引起邺城周边修习仙道者的注意,纷纷前来询问,道开说,他之所以这样做是因为地处深山,获取粮食不易:"山远粮粒难,作斯断食计"。①

东晋僧人帛道猷:

有帛道猷者,本姓冯,山阴人,少以篇牍著称。性率素,好丘壑,一吟一咏,有濠上之风。与道壹经有讲筵之遇,后与壹书云:"始得优游山林之下,纵心孔释之书,触兴为诗,陵峰采药,服饵蠲疴,乐有余也。但不与足下同日,以此为恨耳。"②

由此可见,道猷之所以采药服饵,目的在于疗疾,即"蠲疴"。东晋末僧人慧元和慧直服食后的表现更是令人惊叹:

释慧元,河北人。为人性善,喜愠无色。常习禅诵经,劝化福事,以为恒业。晋太元初,于武陵平山立寺,有二十余僧。飡蔬幽遁,永绝人途。以太元十四年卒,卒后有人入武当山下见之,神色甚畅,寄语寺僧,勿使寺业有废。自是寺内常闻空中应时有磬声,依而集众,未尝差失。

沙门竺慧直居之。直精苦有戒节,后绝粒,唯饵松柏。因登山蝉蜕焉。③

在服食问题上,慧元仅仅是"飡蔬幽遁",慧直则表现非常直接:"绝粒唯饵松柏",临终时甚至"蝉蜕",与道教之"尸解"之术相合:"夫尸解者,形之化也,本真之练蜕也,躯质之遁变也。"④蝉蜕者,"如蝉留皮换骨,保气固形于岩洞,然后飞升成于真仙"。⑤如蒙文通先生即认为:"古之仙道,大别为三,行气、药饵、宝精,三者而已也。"⑥

宋齐时期僧人慧约:

---

① 慧皎:《高僧传》卷九,《大正藏》第50册,第387页中。
② 慧皎:《高僧传》卷五,《大正藏》第50册,第357页上—中。
③ 慧皎:《高僧传》卷一三,《大正藏》第50册,第410页上。
④ 宇文邕:《无上秘要》卷八七,《道藏》第25册,第245页。
⑤ 沈汾:《续仙传·序》,《道藏》第5册,第77页。
⑥ 蒙文通:《晚周仙道分三派考》,《蒙文通文集》(第一卷),第335—342页。

> 宋泰始四年,(慧约)于上虞东山寺辞亲翦落,时年十七,事南林寺沙门慧静。静于宋代僧望之首,律行总持,为特进颜延年、司空何尚之所重。又随静住剡之梵居寺,服勤就养,年逾一纪。及静之云亡,尽心丧之礼。服阕之后,却粒岩栖,饵以松术。蠲疾延华,深有成益。齐竟陵王作镇禹穴,闻约风德,雅相叹属。①

齐梁时期僧人僧从:

> 释僧从,未详何人,禀性虚静,隐居始丰瀑布山。学兼内外,精修五门。不服五谷,唯饵枣栗。年垂百岁,而气力休强。礼诵无辍,与隐士褚伯玉为林下之交。每论道说义,辄留连信宿,后终于山中。②

　　单道开不吃粮食,只吃柏树子,又因为柏子不易得到,转而吃松脂,后来甚至服用细石子、椒姜等。同时,服食不是他的个人行为,和他同住修习的几十个人也都以服食为业。僧人慧约为师守孝,期满之后栖居岩穴,服食松术。僧从则不食五谷,只吃枣栗。东晋僧人慧元带着同寺二十余位僧人一起"飡蔬幽遁",断绝和世俗一切往来。僧人慧直不仅绝粒,唯饵松柏,临终时出现的亦不是同时代僧人常见的往生西方的瑞相,而是"登山蝉蜕",几近于道教徒的羽化升仙。

　　由上可知,道教服食在两晋南北朝时期僧人的日常生活中并不鲜见,其背景和汉地传统中的隐逸文化有关,同时也和他们幼年的生活环境有关。东魏昙鸾少好求仙;陈末慧思立誓献身佛教的同时,发愿要做"五通神仙"和"长寿仙人";③慧约自幼的生活环境"所居僻左,不尝见寺,世崇黄老,未闻佛法";单道开"少怀栖隐",帛道猷"好丘壑",僧从则"禀性虚静"。

　　僧人的服食对象主要是柏子、松脂、麻术一类,和佛教戒律并不相违。以上几位僧人服食的记载分别来自《高僧传》和《续高僧传》,这两部僧传的作者都博通经律。特别是道宣,作为南山律宗的创始人,极其重视戒律践行,但他们在记述这些僧人的服食行为时,并没有表现出明显的反对或否定

---

① 道宣:《续高僧传》卷六,《大正藏》第 50 册,第 468 页下。
② 慧皎:《高僧传》卷一一,《大正藏》第 50 册,第 398 页下。
③ 慧思:《南岳思大禅师立誓愿文》,《大正藏》第 46 册,第 789 页上、中。

之意。一定意义上似乎可以认为，从两晋到唐初，在汉地僧人的理解里，道教服食的修行方式和佛教没有太大的冲突，刘宋时期江南两位比丘尼有服食行为也是比较自然的事情。法成之所以反对光静尼服食，关键在于光静尼不食粮米造成营养不良，不利于修行，因此他认为："服食非佛盛事。"法成的态度比较委婉，他没有强烈反对光静尼的服食行为，只是认为佛教并不特别提倡服食而已。对于服食五石散，刘宋建康祇洹寺僧人慧义给予了较为公允的评论：

> 五石散者，上药之流也。良可以延期养命，调和性理，岂直治病而已哉？将得其和，则养命瘳疾，御失其道，则夭性，可不慎哉？此是服者之过，非药石之咎也。①

不惟僧尼采用道教修行方式，彼时道教徒亦有数量不等的奉佛者：

> 清虚裴真人弟子三十四人，其十八人学佛道，余学仙道。紫阳周真人第子十五人，四人解佛法。桐柏真人王子乔，弟子二十五人，八人学佛法。对会稽东去岸七万里，其西小方诸山，多有奉佛道，有浮图高百丈，金玉镂之。（虽奉佛道，不作比丘形。）②

两晋南北朝时期，佛道二教处于蓬勃发展阶段，二者的教义教规和仪轨在分歧的同时更多地呈现相互借鉴、相互成就的历史发展态势。从这一时期出家女众的表现来看，尽管佛道之间在争取信徒的过程中存在一定的竞争关系，有相当部分具有道教信仰背景的女众改信佛教并剃度为尼，但在修行实践方式上，道教服食、斋戒、科仪等对佛教出家女众也有一定影响。

事实上，在实践层面，佛道二教的很多普通信仰者对于二者并没有刻意地强调差别，反而是在实现祈愿的共同目标下和平共处，最突出的表现是在造像上。佛道教徒合作造像在北朝造像中占有一定比例，特别是在陕西关中地区，僧尼和道士一起组成邑义进行合作造像，③在题记愿文中，不同教

---

① 丹波康赖整理：《医心方》卷一九《服石节度第一》，第395页。
② 志磐：《佛祖统纪》卷三七，《大正藏》第49册，第350页下—351页上。
③ 北朝关中佛道教徒合作造像，主要收录于魏宏利：《北朝关中地区造像题记整理与研究》。

派的供养人用自己本门教派的语言各自对着自己所信仰的神祇表达祈愿和祝福。由于这些造像大多属于佛道僧俗合作造像,并非比丘尼群体单独造像,和本书主题关系不大,不再赘述。

小　　结

佛教作为外来宗教文化,一经传来就面临着和本土宗教文化、价值观念的碰撞和相互影响。作为注重解脱和来世利益的宗教,佛教的教义、礼仪制度、教团组织等和本土注重现实利益的宗法性传统宗教之间存在着一定程度的紧张。

经学世家和天师道世家的女性进入僧团,是佛教深入中土主流社会的标志。对于经学世家来说,佛教僧团严格的戒律有助于塑造女性的清静形象,符合经学世家注重礼法的传统:"符合儒家意识下世家大族门规门风的要求,他们更愿意把女眷送到寺庵中。"[①]中古时期出嫁女与本家保持着密切联系,女众剃度虽则号称"出家",实际上仍然和本家保持着各种联系,特别是上层社会的出家女众,在经济、社会关系上和本家的关系更为紧密。佛教特有的"剃度"使得象征生命力的头发在中土政治文化背景下具有了更加特别的意义:比丘尼身份给了处于人生低谷阶段的人以庇护,又成了上位者对下位者的惩戒手段。佛道关系上,既有天师道家族的女性剃度为尼,道教的服食亦为僧尼采纳,在争取信徒和宗教影响力上,这一时期佛道关系在某个时段或某个特定的区域存在一定的紧张。

[①] 严耀中:《佛教戒律与中国社会》,第 423 页。

结语:从女性佛教信仰的角度理解佛教中国化

佛教作为异域文化,从一开始传到中土就面临着对中华本土文化的适应,即印度佛教的中国化问题。无论是西来的僧侣还是的佛教信仰者,对此都有充分的自觉。从两汉之际到隋唐,佛教在中土的传播无论是地理空间还是社会结构、思想文化、民众日常生活等方面都不断深入扩大,渐成为中华文明最重要的组成部分。不断适应中华文化的同时,佛教也在中华文化的影响下不断完善自己的义学体系和实践经验。

大多数学者认为,佛教在中国的流行可以划分为三个阶段:第一个阶段为"古印度佛教在中国"阶段,大致相当于两汉到三国时期,这一时期佛教初传至中土;第二个阶段是"佛教中国化"阶段,即两晋南北朝隋唐时期;第三个阶段是"中国佛教发展"阶段,即五代宋以后至今。①从佛教中国化的历程来说,两晋南北朝是最重要的历史阶段。这一时期,佛教女性修道制度在中土得以确立发展完善,中土女性信仰的内容和形式较之于前代更加丰富,更加体系化,通过女性的信仰实践,佛教从仅由少数人接受和探讨逐渐被全社会广泛接受,影响到家庭价值规范、礼仪习俗,这些方面反过来又赋予了佛教崭新的外在风貌和内在精神。

一、佛教传播与中土女性的信仰需求

正如学者所言,魏晋南北时期佛教在中土的传播扎根是"一个出世型宗教逐渐人间化的过程,是宗教伦理与世俗伦理逐渐亲和的过程,进而言之,也是印度佛教中国化的过程"。②倡导出世的佛教在重视人伦现实生活

---

① 参见魏道儒:《旧课题与新理论:研究"佛教中国化"的脉络》,《内蒙古师范大学学报》2021年第2期。
② 张立文、向世陵:《空境——佛学与中国文化》,第165页。

的中华本土文明体系下扎根生长,既有两汉时期中华本土宗教文明所具有的包容性和开放性的因素,另一个重要因素则是佛教本身所具有的特质满足了中土民众的需要。

"佛教以其超出儒道的恢宏气度和玄奥哲理'征服'了中国的知识阶层;又以其法力无边的佛性和生动的三世因果报应说'征服'了中国的下层民众。佛教提出的三千大千世界和成住坏空的劫量说,在空间和时间上大大拓展了中国人的视野,中国哲学'六合之外存而不论'的眼界是无法与之相比的。"①牟宗鉴先生对于两晋南北朝佛教的这一番论述高度概括了佛教在两晋南北朝时期在中土传播中较之于本土宗教文化所具有的哲学和文化观念层面的优势,解释了印度佛教作为一种异域意识形态在中土扎根生长的根本原因。从民众信仰需求的满足来看佛教的传播,将会得出更多新的解释。

魏晋以前,中国本土宗教文化特别是以儒家(教)为主体的传统宗教中,女性地位相对比较低下。以礼法秩序为中心的儒(家)教这一传统宗教文化所关注的重点是群体(国家、宗族、家族)的运行和价值实现,个体命运和价值甚少出现在其视野之内。然而,个体生命对于生死问题的追问,对终极关怀的关注,超越于阶级、性别、年龄和地域而长期存在。在儒家(教)文化重视人伦、重视现实生活的背景下,女性往往被主流意识形态定位于某种社会家庭角色(人妇、母亲),很大程度上是作为工具性的存在。本土仙道文化和民间祠祭中的巫文化虽有部分女性的身影,但面目往往相对模糊。随着女子教育的发展,伴随着东汉末年以来礼教的松弛,妇女的宗教需求开始释放,佛教的传播特别是女众出家制度顺应了这一潮流。

二、佛教解脱观与女性出家制度的确立

从佛教经典发展历程看,从原始佛教到大乘佛教,针对女性的解脱愿望,佛教先后提出了具有厌女倾向的"五碍说"(五种不得解脱)、转身说和即身说等三个阶段,即从原始佛教(阿含佛教时期)认为女身污秽,不得解脱,到部派佛教晚期提出的通过修行实现性别转换,由女身变成男身从而成道解脱,以及不经过性别转换的中间阶段,直接以女身成佛的授记成佛等三

---

① 牟宗鉴:《儒佛道三教的结构与互补》,《南京大学学报》2003 年第 6 期。

个阶段。对汉传佛教女性而言,这三种解脱观念同时并存,特别是前两者,在两晋南北朝出家女众信仰和实践中留下了深刻的印记。

中土女众的出家时间存在各种说法。两晋之际,洛阳种令仪依止西域沙门智山出家,建立了汉地第一个比丘尼教团,此后数十年间,比丘尼人数和地域都有大规模扩大。由于各部派律典对尼众得戒仪轨记载的差异和律典传译的滞后,中土僧人对于尼众受戒的仪轨存在不同理解,特别是净检受戒的合法性遭遇质疑,为近八十年后建康比丘尼通过引进狮子国比丘尼依止二部僧受戒从而强化"比丘尼"身份的合法性埋下伏笔。随着比丘尼社会影响力的扩大,南北朝政权都建立了尼僧伽管理制度,特别是刘宋和北魏,建立了尼僧伽独立管理系统,任命了享受俸禄的尼僧官。和男性僧众相比,出家女众的丧葬仪轨在佛典规定之外和本土文化关系更为紧密。

两晋南北朝时期,随着佛教在皇室和上层贵族中的传播,部分出家女众卷入了政治权力的斗争。东晋南朝表现为比丘尼介入国家对地方大员的人事任命,宗室诸王与皇帝之间的权力斗争和对高层政治家的吉凶预卜;北朝则表现为部分后妃和诸王女眷在政治斗争失败后被迫剃度为尼,深得皇室信任的比丘尼介入中枢权力之争。无论南北方政权,尼众介入政治斗争都有女主当政的共同时代背景,这在正史文献、史料笔记、墓志和造像题记中都有体现。

三、出家女众的信仰实践与功德福田事业

两晋南北朝时期汉地大小乘佛教并行,各种修行法门在不同的地域和人群中都有流布。出家女众虔诚奉佛,戒行精苦者众多。禅观修习和依止《法华经》的修行实践是当时影响最大的修行法门。南方比丘尼的禅法受罽宾禅法影响较深,既有来自罽宾禅师的直接传授,也有通过本土僧人的辗转相授。禅观修习中,通过观想念佛三昧的生兜率天和西方净土成为出家女众两大终极目标。形成于大乘佛教发展初期的《法华经》,由于其独特的会三归一、开权显实的特点和对女性解脱的关注而成为对出家女众影响最大的经典,她们通过诵读、讲说、禅修、拜塔、烧身供养、造像写经等实践其信仰。女众烧身供养的动力来源于《法华经·提婆达多品》《药王菩萨本事品》所倡导的转女成男、烧身成(佛)果的记载。此外,观音信仰和净土信仰的修行实践在这一时期的出家女众中也有较大的影响。

造像和写经是中古时期出家女众最重要的功德福田事业。本书收录了175目南北朝出家女众(含参与)造像题记。从数量上看,北魏时期最多,达54目,北齐52目,但从密度上看,北齐在所辖地理空间和统治时间上远远少于北魏。175目造像题记中,造像供养人全为尼众的题记共计103目,占总数的58.86%。邑义的存在为女性走出受血缘和地缘限制的家族、宗族提供了条件。在邑义中,女性充分享受到了佛教平等精神带来的福利,女性可以超越男性(世俗的男子和比丘)成为领导者。比丘尼在多人造像的邑义扮演不同的角色,可能是邑义的负责人(邑主),也可能是邑义的精神领袖和专业顾问,可能在邑义中担任各种职务,还可能和普通清信士女一样是普通的邑义成员。在造像活动中,女性可以按照自己的内心表达对相关人员和群体的关切,将自己的祈愿祝福带给血缘和家族以外的人群,这是她们在家族祭祀中所不能拥有的。

女众的写经文本主要留存在敦煌和吐鲁番出土文献中。敦煌、高昌地区寺院经济比较发达,比丘尼拥有个人财产,这为她们的写经活动提供了物质基础;经目的选择和题记祈愿内容既有区域社会的特点,也有和内地女众相同的转变性别的诉求。

无论是信仰实践还是功德福田事业,都必须以适当的经济力量作为基础。这一时期,世俗社会普通妇女都有授田机会,寺院经济的发达和官僚贵族的布施供养,为她们提供了物质基础。造像和写经题记中出现的对血缘之外的人和群体的祈愿祝福,正是佛教平等精神和自利利他思想对中土信众心量和精神格局扩展的体现。

四、佛教女众出家制度与本土价值观念的碰撞

作为异域宗教和意识形态,佛教在中土的扎根生长必然和本土固有的宗教文化观念产生各种互动和相互调适。

女众出家行为已经从个人选择转变为家族信仰行为。南北朝中后期,原本以经学传家的世家大族女眷奉佛出家者不在少数,如泰山羊氏和赵郡李氏等。值得注意的是,经学世家家族中男性成员将继续留在俗世出仕为官,忠君孝亲,金榜题名,光耀宗庙,践履世间的责任和义务,佛教信仰只是作为其生活中的点缀和人际交往时的陪衬;家族女眷的出家行为则成为世家大族门风和价值取向的一部分,得到了社会的认可。这一现象表现了佛

教和儒家在基本理念和价值上具有相互融合的一面,同时也是世俗家庭中男女在家庭价值追求上的分工。隋唐时期,除了少年便以追福等名义入寺为尼者,官僚贵族家庭的妇女在中年完成主中馈、事舅姑、教养子女、和睦六亲等世俗社会规定的责任后,转而奉佛,以诵经禅修终老,在她们身上,体现了儒家价值和佛教终极追求的完美结合。而这一切,在南北朝后期贵族女子出家行为中已经有所体现。

南北朝时期出家女众和世俗家庭保持着密切联系。相当部分女众为了尽孝而出家,有的女众因为出家得以擢升家族门第;俗家父母为子女出家提供各种条件,如立寺、提供财物支持等,出家子女和俗家相互为对方营建功德;家族成员中姐妹姑侄等一同出家,共住一寺,同行解脱之道。在丧葬仪式上,出家女众较之男众,更多地采用土葬等与本土礼仪相适应的方式,这也是她们和俗家保持密切联系的结果。

和火葬、踞食等佛教生活礼仪在南北朝时期引起中土人士对夷夏之辨的激烈讨论一样,剃发在佛教初传中土的很长一段时间里也被中土儒士视作异端。在实践中,以"剃发圆顶"作为出家象征的比丘尼身份往往具有多重含义。一方面,它作为政治对手处置失败一方的惩戒手段而存在,另一方面,比丘尼出家身份给因为婚姻、战乱和疾疫等陷入不幸的女子提供庇护。此外,"剃发出家"在南北朝时期还有告别世俗生活,退出公共舞台的含义。

在佛教传播的激发下,本土道教在教规科仪和教团组织等方面不断完善,出现了新的教派和弘教方式。佛道之间同时存在竞争和合作的关系。黄老道、天师道世家女眷改信佛教趋势明显,泰山羊氏即为其代表;天师道信徒利用权势沙简僧尼、逼迫尼众还俗的事件屡有发生,比丘尼也有利用神通使道教徒失去信众的事例。此外,佛教僧尼并不排斥道教修行方式,如道教服食等修行方式就为这一时期的比丘尼采用。

要考察一种宗教或者意识形态在社会中的影响程度,女性的接受程度是最重要的考虑指标。两晋南北朝女众出家制度的确立标志着佛教社会影响的进一步扩大,它开始从朝堂走进社会的基本单位——家庭,从名士和僧众之间小众的"清谈"进入岁时节俗等日常生活细节。因此,从女众信仰的角度考察佛教中国化、本土化以及"化中国"将是一个全新的视角。

参 考 文 献

一、内 典 文 献

【西晋】竺法护译:《正法华经》,《大正藏》第 22 册。
【西晋】竺法护译:《佛说无垢贤女经》,《大正藏》第 14 册。
【西晋】竺法护译:《顺权方便经》,《大正藏》第 14 册。
【西晋】竺法护译:《大净法门经》,《大正藏》第 17 册。
【西晋】竺法护译:《诸佛要集经》,《大正藏》第 17 册。
【东晋】法显撰,章巽校注:《法显传校注》,中华书局,2008 年。
【东晋】法显译:《佛说大般泥洹经》,《大正藏》第 12 册。
【东晋】佛陀跋陀罗、法显译:《摩诃僧祇律》,《大正藏》第 22 册。
【东晋】僧伽提婆译:《中阿含经》,《大正藏》第 1 册。
【东晋】僧伽提婆译:《增一阿含经》,《大正藏》第 2 册。
【后秦】佛陀耶舍、竺佛念等译:《四分律》,《大正藏》第 22 册。
【后秦】弗若多罗、鸠摩罗什译:《十诵律》,《大正藏》第 23 册。
【后秦】鸠摩罗什译:《妙法莲华经》,《大正藏》第 9 册。
【后秦】鸠摩罗什译:《佛说仁王般若波罗蜜经》,《大正藏》第 8 册。
【后秦】鸠摩罗什译:《佛说弥勒下生成佛经》,《大正藏》第 14 册。
【后秦】鸠摩罗什译:《坐禅三昧经》,《大正藏》第 15 册。
【后秦】鸠摩罗什译:《大智度论》,《大正藏》第 25 册。
【后秦】佚名:《毗尼母经》,《大正藏》第 24 册。
【后秦】竺佛念译:《鼻奈耶》,《大正藏》第 24 册。
【刘宋】法显集:《十诵比丘尼波罗提木叉戒本》,《大正藏》第 23 册。

【刘宋】佛陀什、竺道生等译:《五分律》,《大正藏》第22册。

【刘宋】畺良耶舍译:《观无量寿经》,《大正藏》第12册。

【刘宋】求那跋摩译:《四分比丘尼羯磨法》,《大正藏》第22册。

【刘宋】求那跋陀罗译:《杂阿含经》,《大正藏》第2册。

【刘宋】求那跋陀罗译:《大法鼓经》,《大正藏》第9册。

【刘宋】求那跋陀罗译:《胜鬘师子吼一乘大方便方广经》,《大正藏》第12册。

【刘宋】昙摩蜜多译:《佛说转女身经》,《大正藏》第14册。

【刘宋】昙摩蜜多译:《五门禅经要用法》,《大正藏》第15册。

【北凉】昙无谶译:《大般涅槃经》,《大正藏》第12册。

【北凉】昙无谶译:《佛说腹中女听经》,《大正藏》第14册。

【北凉】昙无谶译:《金光明经》,《大正藏》第16册。

【齐】僧伽跋陀罗译:《善见律毗婆沙》,《大正藏》第24册。

【梁】宝唱撰,王孺童校注:《比丘尼传校注》,上海古籍出版社,2022年。

【梁】慧皎:《高僧传》,《大正藏》第50册。

【梁】慧皎等:《高僧传合集》,上海古籍出版社,1991年。

【梁】明徽集:《五分比丘尼戒本》,《大正藏》第22册。

【梁】僧祐:《出三藏记集》,苏晋仁、萧錬子点校,中华书局,1993年。

【梁】僧祐:《弘明集》,《大正藏》第52册。

【唐】道世撰,周叔迦、苏晋仁校注:《法苑珠林校注》,中华书局,2003年。

【唐】道宣:《关中创立戒坛图经》,《大正藏》第45册。

【唐】道宣:《四分律删繁补阙行事钞》,《大正藏》第40册。

【唐】道宣:《广弘明集》,《大正藏》第52册。

【唐】道宣:《续高僧传》,《大正藏》第50册。

【唐】道宣:《大唐内典录》,《大正藏》第55册。

【唐】惠详:《弘赞法华传》,《大正藏》第51册。

【唐】僧详:《法华传记》,《大正藏》第51册。

【唐】慧琳:《一切经音义》,《大正藏》第54册。

【唐】玄奘、辩机撰,季羡林等校注:《大唐西域记校注》,中华书局,1999年。

【唐】义净撰,王邦维校注:《南海寄归内法传校注》,中华书局,1995年。

【宋】赞宁:《大宋僧史略》,《大正藏》第54册。

【宋】志磐:《佛祖统纪》,《大正藏》第 49 册。

【宋】宗晓:《法华经显应录》,《卍新续藏》第 78 册。

【宋】宗赜:《禅苑清规》,苏军点校,中州古籍出版社,2001 年。

【明】葛寅亮:《金陵梵刹志》(上中下),南京出版社,2011 年。

【清】刘世珩:《南朝寺考》,《大藏经补编》第 14 册,(台北)新文丰出版公司,1987 年。

方广锠主编:《藏外佛教文献》(第八辑),宗教文化出版社,2003 年。

二、传世史料文献

【春秋】左丘明撰,徐元诰集解:《国语集解》,王树民、沈长云点校,中华书局,2002 年。

【汉】司马迁撰,【南朝宋】裴骃集解,【唐】司马贞索隐,【唐】张守节正义:《史记》,中华书局,1982 年。

【汉】董仲舒著,【清】苏舆撰:《春秋繁露义证》,锺哲点校,中华书局,1992 年。

【汉】刘向撰,王叔岷校笺:《列仙传校笺》,中华书局,2007 年。

【汉】刘向撰,向宗鲁校证:《说苑校证》,中华书局,1987 年。

【东汉】班固撰,【唐】颜师古注:《汉书》,中华书局,1962 年。

【晋】陈寿撰,【南朝宋】裴松之注:《三国志》,陈乃乾点校,中华书局,1982 年。

【晋】干宝撰,李剑国辑校:《搜神记辑校》,中华书局,2019 年。

【晋】郭璞传,【清】郝懿行笺疏:《山海经笺疏》,张鼎三、牟通点校,张鼎三通校,安作璋主编:《郝懿行集》(第六册),齐鲁书社,2010 年。

【刘宋】范晔撰,【唐】李贤注:《后汉书》,中华书局,1995 年。

【刘宋】刘义庆著,【南朝梁】刘孝标注,余嘉锡笺疏:《世说新语笺疏》,周祖谟等整理,中华书局,2007 年。

【梁】沈约:《宋书》,中华书局编辑部点校,中华书局,1974 年。

【梁】萧子显:《南齐书》,中华书局编辑部点校,中华书局,1972 年。

【梁】锺嵘著,王叔岷笺证:《锺嵘诗品笺证稿》,中华书局,2007 年。

【梁】宗懔撰,【隋】杜公瞻注:《荆楚岁时记》,姜彦稚辑校,中华书局,2018年。

【北魏】崔鸿撰,【清】汤球辑补:《十六国春秋辑补》,聂溦萌等点校,中华书局,2020年。

【北魏】郦道元著,陈桥驿校证:《水经注校证》,中华书局,2007年。

【东魏】杨衒之撰,杨勇笺注:《洛阳伽蓝记校笺》,中华书局,2006年。

【北齐】魏收:《魏书》,中华书局编辑部点校,中华书局,1974年。

【唐】杜光庭述,周作明校理:《道德真经广圣义校理》,中华书局,2020年。

【唐】杜佑:《通典》,中华书局,1988年。

【唐】房玄龄等:《晋书》,中华书局编辑部点校,中华书局,1974年。

【唐】李百药:《北齐书》,中华书局编辑部点校,中华书局,1972年。

【唐】令狐德棻等:《周书》,中华书局编辑部点校,中华书局,1971年。

【唐】李吉甫:《元和郡县图志》,贺次君点校,中华书局,1983年。

【唐】李林甫等:《唐六典》,陈仲夫点校,中华书局,1992年。

【唐】李延寿:《南史》,中华书局编辑部点校,中华书局,1975年。

【唐】李延寿:《北史》,中华书局编辑部点校,中华书局,1974年。

【唐】王维撰,陈铁民校注:《王维集校注》,中华书局,1997年。

【唐】魏徵等:《隋书》,中华书局编辑部点校,中华书局,1973年。

【唐】姚思廉:《陈书》,中华书局编辑部点校,中华书局,1972年。

【唐】姚思廉:《梁书》,中华书局编辑部点校,中华书局,1973年。

【唐】张说:《张燕公集》,上海古籍出版社,1992年。

【唐】韩愈:《韩愈文集汇校笺注》,刘真伦、岳珍校注,中华书局,2010年。

【宋】高承撰,【明】李果订:《事物纪原》,金圆、许沛藻点校,中华书局,1989年。

【宋】李昉等编:《太平广记》,中华书局,1961年。

【宋】李昉等:《太平御览》,中华书局,1960年。

【宋】欧阳询:《艺文类聚》,上海古籍出版社,2007年。

【宋】沈作宾:《嘉泰会稽志》,(台北)成文出版社,1926年。

【宋】司马光编著,【元】胡三省音注:《资治通鉴》,标点资治通鉴小组校点,中华书局,1956年。

【宋】张君房编:《云笈七签》,李永晟点校,中华书局,2003年。

【宋】郑樵:《通志二十略》,王树民点校,中华书局,1995年。

【明】谢肇淛:《五杂组》,上海书店出版社,2009年。

【清】李文炤:《李文炤集》,赵载光校点,岳麓书社,2012年。

【清】阮元校刻:《十三经注疏(清嘉庆刊本)》,中华书局,2009年。

【清】孙诒让:《墨子间诂》,孙启治点校,中华书局,2001年。

【清】叶昌炽:《语石》,辽宁教育出版社,1998年。

【清】严可均:《全上古三代秦汉三国六朝文》,中华书局,1958年。

本社编:《汉魏六朝笔记小说大观》,王根林等校点,上海古籍出版社,1999年。

丁福保编:《全汉三国晋南北朝诗》,中华书局,1959年。

杜斗城主编:《正史佛教资料类编》,甘肃文化出版社,2006年。

韩理洲等辑校编年:《全北魏东魏西魏文补遗》,三秦出版社,2010年。

韩理洲等辑校编年:《全北齐北周文补遗》,三秦出版社,2008年。

上海书店出版社编:《道藏》,文物出版社、上海书店出版社、天津古籍出版社,1988年。

徐珂编撰:《清稗类钞》,中华书局,2010年。

王利器:《吕氏春秋注疏》,巴蜀书社,2002年。

三、金石碑铭、出土文书

北京鲁迅博物馆、上海鲁迅纪年馆编:《鲁迅辑校石刻手稿》,上海书画出版社,1986年。

北京图书馆金石组编:《北京图书馆藏中国历代石刻拓本汇编》,中州古籍出版社,1989年。

柏克莱加州大学东亚图书馆编:《柏克莱加州大学东亚图书馆藏碑帖》,上海古籍出版社,2008年。

大同北朝艺术研究院:《北朝艺术研究院藏品图录·墓志》,文物出版社,2016年。

杜天云主编:《三晋石刻大全·长治市沁源县卷》,三晋出版社,2012年。

敦煌研究院编:《敦煌遗书总目索引新编》,中华书局,2000年。

高峡主编:《西安碑林全集》,广东经济出版社、海天出版社,1999年。

国家文物局古文献研究室、新疆维吾尔自治区博物馆、武汉大学历史系主编:《吐鲁番出土文书》(2—10),文物出版社,1981—1991年。

黄永武主编:《敦煌宝藏》,(台北)新文丰出版公司,1981年。

黄征、吴伟主编:《敦煌愿文集》,岳麓书社,1995年。

贾振林主编:《文化安丰》,大象出版社,2011年。

金申:《中国历代纪年佛像图典》,文物出版社,1995年。

金申编著:《海外及港台藏历代佛像珍品纪年图鉴》,山西人民出版社,2007年。

李晶明主编:《三晋石刻大全·阳泉市盂县卷》,三晋出版社,2010年。

李静杰:《中国金铜佛》,宗教文化出版社,1996年。

刘景龙、李玉昆主编:《龙门石窟碑刻题记汇录》,中国大百科全书出版社,1998年。

刘景龙、杨超杰:《龙门石窟总录》,中国大百科全书出版社,1999年。

龙门文物保管所、北京大学考古系编:《中国石窟·龙门石窟(一)》,文物出版社,1991年。

马衡:《凡将斋金石丛稿》,中华书局,1977年。

毛远明编著:《汉魏六朝碑刻校注》,线装书局,2008年。

罗新、叶炜:《新出魏晋南北朝墓志疏证(修订本)》,中华书局,2016年。

齐运通编:《洛阳新获七朝墓志》,中华书局,2015年。

青州市博物馆主编:《青州北朝佛教造像》,北京出版社,2002年。

荣新江等主编:《新获吐鲁番出土文献》,中华书局,2009年。

陕西省考古研究所、陕西省耀县药王山博物馆、陕西省临潼市博物馆、北京辽金城垣博物馆合编:《北朝佛道造像碑精选》,天津古籍出版社,1996年。

邵正坤:《北朝造像记年纪年汇编》,吉林人民出版社,2014年。

石永士等主编:《河北金石辑录》,河北人民出版社,1993年。

泰安市文物局主编:《泰山石刻大全》,齐鲁书社,2006年。

天水麦积山石窟艺术研究所编:《中国石窟·天水麦积山》,文物出版社,1998年。

吐鲁番研究院主编:《吐鲁番柏孜克里克石窟出土汉文佛教典籍》,文物出版社,2007年。

王壮弘、马成名编著:《六朝墓志检要》,上海书店出版社,2008年。

王昶:《金石萃编》,陕西人民美术出版社,1990年。

王连龙编撰:《南北朝墓志集成》,上海人民出版社,2021年。

王连龙:《新见北朝墓志集释》,中国书籍出版社,2013年。

王素:《吐鲁番出土高昌文献编年》,(台北)新文丰出版公司,1997年。

王素、李方:《魏晋南北朝敦煌文献编年》,(台北)新文丰出版公司,1997年。

魏宏利:《北朝关中地区造像记整理与研究》,中国社会科学出版社,2017年。

新文丰出版公司编:《石刻史料新编》(1—3辑),(台北)新文丰出版公司,1977年。

颜娟英主编:《北朝佛教石刻拓片百品》,(台北)"中央研究院"历史语言研究所,2008年。

杨超杰:《洛阳周围小石窟全录》,外文出版社,2010年。

叶炜、刘秀峰主编:《墨香阁藏北朝墓志》,上海古籍出版社,2016年。

云冈石窟文物保管所主编:《中国石窟·云冈石窟(一)》,文物出版社,2016年。

赵超:《汉魏南北朝墓志汇编》,天津古籍出版社,2008年。

赵君平、赵文成编:《河洛墓刻拾零》,国家图书馆出版社,2007年。

赵君平、赵文成整理:《秦晋豫新出墓志搜佚》,国家图书馆出版社,2011年。

赵万里:《汉魏南北朝墓志集释》,广西师范大学出版社,2008年。

中国社会科学院考古研究所、西安市隋唐长安城遗址保护中心、西安市世界遗产监测管理中心编:《隋唐长安城遗址·考古资料编》,文物出版社,2017年。

周绍良主编:《唐代墓志汇编》,上海古籍出版社,1992年。

周晓薇、王其祎:《贞石可凭:新见隋代墓志铭疏证》,科学出版社,2019年。

［日］池田温:《中国古代写本识语集录》,日本东京大学东洋文化研究所,1990年。

［日］梶山智史编:《北朝隋代墓志所在总合目录》,日本明治大学东洋石刻文物研究所、汲古书院,2011年。

四、近人学术专著

白文固、赵春娥:《中国古代僧尼名籍制度》,青海人民出版社,2003年。

蔡鸿生:《尼姑谭》,中山大学出版社,1996年。

曹凌:《中国佛教疑伪经综录》,上海古籍出版社,2011年。

陈东原:《中国妇女生活史》,商务印书馆,1998年。

陈世良:《西域佛教研究》,新疆美术摄影出版社,2008年。

陈爽:《世家大族与北朝政治》,中国社会科学出版社,1999年。

陈寅恪:《魏晋南北朝史讲演录》,贵州人民出版社,2009年。

陈寅恪:《金明馆丛稿初编》,生活·读书·新知三联书店,2001年。

陈寅恪:《金明馆丛稿二编》,生活·读书·新知三联书店,2001年。

陈寅恪:《隋唐制度渊源略论稿 唐代政治史述论稿》,生活·读书·新知三联书店,2001年。

陈志远:《六朝佛教史研究论集》,(新北)博扬文化事业有限公司,2020年。

邓小南主编:《唐宋女性与社会》,上海辞书出版社,2003年。

董瑞山等主编:《三晋石刻总目·大同市卷》,山西古籍出版社,2005年。

董志翘:《〈观世音应验记三种〉译注》,江苏古籍出版社,2002年。

杜芳琴主编:《发现妇女的历史:中国妇女史论集》,天津社会科学院出版社,1996年。

杜继文:《中国佛教与中国文化》,宗教文化出版社,2003年。

杜继文、魏道儒:《中国禅宗通史》,江苏人民出版社,2008年。

杜士铎主编:《北魏史》,山西高校联合出版社,1992年。

方立天:《中国佛教哲学要义》,中国人民大学出版社,2012年。

冯贺军:《曲阳白石造像研究》,紫禁城出版社,2005年。

高二旺:《魏晋南北朝丧礼与社会》,上海古籍出版社,2017年。

高文强:《东晋南朝文人接受佛教研究》,中国社会科学出版社,2012年。

葛剑雄:《中国人口史》(第一卷:先秦至南北朝时期),复旦大学出版社,2002年。

龚隽:《禅史钩沉:以问题为中心的思想史论述》,生活·读书·新知三联书店,2006年。

郭静云:《天神与天地之道:巫觋信仰与传统思想渊源》,上海古籍出版社,2017年。

郭绍林:《唐代士大夫与佛教(增补本)》,三秦出版社,2006年。

贺玉萍:《北魏洛阳石窟文化》,河南大学出版社,2010年。

侯旭东:《五、六世纪北方民众佛教信仰:以造像记为中心的考察》,中国社会科学出版社,1998年。

侯旭东:《北朝村民的生活世界:朝廷、州县与乡里》,商务印书馆,2005年。

侯旭东:《佛陀相佑:造像记所见北朝民众信仰》,社会科学文献出版社,2018年。

江绍原:《发须爪——关于它们的风俗》,上海文艺出版社,1987年。

焦桂美:《南北朝经学史》,上海古籍出版社,2009年。

觉继、学愚主编:《人间佛教的理论与实践》,中华书局,2007年。

李猛:《齐梁皇室的佛教信仰与撰述》,中华书局,2021年。

李利安:《观音信仰的渊源与传播》,宗教文化出版社,2008年。

李利安、崔峰:《魏晋南北朝佛教文献编年》,三秦出版社,2018年。

李零:《中国方术续考》,东方出版社,2000年。

李梅田:《葬之以礼:魏晋南北朝丧葬礼俗的文化变迁》,上海古籍出版社,2021年。

李凭:《北魏平城时代》,中华书局,2012年。

李申:《中国儒教史》(上卷),上海人民出版社,1999年。

李申:《中国儒教史》(下卷),上海人民出版社,2000年。

李四龙:《人文宗教引论——中国信仰传统与日常生活》,社会科学文献出版社,2022年。

李淞:《长安艺术与宗教文明》,中华书局,2002年。

李玉珍:《唐代的比丘尼》,台湾学生书局,1989年。

李泽厚:《从巫到礼 释礼归仁》,生活·读书·新知三联书店,2015年。

李贞德、梁其姿主编:《妇女与社会:台湾学者中国史研究论丛》,中国大百科全书出版社,2005年。

林富士:《中国中古时期的宗教与医疗》,中华书局,2012年。

林晓光:《萧赜评传》,上海古籍出版社,2019年。

林欣仪:《舍秽归真:中古汉地佛教法灭观与妇女信仰》,(新北)稻乡出版社,2008年。

刘长东:《晋唐弥陀净土信仰研究》,巴蜀书社,2000年。

刘慧:《泰山宗教研究》,文物出版社,1994年。

刘淑芬:《中古的佛教与社会》,上海古籍出版社,2008年。

刘淑芬:《慈悲清净:佛教与中古社会生活》,商务印书馆,2015年。

刘淑芬:《六朝的城市与社会》,南京大学出版社,2021年。

刘飙:《魏晋南北朝释家传记研究:释宝唱与〈比丘尼传〉》,岳麓书社,2009年。

龙门石窟研究所主编:《龙门石窟研究论文选》,上海人民美术出版社,1993年。

楼劲:《魏晋南北朝隋唐时期的知识阶层》,兰州大学出版社,2017年。

罗竹风:《人·社会·宗教》,上海社会科学院出版社,1995年。

马德:《中古敦煌佛教社会化论略》,中国社会科学出版社,2010年。

毛汉光:《中国中古社会史论》,上海书店出版社,2002年。

牟宗鉴、张践:《中国宗教通史》,中国社会科学出版社,2007年。

彭树智:《文明交往论》,陕西人民出版社,2002年。

蒲慕州主编:《礼法与信仰:中国古代女性研究论考》,(香港)商务印书馆,2013年。

仇鹿鸣:《魏晋之际的政治权力与家族网络》,上海古籍出版社,2015年。

任继愈主编:《中国道教史》,中国社会科学出版社,1990年。

任继愈主编:《中国佛教史》(一至三卷),中国社会科学出版社,1985—1988年。

任继愈:《魏晋南北朝佛教经学》,国家图书馆出版社,2013年。

尚永琪:《3—6世纪佛教传播背景下的北方社会群体研究》,科学出版社,2008年。

邵正坤:《北朝纪年造像记汇编》,吉林人民出版社,2014年。

释恒清:《菩提道上的善女人》,(台北)东大图书出版公司,1995年。

释永明:《佛教的女性观》,(高雄)佛光出版社,1992年。

宋晓梅:《高昌国:公元五至七世纪丝绸之路上的一个移民小社会》,中国社会科学出版社,2003年。

宿白:《中国石窟寺研究》,生活·读书·新知三联书店,2019年。

太虚:《太虚大师全书》,宗教文化出版社,2005年。

唐嘉:《东晋宋齐梁陈比丘尼研究》,巴蜀书社,2011年。

汤用彤:《汉魏两晋南北朝佛教史》,北京大学出版社1997年。

田余庆:《东晋门阀政治(修订本)》,中华书局,2004年。

田余庆:《拓跋史探》,生活·读书·新知三联书店,2003年。

汪桂海:《永受嘉福:汉代的民间信仰世界》,凤凰出版社,2022年。

王永平:《迁洛元魏皇族与士族社会文化史论》,中国社会科学出版社,2017年。

王政、杜芳琴主编:《社会性别研究选译》,生活·读书·新知三联书店,1998年。

王子今:《古史性别研究丛稿》,陕西师范大学出版社,2021年。

韦正:《南北朝墓葬礼制研究》,上海古籍出版社,2022年。

魏斌:《"山中"的六朝史》,生活·读书·新知三联书店,2019年。

魏道儒主编:《世界佛教通史》(第二、三卷),中国社会科学出版社,2015年。

魏宏利:《北朝关中地区造像题记整理与研究》,中国社会科学出版社,2017年。

闻一多:《闻一多中国神话十五讲》,江苏凤凰文艺出版社,2022年。

吴桂兵:《中古丧葬礼俗中佛教因素演进的考古学研究》,科学出版社,2019年。

夏德美:《南朝僧尼与佛教中国化》,(新北)花木兰文化出版社,2012年。

谢重光、白文固:《中国僧官制度史》,青海人民出版社,1990 年。

谢重光:《中古佛教僧官制度和社会生活》,商务印书馆,2009 年。

谢志斌:《中土早期观音造像研究》,中华书局,2019 年。

许飞:《慎终追远:汉魏晋南北朝丧葬观念研究》,上海交通大学出版社,2021 年。

徐吉军:《中国丧葬史》,江西高校出版社,1998 年。

徐文明:《中土前期禅学思想史》,北京师范大学出版社,2004 年。

严耕望:《魏晋南北朝佛教地理稿》,上海古籍出版社,2007 年。

颜娟英:《与佛有约:佛教造像题记中的祈愿与实践》,(台北)"中央研究院"历史语言研究所,2014 年。

颜娟英:《镜花水月:中国古代美术考古与佛教艺术的探讨》,(台北)石头出版公司,2016 年。

阎文儒、常青:《龙门石窟研究》,书目文献出版社,1995 年。

严耀中:《佛教戒律与中国社会》,上海古籍出版社,2008 年。

杨孝容:《男女同尊:佛教女性观》,宗教文化出版社,2006 年。

姚薇元:《北朝胡姓考》,中华书局,2007 年。

殷宪主编:《北朝研究》,商务印书馆,2005 年。

印顺:《说一切有部为主的论书与论师之研究》,中华书局,2011 年。

印顺:《初期大乘佛教之起源与开展》,中华书局,2011 年。

于君方:《观音:菩萨中国化的演变》,商务印书馆,2009 年。

余冠英:《汉魏六朝诗选》,中华书局,2012 年。

余英时:《东汉生死观》,上海古籍出版社,2005 年。

张国刚主编,王利华著:《中国家庭史》(第一卷:先秦至南北朝时期),广东人民出版社,2007 年。

张金龙:《北魏政治史研究》,甘肃教育出版社,2021 年。

张立文、向世陵:《空境——佛学与中国文化》,人民出版社,2005 年。

张旭华:《九品中正制研究》,中华书局,2015 年。

赵际芳主编:《咸同斯福——古阳洞造像题记及书法艺术》,中国文联出版社,2023 年。

郑雅如:《情感与制度:魏晋时代的母子关系》,凤凰出版社,2021 年。

中国社会科学院考古研究所编著:《中国考古学·三国两晋南北朝

卷》,中国社会科学出版社,2018年。

庄华峰:《魏晋南北朝社会》,安徽人民出版社,2009年。

周次吉:《〈比丘尼传〉及其补遗考释》,(台北)高立图书有限公司,2001年。

[法]迭朗善译:《摩奴法典》,马香雪转译,商务印书馆,1982年。

[法]谢和耐:《中国五—十世纪的寺院经济》,耿昇译,甘肃人民出版社,1987年。

[荷]许理和:《佛教征服中国》,李四龙、裴勇等译,江苏人民出版社,2003年。

[美]贝剑铭(James A. Benn):《中国佛教舍身考》,张德伟等译,张德伟、纪赟校,《华林佛学译丛》第3册,(新加坡)World Scholastic Publishers,2022年。

[美]D.L.卡莫迪:《妇女与世界宗教》,徐钧尧、宋立道译,四川人民出版社,1989年。

[美]曼素恩:《缀珍录——十八世纪及其前后的中国妇女》,定宜庄、颜宜葳译,江苏人民出版社,2005年。

[美]库尔特·斯坦恩:《头发:一部趣味人类史》,刘新译,广西师范大学出版社,2018年。

[美]倪雅梅:《龙门石窟供养人:中古中国佛教造像中的信仰、政治与资助》,陈朝阳译,中华书局,2020年。

[美]欧大年:《中国民间宗教教派研究》,刘心勇等译,上海古籍出版社,1993年。

[美]芮沃寿:《中国历史中的佛教》,常蕾译,北京大学出版社,2009年。

[日]仓本尚德:《北朝佛教造像铭研究》,(京都)法藏馆,2016年。

[日]池田温:《中国古代籍帐研究》,龚泽铣译,中华书局,2007年。

[日]船山彻:《六朝隋唐佛教展开史》,(京都)法藏馆,2019年。

[日]大村西崖:《中国雕塑史》,范建明译,中国画报出版社,2020年。

[日]丹波康赖撰,高文柱校注:《医心方》,华夏出版社,2011年。

[日]忽滑谷快天:《中国禅学思想史》,朱谦之译,上海古籍出版社,2002年。

〔日〕石松日奈子:《北魏佛教造像史研究》,筱原典生译,文物出版社,2012年。

〔日〕望月信亨:《中国净土教理史》,(高雄)佛光出版社,1999年。

〔日〕塚本善隆:《北朝佛教史研究》,(京都)大东出版社,1974年。

〔日〕佐藤智水:《北朝造像铭考》,刘俊文主编:《日本中青年学者论中国史·六朝隋唐卷》,上海古籍出版社,1995年。

〔日〕佐藤智水:《北朝佛教史论考》,日本冈山大学文学部,1998年。

〔英〕爱玛·塔罗:《千丝万缕:头发的隐秘生活》,郑嬿译,生活·读书·新知三联书店,2020年。

〔英〕彼得·伯克《图像证史》,杨豫译,北京大学出版社,2018年。

〔英〕菲奥纳·鲍伊:《宗教人类学导论》,金泽、何其敏译,中国人民大学出版社,2004年。

Alan Cole. *Mothers and Sons in Chinese Buddhism*, California: Stanford University Press, 1998.

Kathryn A. Tsai: *The Chinese Monostic Order For Women: The First Two Centuries in Womenin China*. New York: Philo Press. 1981.

五、期刊论文

白春霞:《社会性别视角下的北朝后妃出家现象探析》,《中州学刊》2016年第11期。

陈怀宇:《中国时代后妃为尼史事考》,《华林》编辑委员会编:《华林》(第二卷),中华书局,2002年。

陈丽萍:《敦煌女性写经题记及其反映的妇女问题》,兰州大学敦煌学研究所、南华大学、美国密歇根大学编:《敦煌佛教艺术文化国际学术研讨会论文集》,兰州大学出版社,2002年。

陈志远:《六朝前期荆襄地域的佛教》,《中山大学学报》2019年第2期。

邓小南:《六到八世纪吐鲁番妇女:特别是她们家庭以外的活动》,《吐鲁番研究》(第四卷),北京大学出版社,1999年。

杜斗城:《高昌王国的民族和人口结构》,胡之德主编:《兰州大学丝绸之路研究论文集》,兰州大学出版社,1992年。

方广锠:《敦煌遗书中的〈妙法莲华经〉及有关文献》,《中华佛学学报》(台北)1997年第10期。

傅清音:《新出元华光元媛柔墓志所见元氏宗女的婚姻与信仰》,中国文化遗产研究院编:《出土文献研究》(第十八辑),中西书局,2020年。

高二旺:《北朝葬礼之"尼礼"探析》,《宁夏社会科学》2008年第3期。

宫德杰:《山东临朐大佛寺等四处遗址出土造像、经幢及石棺》,《文物》2018年第10期。

古正美:《〈弥沙塞部〉的女人观对中国女性教团的影响》,《台湾大学创校四十年国际中国哲学研讨会论文集》,1985年。

古正美:《佛教与女性歧视》,《当代》(台北)1987年总第11期。

古正美:《东南亚的"天王传统"与后赵时代的"天王传统"》,《佛学研究》1998年。

顾彦芳:《关于龙门魏字洞的几点思考》,《中原文物》2002年第5期。

郭忠生:《女身授记》,《正观》(南投)2000年总第14期。

郝春文:《东晋南北朝佛社首领考略》,《北京师范学院学报》1991年第3期。

郝春文:《再论北朝至隋唐五代宋初的女人结社》,《敦煌研究》2006年第6期。

何利群:《北朝至隋唐时期佛教寺院的考古学研究——以塔、殿、院关系的演变为中心》,中国社会科学院考古研究所、河北省文物研究所、河北省临漳县文物旅游局编:《邺城考古发现与研究》,文物出版社,2014年。

何利群:《邺下北朝禅学史迹丛考》,《文物春秋》2019年第2期。

何志国:《试论早期佛陀、菩萨像名实不符的现象——以早期金铜佛像为中心》,《中原文物》2021年第1期。

贺玉萍:《洛阳水泉石窟摩崖碑刻的新发现》,《光明日报》2009年3月31日。

胡志佳:《惠帝羊皇后与西晋政局——兼论羊氏家族的发展》,《逢甲大学人文社会学报》(台中)2004年第8期。

贾应逸:《鸠摩罗什译经和北凉时期的高昌佛教》,《敦煌研究》1999年第1期。

焦桂美:《论南北朝时期佛教与经学的相互渗透》,《北方论丛》2007 年第 3 期。

李传军:《从比丘尼律看两晋南北朝时期比丘尼的信仰与生活》,《徐州师范大学学报》2006 年第 1 期。

李利安:《东晋南北朝时期印度观音信仰向中国的输入》,秋爽主编:《寒山寺佛学》(第五辑),甘肃人民出版社,2008 年。

李林昊:《渗透与分离:北朝女性群体造像记探微》,《中原文化研究》2019 年第 3 期。

李猛:《制作哀荣:南朝僧尼碑志之兴起》,《中国历史研究院集刊》2021 年第 1 辑,社会科学文献出版社,2021 年。

李铁华:《道教上清派传经神话的降授传统与女仙崇拜》,《老子学刊》2017 年第 2 期。

李玉珍:《佛学之女性研究:近二十年中英文著作简介》,《新史学》(台北)1997 年第 4 期。

李贞德:《女人的中国中古史——性别与汉唐之间的礼律研究》,邓小南等主编:《中国妇女史读本》,北京大学出版社,2011 年。

李贞德:《汉魏六朝的乳母》,《"中研院"史语所集刊》(台北)第 70 本第 2 分,1999 年 8 月。

李志生:《"立塔写经"与"内外之际":唐代妇女的佛教功德活动》,常建华主编:《中国社会历史评论》(第十七卷下),天津古籍出版社,2016 年。

刘军:《北魏护丧制度考》,《许昌学院学报》2010 年第 4 期。

刘军:《试论北魏孝文帝太和末年的夺嫡之争》,《河南师范大学学报》2012 年第 3 期。

刘军:《北魏宗室族群的分化与元叉政变》,《殷都学刊》2014 年第 4 期。

刘淑芬:《香火因缘:北朝的佛教结社》,黄宽重主编:《中国史新论·基层社会分册》,(台北)联经出版公司,2009 年。

楼劲:《魏晋至隋唐间若干知识技术职业者收入估测》,楼劲、陈伟编:《秦汉魏晋南北朝史国际学术研讨会论文集》,中国社会科学出版社,2018 年。

卢建荣:《从造像铭记论五至六世纪北朝乡民社会意识》,《台湾师范大学学报》1995 年总第 23 期。

陆帅、胡阿祥:《明昙憘墓志所见南朝境内的"青齐土民"》,《东岳论丛》2014 年第 3 期。

陆屹峰、员海瑞:《云冈石窟尼寺考》,《文物季刊》1989 年第 1 期。

罗新:《陈留公主》,《读书》2005 年第 2 期。

吕明明:《龟兹尼寺初探》,《敦煌研究》2007 年第 1 期。

蒙文通:《晚周仙道分三派考》,《蒙文通文集》(第一卷),巴蜀书社,1987 年。

米婷婷:《高昌墓砖对女性的记述》,《吐鲁番学研究》2014 年第 1 期。

牟钟鉴:《中国宗法性传统宗教初探》,《世界宗教研究》1990 年第 1 期。

聂葛明:《敦煌西魏写经及题记管窥》,《敦煌学辑刊》2007 年第 4 期。

宁可、郝春文:《北朝至隋唐五代间的女人结社》,《北京师范学院学报》1990 年第 5 期。

潘亮文:《卢舍那佛像研究——以 7 世纪以前的中原地区发展为中心》,《敦煌研究》2017 年第 3 期。

裴成国:《试论 6—8 世纪吐鲁番地区人口平均年龄》,《新疆师范大学学报》2005 年第 3 期。

彭华:《佛教与儒家在女性观上的相互影响与融合》,《哲学动态》2008 年第 9 期。

覃江:《汉传"安般念"传承考》,《西南民族大学学报》2005 年第 4 期。

邵正坤:《北朝比丘尼造像记试探》,《古籍整理研究学刊》2014 年第 4 期。

邵正坤:《造像记所见北朝妇女的佛教信仰》,《吉林师范大学学报》2016 年第 6 期。

沈丽华:《邺城地区东魏北齐墓群布局研究》,《考古》2016 年第 3 期。

圣凯:《论中国早期以〈法华经〉为中心的信仰形态》,《法音》2002 年第 7 期。

圣凯:《晋宋时代的禅经译出与禅法传播》,闽南佛学院编:《闽南佛学》(第六辑),宗教文化出版社,2008 年。

圣凯:《〈大般涅槃经〉在两晋时代的传承与流行》,《南京晓庄学院学报》2011 年第 2 期。

圣严:《中国佛教以〈法华经〉为基础的修行方法》,《中华佛学学报》(台北)1994 年总第 7 期。

石超:《规训与惩罚的展示场——身体政治视阈下的髮》,《理论月刊》2014 年第 10 期。

释道昱:《禅观法门对南北朝佛教的影响》,《正观》(南投)2002 年第 2 期。

释惠敏:《比丘尼受戒法与传承之考察》,《台大佛学研究中心学报》1997 年第 2 期。

释恒清:《〈大般涅槃经〉的佛性论》,《台大佛学研究中心学报》1996 年第 1 期。

宿白:《南朝龛像遗迹初探》,《考古学报》1989 年第 4 期。

孙齐:《六朝荆襄道上的道教》,中国社会科学院历史所魏晋南北朝隋唐史研究室、宋辽金元史研究室编:《隋唐辽宋金元史论丛》(第八辑),上海古籍出版社,2018 年。

孙晓鹏:《性别视角下两周铜甗随葬现象研究》,陕西省社会科学院古籍整理研究所编:《古文献整理与研究》(第六辑),凤凰出版社,2021 年。

唐春生:《萧嶷与齐武帝之"凤嫌"析——兼及与文惠太子之关系》,《重庆师范学院学报》2001 年第 1 期。

唐嘉、宋筱清:《北朝碑刻所见女性弥勒、观音信仰探析》,《贵州社会科学》2012 年第 12 期。

王富宜:《近三十年汉传佛教女性研究综述》,《江西师范大学学报》2017 年第 6 期。

王健:《汉唐中外文化交流的宏观审视与断想》,《中华文史论丛》2003 年第 2 期,上海古籍出版社,2003 年。

王静芬、张善庆:《佛名与忏仪——以张荣迁碑和陈海龙碑为中心》,《敦煌研究》2010 年第 2 期。

王磊:《试论中古时期佛教徒的全身葬法》,《中山大学学报》2013 年第 2 期。

王晴薇:《慧思禅观中之"四禅"与〈妙法莲华经〉之关系》,南岳佛教协会主编:《慧思大师研究》,岳麓书社,2012 年。

王蕊:《北朝时期的泰山羊氏》,《临沂大学学报》2005 年第 2 期。

王珊:《北魏僧芝墓志考释》,郭润涛、彭小瑜编:《北大史学》(13),北京大学出版社,2008 年。

王伟萍:《论佛教在六朝的确立及其对中土丧葬观念的影响》,《云南社会科学》2015 年第 4 期。

王永会:《简论道教与佛教生死观的差异》,《中国道教》2000 年第 5 期。

王永平:《东晋中后期佛教僧尼与宫廷政治之关系考述》,《社会科学战线》2010 年第 9 期。

魏斌:《南朝建康的东郊》,《中国史研究》2016 年第 3 期。

魏道儒:《旧课题与新理论:研究"佛教中国化"的脉络》,《内蒙古师范大学学报》2021 年第 2 期。

吴为民:《释"比丘尼统"及相关北朝僧官》,《光明日报》2011 年 5 月 26 日。

徐婷:《从龙门石窟造像题记探析北魏女性佛教信仰特征》,《宗教学研究》2020 年第 3 期。

续明:《比丘律仪与比丘尼律仪》,张曼涛主编:《现代佛教学术丛刊》第 88 册《律宗概述及其成立与发展》,台北大乘文化出版社,1978 年。

颜尚文:《北朝佛教小区共同体的法华邑义组织与活动——以东魏〈李氏合邑造像碑〉为例》,《台大佛学研究中心学报》1996 年第 1 期。

杨超杰:《龙门石窟妇女造像及相关问题》,《中国国家博物馆馆刊》2010 年第 4 期。

杨惠南:《汉译佛经中的弥勒信仰:以〈弥勒上、下生经〉为主的研究》,《文史哲学报》(台北)1987 年第 35 期。

姚崇新:《试论高昌国的佛教与佛教教团》,季羡林主编:《敦煌吐鲁番研究》(第四卷),北京大学出版社,1999 年。

姚崇新:《在宗教与世俗之间:从新出吐鲁番文书看高昌国僧尼的社会角色》,《西域研究》2008 年第 1 期。

殷光明:《敦煌的疑伪经与图像(上、下)》,《敦煌研究》2006 年第 4、5 期。

殷晴:《3—8 世纪新疆寺院经济的兴衰》,《西域研究》1997 年第 2 期。

湛如、丁薇:《印度早期佛教的佛塔信仰形态》,《世界宗教研究》2003年第4期。

章原:《性别与服食:汉唐间的女性身影》,张勇安主编:《医疗社会史研究》(第二辑),中国社会科学出版社,2017年。

张宝玺:《〈法华经〉的翻译与释迦多宝佛造像》,《佛学研究》1994年。

张保珍:《二佛并坐像在中原地区的初流布》,《南京艺术学院学报》2014年第1期。

张承宗:《魏晋南北朝妇女丧葬礼仪考》,《苏州大学学报》2010年第2期。

张冠凯:《关于北齐佛教政治性的探讨》,《五台山研究》2017年第4期。

张梅雅:《同行解脱之道:南北朝至唐朝比丘尼与家族之关系》,《文献》2012年第3期。

张淼:《佛教"疑伪经"与弥勒信仰——以佛教经录为中心的考察》,《宗教学研究》2006年第1期。

张文学:《中国大陆佛教女性研究述评》,《妇女研究论丛》2009年第6期。

张勇:《论魏晋南北朝大乘佛教对女性精神风貌的影响》,《中国社会科学院研究生院学报》2008年第1期。

张元林、张志海:《敦煌北朝时期法华信仰中的无量寿佛信仰:以莫高窟285窟无量寿佛说法图为例》,《敦煌研究》2007年第1期。

郑筱筠:《观音救难故事与六朝志怪小说》,《社会科学》1998年第2期。

郑雅如:《中古时期的母子关系——性别与汉唐之间的家庭史研究》,李贞德主编:《中国史新论·性别史分册》,(台北)联经出版公司,2009年。

赵超:《试谈北魏墓志的等级制度》,赵振华主编:《洛阳出土墓志研究文集》,朝华出版社,2002年。

赵纪彬:《〈法华经〉与六朝之比丘尼关系考略》,《中华文化论坛》2014年第2期。

赵青山:《从敦煌写经题记所记"七世父母"观看佛教文化对中土文化的影响》,《兰州大学学报》2009年第6期。

朱凤瀚:《论商周女性祭祀》,张国刚主编:《中国社会历史评论》(第一卷),天津古籍出版社,1999年。

朱越利:《方仙道和黄老道的房中术》,《宗教学研究》2002年第1期。

[日]八木春生:《龙门石窟北魏后期洞窟小考——以520—530年期间开凿的石窟为中心》,丁淑君译,《敦煌研究》2007年第2期。

[日]石松日奈子:《云冈中期石窟新论——沙门统昙曜的地位丧失和胡服供养人像的出现》,姜捷译,《考古与文物》2004年第5期。

六、学位论文

白春霞:《北朝女性与佛教》,陕西师范大学博士论文,2019年。

陈晨:《北魏比丘尼研究》,吉林大学硕士论文,2016年。

陈开颖:《性别、信仰、权力——北魏女主政治与佛教》,郑州大学博士论文,2012年。

郭迎春:《〈涅槃经〉的汉译及涅槃信仰研究》,四川大学博士论文,2005年。

黄蕾:《北朝女性墓志研究》,福建师范大学硕士论文,2007年。

黄志明:《东魏西魏北齐北周造像记整理与研究》,吉林大学硕士论文,2020年。

金爱秀:《北魏丧葬制度探讨》,郑州大学硕士论文,2005年。

李爽:《北魏造像记整理与研究》,吉林大学硕士论文,2020年。

苗霖霖:《北魏后宫制度研究》,吉林大学博士论文,2011年。

牛驰:《北魏女性在家佛教徒研究:以造像记为中心》,吉林大学硕士论文,2017年。

石少欣:《六朝时期比丘尼研究》,南开大学博士论文,2013年。

王婧:《六朝比丘尼佛教书写研究》,武汉大学博士论文,2019年。

王凌虹:《洛阳北朝佛教造像与佛教仪式研究——以龙门石窟石刻铭文为中心》,上海师范大学硕士论文,2014年。

王孟:《敦煌佛教疑伪经综录》,上海师范大学博士论文,2016年。

巫胜禹:《佛教思惟像研究》,上海师范大学博士论文,2014年。

吴玲君:《北朝妇女佛教信仰活动——以佛教造像铭刻为例》,台湾华梵大学硕士论文,1998年。
徐汉杰:《佛教疑伪经与中古民间社会》,兰州大学博士论文,2022年。
岳齐琼:《汉唐期间道教修炼方式与道教女性观之变化研究》,四川大学博士论文,2007年。

七、工 具 书

慈怡主编:《佛光大辞典》,国家图书馆出版社,2004年。
丁福保主编:《佛学大辞典》,中国书店出版社,2011年。
季羡林主编:《敦煌学大辞典》,上海辞书出版社,1998年。
谭其骧主编:《中国历史地图集》,地图出版社,1982年。
王恒主编:《云冈石窟辞典》,江苏美术出版社,2012年。

附 录

一、北朝纪年尼众造像列表

(说明:1.本表系作者工作目录,仅供读者在阅读正文时查阅核对之用;2.本表为作者就目力所见的全力搜罗,挂一漏万在所难免;3.题记的时间采用年月日标注方式,为求简明,阴历的月和日也用阿拉伯数字表示,不明具体月日者,则以 0 或 00 代替,如太和十七年某月某日标示为 4930000。)

(一)北魏(386—534)

	造像人	造像时间	出土地点	造像原因	图像题材	施福对象	发愿文	功德主位次
1	比丘尼惠定①	太和十三年 (4890919)	云冈石窟第十七窟明窗东壁	身遇重患发愿造像	二佛(释迦)多宝并坐)并交脚弥勒造像三区	己身,七世父母,累劫诸师,无边众生	愿患消除,愿现世安稳,戒行猛利,道心日增,誓不退转	单人造像
2	妙音寺比丘尼口练②	太和十七年 (4930000)	龙门石窟古阳洞窟顶 D128		释迦像一区	为亡父母	愿口生天口缘眷属,一切众生,咸同斯福	单人造像

---

① 辛长青:《云冈第十七窟比丘尼惠定造像记考释》,《北朝研究》1989 年第 1 期,《比丘尼惠定造像记》。

② 刘景龙、杨超杰:《龙门石窟总录》(第九卷·文字著录),第 137 页,《妙音寺比丘尼口练造释迦像记》。又,古阳洞北壁 N102(未署年月)有妙音寺比丘尼所造一佛二菩萨像,主尊和窟顶尼口练造像一样为释迦像,题记愿文:"妙音寺比丘法安为亡父生缘口造释迦像一区题记。"见同书第 35 页。

续表

	造像人	造像时间	出土地点	造像原因	图像题材	施福对象	发愿文	功德主位次
3	法林寺尼妙音①	太和十八年（4941108）	山东省泰安市大汶口兴华村（太山郡奉高县）		敬造释迦像（一佛二菩萨，主尊为释迦）	弟子法达	愿眷属，师僧父母及一切众生，任所生处，因庄严净，面奉圣容，仰咨道教，一闻法言，位登无生。脱苦行建，堕于非度者，夜遇观音大圣，速念解脱，所愿如此。像之行建，虽是妙音，成道众助，名多难列。一蒙之福，功济于上，所愿如是	单人造像（师父为弟子造像）
4	比丘尼慧辨②	太和十八年（4940000）	陕西出土		敬造石像一区	七世父母，所生父母，□□诸师，一切众生	尽□初会，逮无生忍咸皆常乐，普成□佛	单人造像
5	妙音寺比丘尼法度③	太和廿二年（4981218）金铜材质	出土时地不详现为日本个人收藏		敬造释迦灵像	师僧父母	当愿皇□日新，三宝方盛，含生之类，□修十生，忘志求菩提……道遥自在。□□灭□佛道在世间得道见出家，梵侍流布，大乘天广，济物悟天	单人造像

① 昔爱琴：《泰安大汶口出土北朝铜鎏金莲花座等文物》，《考古》1989年第6期，第568页，《比丘尼妙音造像记》。
② 京都碑刻 NAN0034X，杜莹：《〈汉魏六朝碑刻校注〉未收之北魏碑刻整理与研究》，西南大学硕士论文，2014年，第15页。
③ 金申：《中国历代纪年佛像图典》，第456页，《比丘尼法度造像记》。

续表

	造像人	造像时间	出土地点	造像原因	图像题材	施福对象	发愿文	功德主位次
6	比丘尼道玄、普贤、道法①	景明三年（5021111）			造弥勒像一躯	国家、皇帝及七世父母、眷属、村舍大小	常与佛。愿上生天上，下生人中，侯王居仕，富贵家产，愿从心，所求如意。天下太平，五谷丰登，人民安乐永离诸苦	邑义多人造像。邑信居首，尼三人为邑师
7	比丘尼法许等②	景明四年（5030321）			造释迦牟尼像一区	为皇帝		邑义四百余人，题名多有漫漶。比丘、比丘尼和俗众，比丘居首
8	比丘尼昙媚③	景明四年（5030406）	云冈石窟第20窟				冀瞻容者加祇受，想像者增忻悕。生生资津，十方齐庆	单人造像
9	比丘尼明惠、法真④	景明四年（5031201）	龙门石窟古阳洞南壁S66		释迦像	孝文帝并北海王母子	表情以申接遇，法生构始，王家助终，厥霄缔敬，归功帝王，万品众生，一切同福	集体造像题记所见共有某人8人，包括北魏比丘2人，比丘法生生为首计3人，尼3人（应系北海王孝文帝及北海王母子追福所造）

① 颜娟英主编：《北朝佛教石刻拓片百品》，第5页，《刘未等造像记》。
② 北京图书馆金石组编：《北京图书馆藏中国历代石刻拓本汇编》第3册，第61页，《刘雄头等四百人造像记》。
③ 辛长青：《云冈第20窟出土昙媚比丘尼造像颂石碑试解》，《山西师范大学学报》1986年第4期。
④ 刘景龙、李玉昆主编：《龙门石窟碑刻题记汇录》（下卷），第508页，《比丘法生造像记》。又，本题记功德主题名最末漫漶不清，但仍可识别为五个空格，有可能是"比丘尼某"，因不能识别，只能做一猜测。

续表

	造像人	造像时间	出土地点	造像原因	图像题材	施福对象	发愿文	功德主位次
10	比丘尼法文、法隆①	永平二年（5090425）	龙门山老君洞现藏法国吉美博物馆		敬造弥勒像一区	为己身	觉非常世，深发诚愿，割竭私财……愿使过见者，普沾法雨之润；礼拜者，同无上之乐。龙华三唱，愿在流口。一切众生，普同斯福	二人造像
11	比丘尼法行、口用②	永平三年（5100404）	龙门石窟古阳洞北壁	口愿永离频恼，无有苦患	敬造定光佛像一区，并二菩萨	七世父母，因缘眷属，现在师徒	并口共福，咸同斯庆，生口令一切众生，咸同斯愿……亦口共福，普令一切众生咸同斯庆	二人造像
12	比丘尼法庆③	永平三年（5100904）	龙门石窟古阳洞北壁 N250		敬造弥勒像一区	为七世父母，所生因缘，公王长者，己身	愿使来世托生西方妙乐国土，下生人间，公王长者，远离频恼。又愿己身口口口，与弥勒俱生莲花树下，三会说法，一切众生，永离三途	单人造像

① 北京图书馆金石组编：《北京图书馆藏中国历代石刻拓本汇编》第3册，第125页，《比丘尼法文法隆造像记》。
② 陆增祥：《八琼室金石补正》卷一三，《石刻史料新编》第1辑第6册，第4195页，《比丘尼法行造像记》。
③ 刘景龙、杨超杰：《龙门石窟总录》（第九卷·文字著录），第63页，《比丘尼法庆造像记》。

续表

	造像人	造像时间	出土地点	造像原因	图像题材	施福对象	发愿文	功德主位次
13	比丘尼惠智①	永平三年（5101129）	龙门石窟古阳洞北壁 N158		造释迦像一躯	七世父母，所生父母	愿使托生西方妙乐国土，下生人间为公王长者，永离三途。又愿三途身平安，口遇弥勒，俱生莲花树下，三会说法。一切众生，普同斯愿	单人造像
14	仙和寺尼道僧略②	永平四年（511007）			造弥勒像一区	清信女周阿足	生生世世见佛闻法。愿观世安隐，一切众生，并同斯愿	功德主 3 人：尼 2 人居首，清信女 1 人
15	比丘尼□③	永平四年（5110004）	龙门石窟古阳洞西壁 W52		观世音	不明		单人造像
16	比丘尼法兴④	延昌二年（5130802）	龙门石窟古阳洞南壁 S143	因患发愿	造释迦像一区	己身，七世父母，生身父母，一切众生	愿使此身恶尼云消，成行清洁，裂感元宗。逮及七世父母，生身父母，一切众生，咸同此福	单人造像

① 北京图书馆金石组编：《北京图书馆藏中国历代石刻拓本汇编》第 3 册，第 135 页，《比丘尼惠智造像记》。又见刘景龙、杨超杰：《龙门石窟总录》（第九卷·文字著录），第 44 页，《比丘尼惠智等造释迦像记》。
② 北京图书馆金石组编：《北京图书馆藏中国历代石刻拓本汇编》第 3 册，第 8 页，《比丘尼□□造观音像记》。
③ 刘景龙、杨超杰：《龙门石窟总录》（第九卷·文字著录），第 109 页，《比丘尼道略造像记》。
④ 刘景龙、杨超杰：《龙门石窟总录》（第九卷·文字著录），第 139 页，《仙和寺尼造像记》。

续表

	造像人	造像时间	出土地点	造像原因	图像题材	施福对象	发愿文	功德主位次
17	比丘尼□双①	延昌四年（5150620）	现藏日本大阪市礼博物馆		造观世音一区	为国主、父母师徒	但趣，三□群生，弥勒三会，俱成正觉	单人造像
18	比丘尼静□②	延昌年（512—515）五月	龙门石窟古阳洞西壁 W75				延昌年五月日，比丘尼静□□□□□□□	单人造像
19	比丘尼□智③	熙平二年（5171000）	龙门石窟古阳洞西壁 W56			□□父母七世□□……		单人造像
20	比丘尼慈香、慧政④	神龟三年三月廿日□（520032□）。此为开凿年，完成于孝昌三年	龙门石窟 0660 慈香窑		造龛一区		仰渴法津，应像昔微，福形日遥，身托烦躬，愿腾无碍之境，遽及□恩，含润法界，□众□泽，□石成真，刊功人万，延及三丛，敢同斯福	二人造像

① 金申：《中国历代纪年佛像图典》第 466 页，《比丘尼□双造像记》。
② 刘景龙、杨超杰：《龙门石窟总录》（第五卷·文字著录），第 21 页，《比丘尼静□造像记》。
③ 刘景龙、杨超杰：《龙门石窟总录》（第九卷·文字著录），第 8 页，《比丘尼□智□造像记》。
④ 北京图书馆金石组编：《北京图书馆藏中国历代石刻拓本汇编》第 4 册，第 78 页；刘景龙、杨超杰：《龙门石窟总录》（第四卷·文字著录），第 71 页，《比丘尼慈香慧政造像记》。

附 录 ·341·

续表

	造像人	造像时间	出土地点	造像原因	图像题材	施福对象	发愿文	功德主位次
21	比丘尼惠复①	正光元年(5200212)	出土时地不详					单人造像
22	比丘尼僧敬、僧静②	正光二年(5211129)	龙门石窟0712莲花洞北壁N38		合造释迦像十六区	己身,儿子	愿母子平安……眷属安稳,无病长受(寿)所愿从□	女众邑义造像。比丘尼2人,其余14人为清信女,封姓和祖姓女为主
23	比丘尼道迁等③	正光三年(5220126)					光山民□□□利维那主苏柏,□□□□□□苏庆伯□□□□。比丘尼道迁……	邑义造像,尼19人,僧4尼在僧前,优婆塞数十
24	比丘尼法晕、昙炽④	正光三年(5220408)	龙门石窟古阳洞北壁N321	因患造像	造观音□□		□患□□,众善普会	二人造像
25	比丘尼智□、僧□尼赵法空⑤	正光三年(5220802)			敬造石像一区	七世父母,所生父母,因缘眷属	法界有形,咸蒙斯福……一时成佛	功德主二百余人。尼3人,2人为邑师

① 柏克莱加州大学东亚图书馆编:《柏克莱加州大学东亚图书馆藏碑帖》(下册),第241页。
② 刘景龙、李玉昆主编:《龙门石窟碑刻题记汇录》(下卷),第257页,《清信女祖上等合造释迦像记》。又见刘景龙、杨超杰:《龙门石窟总录》(第五卷·文字著录),第21页。
③ 北京图书馆金石组编:《北京图书馆藏中国历代石刻拓本汇编》第4册,第127页,《王珍之造像记》。
④ 刘景龙、杨超杰:《龙门石窟总录》(第九卷·文字著录),第78页,《比丘尼法晕昙炽造观音像记》。
⑤ 马衡:《凡将斋金石丛稿》,第368页,《三村长幼化主李相海等造像记》。

续表

	造像人	造像时间	出土地点	造像原因	图像题材	施福对象	发愿文	功德主位次
26	比丘尼法阴①	正光四年（5230126）	龙门石窟1143古阳洞北壁		造释迦像一区	为女安乐郡君于氏	感庆任因,得育天戚,故敢单（殚）诚,□□奢难陀,愿女体廷安康,众慝永息,亡（?）灵加助	单人造像
27	比丘尼法照②	正光四年（5230909）	龙门石窟1181魏字洞北壁N7		敬造弥勒尊像	父母师僧、十方众生		单人造像
28	比丘道口③	正光五年（5240326）	龙门石窟火烧洞东壁E4		释迦像一区	七世父母、所生父母、亡兄弟	□□□□托生西方,□□□□□净之处,□□□诸佛,愿一切众生□□佛道	单人造像
29	比丘尼法要、法迂④	正光六年（5250215）			造像两区,造石像一区	国王帝主、七世父母、亡师僧、边地众生,因缘眷属		二人造像

① 北京图书馆金石组编：《北京图书馆藏中国历代石刻拓本汇编》第 4 册，第 131 页，《比丘尼法阴造像记》。
② 北京图书馆金石组编：《北京图书馆藏中国历代石刻拓本汇编》第 4 册，第 148 页，《比丘尼法照造弥勒尊像记》；刘景龙、杨超杰：《龙门石窟总录》（第七卷·文字著录），第 54 页。
③ 刘景龙、杨超杰：《龙门石窟总录》（第十卷·文字著录），第 47 页，《比丘尼道口造释迦像记》。
④ 李静杰：《中国金铜佛》，第 68 页，《比丘尼法要等造像记》。

续表

	造像人	造像时间	出土地点	造像原因	图像题材	施福对象	发愿文	功德主位次
30	比丘尼惠澄①	正光六年（5250310）	龙门石窟第872窟		造一区石像	七世父母，所生父母，朋友，香火邑义，一切众生	愿乃地域（狱）休息，饿鬼解脱，愿令一切众生普同此心	单人造像
31	比丘尼法渊等②	正光六年（5250322）	龙门石窟			亡父母□师	愿令亡者□西方妙乐国土，恒在龙华树下，三会说法，长与佛居若下生人间，□为公王长者。及众生普同斯福，所愿愿如是	比丘尼6人造像
32	比丘尼僧□③	孝昌元年（5250717）	龙门石窟古阳洞南壁S93		一堪（龛）观世音□	皇帝陛下，师僧父母，□主		单人造像
33	比丘尼僧贤④	孝昌元年（5250727）	龙门石窟		弥勒像一龛，观音，药师	皇嫡，师僧父母，四辈像主，己身眷属	愿以此善，庆身及皇家师僧父母□□倾四气行禁无劳□□积晖，思悟三宝，地狱舍刑□□离苦（下缺）□去福存，所愿如是	单人造像

① 刘景龙、杨超杰：《龙门石窟总录》（第六卷·文字著录）第5页，《比丘尼惠澄造石像记》。
② 大村西崖：《中国雕塑史》，第452页，《比丘尼法渊造像记》。
③ 刘景龙、杨超杰：《龙门石窟总录》（第九卷·文字著录），第98页，《比丘尼僧□造像记》。
④ 北京图书馆金石组编：《北京图书馆藏中国历代石刻拓本汇编》第5册，第1页，《比丘尼僧贤造像记》。

续表

	造像人	造像时间	出土地点	造像原因	图像题材	施福对象	发愿文	功德主位次
34	比丘尼僧达①	孝昌元年（5250808）	龙门石窟老龙洞0652		释迦像	亡息文殊	愿亡者升天，面奉弥勒，咨受法言，悟无生忍。现在苦常与善居，七世父母，三有四生，普同此福	单人造像
35	中明寺比丘尼道扬积道保②	孝昌元年（5250813）	龙门石窟0712莲花洞北壁N8	千佛壁，现存998尊	贤劫千佛	皇帝陛下，皇太后，旷劫师，七世父母，所生父母，见在眷属	十方法界，生生世世，天道相生，侍贤来恶心，弥勒三会，发登初首，一时成佛	尼3人，居前三，另有僧（但）越士女6人，皆为后妃公王贵族
36	比丘尼善口③	孝昌元年（5250004）	龙门石窟2327					单人造像
37	比丘尼法际④	孝昌二年（5260223）	龙门石窟1181魏字洞北壁N8		敬造释迦像	师僧，父母，同学，因缘眷属，十方众生	愿普津法泽	单人造像

① 刘景龙、杨超杰：《龙门石窟总录》（第四卷·文字著录），第69页，《比丘尼僧达造像记》。
② 刘景龙、杨超杰：《龙门石窟总录》（第五卷·文字著录），第17页，《中明寺比丘尼道扬等造贤劫千佛像记》。
③ 刘景龙、李玉昆主编：《龙门石窟碑刻题记汇录》（下卷），第518页，《比丘尼善口造像记》。
④ 刘景龙、杨超杰：《龙门石窟总录》（第七卷·文字著录），第54页，《比丘尼法际造释迦像记》。

附　录 ·345·

续表

	造像人	造像时间	出土地点	造像原因	图像题材	施福对象	发愿文	功德主位次
38	紫内司尼①	孝昌二年（5260423）	龙门石窟1181魏字洞东壁E2		敬造弥勒尊像一区	亡女尼法晖	愿此善资，离苦得乐	单人造像
39	比丘尼法起②	孝昌二年（5260423）	龙门石窟1181魏字洞东壁E6		敬造观世音			单人造像
40	紫内司尼③	孝昌二年（5260508）	龙门石窟1181魏字洞东壁E7		造弥勒尊像	为亡弟	佰食法界有形□□□□,津□□□□□□□□□	单人造像
41	乾灵寺尼智空④	孝昌二年（5260523）	龙门石窟1181魏字洞南壁S12	为自身小患		师僧父母,同学缘眷,十方众生	愿得指明诸次□□□十方含识□津□□□□明□	单人造像
42	比丘尼法絮⑤	孝昌二年（5260523）			敬造释迦像		愿普津法泽	单人造像

① 刘景龙,杨超杰：《龙门石窟总录》（第七卷·文字著录）,第60页,《紫内司尼为亡女尼法晖造弥勒尊像记》。
② 刘景龙,杨超杰：《龙门石窟总录》（第七卷·文字著录）,第61页,《比丘尼法起造观世音像记》。
③ 刘景龙,杨超杰：《龙门石窟总录》（第七卷·文字著录）,第61页,《紫内司尼为亡弟造像记》。
④ 刘景龙,杨超杰：《龙门石窟总录》（第七卷·文字著录）,第58页,《乾灵寺比丘尼智空造像记》。
⑤ 北京图书馆金石组编：《北京图书馆中国历代石刻拓本汇编》第5册,第27页,《比丘尼法絮造像记》。

续表

	造像人	造像时间	出土地点	造像原因	图像题材	施福对象	发愿文	功德主位次
43	比丘尼道记①	孝昌二年（5260804）			造观世音像一区			单人造像
44	比丘尼僧超②	孝昌二年（5261007）	龙门石窟1155	忽得□患□□□□□		愿比丘尼□□，皇帝□□□，又愿内外眷属□□□	咸同斯福，愿愿从心	单人造像
45	比丘尼僧□③	孝昌二年□月廿八日（5260028）	龙门石窟1181魏字洞东壁E4		造弥勒像一躯	仰为师□□□□□□□□□□	愿此之善，普津有缘，开法界咸□□	单人造像
46	比丘尼法恩④	孝昌三年四月（5270400）	龙门石窟0712莲花洞北壁		释迦文像一区	七世父母，所生眷养，因缘眷属	愿生生世世值佛闻法，愿愿从心	单人造像
47	比丘尼明胜⑤	孝昌三年（5270514）	龙门石窟0712莲花洞北壁N13-1		造释迦佛一区	七世父母，所生眷属	愿生生世世值佛闻法，愿愿从心	单人造像

① 大村西崖：《中国雕塑史》，第453页。
② 刘景龙、杨超杰：《龙门石窟总录》（第七卷·文字著录），第43页，《比丘尼僧超造像记》。
③ 刘景龙、杨超杰：《龙门石窟总录》（第七卷·文字著录），第60页，《比丘尼僧某造弥勒尊像记》。
④ 刘景龙、李玉昆主编：《龙门石窟碑刻题记汇录》（下卷），第259页，《比丘尼法恩造释迦文像记》。
⑤ 刘景龙、杨超杰：《龙门石窟总录》（第五卷·文字著录），第18页，《比丘尼明胜造像记》。

续表

	造像人	造像时间	出土地点	造像原因	图像题材	施福对象	发愿文	功德主位次
48	比丘尼法恩①	孝昌三年（5270520）	龙门石窟0712莲花洞北壁N13-2		造释迦文佛一区	七世父母，所生眷属□养因缘眷属	愿生生世世值闻佛法，愿恩从心	单人造像
49	比丘尼明严②	孝昌三年（5270524）	龙门石窟		造释迦文一区	亡父母，所生所养，因缘眷属	愿生生世世，值佛闻法，愿恩从心	单人造像
50	比丘尼昌密、昙朗等③	孝昌三年（5270813）	山东青州临淄		敬造如来石像一区		上希法理，遍投钟果，欲洪嗣慈风，广济群品，普荞等滋，亦同庆于斯矣。使微明之徒识其晖，离娄之辈等其曜	邑义造像功德主84人，尼13人，6人排名居首，男女俗众71人
51	比丘道慧④	建元元年（5281123）	龙门石窟莲花洞		造石浮图一区	一切法界有刑（形）之类众生	又愿己身……一切众生，一时成佛	单人造像

① 刘景龙、杨超杰：《龙门石窟总录》《第五卷·文字著录》，第18页，《比丘尼法恩造释迦文像记》。尼明胜和尼法恩造像同在莲花洞北壁N13窟，该窟造像供养题记共4则，供养人都是明胜和法恩，表列为明确纪年，另两题记则未有明确造像年月日。其一为"比丘尼明胜为师袭阿骏利口公和上道□□□□上阿骏口和上道佛"；其一为"比丘尼明胜为师袭阿楗造佛一区"。
② 大村西崖《中国雕塑史》，第433页。
③ 北京图书馆金石组编：《北京图书馆藏中国历代石刻拓本汇编》第5册，第66页，《临淄县六十八人造像记》。该像记虽题名60人造像功德主，实际功德主有84人，此类实际功德主人数和题名人数不一致（往往超出）的情形多有出现。
④ 北京图书馆金石组编：《北京图书馆藏中国历代石刻拓本汇编》第5册，第110页，《比丘尼道慧造石浮图记》。

· 348 · 两晋南北朝佛教出家女众信仰与社会

续表

	造像人	造像时间	出土地点	造像原因	图像题材	施福对象	发愿文	功德主位次
52	比丘尼智海等4人①	永安三年（5300809）	山东青州		敬造弥勒像二躯	上为皇帝陛下，下为州郡令长，又为七世父母居家眷属，亡过现存，法界众生	所愿如是，咸同斯福	法义成员150余人，僧4，居首疑为邑师，尼5，位居较末
53	比丘尼靖晕②	中兴元年（5310110）			造观世音像一区	亡妹、妹夫		单人造像
54	比丘尼僧智③	普泰元年（5310722）	河南偃师水泉寺石窟		敬造释迦多宝像二区		为一切众生普同斯福	单人造像
55	比丘尼道慧、法盛④	普泰元年（5310815）	龙门石窟0712莲花洞南壁S18		造多宝像一区	仰为七世父母、所生父母、师僧眷属	愿使不堕三途，速令解脱	二人造像
56	比丘尼道慧、法盛⑤	普泰元年（5310815）	龙门石窟1034普泰洞		造观世音像一区	仰为七世无亡父母师僧眷属	使不堕三途诸苦难	二人同日造两像

① 北京图书馆金石组编：《北京图书馆藏中国历代石刻拓本汇编》第5册，第194页，《比丘惠辅等造像记》。
② 大村西崖：《中国雕塑史》，第457页。中兴（531—532）为高效所立安定王元朗散末，次年元恭杀，遂废。
③ 温玉成：《洛阳市偃师县水泉石窟调查》，《文物》1990年第3期，《比丘尼僧智造像记》。
④ 刘景龙、杨超杰：《龙门石窟总录》（第五卷·文字著录）第5卷，第33页，《比丘尼道慧法盛等造多宝像记》。
⑤ 刘景龙、杨超杰：《龙门石窟总录》（第六卷·文字著录）第6卷，第57页，《比丘尼道慧法盛等造像记》。

续表

	造像人	造像时间	出土地点	造像原因	图像题材	施福对象	发愿文	功德主位次
57	比丘尼道普静龛等①	普泰元年（5310827）	河南新安西沃石窟第1窟北壁					邑义造像，供养人55人，比丘1，居首；比丘尼3,其余为女俗众"邑母"
58	昌国县新兴寺尼昙颜②	普泰二年（5320301）	山东青州临朐县		敬造弥勒金像一躯	为亡妹利师僧眷属，弟子父母，宗亲，一切众生	愿直生西方无量佛国，普共其富，所愿从心	单人造像
59	比丘尼如达③	普泰二年（5320316）	龙门石窟火烧洞东壁E6		造释迦像一区	□□阳亡公主沙罗	愿亡者托生□□弥勒佛所，□诸龛共登李亡□正宽□□□□□□□□□	单人造像
60	比丘尼法光④	普泰二年（5320408）	洛阳龙门山		造观世音像一区，造释迦像一区	弟刘桃扶亡父母	为弟刘桃扶北征，愿平安忘，又忘（亡）父母，愿现在眷属，一切众生，共同斯福	单人造像为生者造观音像，为亡者造释迦像

① 陈平：《河南新安西沃石窟勘测报告》，《文物》1997年第10期；杨超杰：《洛阳周围小石窟全录》（第三卷）第132页。
② 金申：《中国历代纪年佛像图典》，第481页，《比丘尼昙颜造像记》。
③ 刘景龙、杨超杰：《龙门石窟总录》（第十卷·文字著录），第48页，《比丘尼如达造像记》。
④ 北京图书馆编：《北京图书馆藏中国历代石刻拓本汇编》第5册，第161页，《比丘尼法光造像记》。

续表

序号	造像人	造像时间	出土地点	造像原因	图像题材	施福对象	发愿文	功德主位次
61	比丘尼惠照①	太昌元年（532 0908）	山东青州龙兴寺		造弥勒像一区	为亡父母及亡妹问妃、己身	上为皇帝陛下，师僧父母，亡者直升西方无量寿佛。现存眷属，常与善俱。自愿己身，生生世世，常作净行沙门。一切众生，咸同斯庆	单人造像
62	比丘尼法荣、法□②	永熙三年（534 0305）			定光佛		令亡者游神西方净佛国土，现前同福	邑义200余人，僧8人，居首，饮为男众食邑子，尼2，清信女若干
63	比丘尼道□③	永熙三年（534 0520）			释（迦）像一区	亡父母	愿使亡父母上进天宫，值遇诸佛，若□□□，□□解脱，□法界苍生，一时成佛	单人造像
64	比丘尼仙□④	永熙三年（534 0615）	河南偃师水泉石窟		敬造佛七区，释迦、多宝、定光佛、日月光明佛、弥勒佛、空瑜菩萨、大地菩萨	累劫师僧皇帝陛下，七世父母，所生父母□□兄弟眷属□□邑义	愿得万善普会，一切受苦众生离苦得乐，所愿□□	单人造像

① 青州市博物馆主编：《青州北朝佛教造像》，第40页，《比丘尼惠照造像记》。
② 颜娟英主编：《北朝佛教石刻拓片百品》，第83页，《比丘尼道□造像记》。
③ 高峡主编：《西安碑林全集》，第62页，《比丘尼道□造像记》。
④ 温玉成：《洛阳偃师县水泉石窟调查》，《文物》1990年第2期；仓本尚德：《北朝佛教造像铭研究》，第213页，《比丘尼仙造像记》。

（二）东魏（534—550）

	造像人	造像时间	出土地点	造像原因	图像题材	施福对象	发愿文	功德主位次
65	比丘尼某悦等①	天平二年五月（5350500）			造像一区			尼4人造像
66	尼口钦等②	天平二年（5301026）	出土于山东临淄，现藏日本京都		造弥勒像一区	七世师僧父母，现在宗亲口学徒众	生生世世，常与佛会	比丘尼12人，其他供养人十余人
67	比丘尼昌会、阿答③	天平三年（5360515）	龙门石窟		造观世音像一区	自为己身，师僧眷属并及有形	咸同斯福	二人造像
68	比丘尼口昌④	天平三年（5360515）	龙门石窟古阳洞北壁N179					单人造像
69	张河间寺尼智明⑤	天平三年（5360603）	1996年山东青州龙兴寺遗址出土		造尊像一区	为亡父母、亡兄弟、亡姐	愿令亡者托生净土，见在蒙福。又为一切，咸同斯庆	单人造像

① 《鲁迅辑校石刻手稿》第2函第2册，第247页，《比丘尼某悦造像记》。
② 《八琼室金石补正》卷一七，《石刻史料新编》第1辑第6册，第4251页，《高阳郡张白奴等造像》；金申：《中国历代纪年佛像图典》，第484页。
③ 北京图书馆金石组编：《北京图书馆藏中国历代石刻拓本汇编》第6册，第37页，《比丘尼昌会阿答等造像记》。
④ 刘景龙、杨超杰：《龙门石窟总录》（第九卷·文字著录），第47页，《比丘尼口昌造像记》。
⑤ 青州市博物馆主编：《青州北朝佛教造像》，第76页，《河间寺尼智明造像记》。

续表

	造像人	造像时间	出土地点	造像原因	图像题材	施福对象	发愿文	功德主位次
70	比丘尼法彻①	天平三年(5360803)	出土于山西省沁源县，现藏沁源县文物馆	丘的遗物造像	造石像一区	亡兄兼及七世父母，生身父母，边地众生	愿亡比丘道报洛神，妙境静无暇洛秽，正说大乘，解空莫寻。复愿此下寺省清修，尼僧宁泰，菩（）增长，劝生解怠，咸同斯庆	单人造像法彻以亡兄比丘遗物作为造像之资
71	比丘尼法干等②	天平三年(5360927)	河南安阳七宝山灵光寺		造七佛弥勒下生，当来千佛	皇帝陛下，香火，一切含生，所生父母，七世父母，因缘眷属	托生西方妙乐国土，上至兜率与弥勒佛会，下生人间公王长者，见有生者，劝生解怠	僧俗数百人，为首者灵光寺比丘尼慧颜等，次有尼20人
72	比丘尼法妍等③	天平四年(5370130)	山东省广饶县李鹊乡李鹊村		释迦像一区	帝主，父母师僧，无边众生，一切有形	亡过现存，咸同斯福	邑义造像比丘二十余人，居首，尼可识读者6人，清信女士女数十
73	比丘尼道显④	天平四年(5370412)	龙门石窟1034普泰洞南壁		造释迦像一区	为亡父母，七世及自己身并及有形	愿托生西方妙乐国土，□□居所愿如是	单人造像

① 杜天云主编：《三晋石刻大全·长治市沁源县卷》，第8页，《比丘尼法彻造像碑》。
② 《石刻史料新编》第2辑第13册，第9949页，《七宝山灵光寺造像记》。
③ 韩理洲等辑校编年：《全北魏东魏西魏文补遗》，第565页，《永宁寺比丘□□诸法义等造像记》。
④ 刘景龙、杨超杰：《龙门石窟总录》（第七卷·文字著录），第61页，《比丘尼道显造像记》。

续表

	造像人	造像时间	出土地点	造像原因	图像题材	施福对象	发愿文	功德主位次
74	比丘尼昙超惠暮①	天平四年(5370908)			造弥勒下生玉像一区	师僧父母、生缘眷属、香火邑义	上愿三宝常化，国祚永隆，一切边地俱至道场，妙果同归，一时成佛	供养人3人，尼2僧1
75	比丘尼法明②	天□□年七月□□(534—5370700)	龙门石窟古阳洞南壁S161		造石像一区	父母姊妹、眷属	值闻法栢养□	单人造像
76	比丘尼僧敃③	元象元年(5380829)			敬造白玉像一区	为亡父母		单人造像
77	比丘尼惠照④	元象二年(5390101)	河北曲阳修德寺遗址出土，故宫博物院藏		造思惟玉像一区	上为国主，先亡父母，已身眷属，合家大小，一切有形	同升妙乐	单人造像
78	高仲景寺尼静□⑤	兴和二年(5400415)	河北曲阳修德寺出土	为洛（落）难还家	造观世音像一区		上为皇帝陛下，后为无边众生，七世先亡，一时成佛	单人造像

① 《鲁迅辑校石刻手稿》第2函第2册，第263页，《比丘尼昙超造像记》。
② 刘景龙、李玉昆主编：《龙门石窟碑刻题记汇录》（下卷），第520页，《比丘尼法明造像记》。
③ 《鲁迅辑校石刻手稿》第2函第2册，第275页，《比丘尼僧敃造像记》。
④ 冯贺军：《曲阳白石造像研究》，第150页，《比丘尼惠照造思惟像记》。
⑤ 冯贺军：《曲阳白石造像研究》，第153页，《高仲景寺尼静□造像记》。

续表

	造像人	造像时间	出土地点	造像原因	图像题材	施福对象	发愿文	功德主位次
79	比丘尼宝藏①	兴和二年(5400715)				师僧父母,内外眷属	愿(下漫漶不清)同归佛国	二人造像,为姊弟关系
80	比丘尼昙陵②	兴和二年(5400725)	山东省潍坊县		敬造观世音像一区		愿一切众生咸(下缺)	单人造像
81	丰乐寺尼昙财等三人③	兴和三年(5411123)			造像一区	上为皇帝陛下,后为师僧父母,四辈檀越,无边众生	门徒弟子……一时成佛。比丘尼昙财,比丘尼昙胜,道行侍佛时……	比丘尼员光、智玄,比丘尼昙财等3人,另有邢氏、王氏为主的男女俗众数十人
82	太安寺尼道贵神达④	兴和四年(5420605)	洛阳龙门山		敬造石像一口		愿口西方口量寿	二人造像
83	比丘尼静悲⑤	兴和四年(5420608)			敬造观音像一躯	皇帝陛下,师僧父母,及目己身	居眷内外,后为法界上为群生,有形之类,皆同此福	单人造像

① 北京图书馆金石组编:《北京图书馆藏中国历代石刻拓本汇编》第6册,第61页,《比丘尼宝藏造像记》。
② 北京图书馆金石组编:《北京图书馆藏中国历代石刻拓本汇编》第6册,第62页,《比丘尼昙陵造像记》。
③ 北京图书馆金石组编:《北京图书馆藏中国历代石刻拓本汇编》第6册,第81页,《丰乐寺比丘尼员光等造像记》。
④ 《石刻史料新编》第3辑,第27册,第578页,《比丘尼道贵神达造像记》。
⑤ 北京图书馆金石组编:《北京图书馆藏中国历代石刻拓本汇编》第6册,第88页,《比丘尼静悲造像记》。

续表

	造像人	造像时间	出土地点	造像原因	图像题材	祈福对象	发愿文	功德主位次
84	比丘尼□普昌恒等①	武定元年（5430621）			四面石像一区	皇帝陛下，群官司牧，七世父母居家眷属	相兜率之境可跻，龙华之会必至，然善不虚立	邑又六十余人，尼2人，后为数十女性俗众"邑母""清信女"
85	比丘尼昙静等②	武定元年八月(5430800)	河南省林县					邑又五百余人，比丘尼14人，位居平民男女俗众之前
86	比丘尼静果等③	武定二年（5440216）	山东省临朐县东南		一佛二菩萨，大通智胜佛	合门眷属邑义诸人并家眷属	愿愿从心，常与佛会。面奉圣颜。弥勒下生，愿登上首	邑又二百余人，比丘尼37人，排名在比丘前
87	比丘尼惠尊④	武定二年（5440705）		因患	敬造弥勒王（疑作玉）像二区	为己身，并为天王国主，师僧父母，眷属	愿生永远，当为法界同发菩提，一心恭敬，连成正觉	单人造像

① 毛远明编著：《汉魏六朝碑刻校注》第7册，第336页，《聂显标邑又六十余人造像记》。
② 北京图书馆金石组编：《北京图书馆藏中国历代石刻拓本汇编》第6册，第96页，《李赞邑造佛菩萨像》。
③ 《石刻史料新编》第1辑第11册，第8093—8094页，《武定二年王二郎等造佛菩萨像》。
④ 《鲁迅辑校石刻手稿》第2函第2册，第381页，《比丘尼惠尊造像记》。

续表

	造像人	造像时间	出土地点	造像原因	图像题材	施福对象	发愿文	功德主位次
88	延昌寺主比丘尼昙口等11人①	武定二年（5440901）	山西省新绛县樊村出土，现藏山西省博物院		释迦多宝	愿像主、国王、父母及一切众生	舍此秽形，长之妙乐法音，以为慧餐，灵向以充诸识法界，口形六度，身力永越频生，长辞八极，导化口方方，同之妙无	邑义造像，造像发起人为比丘僧昙，尼11人
89	永口寺尼僧和僧藏②	武定二年（5441020）	现藏美国大都会博物馆		造石思惟一躯	上为国家、师僧、父母、内外眷属，亡兄、亡姊，法界众生	一时成佛	二人造像
90	比丘尼静朗③	武定三年（5450405）			造下生弥勒像一区	上为皇帝陛下，群僚百官及七世父母现在眷属	愿愿从心，所求如意	功德主全系女性，尼1人，排名第四
91	光相寺尼惠好惠藏惠超④	武定四年（5460208）			敬造王像一区	为师僧父母，前死后亡，现在眷属，一切众生	等成正觉	三人造像

① 秦艳兰：《比丘僧昙綦造释迦多宝像考释》，《文物世界》2009年第6期，《比丘僧綦造释迦多宝碑》。
② 金申编著：《海外及港台藏历代佛像珍品纪年图鉴》，第276页，《永口寺尼僧造石思惟菩萨像》。
③ 北京图书馆金石组编：《北京图书馆藏中国历代石刻拓本汇编》第6册，第121页，《刘凤姜四十九人等造像记》。
④ 北京图书馆金石组编：《北京图书馆藏中国历代石刻拓本汇编》第6册，第132页，《光相寺比丘尼惠好造像记》。

续表

	造像人	造像时间	出土地点	造像原因	图像题材	施福对象	发愿文	功德主位次
92	比丘尼静板①	武定四年（5460210）	河北唐县寺城涧村		造思惟像一区		皇帝陛下及无边法界众生，诸人在世父母，托生西方，常生清国	功德主33人，尼静板位居最末
93	比丘尼惠矛②	武定五年（5470126）			造石像两区	为亡父母，居家眷属	亡者托生西方，不经八难，现存获福，一切众生，同时得道	功德主11人，尼居最末。该尼家族可能是庞氏家族出家女眷
94	比丘尼法妃、法姜、法甯③	武定五年（5471123）			造释迦像一区，菩萨二	皇帝中宫		三人造像
95	张独寺比丘尼靖瑩④	武定六年（5480715）	石家庄市正定县秦家庄现藏正定文物保管所		敬造王像一区（按，此为思惟像）	为一切法界众生		单人造像

① 郑绍宗：《唐县寺城涧村出土石刻造像》，《文物春秋》1990年第3期，《三十三人造惟像记》。
② 北京图书馆金石组编：《北京图书馆藏中国历代石刻拓本汇编》第6册，第138页，《比丘僧道清造像记》。
③ 大村西崖：《中国雕塑史》，第491页；叶苹苞：《金石录补》卷八，《石刻史料新编》第1辑第12册，第9028页，《比丘尼法妃等造像碑》。
④ 王巧莲、刘友恒：《正定收藏的部分北朝佛教石造像》，《文物》1998年第5期，《比丘尼靖瑩造像记》。铭文中没有明确造像尊格，只说是"王像"，巫胜再根据图像所特有的手肘支膝的思惟手特征，将之确定为思惟像。详参巫胜再：《思惟造像研究》，第214页。

续表

	造像人	造像时间	出土地点	造像原因	图像题材	施福对象	发愿文	功德主位次
96	比丘尼昙朗、昙□①	武定七年(5490208)	山东惠民县惠民镇沙河杨河村		造多宝石像一区	亡师,父母,兄弟姊妹,居家眷属	皇帝陛下,州都令长,社境万福,谱口众生,父母其福。又愿亡师,兄弟姊妹,普同其愿,居家眷属,值佛闻法	二人造像
97	永固寺尼智颜、净胜②	武定七年(5490217)	河北正定县秦家庄		造弥勒玉像一区	为国家师,僧父母,边地众生		尼姊妹并俗兄三人造像
98	阳市寺尼惠遵③	武定七年(5480306)		因患发愿	敬造弥勒玉像一区	为天王国主,师僧父母,门徒眷属	愿生生值安,永宁静口。普为法界,同发菩提,志口坚固,速成正觉	单人造像
99	魏光寺尼法嵩、法迁④	武定七年(5491001)	洛阳龙门山		造无量寿像一区	亡师	愿国主父母,属人如来藏,过现眷形,三界有,等成正觉	二人造像
100	比丘尼昙陵、昙初等⑤	武定七年(5490800)			共造释迦石像一区		天下太平,风雨顺时,国主延年,臣民安乐。普世视听,哑语辟行,苦难解脱,善愿从心,有形之类,速集成佛	合寺十一人造像

① 张建国,朱学山:《山东惠民出土一批北朝佛教造像》,《文物》1999年第6期,《尼昙朗等造像记》。
② 王巧莲,刘友恒:《正定收藏的部分北朝佛教石造像》,《文物》1998年第5期,《永固寺尼智颜净胜造像记》。
③《鲁迅辑校石刻手稿》第2函第2册,第429页,《阳市寺尼惠遵造像记》。
④《鲁迅辑校石刻手稿》第2函第2册,第471页,《比丘尼法嵩法迁造像记》。
⑤ 大村西崖:《中国雕塑史》,第497页,《比丘尼昙陵等造像记》。

（三）西魏（534—557）

	造像人	造像时间	出土地点	造像原因	图像题材	施福对象	发愿文	功德主位次
101	比丘尼惠胜①	大统四年(5380800)	莫高窟第285窟北壁		造释迦牟尼一区并二菩萨	有识之类	因斯微福，口佛法兴隆，魔事口灭（下缺）安吉（下缺）齐登正觉	僧尼二人造像
102	比丘尼口②	大统五年(5390428)	莫高窟285窟北壁		无量寿佛像并二菩萨		愿佛法兴隆，魔事微灭。复除八难，离舍三涂八苦，现在老苦，往生妙乐，齐登正觉	渭氏家族造像，为首者渭安，其余节为其家族成员，比丘尼1
103	比丘尼道容等③	大统五年(5390521)	莫高窟第285窟北壁		无量寿佛一区	有识之类，含灵抱识	因斯微福，口佛法兴隆，魔事微灭后含灵抱识，并舍三涂八难，现在老苦，往生妙乐，齐登正觉	渭氏家族造像。尼道容很可能是渭氏供养的家僧

---

① 王素、李方：《魏晋南北朝敦煌文献编年》，第210页，《西魏比丘惠遵愿文及题名》。
② 王素、李方：《魏晋南北朝敦煌文献编年》，第211页，《西魏渭口安等愿文及题名》。
③ 王素、李方：《魏晋南北朝敦煌文献编年》，第212页，《西魏渭胥黑奴等愿文及题名》。

续表

	造像人	造像时间	出土地点	造像原因	图像题材	施福对象	发愿文	功德主位次
104	比丘尼僧要、沙弥尼普照①	大统九年(5430520)			造玉浮图一铺	己身		以董氏家族为首造像，董姓、题名15人，董姓9，异姓6，3沙弥1比丘尼1沙弥尼1
105	比丘尼僧显、僧欢、道口②	大统九年(5430503)			造玉石观音像一区、口玉部金像一区	四恩三徐、七世所生、因缘眷属	法界众生，同沾斯福，弥勒三会，愿闻初唱，十地圆备。	三人造像
106	尼普达等③	大统十三年(5470908)			造石像一区	皇帝陛下、法界含生	愿以兹因，国祚遐延，八表宁泰，存亡同益，有形离苦。龙华三会，愿登上首	邑义造像，尼9人，1人被尊为"邑师"
107	比丘尼智深等④	恭帝元年(5540412)				七世父母，所生父母，逮及弟子等内外亲戚	长夫三途，永舍八难，蠢动众生，敢同斯福，龙华三会，愿登初首	邑义以薛氏家族为主，少量异姓，尼4

① 大村西崖:《中国雕塑史》，第518—519页，《董道得造像记》。
② 大村西崖:《中国雕塑史》，第522页，《比丘尼僧显等造像记》。
③ 北京图书馆金石组编:《北京图书馆藏中国历代石刻拓本汇编》第6册，第11—14页，《陈神姜等造像记》。
④ 金申:《历代纪年佛像图典》，第503页;《鲁迅辑校石刻手稿》第2函第3册，第563页，《薛山俱200人等造像记》。

附　录　·361·

（四）北齐（550—577）

	造像人	造像时间	出土地点	造像原因	图像题材	施福对象	发愿文	功德主位次
108	比丘尼道贵①	天保二年（551）			造石像一躯	皇帝陛下，七世师父母，所生父母，因缘眷属	亡者升天，见存得福，蠢动之类，咸同斯愿	功德主十数人，尼1人，居第二
109	比丘尼惠藏等②	天保三年（5520408）						邑义僧尼男女数十人，含僧2尼13，尼2人被尊为"上座"，居俗众之前
110	比丘尼僧严等③	天保三年（5520820）			造像一区	上为皇帝陛下，七世师僧父母，檀越施主	俱时成佛	邑义僧俗男女数十人，男9，尼12人，僧严为邑主
111	元兴寺比丘尼僧澄④	天保四年（5530608）	河北定县开元寺出土		敬造玉像一区	己身	愿令尼僧住天高佛，法界有形，同荻（蒙）	单人造像。此像为尼僧澄生前为自己定制

① 《鲁迅辑校石刻手稿》第2函第3册，第587页，《杨就等造像记》。
② 张燕：《药王山造像碑》，《中国道教》2001年第6期，《未显伯等造像记》。
③ 北京图书馆金石组编：《北京图书馆藏中国历代石刻拓本汇编》第7册，第27页，《比丘尼僧严等造像记》。
④ 北京图书馆金石组编：《北京图书馆藏中国历代石刻拓本汇编》第7册，第27页，《比丘尼僧澄造像记》。

续表

	造像人	造像时间	出土地点	造像原因	图像题材	施福对象	发愿文	功德主位次
112	伯辟寺尼惠晖①	天保五年(5540129)	河北定县		敬造玉像一区	亡妹尼惠海		单人造像
113	比丘尼僧理②	天保五年(5540208)	河北曲阳修德寺遗址出土，故宫博物院藏		敬造白玉石思惟像一区	为见存亡、内亲、亡弟二人	一切含生，普蒙正觉	单人造像
114	比丘尼静艳等③	天保五年(5540215)			造太子像一区	国王帝主、师僧父母居家眷属、一切众生		功德主包括僧尼男女俗众等共计27人，僧19，居首，尼4，男3女1
115	比丘尼昙照等④	天保五年(5540408)	山东省东光县		造观音像一区	上为皇帝陛下、师僧父母、香火法义	愿生值佛	邑义人，尼8人
116	杨郎寺尼惠众等⑤	天保五年(5540512)	山东省益都县(青州市)		敬造卢舍那像七区		口被国柞口，口力安泰	邑义卅11人，居首，清信女2

① 《石刻史料新编》第3辑第18册，第13194页，《伯辟寺尼惠晖造像记》。
② 冯贺军：《曲阳白石造像研究》，第177页，《比丘尼僧理造思惟像》。
③ 北京图书馆金石组编：《北京图书馆藏中国历代石刻拓本汇编》第7册，第27页，《诸维那等四十人造像记》。
④ 《石刻史料新编》第3辑第23册，第544页，《齐赵独方等造像记》。
⑤ 北京图书馆金石组编：《北京图书馆藏中国历代石刻拓本汇编》第7册，第38页，《惠众等法造像记》。

续表

	造像人	造像时间	出土地点	造像原因	图像题材	施福对象	发愿文	功德主位次
117	尼静恭、静文、静晕等①	天保五年（5540514）			敬造卢舍那石像一躯	皇帝陛下，口为七世师僧父母，因缘眷属	信徒眷属，共诸法义廿余人等，割舍衣资……亡过、现在，恒生口口、口善知识，一切有形，同沾斯福	比丘尼3人为法义主，居首；男女俗众18人，比丘1人居最末
118	尼静口、静惠②	天保七年（5560813）	山东省惠民县西南沙河杨村		太子思惟像一区	盖敬为亡儿造像一区	为国王帝主七世师僧父母，边地众生，含灵之类，居家眷属，见存受福，愿度恶世	功德主盖氏族人为主，2尼居末。很可能系盖氏家族造像
119	比丘尼如静③	天保七年（5560824）			造无量寿佛像一区	亡师比丘尼始颢	愿令亡者托生西方妙乐佛国，与佛口（居），面睹诸佛，见存者受福无量，共成佛道	单人造像
120	比丘尼法深④	天保八年（5570208）	河北曲阳修德寺遗址出土，国家博物馆藏		敬造白玉思惟像一区		上愿皇家已身眷属法界众生，下及无边，一时成佛	单人造像

① 北京图书馆金石组编《北京图书馆藏中国历代石刻拓本汇编》第7册，第37页；毛远明编著：《汉魏六朝碑刻校注》第8册，第328页，《法议廿余人等造像记》。

② 张建民等：《山东惠民出土一批北朝佛教文物造像》，《文物》1999年第6期，《盖僧伽造像记》。

③ 陆增祥：《八琼室金石补正》卷二〇，《石刻史料新编》第1辑第6册，第4307—4308页，《比丘尼如静造像记》。

④ 冯贺军：《曲阳白石造像研究》，第181页，《比丘尼法深造像记》。

续表

	造像人	造像时间	出土地点	造像原因	图像题材	施福对象	发愿文	功德主位次
121	尼智明等11人①	天保八年（557 1129）	碑存河南省登封县		修孙岗上古塔并石像一区		庶以此福，普及群生。使国祚大康，世业永固。合邑诸人，俱升宝舟	功德主共计34人，尼11人，排名均在比丘前
122	比丘尼智静等②	天保八年（557 1213）					上为皇帝陛下，后为一切众生，愿与佛会	功德主6人，尼3，清信女3人
123	比丘尼道惠、尼道祯③	天保十年（559 0225）			敬造龙树思椎像一区，通身口大三尺半		仰为邑万民，识受苦众生一时咸佛。为师僧父母，七世先亡，见存眷属，同发口果	功德主四人，僧及优婆夷各1尼2人为像主尼
124	比丘尼昙真等9人④	天保十年（559 1002）	安徽亳县		造四面石像一区	愿亡者升天	皇帝陛下，群像百官，师僧父母七世亡者生天，见在眷属蒙福咸庆……一切成佛	邑义三十余人，尼9人余均为男性俗众

① 北京图书馆金石组编：《北京图书馆藏中国历代石刻拓本汇编》第7册，第66页，《静明等修塔造像记》。
② 北京图书馆金石组编：《北京图书馆藏中国历代石刻拓本汇编》第7册，第67页；毛远明编著：《汉魏六朝碑刻校注》第9册，第6页，《比丘尼智静造像记》。
③ 金申：《中国历代纪年佛像图典》，第507页，《比丘尼惠祖等造龙树思椎菩萨像碑》。
④ 韩自强：《安徽亳县咸平寺发现北齐佛教石刻造像碑》，《文物》1980年第9期，《夏侯显穆造像记》。

续表

	造像人	造像时间	出土地点	造像原因	图像题材	施福对象	发愿文	功德主位次
125	比丘尼法延①	天保十年（5591006）			造玉像一区		上为皇帝陛下，邑义人等，俱时成佛	邑义18人，尼1人，排名较后
126	尼盛真等②	天保十年（5510108）			造石佛一丘（区）		上为皇帝陛下，一切众生，有形之类，俱福报	功德主14人，尼3人，余皆女性俗众
127	比丘尼智妃③	乾明元年（5600000）	山东省博兴县张官村				像主比丘尼智妃为国王帝主，并为一切众生侍佛	单人造像
128	忠明寺尼慧业④	乾明元年（5600506）	河北曲阳修德寺遗址出土				仰为皇帝陛下，妾及赋命敬造	单人造像
129	比丘尼慧承等⑤	乾明元年（5600625）	山东长清县五峰山西石窝村现藏泰山碑廊	率领诸邑，同建洪业	敬造像一区		上为皇帝陛下，群臣宰守，诸师父母，含生之类，愿使电转冥昏，三空现灵，法界共修，等成正觉	功德主11人，含尼和男女俗众。尼5人，其中2人为邑义主

① 金申：《中国历代纪年佛像图典》，第507页，《解氏邑义18人等造像记》。
② 北京图书馆金石组编：《北京图书馆藏中国历代石刻拓本汇编》第7册，第87页，《王鸭睑等十四人造像记》。
③ 常叙政、李少南：《山东博兴出土一批北朝造像》，《文物》1983年第7期，《比丘尼智妃造像记》。
④ 金申：《中国历代纪年佛像图典》，第508页，《比丘尼慧业造像记》。
⑤ 北京图书馆金石组编：《北京图书馆藏中国历代石刻拓本汇编》第7册，第100页，泰安市文物局主编：《泰山石刻大全》（第三册），第46页，《比丘尼慧承等造像记》。

续表

	造像人	造像时间	出土地点	造像原因	图像题材	施福对象	发愿文	功德主位次
130	比丘尼儒达、慧泰等①	皇建二年（5610515）	河北巨鹿郡		造观音像	亡父母	莹饬已周，心力俱尽。愿受斯功德，津润考妣。神飞净乡，坐佛道树。十世眷属，享福无疆，帝永民丰，法界成佛	王氏家族造像，题名5人为首者王良伯，比丘尼2人系王良伯之妹
131	比丘尼泉谕②	皇建二年（5610609）			造像一区	为亡兄刘女，见存男女	愿托生西方妙乐国土，见存男女寿命延长，与□同者□□，一时成佛	单人造像
132	建忠寺尼员空③	皇建二年（5610825）	河北嵩城县贾同村出土		敬造现王思惟像一区	仰为亡□，上为皇帝陛下，师僧父母，普及法界，边地众生，含灵抱识	一时诚（成）道	单人造像
133	比丘尼受□④	大宁二年（5620408）			造□□□□一区		上愿帝主，师僧父母，法界含生，普同成佛	单人造像

① 朱遂：《汉魏六朝碑刻校注》未收北齐北周碑刻辑补》，西南大学硕士论文，2014年，第27页，《王良伯等造像记》。
② 沈铭杰：《河北景县出土北朝造像考》，《文物春秋》1994年第3期，《比丘尼泉谕造像记》。
③ 程纪忠：《河北嵩城县发现一批北齐石造像》，《考古》1980年第3期，《建忠寺比丘尼员空造像记》。
④ 《鲁迅辑校石刻手稿》第2函第3册，第743页，《尼受□造像记》。

续表

	造像人	造像时间	出土地点	造像原因	图像题材	施福对象	发愿文	功德主位次
134	刘憨寺比丘尼昙籍①	河清元年（5620610）	河北曲阳修德寺遗址出土，故宫博物院藏		敬造双思惟白玉像一区	上为皇帝陛下，下为七世先亡现存	……值佛，有情之类，咸同斯愿	单人造像
135	建忠寺比丘尼员度门徒等②	河清元年（5620820）	河北蒿城县贾同村村东		敬造白玉弥勒（勤）敷坐像一区（按，此为弥勒双座思惟像）	国主檀越，边方一切，七世先亡，师僧父母，过去见在，有缘际道俗，形形之青	愿使有缘之徒，生生世世，值闻佛法，常住快乐	僧俗二人造像。功德主另有施地造建忠寺主贾乾思
136	比丘僧想③	河清二年（5630210）	河北曲阳修德寺		造弥勒下山（疑作"生"）生玉像一区	为亡父母	愿使亡过见存，同获佛果	单人造像
137	永安寺尼智满④	河清二年（5630720）			造双树思惟像一区		仰为国家延隆万世，三宝辉光，永肩简浮。师僧父母，亡过现在存，常离苦境，兄弟姊妹，知有亲属，皆含此福，一时成佛	单人造像

① 冯贺军：《曲阳白石造像研究》，第189页，《比丘尼昙籍造像记》。
② 程纪忠：《河北蒿城县发现一批北齐石造像》，《考古》1980年第3期，《比丘尼员度造像记》。
③ 冯贺军：《曲阳白石造像研究》，第190页，《比丘尼僧想造像记》。
④ 北京图书馆金石组编：《北京图书馆藏中国历代石刻拓本汇编》第7册，第126页，《比丘尼智满造像记》。

·368· 两晋南北朝佛教出家女众信仰与社会

续表

	造像人	造像时间	出土地点	造像原因	图像题材	施福对象	发愿文	功德主位次
138	比丘尼法口等	河清三年(5640000)			卢舍那像			功德主十余人,尼3人,男信众若干
139	比丘尼昙律②	河清三年(5640215)	河北曲阳修德寺遗址出土,河北省博物馆藏		造白玉思遂(惟)像一区	上为国主,有(又)为师僧父母,亡过见存,已身	破忘流难萨(按,以上文字难解)愿供法界众生,居时成佛	单人造像
140	比丘尼法悦③	河清三年(5640513)	河北曲阳修德寺		造观世音一躯	为国王下为僧父母边地众生姊妹兄弟二人	愿不见灭难	单人造像
141	比丘尼法藏、法银等合寺④	天统元年(5650300)			白玉像一区	上为皇帝陛下,下为口父母,见在眷口	口登正觉	二人造像

① 北京图书馆金石组编:《北京图书馆藏中国历代石刻拓本汇编》第7册,第144页,《董渊等造像记》。
② 冯贺军:《曲阳白石造像研究》,第191页,《比丘尼昙律造像记》。
③ 冯贺军:《曲阳白石造像研究》,第194页,《比丘尼法悦造像记》。
④ 李晶明主编:《三晋石刻大全·阳泉市孟县卷》,第7页。

续表

	造像人	造像时间	出土地点	造像原因	图像题材	施福对象	发愿文	功德主位次
142	比丘尼静藏①	天统二年(5660408)	河北曲阳修德寺		敬造释加(迦)白玉像一区	上为国王帝主,师僧父母,已身眷属,边地含生	俱登正道	单人造像
143	比丘尼法胜②	天统四年(5680010)			造户舍那一区并二菩萨	僧尼邑等诸眷属	生生莫涇弊国,世世恒游净土。有愿福种皇帝,七世父母,遍闻生,因斯福佑,咸登正觉	邑义造像,尼1人,"塔主比丘尼法胜"。其余为比丘和诸清信男
144	光林寺尼静妃③	天统四年(5680301)			敬造玉像一区	为亡姊	皇帝陛下,一切众生,居时同佛	单人造像
145	比丘尼昭惠④	天统四年(5680408)	河北曲阳修德寺		造白玉像一区	为父母	为帝□□道种姓识□为师僧父母普及法界众生,咸□斯愿	单人造像

① 冯贺军:《曲阳白石造像研究》,第198页,《比丘尼静藏造像记》。
② 《鲁迅辑校石刻手稿》第2函第3册,第793页,《商义兴造像记》;大村西崖:《中国雕塑史》,第593页。
③ 史树青:《书画鉴真》,燕山出版社,1996年,第75—77页,《天统四年尼静妃造像记》。按,天统为北齐年号,原作者因光林寺尼从北魏一直延续至北齐,因此在原书中将之命名为《北魏幽州光林寺之僧妃造像记》,此据造像记文字改之。
④ 冯贺军:《曲阳白石造像研究》,第205页,《比丘尼昭惠造像记》。

续表

	造像人	造像时间	出土地点	造像原因	图像题材	施福对象	发愿文	功德主位次
146	比丘尼法念、尼目① 等	天统五年(5690408)			敬造释迦大像一区并二菩萨	为国兴福		邑义造像,以来姓为主,二尼为邑义成员眷属
147	比丘尼智果②	天统五年(5690408)	河南新乡罗坡乡兴宁村		造弥勒像一区(交脚弥勒)	三师	愿一切众生立时成佛	单人造像
148	比丘尼净洽③	武平元年(5700212)			造白玉像一区			二人造像
149	比丘尼静深④	武平元年(5701115)		患中发愿	造观世音像一躯		为帝□□□□道种姓识,复为师僧父母,及法界众生,咸同斯愿	单人造像
150	比丘尼惠玉⑤	武平二年(5710405)			敬造卢舍那像一躯		上为皇帝,后为师僧父母,亲眷见在,一切众生,咸同斯福	单人造像

① 北京图书馆金石组编:《北京图书馆藏中国历代石刻拓本汇编》第 7 册,第 199 页,《道俗邑人等造像记》;大村西崖:《中国雕塑史》,第 594 页。
② 张广斌等:《河南新乡县所见两尊造像》,《文博》1988 年第 6 期,《比丘尼智果造像记》。
③ 翟盛荣、杨存洲:《山西昔阳出土一批北朝石造像》,《文物》1991 年第 12 期,《比丘尼净洽造像记》。
④ 北京图书馆金石组编:《北京图书馆藏中国历代石刻拓本汇编》第 8 册,第 14 页,《比丘尼静深造像记》。
⑤ 《鲁迅辑校石刻手稿》第 2 函第 4 册,第 825 页,《比丘尼惠玉造像记》。

续表

	造像人	造像时间	出土地点	造像原因	图像题材	施福对象	发愿文	功德主位次
151	比丘尼道□□①	武平二年（5710915）			敬造释迦□□		比丘尼道外造释迦像敬盗,弟子道□追念亡师,绍继师志率邑义造像	邑义造像,成员尼1人,男女17人
152	比丘尼法行等②	武平三年（5720008）	河南浚县东酸枣庙村出土,现藏河南省博物院				按:其中1人后跟有"息郎□令统仕首从事难陀,女□□□偷宾,孙子广达,孙女摩范,孙子孝真,□□□闻□"另一人"比丘尼法妃,息文邕"等	功德主有比丘尼11人。其中2人系家眷（子、女、孙子、孙女等）一起造像
153	比丘尼法因等③	武平三年（5720023）	河北省保定市唐县曹水村		敬造阿弥陀白玉像一区		曹水村四部道俗邑义五十人等,为皇帝陛下,师僧父母,法界众生,俱投净土	功德主50人,比丘尼13人,清信女10人,比丘若干

① 端方辑:《匋斋藏石记》卷一三,《石刻史料新编》第1辑第11册,第8103页;北京图书馆金石组编:《北京图书馆藏中国历代石刻拓本汇编》第8册,第27页,《比丘尼道□造像记》。
② 周到、吕品:《河南浚县造像碑调查记》,《文物》1965年第3期,《佛时寺造像记》。
③ 北京图书馆金石组编:《北京图书馆藏中国历代石刻拓本汇编》第8册,第43页,《晕禅师等50人造像记》。

续表

	造像人	造像时间	出土地点	造像原因	图像题材	施福对象	发愿文	功德主位次
154	比丘尼法姜等①	武平三年(5720318)	山东省费县东北诸庙村金雀山		四面造像碑			邑义近百人,尼4人,写作"邑义比丘尼某某"
155	比丘尼静光②	武平四年(5730117)			造像	存亡七世,四恩三有,法界含灵	咸蒙见佛	王氏家族造像,王氏3人像主明,尼1人,像主
156	比丘尼法元③	武平四年(5730517)	河北省曲阳县		造思惟一区		上为皇帝陛下,复为七世师僧父母,下为一切众生,俱时成佛	邑义造像,尼法元为邑主,其余为23人为清信男
157	比丘尼清潜④	武平四年(5730824)	河北省正定县拐角铺村征集		玉像一区(双思惟)	为合家		单人造像
158	比丘尼法纽⑤	武平四年(5730915)	山东青州阳城东北龙兴寺遗址出土	识生生之虚,有知灭灭之为空	造卢舍那佛一区	为亡父母	上为国王帝主,臣僚百官,又为过现未来三世师僧父母,一切法界众生,俱同斯福	单人造像

---

① 李敬编修:《费县金石志》卷一四,《石刻史料新编》第3辑第26册,第176页,《兴圣寺造像碑》。
② 朱遂:《〈汉魏六朝碑刻校注〉未收北齐北周碑刻辑补》第1辑,《石刻史料新编》第1辑第18册,第13203页,《比丘尼静光造像记》。
③ 沈涛:《常山贞石志》卷三,《石刻史料新编》第1辑第18册,第13203页,《比丘尼法元造像记》。
④ 王巧莲、刘友恒:《正定收藏的部分北朝佛教石造像》,《文物》1998年第5期,《比丘尼清潜造像记》。
⑤ 段松苓:《益都金石记》卷一,《石刻史料新编》第1辑第20册,第14822页,《石刻法纽石像记》。

续表

	造像人	造像时间	出土地点	造像原因	图像题材	施福对象	发愿文	功德主位次
159	张市寺尼惠善①	武平五年（5740310）	河北曲阳修德寺		造伯（白）玉观音像一区	为亡父	愿使亡者生天，见在母子，生生世世值佛闻法	单人造像
160	比丘尼惠远等②	武平六年（5750301）			敬造卢舍那像一区	为亡师	上为皇帝陛下，法界众生，师僧父母，俱升净土	功德主7人，全为尼众。尼众法名颇多俗意味
161	比丘尼圆照、圆光等③	武平六年（5750526）	出土河北省盐山县		敬造双弥勒玉石像一躯	为亡姊，亡兄朱同	上为皇帝陛下，群僚百官州郡令长，又为七世亡，见存眷属，一切含生，有形之类，普同斯福	朱姓家族造像，尼3人。圆光圆照二人系姊妹
162	比丘尼静聪等④	武平七年（5760101）	河北曲阳修德寺		阿弥陀像一区	己身		尼静聪为主要出资人，供养人题名有静聪父母和僧尼各1人
163	比丘尼明广等⑤	武平七年（5760115）			造石铭像一区			合邑50人，尼2人

① 冯贺军：《曲阳白石造像研究》，第213页，《张市寺比丘尼惠善造像记》。
② 《北京图书馆藏代石刻拓本汇编》第8册，第65页，《比丘尼惠远造像记》。
③ 冯贺军：《曲阳白石馆藏代石刻拓本汇编》第8册，第67页，《比丘尼圆照圆光姊妹二人造像记》。
④ 冯贺军：《曲阳白石造像研究》，第216页，《比丘尼静聪造像记》。
⑤ 《北京图书馆藏代石刻拓本汇编》第8册，第76页；毛远明编著：《汉魏六朝碑刻校注》第10册，第98页，《合邑50人等造像记》。

（五）北周（557—581）

	造像人	造像时间	出土地点	造像原因	图像题材	施福对象	发愿文	功德主位次
164	比丘尼韦可敦[1]	武成元年（5590928）			敬造弥勒石像一区		愿此功德，实资亡者，诞悟深宗，垂照圆觉。具二庄严，夷愿国主，兼愿国王、六道四生，尽三世际，同拔漏尽，成无上道	单独造像，系此尼生前为自己指定作像
165	比丘尼法姬等[2]	武成元年（5591008）	现藏陕西省耀县药王山博物馆		佛道教造像。右龛主尊为道教天尊，头戴道冠，蓄髯，身着道袍，结跏趺坐	左龛主尊为释迦佛，头饰螺髻，着双领下垂式裟裟，坐式与手相与天尊相同		邑义104人，以绛姓为主，尼4人，沙弥尼昙景为邑师。碑阳为家族造像，碑阴为妇女结邑造像

---

[1] 端方辑：《匋斋藏石记》卷一四，《石刻史料新编》第1辑，第11册，第8110页，《故寺可敦比丘尼造像记》。
[2] 陕西省考古研究所、陕西省耀县药王山博物馆、陕西省临潼市博物馆、北京辽金城垣博物馆合编：《北朝佛道造像碑精选》，第106页，《绛阿鲁造像记》。

续表

	造像人	造像时间	出土地点	造像原因	图像题材	施福对象	发愿文	功德主位次
166	比丘尼明藏等①	保定二年（5620000）	陕西省泾阳县惠果寺（旧名善会寺）		造无量寿像一区；释迦像一区	仰为皇帝陛下，晋国公，僚百僚，及法界有形……	四部大众一百人等，体别心同，建八关邑，月仟悔，行筹布萨。夜不眠，渐愧自责，列五情，心居仙念。任修来，志超彼岸	功德主117人，比丘10人，7人为邑师，比丘尼11人，排名在男性邑子之后，清信女之前
167	比丘尼法光等②	武成二年（5600208）	出土于陕西省咸阳市渭滨区渭河南岸		造释迦石像一区	爱托乡亲，又存香火，识十恶之徒炭，体五道之来苦	愿周皇帝延祚，晋国公忠孝，庆算无穷	50位功德主，比丘尼1人，为邑师
168	比丘尼法藏等③	保定二年（5620124）	山西运城		造释迦像	皇帝陛下，群僚百官，国土人民，又为师徒，七世父母，生身父母	托生兜率。若遇八难，速得解脱，同沾福泽	尼法藏为发起人，比丘尼34，沙弥尼5。清信士女百余人，女性占多数，以陈姓为主

① 魏宏利：《北朝关中地区造像记整理与研究》，第244—245页。《关中金石志》题名作《惠果寺造像记》。
② 魏宏利：《北朝关中地区造像记整理与研究》，第221—222页，《邑子五十人等造像记》。
③ 仓本尚德：《南北朝時代における「大通方广经」の成立・流布与忏悔思想》，《北朝佛教造像铭研究》，第315—317页，《陈海龙造像碑》（又作《比丘尼法藏造像碑》）。

续表

	造像人	造像时间	出土地点	造像原因	图像题材	施福对象	发愿文	功德主位次
169	檀泉寺比丘尼法真普照① 毛凤枝	保定二年(5620626)	山西闻喜县四底村出土,现藏芮城县博物馆		造等身口口像一区;造像一区	为亡父母;为皇帝陛下,为边地众生	愿皇基永固,普天同庆。俱超障海,同升彼岸	功德主数十,尼2人。尼法真可能是邑义的领导人
170	比丘尼瞿昌等25人②	天和二年(5670627)	临潼栎阳镇北门外出土		卢舍那像一区			邑义造像。比丘尼22,沙弥尼2,僧1。尼邑义职务如邑正、都邑主、典录、维那、像主等
171	比丘尼法闰③	天和二年(5671116)			造石像一区		皇祚永隆,寿灵万岁。又愿七世父母超升彼岸,檀越主及建在眷属,都卢善庆,咸同斯福生,法界众	邑义十五人,比丘尼一人位列第五

① 北京图书馆金石组编:《北京图书馆藏中国历代石刻拓本汇编》第8册,第107页,《祁令和造像记》。
② 魏宏利:《北朝关中地区造像记整理与研究》,第282—283页,《合诸邑等二百五十人造像记》。
③ 毛凤枝:《关中石刻文字新编》卷一,《石刻史料新编》第1辑第22册,第16889页,《比丘僧普绪造像记》。

续表

	造像人	造像时间	出土地点	造像原因	图像题材	施福对象	发愿文	功德主位次
172	沙弥尼法□①	天和三年(5680215)			造石像一区		愿邑义等,永□善因,不生退转,智慧山积,咸同斯福,俱游道□□一时成佛	160位功德主中,沙弥尼法□位居第三
173	比丘尼马法先②	天和五年(5700208)			造释迦牟尼像一区	父母,法界众生		单人造像
174	比丘尼昙乐③	建德元年(5720415)			敬造释迦石像一区	为亡□□□□		吕氏家族造像,尼昙乐为主像人,另有尼3人亡尼昙念,尼昙贵和,吕伯奴一门8人等。
175	比丘尼法会④	大象二年(5800701)	山东省邹县(今邹城市)城北岗山北麓		释迦文佛、弥勒尊佛、阿弥陀佛			尼1人,居第二,比丘4人,俗众男女各1人,居最后

① 毛凤枝:《关中石刻文字新编》卷一,《石刻史料新编》第1辑第22册,第16891页,《邑义一百六十八人等造像记》。
② 张达宏、王长启:《西安市文管会收藏的几件珍贵文物》,中国社会科学院考古研究所、西安市隋唐长安城遗址保护中心、西安市世界遗产监测管理中心编:《隋唐长安城遗址·考古资料编》(下),第621页,《比丘尼马法先造像记》。
③ 北京图书馆金石组编:《北京图书馆藏中国历代石刻拓本汇编》第8册,第152页,《比丘尼昙乐造像记》。
④ 陆增祥:《八琼室金石补正》卷三三,《石刻史料新编》第1辑第6册,第4364—4365页,《岗山比丘惠晖等题名》。

二、北朝出家女众名录

法名	俗家身份	阶层	出家原因	所住道场	修行法门、主要事迹	出处
练行尼冯氏（小冯）	孝文帝后，冯太后侄女，父冯熙	信都冯氏，皇室	失宠被废出家	洛阳瑶光寺	苦行终老于瑶光寺	《魏书·皇后传》
幽皇后冯氏（大冯）	孝文帝后，冯太后侄女，父冯熙	信都冯氏，皇室	因病被遣送出家	不明		《魏书·皇后传》
慈义尼高氏	宣武帝皇后	渤海高氏，皇室	宣武帝崩，宫廷斗争失败，被逼出家	洛阳瑶光寺	神龟元年暴崩，尼礼葬之	《魏书·皇后传》;《魏瑶光寺尼慈义（高英）墓志铭》
胡灵太后	宣武帝充华孝明帝母	安定胡氏，皇室	河阴之变为尔朱荣所逼自落发	洛阳瑶光寺	被尔朱荣沉于河	《魏书·皇后传》
胡明相	灵太后任女孝明帝后	安定胡氏，皇室	河阴之变为尔朱荣所逼	洛阳瑶光寺		《魏书·皇后传》
僧芝尼	安定胡氏	安定胡氏，地方大族	幼年信仰	胡洛阴统寺、乐安公主寺	通《涅槃》《胜鬘》，常为冯太后、孝文宣武讲说，比丘尼统	《魏故比丘尼统僧芝墓志铭》
谢氏尼	王肃妻，宣武帝贵嫔王普贤之母	陈郡谢氏，南朝士族	王肃北奔另娶陈留公主，复合无望，出家为尼	洛阳正觉寺		见于《魏故比丘尼统僧芝墓志铭记·正觉寺》;《洛阳伽蓝记》

续表

法　名	俗家身份	阶　层	出家原因	所住道场	修行法门,主要事迹	出　处
比丘尼道洪	孝文帝后宫	谯郡曹氏,地方小姓	孝文帝去世,投簪去俗	不明	武定元年卒,葬于邺坡西七里	《曹道洪墓志》
李氏尼	宣武帝婕妤	顿丘李氏,寒族,父度支尚书李彧	宣武帝崩后出家		少习诗书,通习经义,法座讲说,诸僧叹重	《魏书·皇后传》
乙弗氏	西魏文帝皇后	吐谷浑贵族		为蠕蠕公主所逼自杀	以后礼葬之,凿葬于麦积山第43窟,后迁葬陕西省富平县魏文帝元宝炬永陵	《魏书·皇后传》
尔朱氏	北魏孝庄帝皇后	北地秀容尔朱氏,父尔朱荣		孝庄帝崩,出家为尼	高欢为起佛寺,后纳为别室	《北史·皇后传》
若干氏	西魏恭帝皇后	父司空若干惠				《魏书·皇后传》
李祖娥	文宣帝高洋皇后	赵郡李氏,北方士族	为高湛所逼,送妙胜寺车载为尼	邺城妙胜尼寺	齐亡,入关中,后归赵郡本家	《北史·后妃传》
等行尼俗名李难胜	北齐废帝济南王高殷妃	赵郡李氏,李祖娥侄女	高殷被高湛所废,被逼出家,时年十三	邺城妙胜尼寺	崩于寺,以尼礼葬之	《北史·后妃传》;《济南王妃殷胤妻李难胜墓志铭》
斛律氏	北齐后主皇后	北齐骁将斛律光之女	斛律光被后主杀,被废为尼		齐亡还俗改嫁	《北史·后妃传》

续表

法名	俗家身份	阶层	出家原因	所住道场	修行法门、主要事迹	出处
胡氏	北齐后主皇后	安定胡氏，武成帝皇后胡氏侄女	触怒胡太后被逼出家		后还俗改嫁	《征房寺比丘尼法容铭》
比丘尼法容		父魏司空，北魏庄帝元子攸		征房寺	天保元年卒	《征房寺比丘尼法容铭》
比丘尼惠叔	弘农杨氏	关中士族，祖杨播，父杨侃			天保八年卒	《比丘尼惠叔墓志》
惠化尼	晋阳人		为高欢执掌大权制造舆论		活跃于天平中	《北史》
元氏尼俗名元胡摩	北周孝闵帝皇后	北魏皇族，父孝庄帝元子攸	孝闵帝被废，出家为尼		崩于尼寺	《北史·后妃传》
常悲尼俗名李娥姿	北周武帝皇后	楚人，籍没入宫	北周亡，出家为尼		开皇八年殂，以尼礼葬于长安城南	《北史·后妃传》
法净尼俗名朱满月	北周宣帝皇后，生静帝	吴人，因罪没入东宫	宣帝崩，尊太后，隋立，为尼		开皇六年殂，以尼礼葬于长安城西	《北史·后妃传》
华光尼俗名陈月仪	北周宣帝皇后	颍川陈氏，大将军陈山提之女	宣帝崩，为尼			《北史·后妃传》《周宣帝崩陈杨丽华外均为尼位皇后》
华盛尼俗名元乐尚	北周宣帝皇后	开府元晟第二女	宣帝崩，为尼			《北史·后妃传》

附录 ·381·

续表

法 名	俗家身份	阶 层	出家原因	所住道场	修行法门、主要事迹	出 处
华道尼俗名尉迟繁织	北周宣帝皇后	尉迟氏，关中豪族尉迟迥孙女	宣帝崩，为尼		开皇十五年殂	《北史·后妃传》
贾尼	北齐琅琊王太妃		春秋五十，不幸遭疾	薨于邺城景崇口		《琅琊王太妃贾尼志记》
慈庆尼（王钟儿）	宫人	太原王氏	文昭贵人高氏横死，出家	长居皇宫，临终前住昭仪尼寺	抚养孝明帝，追赠比丘尼统	《魏故比丘尼慈庆（王钟儿）墓志》
杨（奥妃）尼	京兆王元愉妾	出身寒族，冒姓李氏	于皇后逼令出家为尼	皇宫，为尼不足一年	元愉反，产下遗腹女元明月后被处死	《临洮王妃杨氏墓志》
法行尼	李瑗姝	赵郡李氏，北方士族			布施已田以平族人争讼	《北史·李灵传》
智首尼俗名元纯陀	邢公（峦）继夫人	拓跋晃孙女任城康王元五女，北魏宗室	初归穆氏后嫁邢公，夫死出家	隶名洛阳大觉寺，后居家	博搜经藏，广通戒律	《魏故车骑大将军平定邢公继夫人大觉寺比丘元（纯陀）墓志铭》
道信尼俗名垣南姿	司马綦夫人	北齐贵族，本家略阳垣氏，嫁司马綦，后迁居邺城	夫亡早寡，年老出家	居家	北齐太宁二年卒，葬邺城	《齐故比丘尼垣南姿墓志》

续表

法　名	俗家身份	阶　层	出家原因	所住道场	修行法门、主要事迹	出　处
尔朱元静	尔朱世隆长姊	北镇秀容尔朱氏，北魏贵族	夫亡子殁后出家			《魏故阳平郡君尔朱氏墓志铭》
王氏(元)尼	秦州刺史长孙稚妻	乐浪王氏东胡贵族	夫亡寡居出家		葬洛阳邙山家族墓地	《长孙稚妻王元志》
比丘尼静		乞伏氏	少年出家		神龟二年卒师病，为师割股疗疾	
比丘尼慧义				洛阳瑶光寺	武定八年卒	《瑶光寺尼法师慧义铭记》
比丘尼道洪					武平元年卒	《北齐比丘尼道洪砖志》
比丘尼刘集	灌津刘氏	地方小姓	童贞出家	邺城文宣寺	大寺主，宫讲法师	《宫讲法师刘集志》
元华光	河南元氏	北魏宗室父元淑	寡居出家	雍州等觉寺	夫亡寡居，后出家，卒葬长安少陵顺家族墓地	《魏彭城郡公主元之墓志》；《雍州等觉寺比丘尼僧华墓志》
元媛柔	河南元氏	北魏宗室，父元季海，兄元华光	童真出家	雍州等觉寺	童真出家卒葬长安少陵顺家族墓地	《魏司空公尚书令冯翊简穆王第二女比丘尼元之墓志》
元沙弥	父广阳王元渊	北魏宗室			初嫁高永乐，十九孀居，后出家。建德六年卒	《高永乐妻元沙弥墓志》

三、两晋南北朝出家女众大事记

公元 313—315　西晋愍帝建兴年中

种令仪随沙门法始听法剃度，法号净检。

公元 317 年　东晋元帝建武元年前

净检随罽宾沙门智山受沙弥尼十戒，于洛阳宫城西门立竹林寺，同志二十四人。

公元 344 年　东晋康帝建元二年

褚太后临朝称制，何充加尚书监、录尚，复加侍中。

慧湛尼渡江，何充为立建福寺。

褚太后为僧基尼立延兴寺。

公元 348 年　东晋穆帝永和四年

康明感尼卒于建康。

公元 350 年　永和六年

弘农妙相尼讲经于寺。

公元 354　永和十年

晋穆帝皇后何氏为昙备尼立永安寺，世称何后寺。

公元 357 年　东晋穆帝升平元年

昙摩羯多设戒坛，净检等人在泗水船上受戒，时年六十六岁。

公元 361 年　升平五年

尼净检卒，年七十。

公元 372 年　东晋简文帝咸安二年

简文帝为尼道容立新林寺。

公元 376 年　东晋孝武帝太元元年

春正月，帝初奉佛法，立精舍于内殿，引诸沙门居之。

公元 379 年　太元四年　苻秦建元十五年

僧纯从龟兹僧舌弥处获得《比丘尼大戒本》一卷带回长安翻译成汉文。

公元 385　太元十年

新林寺道容尼不知所终。

会稽王司马道子为支妙音尼立简静寺，以音为寺主。

僧伽提婆于庐山译《教授比丘尼法》一卷。

公元 396 年　太元二十一年

慧远姑道仪尼至建康住何后寺。

北永安寺尼昙备卒，年七十三。尼精勤戒行，为穆帝及皇后何氏礼敬。

公元 397 年　东晋安帝隆安元年

建康延兴寺僧基尼卒，年六十八。尼出身名门，净持戒范，精进修习，与昙备尼齐名，为康帝及皇后褚氏礼敬。

公元 398 年　北魏道武帝天兴元年

道武帝下诏兴佛法，敕有司于平城建饰容像，修整宫舍，作浮屠殿二所。

公元 399 年　隆安三年

佛陀耶舍至广州，时年八十五，清信女张普明从其咨受佛法，耶舍为说佛生缘起，并译出《差摩经》一卷。

桓玄建僧尼名册。

公元 409 年　北魏明帝永兴元年

明帝即位，尊崇佛教，京邑四方，建立图像，仍令沙门敷导民俗。封沙门法果为道人统，是为北魏僧官之始。是年法果又受封为辅国宜城子，此为僧受俗官之始。

公元 416 年　东晋安帝义熙十二年

法显与佛陀跋陀罗于建康译《僧祇比丘尼戒本》。

公元 420 年　刘宋武帝永初元年

大将军刘裕废晋恭帝自立，定都建康，国号宋，改元永初，是为南朝之始。

公元 422 年　永初三年

宋青州刺史传弘仁割宅东土地为立景福尼寺，以慧果尼为纲纪。

公元 425 年　刘宋文帝元嘉二年

王景深母范氏以王坦之祠堂故地布施业首尼，起立寺舍，是为青园寺，以业首尼为寺主。

僧念出家为何后寺法护尼弟子，时年十岁。

公元 429 年　元嘉六年

外国舶主难提载狮子国比丘尼至建康，住景福尼寺。

公元 431 年　元嘉八年

建福寺尼道瑗为建康诸寺大造形像。彭城寺金像二区,瓦棺寺弥勒像一区,南建兴寺金像二区,建福寺立普贤行像。

公元 432 年　元嘉九年

东莞增城二女法缘、法彩见佛及比丘尼,次年二人出家。

景福寺尼慧果率弟子慧意慧铠等从僧伽跋摩受具足戒。

公元 433 年　元嘉十年

景福寺尼慧果卒,年七十余。

僧端尼南游建康,住永安寺,纲纪众务,大小悦服。

昙晖于成都长乐寺从法育尼出家,时年十三。

公元 435 年　元嘉十二年

普贤寺尼宝贤敕任为京邑尼僧正。

公元 437 年　元嘉十四年

十月,江陵牧牛寺尼慧玉发愿为苦行斋七日,期满见佛光明,寺主法弘于见佛处起立禅室。

尼法盛出家住建康建福寺,从道场寺偶法师受菩萨戒,后二年(元嘉十六年)卒。

公元 438 年　元嘉十五年

宋文帝皇后袁氏于建康建福寺造无量寿佛像。

南安寺尼慧琼在广陵造菩提寺,以南安寺施沙门慧智。

菩提寺尼慧琼造金无量寿像,四月十日,像放眉间,光明照寺内,皆如金色。

青园寺业首尼拓寺北僧房,是为西青园寺,寺众二百人法事不绝。

僧敬尼在岭南造众造寺。

女巫严道育被宋文帝封为"天师"。

公元 439 年　元嘉十六年

道寿尼卒于建康祇洹寺,生前常诵《法华》。

吴太玄台寺尼玄藻出都造经,后不知所终。

公元 440 年　元嘉十七年

四月八日夜半,蜀郡善妙尼烧身

公元 441 年　元嘉十八年

江夏王世子母王氏以地施尼慧琼,琼为立南外永安寺。

四月十八日,广陵中寺尼光静卒,生前笃信兜率。

景福寺尼僧果卒。

公元 442 年　元嘉十九年

二月,南皮张国寺尼普照卒,年二十五,生前日诵《法华》三卷。

广陵中寺尼光静卒,嘱念兜率。

公元 443 年　元嘉二十年

慧琼尼随孟𫖮东下,至破岗卒,临终遗嘱尸身布施鸟兽,葬高座寺前并起塔。

公元 444 年　元嘉二十一年

王国寺尼法净、昙览参与孔先熙谋反,事泄被杀,王国寺被毁,寺众四散。

公元 448 年　元嘉二十五年

建康永安寺尼僧端卒,年七十余。僧端初住广陵佛寺,其后南下,诵《法华》《涅槃》诸经。

公元 453 年　元嘉三十年

悟太玄太寺尼法相卒,年九十余。

公元 455 年　刘宋孝武帝孝建二年

建康竹园寺尼慧睿为檀越,请沮渠京声译《禅要秘密治病经》。

公元 458 年　刘宋孝武帝大明二年

惠晖尼在建康乐安寺出家,时年十八,后学习《涅槃经》和《成实论》。

公元 459 年　北魏文成帝太安五年

僧芝尼出家,时年十七。

公元 462 年　大明六年

东青园寺尼业首卒,年九十。

公元 463 年　大明七年

景福寺法辨尼卒,年六十余。尼曾从道林寺外国沙门畺良耶舍咨禀禅观,临终往生西方净土。

江陵三层寺尼道宗自炼油火烧身供佛,征士刘虬雅相宗敬并为制赞。

八月,南昌公主及黄修仪,施地与禅林寺尼净秀建禅房,同住十余人并以禅定为业。

建康僧正释僧璩集《十诵僧尼要事羯磨》。

公元 464 年　大明八年

山阴竹园寺慧睿尼卒,葬建康傅山。尼深禅秘观,无不必入。

路太后立普贤寺。

公元 465 年　刘宋明帝泰始元年　北魏文成帝和平六年

明帝敕命建安寺尼宝贤为普贤寺主,法净尼同时受命入住普贤寺。

北魏文成帝崩,拓跋弘即位,是为献文帝,太后冯氏临朝辅政。

公元 466 年　泰始二年

普贤寺主尼宝贤受命为都邑尼僧正,法净尼为京邑都维那,是为南朝尼僧官之始。

公元 467 年　泰始三年

明帝敕禅林寺尼净秀所居为禅林院。

公元 470 年　泰始六年

法颖律师于金陵长干寺撰《十诵律比丘尼戒本》《十诵律羯磨杂事并要用》各一卷。

蜀郡永康寺尼慧耀欲烧身,事泄,为刺史刘亮所阻。

公元 471 年　泰始七年

僧正法颖集《十诵律比丘尼戒本》。

公元 473 年　刘宋后废帝元徽元年

京邑尼都维那普贤寺尼法净卒,年六十五。

公元 474 年　元徽二年

法颖律师于建康晋兴寺开讲《十诵律》,有十余尼至晋兴寺听讲,欲重受具足戒,在僧伽中引起争议。

京邑尼僧正宝贤带领尼僧局到寺宣布诸尼不得自行重受具戒。

敕尼令玉为南晋陵寺寺主。

公元 476 年　元徽四年

后废帝乘露车,无复卤簿入青园尼寺,复夜至新安寺偷狗,就昙度道人煮之就酒。

公元 477 年　元徽五年　刘宋顺帝昇明元年

普贤寺主、京邑尼僧正宝贤卒。

刺史沈攸之在荆州沙简僧尼,三层寺尼慧绪东下建康避难。

公元 478 年　昇明二年

蜀郡永康寺尼慧耀烧身,收骨得二升。

建康禅基寺立。

公元 482 年　齐高帝建元四年

法净尼弟子昙简立法音精舍。

尼僧猛母病，舍东宅为寺，名曰齐明寺，僧猛尼同止数十人。

公元 483 年　齐武帝永明元年

豫章王萧嶷离开江陵返回建康，尼慧绪与之同行，萧嶷于东田宅东起福田寺以安置。

公元 484 年　永明二年　北魏孝文帝太和八年

南永安寺尼昙彻卒，年六十三。昙彻尼遍习毗尼，尤能讲说。

北魏孝文帝幽皇后胡氏逼死元恪母文昭贵人高氏，宫女王钟儿出家为尼，法名慈庆。

公元 486 年　永明四年

建安寺尼僧敬卒，年八十四，葬钟山之阳，弟子造碑，侍郎吴兴沈约撰碑文。

八月，建康乐林寺比丘尼宝愿为文惠太子陈夫人造绣无量寿像一区并为赞文。

公元 487 年　永明五年

信士陈留阮俭舍宅立齐兴尼寺，尼德乐为纲纪，大小悦服，徒众二百余人。

僧盖尼移居禅林寺。

僧念尼移居禅林寺。

山阴招明寺法宣尼从惠熙法师咨受《十诵律》。

公元 490 年　北魏孝文帝太和十四年

北魏文明太后冯氏薨，孝文帝拓跋宏亲政，开始迁都计划。

公元年 492 年　永明十年

建福寺主尼智胜卒，年六十六，临终现卍字瑞相。

四月，豫章王萧嶷卒，齐武帝为慧绪尼另立集善寺以安置。

公元 493 年　永明十一年　北魏孝文帝太和十七年

禅基寺僧盖尼卒，年六十四。

拓跋宏开始营建洛阳，确定城内佛寺"城内唯拟一永宁寺地，郭内唯拟尼寺一所，余悉在城郭之外"。

公元 494 年　齐郁林王隆昌元年　齐明帝建武元年　太和十八年

东青园寺法全尼卒，年八十三。

二月八日，建康法音寺昙简尼、净珪尼烧身，道俗收其舍利，树封坟刹。

北魏都城由平城迁往洛阳,龙门石窟开始雕凿。

公元 495 年　齐明帝建武二年

尼妙智卒,六十四,葬钟山定林寺,侍中琅琊王伦妻江氏为著石赞文序立于墓左。

公元 498 年　建武五年　齐明帝永泰元年

钱塘齐明寺尼超明卒,年六十余。

公元 499 年　齐东昏侯永元元年

十一月二十日,集善寺尼慧绪卒,年六十九。

太学博士江泌女僧法尼口诵出经多部,时年九岁。

公元 501 年　永元三年　齐和帝中兴元年

剡齐兴寺德乐尼卒,年八十一。

二月十五日夜,建康法音寺昙简尼之姊昙勇尼烧身。

公元 504 年　梁武帝天监三年

建康禅林寺僧念尼卒,年九十,葬秣陵县中兴里。

建康禅林寺僧念尼卒,年九十。

钟山灵耀寺沙门僧盛依《四分律》撰《教诫比丘尼法》一卷。

成都长乐寺尼昙晖卒,年八十三。

高昌都郎中寺冯尼卒,年九十六。

公元 505 年　天监四年

张率父逝,侍妓善歌者不愿改嫁,出家为尼。

建康闲居寺慧胜尼卒,年八十一,葬白板山。

建康东青园寺尼净贤卒,年七十五。

公元 506 年　天监五年

禅林寺尼净秀往生兜率净土,年八十九,往生兜率天。沈约为之作《禅林寺尼净秀行状》。

竹园寺尼净渊卒,年七十一。

公元 509 年　天监八年

竹园寺净行尼卒,年六十六,葬钟山。

南晋陵寺令玉尼卒,年七十六。

公元 510 年　天监九年

梁武帝在钟山立大智度寺,度尼五百。

公元 511 年　天监十年

梁武帝颁《断食酒肉文》,禁僧尼食酒肉。

公元 513 年　天监十二年

建康西青园寺妙祎卒,年七十。尼讲《大涅槃经》《法华》《十地》并三十余遍,《十诵》《毗尼》,每经敷说。

公元 514 年　天监十三年

建康乐安寺惠晖尼卒,年七十三,葬石头岗。

公元 515 年　天监十四年　北魏宣武帝延昌四年

建康禅林寺僧述尼卒,年八十四,葬钟山之阳。

北魏宣武帝薨,子元诩即位,皇后高英被废,入瑶光寺为尼,法名慈义。

公元 516 年　天监十五年　北魏孝明帝熙平元年

正月十九日僧芝尼卒于洛阳乐安公主寺,享寿七十五,葬于邙山之阳。僧芝为胡灵太后从姑,先后陪侍文明太后、孝文帝、宣武帝和孝明帝四朝,为北魏第一位比丘尼统。

建康顶山寺道贵尼卒,年八十六,葬钟山之阳。

山阴招明寺法宣尼卒,年八十三。

公元 517 年　天监十六年

沙门宝唱撰成《比丘尼传》四卷。

灵太后胡氏至龙门伊阙石窟寺礼佛。

公元 518 年　北魏孝明帝神龟元年

九月,慈义尼高氏暴薨,以尼礼葬之。

公元 521 年　梁武帝普通二年　北魏孝明帝正光二年

建康果愿尼寺立。

比丘尼慈香慧政在龙门所开石窟完工。

公元 522 年　普通三年

沙门释明徽辑出《五分尼戒》一卷。

公元 524 年　北魏孝明帝正光五年

五月七日,比丘尼慈庆卒于洛阳昭仪尼寺,年八十六。丧事官备,备极哀荣。慈庆尼长期服务于皇室,保育了宣武和孝明两朝皇帝,死后被追赠"比丘尼统"。

秋,灵太后胡氏以"隔绝母子,不听往来,复何用我为"为由,欲自断发出家。孝明帝元诩与灵太后、丞相元雍密谋图叉。

公元 525 年　北魏正光六年

四月,灵太后胡氏返政,改元孝昌。

公元 526 年　北魏孝明帝孝昌二年

灵太后胡氏幸邙山,集僧尼宅会,公卿尽在座。

公元 528 年　北魏孝明帝武泰元年　孝庄帝建义元年　永安元年

尔朱荣称兵渡河,兵临洛阳城下。太后胡氏尽召孝明帝六宫,皆令入道,太后亦自落发。尔朱荣不悦,沉太后及幼主于河,太后妹冯翊君收瘗于双灵佛寺。

公元 529 年　永安二年

冬十月十三日,洛阳大觉寺比丘尼智首(元纯陀)卒,葬邙山。

公元 530 年　永安三年

尔朱兆入洛阳,纵兵大掠,胡骑数十人入瑶光寺劫掠淫秽。

公元 532 年

孝武帝元修西奔长安,投奔宇文泰,北魏正式分裂为东西魏。

公元 534 年　东魏孝静帝天平元年

十月,高欢立元善见为帝,是为孝静帝,迁都于邺。

公元 536 年　天平三年

高欢派窦泰西讨宇文泰,惠化尼为窦泰出征制造舆论。

尔朱世隆姊尔朱元静历经丧夫丧子之痛,舍俗入道。

公元 539 年　西魏文帝大统五年

文帝皇后乙弗氏为蠕蠕公主所逼出家为尼,次年自尽,年三十一,凿麦积崖为龛而葬。

公元 540 年　东魏静帝兴和二年

兴和二年,总计天下僧尼大数二百万,寺三万有余。

公元 543 年　东魏静帝武定元年

十一月一日比丘尼道洪卒,春秋八十一,五日葬于邺城西七里。

公元 547 年　梁武帝太清元年

侯景降梁,封河南王。

公元 556 年　梁敬帝太平元年　西魏恭帝三年

梁译经师四十二人,出经论七百八十卷,寺二千八百四十六所,僧尼八万三千人。

西魏恭帝被废,皇后若干氏被逼出家为尼,不久薨逝。

公元 557 年　北齐文宣帝天保八年

三月十五日,邺城景宁寺比丘尼惠寂卒,尼出身弘农杨氏,祖杨播,父杨侃。

公元 559 年　陈武帝永定三年

高邮有尼诵《法华》不舍昼夜,十爪二掌皆生华,陈武帝于内殿召见,世称"华手尼"。

公元 560 年　北周明帝武成二年

北周孝闵帝宇文觉旋立旋废,皇后元胡摩出家为尼。

公元 561 年　北齐孝昭帝皇建二年　北齐武成帝大宁元年

高殷废后李难胜在妙胜尼寺出家,依止其姑文宣帝皇后李祖娥,时年十三岁。武平元年(570)五月十四日,卒于大妙胜寺舍,时年二十二。

大宁元年闰十二月廿七日比丘尼道信(垣南姿)卒于晋阳官舍,时年七十有五。尼为北齐重臣司马子如寡嫂,次年正月还葬于邺城西司马氏家族墓地。

公元 564 年　北齐武成帝河清三年

正月二日,尔朱元静葬于邺城西,春秋七十二。

公元 570 年　北周武帝天和五年

三月廿八日比丘尼元华光(僧华)卒于等觉寺,时年八十有一。尼出身元魏皇族,封彭城郡公主,少适琅琊郡公司马裔,隋开皇二年十月十三日窆于长安杜陵原元氏家族墓地。

公元 572 年　北齐后主武平三年

正月,后主皇后斛律氏生女,后父斛律德光死,后被废为尼。

公元 574 年　北周武帝建德三年

五月,周武帝下令罢释道二教,悉毁经像,沙门道士并令还俗。

公元 577　北齐幼主承光元年　北周建德六年

周灭齐。正月武帝入邺城,召僧人赴殿,帝升御座,叙废立义。十一月四日,武帝谓佛生西域,朕非五胡,心无敬事,既非正教,所以废之,僧尼还俗者三百余万。广阳王元渊女元沙弥因此还俗。

公元 578 年　北周武帝宣政元年

六月,武帝感疠疾,身疮大发,驾崩,子宇文赟即位,是为宣帝。

公元 581 年　北周静帝大定元年　隋文帝开皇元年

二月静帝禅位于大兴郡公杨坚,隋朝立,周静帝改封介国公,五月被杀。

三月,周武帝皇后李氏娥姿出家为尼,法名常悲。开皇八年去世,以尼礼葬于城南。

周宣帝宇文赟五位皇后,除杨坚女杨丽华,余四后朱氏、元氏、陈氏和尉迟氏军出家为尼。

公元 582 年　陈宣帝太建十四年　隋开皇二年

夏四月庚子诏:僧尼道士,挟邪左道,不依经律,民间淫祀妖书诸珍怪事,详为条制,并皆禁绝。

十月六日比丘尼元媛柔遘疾,七日大渐于等觉寺,五同月十三日窆于长安杜陵原元氏家族墓地,春秋五十有三。尼出身元魏皇族,父元季海。尼童贞出家,十三岁依止乃姑元华光出家。

公元 589 年　陈后主祯明三年　隋开皇九年

正月,隋将贺若弼渡江攻占京口,陈军无兵可用,调拨僧尼执役。

陈亡,后主与皇后沈氏入长安。隋亡,沈氏出家为尼。

四、得而复失：寻找比丘尼统清莲墓志的一段插曲

　　魏晋南北朝史研究史料线索比较简单，正史、别史和笔记之外，各种金石碑铭也是最重要的史料来源。这些年进行中古佛教史学习和写作，我深刻地感受到，研究两晋南北朝比丘尼亟须更多史料对勘解读。由于历史条件限制，正史、笔记、文集等所关涉到有关女众信仰的文本资料相当有限，碑刻史料则成为这一时期最重要的补充，其中造像题记和墓志是两大主要来源。

　　相对于隋唐，流传至今的北魏墓志数量不算太多，其中比丘尼墓志更是少之又少，坊间常常视若拱璧。目前收录北朝墓志最全的《汉魏南北朝墓志汇编》（赵超著，天津古籍出版社初版于1992年，2008年7月修订再版）收录北朝墓志488通，其中比丘尼墓志仅4通。大约在2008年春，读罗新先生编著《新出魏晋南北朝墓志疏证》（2005年版）一书，附录"存目"中收录新出北魏比丘尼墓志一通（2016年修订时已删除），题名为"比丘尼统清莲墓志"，来源则是《书法》杂志2003年第6期署名为王鹤松、王国毓的一篇文章《北魏墓志二十四品》；毛远明先生《汉魏六朝碑刻校注·总目提要》也收录了这通清莲墓志。

　　根据王鹤松文中的介绍，清莲墓志撰书时间为北魏孝明帝正光五年，正好处于魏碑书法成熟时期，加之从拓片看，墓志品相较好，书法价值自然极高。从题名上看，这方墓志不仅关系到北魏时期的比丘尼历史，更关系到史籍记载阙如的北魏比丘尼僧官的记载，其价值不言而喻。如果能找到完整墓志录文，和之前读到的比丘尼统慈庆墓志进行比较，或许可以就比丘尼僧伽管理这一题目做一篇论文。想到这一切，欣喜莫名，便开始多方留心相关信息。

　　2010年5月中旬某天在网上闲逛的时候，突然发现了某个网页上有王鹤松留下的手机号码（要感谢万能的互联网），发短信，未见回复，遂电话联系。听声音，对方是个五十来岁的中年男士，操一口河南话。对方告知我，清莲墓志收录在他编著的《北魏墓志二十四品》里，因印量少，没有在书店和网络上销售，都是朋友介绍直接在他那里购买。然后叫我汇款到河南孟

津县一个名叫松鹤斋的书艺工作室,书价200元包邮,款到后他给我把书寄过来。想到搜求不易,尽管有些疑虑,还是第一时间汇款过去。还好,对方还算守信用,一周后我收到了这套上下两册的《北魏墓志二十四品——洛阳民间流散北魏墓志集粹》。翻看版权页才发现,这套书没有走正规渠道销售的原因竟然是没有正式书号。

翻开书看到拓片复印件,欣喜之情荡然无存。原来这通题名为"北魏比丘尼统清莲"的墓志纯属伪造,底本即源于正光五年的魏比丘尼统慈庆墓志铭。仔细看,这方墓志的伪造手法并不高明,作伪者只是将题名上墓主的名字作了改换,将志主从慈庆改作清莲,又将撰者和书者的姓名稍作改变,撰者姓名由常景改为陈景福,书者姓名由李宁民改作王守民,其他墓志正文、铭文乃至撰书者官爵头衔、撰书时间等一应照搬。此外,书体也作了些许改变,字体更接近于楷书。正文排版格式上,和慈庆墓志一模一样,缺笔、敬空等皆照搬慈庆墓志。作伪者自认为高明,实则愚笨。因北魏墓志极少留下撰者姓名,留下书者姓名的更是少之又少,仅有两通,慈庆墓志便是其中之一,读者按图索骥,很容易发现其造假的证据。

尽管证据很多,还是有些不死心,万一是我判断错了呢。既然撰者姓名官爵记载完备,或许在《魏书》等史料会有相关记载。慈庆墓志撰者常景,《魏书》《北史》均有传。常景在北魏中后期颇有文名,正光三年所领官职为征虏将军、中散大夫、中书舍人,和墓志记载相合,反之,清莲墓志所载撰者陈景福,《北史》《魏书》俱不见载。在同一历史年份,不同的人担任相同官职,且这一官衔不只一项,这种巧合存在的可能性微乎其微,即使存在这样的巧合,史籍记载中必然会留下蛛丝马迹。种种迹象表明,清莲墓志彻头彻尾系洛阳古董商人伪造。

怀着一丝疑问,我打通了编者王鹤松的电话询问该墓志的出土时间,通过何种途径购得等相关信息。对方似乎觉察到我已了解到这方墓志拓片有假,顾左右言其他,始终言辞闪烁,一再表示,他自幼生长在洛阳孟津县,从事魏碑搜集整理几十年,业内口碑如何如何等,至此,已无再说下去的必要,好在200元不算多,权当交个学费吧。

赵超先生在《汉魏南北朝墓志汇编·前言》中谈到三种北朝墓志的作伪手法,其中之一便是:

将某一真品墓志作为底本，模仿它重刻一石，保留原志的内容与书体，仅改刻姓名、年号等关键词样。例如北京图书馆藏北魏正光四年段峻德墓志，完全是正光四年鞠彦云墓志的翻版，又如北京大学图书馆藏北魏孝昌三年元恂墓志，完全与延昌二年元演墓志相同，仅改动了名字和年月干支几个字。

如此看来，清莲墓志的造假方式可归作第一类。

北魏碑刻因为珍贵，售价颇高，历来作伪者甚众。民国时期，学者曾戏作一通北魏比丘尼墓志的伪志。洛阳市文物工作队收藏有一通正光三年（522）八月一日魏瑶光寺尼慈云墓志拓本，高、宽30厘米，就其文采、书体和刻工技艺看，颇似真品。然而，拓本边缘款识曰："'一·二八'之变，国府迁洛，见市上出土及伪造者甚多，因戏作此石。民国廿一年吴兴周觉书丹，宋香舟撰文。"从拓本边缘题识来看，和清莲墓志不同的是，慈云墓志的作伪是一次坚持正义的学者讽刺作伪者的游戏，并无恶意。

2014年中，我完成了比丘尼统慈庆墓志考释论文和清莲墓志辨伪小文的写作，当时想着先把慈庆墓志论文发表出来，再将后文投出去，也算是对慈庆尼的研究告一段落。慈庆墓志考释的论文发表并不顺利，直到2015年冬才收到录用通知，次年春天刊出。与此同时，我在知网上看到了洛阳古代艺术博物馆宫万松先生撰写的《北魏墓志"变脸"案例——北魏比丘尼统清莲墓志识伪》（《中原文物》2016年第2期）。就在同一年，洛阳理工学院图书馆何俊芳女史论文《新见五方伪刻北魏墓志辨释》（《许昌学院学报》2016年第1期），也对清莲墓志进行了辨伪考释。既然已有同行先行一步，我的这一篇小文也就没有再去凑热闹了。自己竟然和这么多不认识的同道同时对一个小问题产生兴趣，也是很奇特的缘分。

对我来说，此番"清莲墓志"的寻找辨伪也可算我有限学术生涯中一个小小的插曲，得而复失，苦中作乐。和编者王鹤松先生的短信电话当时进行了简单记录。最近上孔网查看，北朝比丘尼统清莲墓志拓片和那套《北魏墓志二十四品——洛阳民间流散北魏墓志集粹》仍然在孔网上挂牌销售，前者标价360元人民币，后者标价为1950元人民币。

后　　记

弹指之间，涉足女性宗教信仰这一研究领域已二十余载，青灯黄卷背后一个个鲜活的生命和我相伴多年。随着课题结项，书稿付梓，两晋南北朝出家女众的研究似乎可以告一段落了。我心里很清楚的是，这一时段的研究还有很多尚待解决的问题，尘封于史料中奉佛女众全貌的呈现，需要更多的同行投入更多的时间和心力。

至今还记得，2020年6月24日是端午节的前一天，我将书稿和课题申报材料交给科研处的同事时的轻松，对即将到来的三天假期充满期待。不曾想，25日一大早就接到姐姐的电话，八十一岁的老父亲在睡梦中去了天国。草草安顿好手头的事情，立即买票，回家奔丧。疫情期间，出行不易，折腾到下午将近五点才回到家。至今，父亲去世已四年有余，本书也终于要出版了。父亲尽管初中都未能毕业，但一辈子景仰读书人，为子女的教育竭尽全力，新书出版，他一定很欢喜。

我素无慧性，幸蒙李利安教授和王亚荣教授两位老师不弃，苦口婆心，谆谆教诲，方小有所得。两位老师的恩情，非文字所能表达。

感谢李澜博士、陈瑞峰博士、王鹤琴博士、仓本尚德博士、黄凯博士、杨志飞教授、刘龙雨教授慷慨寄赠资料。感谢陕西省社会科学院宗教所历任领导同事对我的关心帮助。感谢吴南女史不厌其烦的耐心倾听。多年来，每略有所得，她总是第一个听众，给我许多鼓舞。

谢谢哥哥姐姐的宽容与承担，使我免去了后顾之忧，谢谢女儿的陪伴和理解，祝愿妈妈健康平安。

曾文正公曾言："战战兢兢，即生时不忘地狱；坦坦荡荡，虽逆境亦畅天怀。"未来的学术生涯中，当常怀惕厉，冀有寸进。

2024年9月25日

图书在版编目(CIP)数据

两晋南北朝佛教出家女众信仰与社会 / 周玉茹著.
上海 : 上海古籍出版社, 2024. 10. -- ISBN 978-7
-5732-1358-7

Ⅰ. B949.2

中国国家版本馆 CIP 数据核字第 2024JZ5490 号

两晋南北朝佛教出家女众信仰与社会

周玉茹 著

上海古籍出版社　出版发行

(上海市闵行区号景路 159 弄 1－5 号 A 座 5F　邮政编码 201101)

(1) 网址: www.guji.com.cn
(2) E-mail: guji1@guji.com.cn
(3) 易文网网址: www.ewen.co

上海商务联西印刷有限公司印刷

开本 700×1000　1/16　印张 26.5　插页 2　字数 421,000
2024 年 10 月第 1 版　2024 年 10 月第 1 次印刷
印数: 1—1,100
ISBN 978－7－5732－1358－7
B・1426　定价: 128.00 元
如有质量问题,请与承印公司联系